江苏文化产业发展研究报告

2019

主 编 温潘亚

南京大学出版社

图书在版编目(CIP)数据

江苏文化产业发展研究报告.2019 / 温潘亚主编
. —南京：南京大学出版社，2020.7
ISBN 978-7-305-23374-6

Ⅰ.①江… Ⅱ.①温… Ⅲ.①文化产业—产业发展—研究报告—江苏—2019 Ⅳ.①G127.53

中国版本图书馆 CIP 数据核字(2020)第 092216 号

出版发行 南京大学出版社
社　　址　南京市汉口路 22 号　　　邮　　编　210093
出 版 人　金鑫荣

书　　名　**江苏文化产业发展研究报告(2019)**
主　　编　温潘亚
责任编辑　王日俊
助理编辑　李素梅

照　　排　南京开卷文化传媒有限公司
印　　刷　虎彩印艺股份有限公司
开　　本　787×1092　1/16　印张 17　字数 428 千
版　　次　2020 年 7 月第 1 版　2020 年 7 月第 1 次印刷
ISBN 978-7-305-23374-6
定　　价　136.00 元

网　　址:http://www.njupco.com
官方微博:http://weibo.com/njupco
官方微信号:njupress
销售咨询热线:(025)83594756

本书为江苏高校优势学科建设工程资助项目(PAPD)、江苏高校人文社会科学校外研究基地"江苏现代服务业研究院"、江苏高校现代服务业协同创新中心和江苏省重点培育智库"现代服务业智库"的阶段性研究成果。

书　　名:江苏文化产业发展研究报告(2019)

主　　编:温潘亚

出版社:南京大学出版社

目　录

综　合　篇

区　域　篇

行 业 篇

专题调研篇

政策篇

数据篇

综合篇

第一章 当前文化产业发展的特点

党的十九大以来,以习近平同志为核心的党中央对社会主义经济建设、文化建设、社会建设、生态文明建设等方面作出了重大部署。其中,在文化建设上,要坚定文化自信,推动社会主义文化繁荣兴盛,牢牢掌握意识形态工作领导权,培育和践行社会主义核心价值观,加强思想道德建设,繁荣发展社会主义文艺,推动文化事业和文化产业发展。

党的十九大报告明确指出,中国特色社会主义进入了新时代,中国经济已由高速增长阶段转向高质量发展阶段,正处在转变发展方式、优化经济结构、转换增长动力的攻关期。在经济转入高质量发展的背景下,中国文化产业在实现较快增长的同时,也开始了由数量型增长向质量型增长的转变。在全面深化文化体制改革、建设社会主义文化强国战略目标的指引下,以及顺应居民消费升级的新要求,2019 年中国文化产业保持较快发展,具体表现为如下四个方面的发展特点:

一、产业规模不断扩大,经济贡献度显著提升

(一)文化产业由数量型转变为质量型增长,整体竞争力明显提高

十九大以来,中央和国务院有关部门进一步加大了文化产业政策的扶持力度,制定出台了一系列针对性强、含金量高的政策措施,明确了政策导向,优化了产业环境,有效推进了文化产业由数量型增长向质量型增长的转变。中国文化产业核心领域快速发展,文化产业规模不断壮大,整体引领作用明显提高;产业结构不断优化,文化服务业成为推动文化产业发展的主体力量,文化产业对国民经济增长的贡献逐年增大。据对全国 5.6 万家规模以上文化及相关产业企业的调查及初步统计,2019 年前三季度,上述企业实现营业收入 62 187亿元,按可比口径计算比上年同期增长 7.6%(为名义增长,未扣除价格因素),总体继续保持平稳较快增长。分行业类别看,文化及相关产业 9 个行业中,有 8 个行业的营业收入实现增长。其中,增速超过 10% 的行业有 3 个,分别为:新闻信息服务营业收入 4 656亿元,比上年同期增长 22.4%;创意设计服务 8 256 亿元,增长 12.2%;文化投资运营 308亿元,增长 12.3%。分产业类型看,文化制造业营业收入 26 569 亿元,比上年同期增长4.2%;文化批发和零售业 9 983 亿元,增长 5.4%;文化服务业 25 636 亿元,增长12.4%。分领域看,文化核心领域(新闻信息服务、内容创作生产、创意设计服务、文化传播渠道、文化投资运营、文化娱乐休闲服务等 6 个行业)营业收入 37 065 亿元,比上年同期增长 10.8%;文化相关领域(文化相关领域包括文化辅助生产和中介服务、文化装备生产、文化消费终端生产等 3 个行业)25 122 亿元,增长 3.3%。分区域看,东部地区规模以上文化及相关产业企业实现营业收入 47 017 亿元,比上年同期增长 6.7%,占全国比重为 75.6%;中部、西部和东北地区分别为 8 841 亿元、5 727 亿元和 602 亿元,分别增长9.4%、13.8% 和下降 1.2%,占全国比重分别为 14.2%、9.2% 和 1.0%。

(二)文化核心领域快速发展,引领作用明显增强

直至 2019 年第三季度末,中国文化核心领域营业收入增长 10.8%,远高于文化相关领域 3.3%的增速;文化核心领域的营业收入占比为 59.6%,比上年同期提高 4.3 个百分点,比重稳步提升。分行业看,文化核心领域的 6 个行业全部实现增长。其中,"新闻信息服务"和"创意设计服务"保持两位数快速增长,分别为 22.4%和 12.2%;"文化投资运营"由上年同期下降 2.1%转为增长 12.3%;"文化娱乐休闲服务"由下降 0.7%转为增长 5.8%。文化核心领域对前三季度文化及相关产业企业营业收入增量的贡献达 82%,比上年同期提高 4个百分点,对文化产业发展的引领作用进一步增强。

二、文化新业态增长强劲,新发展功能加速形成

(一)文化新业态蓬勃发展,促进文化产业集群趋势

文化产品和服务的生产、传播、消费的数字化、网络化进程加快,数字内容、动漫游戏、视频直播、视听载体、手机出版等基于互联网和移动互联网的新兴文化业态成为文化产业发展的新动能和新增长点。2017 年、2018 年,全国规模以上文化信息传输服务业营业收入分别增长 30.3%和 34.6%,文化创意和设计服务业营业收入均增长 8.6%。文化新业态已成为引领和示范文化产业发展的重要力量。随着文化体制改革的不断深入,中国文化产业集群化发展特征日渐明显,许多有竞争力和实力的文化骨干企业数量大幅增加,文化产业园区和基地规划建设稳步推进。2018 年,全国共有文化骨干企业 6.0 万家,比 2012 年增长 64.3%,2013—2018 年年均增长 8.6%;从业人员 845 万人,比 2012 年增长 20.9%,年均增长 3.2%;实现营业收入 89 257 亿元,比 2012 年增长 58.6%,年均增长 8.0%。截至 2018 年底,全国共有 10 个国家级文化产业示范园区,10 个国家级文化产业实验园区和 335 个国家级文化产业示范基地,标志着我国文化产业进一步向规模化、集约化、专业化的方向发展。

(二)文化发展新格局逐渐形成,"互联网＋"渗透效应持续发力

从文化及相关产业细分行业看,文化新业态特征较为明显的 16 个行业小类①,2019 年前三季度实现营业收入 15 324 亿元,比上年同期增长 21.3%;占全部文化及相关产业营业收入的比重为 24.6%,比上年同期提高 2.8 个百分点。其中,互联网其他信息服务、互联网广告服务、用户可穿戴智能文化设备和虚拟现实设备等行业营业收入的增速更是在 30%以上,发展势头强劲。文化新业态和新发展动能的加速形成,促进了文化发展新格局的建立,有力推动了我国文化产业的快速发展。随着创新驱动发展战略的深入实施,以大数据、云计算、物联网、人工智能为代表的现代信息科技成果不断涌现,助推移动互联网与传统商业加速渗透,不断催生新的商业业态和新的服务模式,如"线上线下融合发展"模式。2018 年末,在全部零售业企业法人单位中,既有有店铺零售又有无店铺零售的企业法人单位 10.5 万

---

① 新业态特征明显的 16 个行业小类:广播电视集成播控,互联网搜索服务,互联网其他信息服务,数字出版,其他文化艺术业,动漫、游戏数字内容服务,互联网游戏服务,多媒体、游戏动漫和数字出版软件开发,增值电信文化服务,其他文化数字内容服务,互联网广告服务,互联网文化娱乐平台,版权和文化软件服务,娱乐用智能无人飞行器制造,可穿戴智能文化设备制造,其他智能文化消费设备制造。

个,从业人员 68.9 万人,分别占零售业企业法人单位和从业人员的 3.5% 和 3.8%,表明零售企业已率先打破线上、线下单渠道发展模式,积极主动寻求融合发展。"触网"企业经济效益好于总体,以便利店为例,有网上商店业态的便利店企业资产负债率为 38.9%,比全部便利店企业资产负债率低 15.5 个百分点;人均营业收入 89.3 万元,比全部便利店企业人均收入高 1.2 万元。随着互联网技术的进步和网络覆盖范围的扩大以及"新服务"新模式不断涌现,无店铺零售企业快速扩张。2018 年末,无店铺零售企业法人单位数和从业人数分别比 2013 年末增长 22.6 倍和 10.9 倍,全年营业收入比 2013 年增长 7.3 倍,成为新常态下拉动零售业发展的一抹亮色。随着年轻一代消费群体的崛起,消费需求发生变化,"视频直播"等网红经济方兴未艾,民宿和露营地服务备受青睐。2018 年末,民宿和露营地服务企业法人单位合计 0.5 万个,从业人员 2.7 万人。

三、文化服务业占比提高,产业结构持续优化

(一)就业总量不断增加,有力加强文化服务业吸纳力

文化产业作为拉动我国经济增长的新兴产业,因其行业覆盖范围广、产业链条长、关联效应好,吸纳就业能力持续增强。截止到 2018 年末,中国文化产业从业人员数达 2 789.3 万人,其中,文化法人单位从业人员 2 055.8 万人,占全国二、三产法人单位从业人员的 5.4%;文化个体经营户从业人员 733.5 万人,占全国个体经营户从业人员的 4.9%。与 2013 年末相比,文化就业总量增长了 30.8%,其中,文化法人单位从业人员数增长 16.8%,文化个体户从业人员数增长近 1 倍。文化服务业已成为文化产业就业的主渠道。在文化法人单位从业人员中,共有文化服务业从业人员 1 213.7 万人,占 59.0%,接近六成。在文化个体经营户从业人员中,文化服务业从业人员 354.1 万人,占 48.3%,接近一半。

2019 年前三季度,文化服务业营业收入的增速为 12.4%,分别比文化制造业、文化批发和零售业快 8.2、7.0 个百分点;文化服务业营业收入的占比达 41.2%,比上年同期提高 4.0 个百分点,文化制造业、文化批发和零售业则分别下降 3.6、0.4 个百分点。文化服务业创收能力的不断提升,为文化产业结构的持续优化提供了有力支撑。

(二)居民文化消费需求上升,有力拉动文化发展

文化消费是文化发展的基础,也是文化发展的目的,更是扩大内需的重要组成部分。2019 年,我国消费品市场总量稳步扩大,消费结构不断优化,转型升级持续推进,新消费增长点加速形成,国内消费继续发挥对经济增长的主引擎作用。2019 年,全国居民人均教育文化娱乐支出与人均医疗保健支出均增长 12.9%,均高于居民消费平均增速 4.3 个百分点。主要受教育培训增长较快带动,全国居民人均教育支出增长 19.0%;居民旅游、健身和文化消费需求旺盛,全国居民人均景点门票、体育户外用品、电影话剧演出票等支出分别增长 27.2%、8.6% 和 15.7%。居民文化消费水平不断提高,对文化产品和服务的更高需求有力地拉动了文化产业的发展。

四、中西部地区发展提速,追赶步伐正在加快

随着新型城镇化建设的稳步推进和乡村振兴战略的深入实施,城乡居民收入差距缩小,

地区发展日趋平衡。京津冀协同发展、长江经济带发展、长江三角洲一体化等重大战略扎实推进，区域协调联动发展的新格局正在形成。

2019年前三季度，中部地区文化及相关产业企业营业收入增长9.4%，西部地区增长13.8%，分别比上年同期提高0.8个和1个百分点，也均高于东部地区6.7%的增长水平；中、西部地区占全国的比重分别是14.2%和9.2%，分别比上年同期提高1.2个和0.9个百分点。从全国范围看，营业收入增速超过全国平均水平的有11个省份；其中，西部地区有6个，中部地区3个，东部地区2个。文化产业较快增长的省份多集中在中西部地区，中部地区6个省份营业收入均实现增长，其中，3个省份增速超过两位数，分别是江西（15.0%）、湖北（14.2%）和河南（13.0%）；西部地区12个省份中增速超过两位数的有6个，分别是重庆（11.8%）、内蒙古（17.8%）、广西（18.4%）、甘肃（19.7%）、四川（20.8%）和陕西（23.6%）。中西部地区文化产业发展步伐加快，正在逐步改善文化产业区域发展不平衡状态。

中国即将迎来全面建成小康社会的决胜之年，也是检验文化繁荣发展成效的关键时期。我们必须坚定文化自信，贯穿创新、协调、绿色、开放、共享的发展理念，坚持以社会主义核心价值观为引领，立足中国文化发展改革实际，努力推动文化建设适应新形势、形成新机制、实现新进展，确保2020年文化小康各项任务的实现，持续推进社会主义文化强国建设，进一步开创文化繁荣发展的新局面。

第二章　2019年江苏文化产业发展情况

中华人民共和国成立 70 周年以来，江苏文化体制改革深入开展，全省上下认真贯彻中央和省委省政府决策部署，坚持稳中求进工作总基调，自觉践行新发展理念，以"文化产业由数量型转变为质量型增长"为主线，开拓创新，文化事业投入持续增长，公共文化服务业体系建设不断完善，文化精品创作层出不穷，文化遗产保护传承有效推进，对外文化交流硕果累累，文化事业繁荣发展，为迎接全面建成小康社会的决胜之年而砥砺前行。

一、公共文化服务体系完善

江苏省委、省政府着力加快构建现代公共文化服务体系建设，全面推动公共文化服务的标准化、均等化、社会化和数字化。积极落实文化领域改革发展重点任务，建设以江苏大剧院、扬州大运河博物馆等为代表的一批重点文化项目，推进基层公共文化服务标准化建设，实现了公共图书馆、文化馆、博物馆、美术馆、文化站免费向公众开放。

（一）公共文化基础设施日趋完善

截至 2018 年底，全省建有县级以上公共图书馆 116 个，博物馆 329 个，比 2001 年分别增长 14.8％和 278.1％，行政村（社区）村村有文化室、农家书屋、一定规模的文化广场，形成了省、市、县、镇、村五级公共文化设施网络；总数均居全国前列。全省建成基层综合文化服务中心 19 802 个，覆盖率达 97％。广播、电视综合覆盖率均达 100％。江苏基本建成与行政区划相适应的各级文化管理机构，同时积极推动文化服务单位建设，为民众提供了优良的服务。

（二）公共图书馆规模逐年扩大

新中国建立以来，江苏公共图书馆规模逐年扩大，并向数字化、专业化发展，服务能力不断提升，有效地满足了人民群众日益增长的文化需求，全面持续提高了人民群众的文化素养。截止 2018 年底，全省县级以上公共图书馆藏书量达 9 322.72 万册，比 2001 年增加6 615.02万册；公用房屋建筑面积 134.41 万平方米，比 2001 年增加 103.4 万平方米；阅览座位数 7 万个，比 2001 年增加 5.1 万个；电子阅览室终端数 6 819 个，少儿阅览室 7 个。2018年全省公共图书馆共组织各类讲座 4 460 次，举办展览 1 886 次，分别吸引了 68.43 万人次、376.3 万人次参加。同时，全面深入推进书香江苏建设，2018 年度全省居民综合阅读率89.93％，高于全国 9.13 个百分点。

（三）群众文化活动多姿多彩

通过扶持文艺团体，购买文艺演出服务等形式，开展群众文化活动，服务群众文化需求。至 2018 年底，江苏群众艺术馆、文化馆（站）建设 1 379 个，从业人员 7 498 人，覆盖各县（区）乡镇（街道）；2018 年共举办群众文化活动类展览 9 104 次，组织文艺活动 6.75 万次，举办训练班 3.8 万班次,共有 265 万人在训练班顺利结业;2018 年总支出达到 17.6 亿元,有效服务了广大人民群众、极大满足了他们的文化生活需求。

(四)广播电视覆盖率大幅提升

江苏积极推进广播电视"村村通""户户通"工作,至 2015 年广播电视已达到省内人口全覆盖率,有线广播电视数字化、网络化也得到快速推进。截至 2018 年,全省共有广播电台 8 座,中短波广播发射台和转播台 21 座,电视台 8 座,调频电视发射及转播台 106 座,广播综合人口覆盖率和电视综合人口覆盖率均达 100%。2018 年,全省有线电视用户 1 641 万户,数字电视用户 1 567 万户,全年广播节目制作和电视节目制作时长分别达到 56.5 万小时和 20.9 万小时,生产故事电影院片 48 部,为广大人民群众提供了充足的精神食粮。

二、文化艺术创作精品纷呈

江苏省委鲜明提出要构筑文艺精品创作高地,文化主管部门制定文艺精品战略,推进原创性文艺作品创作生产,重点打造了一批在全国有较大影响、广受观众欢迎的文艺精品佳作。

(一)优秀出版物种类众多

截至 2018 年底,全省共有图书出版单位 18 家,出版图书 28 790 种,其中新版图书 12 600种,重版、重印图书 16 190 种,总印数 6.36 亿册(张),总印张 45.72 亿印张,定价总金额 93.45 亿元。全省图书出版单位从业人员 2 862 人,资产总额 54.48 亿元,营业收入 40.14 亿元,增加值 8.30 亿元(含出版社所办报纸、期刊)。大量品种多样的出版物满足了群众文化生活需求,同时也涌现出较多精品佳作。2018 年,11 种项目荣获第四届中国出版政府奖,56 种项目入选国家"十三五"重点出版物出版规划,11 种报刊入选全国"百强报刊",18 种期刊入选"中国最具国际影响力学术期刊""中国国际影响力优秀学术期刊",多项新闻出版评比位列全国各省区市第一。

(二)广播影视影响不断提升

江苏广播电视电影一直以内容生产为核心,创作了大量优秀作品,在全国享有较高影响。江苏广电集团连续十二年入选"中国 500 最具价值品牌排行榜",江苏有线连续多年入选全国文化企业 30 强,常州国际动漫周、中国(南京)动漫创意大会成为全国影响最大的动漫活动之一,幸福蓝海集团三度荣获"全国十佳电视剧出品单位",多部作品荣获"五个一工程"奖、飞天奖、金鹰奖、白玉兰奖等知名奖项,幸福蓝海院线的票房已跻身全国前十。

(三)文艺创作精品丰富多彩

为丰富群众文化生活,江苏大力开展文化基础设施建设,建成了江苏大剧院、紫金大戏院、江南剧院等为代表的一批文化艺术场馆;不断推进文化艺术团体体制改革,激发演职人员活力,弘扬传统戏曲文化,创作大批精品力作;举办紫金文化艺术节、戏曲百戏(昆山)盛典、江苏文华奖评选、"五星工程奖"评选等活动,丰富群众文化生活;突出地域特色,注重扶持培育知名文艺团体和有代表性、示范性、保护性的文艺门类,继承和发展淮剧、昆剧、锡剧、扬剧等地方剧种,创作了昆剧《白蛇传》、淮剧《祥林嫂》、扬剧《衣冠风流》、歌舞剧《金陵十三钗》等一批有代表性的精品佳作。2018年,江苏有五个项目入选国家社科基金艺术学重大项目;27个项目入选国家《文化产业项目手册》;大运河文化带江苏段建设大力推进,第三届"资金文化奖章"、江苏文艺名家晋京展演,江南文脉论坛等弘扬江苏文化活动成功举办。文化产业不断繁荣,至2018年底,全省共有规模以上文化及相关产业法人单位7 884家,居全国第二位;其中规模以上文化服务业企业4 254家,从业人员45.9万人,均居全国首位。

(四)工艺美术生产传承创新

江苏文化底蕴丰厚,传统工艺美术品生产历史悠久,省委、省政府制定文创发展规划,加强对传统非遗技艺的传承发展,开展艺术品专业小镇建设,采取资金扶持人才培育等方式,激励传统文化艺术品创新发展,既保护了文化遗产、丰富文化市场,又带动了大量就业。首批全国"大国非遗工匠"评选中,江苏19位大师入选,南京云锦、无锡紫砂、扬州漆器、苏州苏绣等传统工艺品生产融合现代工艺和艺术审美,精品力作不断涌现,工艺美术品生产交易实现快速发展。

三、文化事业投入惠及民生

中华人民共和国成立以来,江苏经济快速发展,省委、省政府出台文化惠民政策,加大文化事业投入,完善公共文化服务体系,保护传承利用文化遗产,融合发展文化旅游事业,文化市场得到持续繁荣,群众文化生活日益丰富。

(一)财政文化投入快速增长

省委、省政府不断加大财政对文化事业投入力度,推动文化体制改革,推进文化事业发展,2007年起设立文化发展专项资金,共安排19.4亿元,扶持文化项目1 594个,带动项目总投资1 800余亿元,推动社会资本进入文化领域。2017年文化体育与传媒支出194.4亿元,位列全国各省市第三位(低于广东省285.9亿元,北京市209.0亿元),相比2006年43.4亿元,年均增长14.6%。2019年9月,江苏省文化和旅游厅与中国银行江苏省分行在南京签署战略合作协议。"文旅+金融",能够给双方带来极大的合作空间和发展机遇,需要以创新的勇气、前瞻的意识,以实质性举措推进双方合作。通过打造文化和旅游优选项目库、综合授信和融资服务、消费金融服务、账户及资金服务等方面的合作,打造抢占制高点、具有引领性的优质文旅项目,深入推进大运河文化带建设。财政对文化产业的投入,将促进双方强强联手,优势互补,建立更充分、更有效的产融对接机制,共同促进江苏文化和旅游业高质量发展,满足人民群众美好生活的需要,推动江苏文化旅游强省建设。

(二)文化遗产保护扎实有效

通过财政投入、基金扶持等多种手段,保护传承利用文化遗产,积极参与全国重点文保单位申报评选工作,认真落实大运河文化带建设国家战略,启动实施大运河国家文化公园建设,打造了江南文化、运河文化等江苏非遗品牌。2019年9月,江苏省文化和旅游厅在江苏省文化产业创意成果展示中心举办了"传承工艺,匠心扶智"2019年度江苏省对口帮扶非遗创意研修班暨首届"见人、见物、见生活"苏、青、陕、贵非遗创作交流展开幕仪式。研修班邀请到数位非遗领域的资深专家学者进行授课辅导,同时安排了实践类学习走访交流内容。课堂延展到秦淮灯彩的非遗传承与创新、科举博物馆的文创开发、南京民俗馆的非遗演变以及南京博物院的文创设计等,通过理论与实际结合,让各位学员对江苏的非遗保护传承情况进行深入探访与交流互动。参训学员的50余件作品分别展现了南京云锦的皇家气派,苏绣的细腻婉约,藏绣的多彩虔诚,剁针绣、钻绣的朴实无华,延安刺绣的粗旷豪放、淳厚质朴,贵州蜡染、枫香染、苗绣、侗绣的自由奔放。这些颇有特色的民族作品,充分体现了中华传统文化的博大精深和璀璨文明的和谐共美。

（三）文旅融合发展势头良好

江苏省目前拥有国家A级景区630家,其中5A级23家、4A级200家;省级以上旅游度假区57家,其中国家级旅游度假区6家,5A级景区和国家级旅游度假区数量居全国第一。

江苏注重利用和打造文化资源,开发旅游项目,紧紧围绕"以文化促进旅游品质提升、以旅游促进文化广泛传播"这一工作思路,推动文化和旅游真融合、深融合,实现文旅相互促进、相得益彰。以第六届徐州文博会为例,据统计,园博会6天展期共吸引游客38.3万人次,实现交易额1.52亿元。作为"为新中国成立70周年献礼"之作,本届徐州文博会以"守正创新 融合发展"为主题,突出文化产业创新力以及徐州在淮海经济区的引领作用,重点展示文化领域中传统工艺以及非遗传承与创新成果,促进文化＋创意＋科技＋会展等多业态融合发展,彰显淮海经济区中心城市文化魅力,进一步巩固徐州文博会品牌效应,促进区域性文化产业交流与合作,打造淮海经济区最具影响力的文化盛会。景德镇瓷器、新疆和田玉、宜兴紫砂壶、台湾红珊瑚、巴基斯坦玉器、印度家具……来自境内外的工艺美术精品让游客驻足观赏、流连忘返。而徐州馆的玉雕、剪纸、香包、泥塑……更是令市民惊喜,传统技艺注入时尚元素,正焕发出新的光彩。

（四）文化市场发展繁荣有序,"互联网＋"发挥强大渗透力

新中国成立以来经济快速发展,群众文化消费能力逐年攀升,文化消费新产品、新模式不断涌现,江苏出台政策鼓励文化和旅游、互联网融合发展,采取财政补贴、财政购买文化服务等形式丰富、繁荣文化演艺市场,同时不断加强文化市场执法,江苏文化市场发展繁荣有序。当下,5G风口已至,一如南京艺术学院副院长、紫金文创研究院院长、中国文化产业管理专业委员会会长李向民所指出的,"如果说,在3G、4G时代,中国还可以通过学习借鉴发达国家的成熟业态后起直追,那么,在中国引领风骚的5G时代,我们需要依靠自己的力量探索发展道路。"在这个过程中,李向民强调释放民营科技企业的创新能力:只有企业家创新,个体企业释放活力,才能推动整个产业的强大。除了庞大的消费群体、深厚的文化资源,中国文化产业发展还有没有别的优势? 当然有,那就是互联网。在中国,网民每周上网时长高达27.9小时,他们用网络看视频、听音乐、读小说、进行线上支付和社交。在这个过程中我们发现,互联网正为文化产业创造着新的市场半径和新型的消费形态——任何对文化产品的消费,包括打赏主播、购买"爱豆"周边产品,都可以构成以文化为纽带的社交。相比"60后"购买产品时关注性价比,他们的下一代却倾向于"购买我们那群人购买的东西",无论"我们那群人"是一个多么小众的圈层。因此,对中国的文化产业发展来说,关注需求有时比专注产品本身更重要:任何一个细分人群的需求背后都是广阔的"蓝海",也只有任何一个需求

都得到精细化的满足,人民群众对美好生活的渴盼才能变成现实。

自党的十九大提出建设中国特色社会主义文化以来,江苏紧紧抓住文化事业大繁荣、大发展的良好机遇,巩固新中国成立以来文化事业取得的巨大成就,进一步推进文化体制改革,激发文化团体活力,推进文化事业和文化产业双轮驱动,实现"双效合一",深入实施文化精品战略和文化惠民工程,为人民群众提供更高品质的文化产品和精神食粮。

第三章 江苏文化产业发展存在的问题

"十三五"以来特别是党的十九大以来,在以习近平同志为核心的党中央坚强的领导下,在江苏省委、省政府的大力推动和社会各界的共同努力下,江苏文化产业发展迅速、成效显著,文化产业总量规模稳步提升,文化领域创新创业日趋活跃,社会力量投资文化产业热情高涨,文化产品和服务更加丰富,新兴和特色文化产业都呈现良好发展势头,文化企业、文化产品和文化"走出去"加快步伐,为全面建成小康社会的决胜时期推动文化产业成为江苏国民经济支柱性产业奠定了坚实基础。但我们也应该清醒地看到,江苏省文化产业贡献率偏低,产业影响力和驱动力不足,优秀传统文化"走出去"规模与成效并不显著,文化影响力仍存在一定局限性;文化企业规模偏小,文化生产内容创新不足,新型文化业态面临进一步扩大规模、提升质效的压力;文化产业高端紧缺人才不足,文化产业人才省城发展水平差异过大等问题。

一、新业态发展不够充分

调研表明,新业态发展不充分已成为制约江苏省文化产业高质量发展的瓶颈,也是近年来江苏文化产业增速放缓的重要原因。据统计,2005—2012 年,江苏文化产业年均增速20％以上,但从 2013 年开始增速放缓,2013 年、2014 年、2015 年、2016 年、2017 年分别为15.92％、17.26％、9.94％、10.97％、2.98％。2017 年增速放缓的深层次原因是科技创新能力不足,没有与互联网信息技术深度融合,文化产品科技含量不高。据专家研究测算,2016年,江苏文化产品科技含量值为 1 720.4 元,而广东达到 2 032.7 元。新兴文化产业领域,尤其是数字出版、数字阅读、智慧广电、网络视频、网络文学、网络音乐、网络动漫、网络游戏等方面在全国竞争力较弱。以江苏进入全国文化企业 30 强的两个集团为例,2016 年,凤凰出版传媒集团出版发行及印刷等占主业营收的 95％,而数字出版等占比只有 5％。由于受到网络电视 IPTV、视频网站 OTT 等有线电视替代品的冲击,江苏有线近两年流失 130.6 万用户;2017 年实现利润 11.03 亿元,与 2016 年相比减少约 3 亿元,分公司亏损面呈扩大趋势。现在文化产业转型升级正处于关键时期,文化新业态、新模式迅速发展,日益成为文化产业增速最快、潜力最大的新增长点,而报刊图书出版、广播电视传播、工艺美术生产、文化用品制造等传统文化产业产能过剩、效益下滑。只有加快发展新业态、新模式,才能扭转江苏文化产业下滑的趋势。

二、产业融合深度不够

江苏省运用现代高科技手段开发文化资源、改造传统文化产业的进展不快。"文化＋科技""文化＋制造业""文化＋旅游""文化＋农业"等目前还处于培育阶段。从"文化＋科技"上看,不少文化企业经营领域还停留在传统业态,对能耗少、附加值高、科技含量高的文化产品开发相对较少。从"文化＋制造业"上看,江苏文化大省与制造业大省优势没有得到很好聚合,没有真正融入制造业转型升级的大循环中。从"文化＋旅游"上看,江苏的旅游产品文化内涵挖掘不深,文化价值体现不充分。从"文化＋农业"上看,文化与乡村振兴以及特色田园乡村、特色小镇建设融合不紧。此外,与名城名镇和历史文化街区建设结合不紧,与人民群众向往的美好生活结合不紧。文化产业还没有充分融入现代生活,让文化产品和服务更加富有温度和情感,满足消费者日益提高的精神文化需求,还有很大的发展空间。

三、领军文化企业不多

江苏省规上企业数量不少,但缺乏具有全国乃至全球影响力的龙头企业,特别是像对新兴文化业态具有平台支撑作用的北京百度、浙江阿里、广东腾讯这样的互联网巨头。据省统计局反映,百度公司 2016 年营收 640 亿元,超过整个江苏规模以上民营文化信息传输服务业企业营业收入。腾讯公司 2016 年产值达 1 500 亿元,超过全江苏规模以上民营文化创意和设计服务业产值。江苏民营文化创意和设计服务企业中,实现营业收入超 10 亿元的企业只有苏州蜗牛数字科技有限股份公司一家。据了解,在科技部火炬中心牵头发布的 2017 中国独角兽企业榜单中,江苏仅有 3 家企业入围 100 强且无一家是文化企业。在第十届全国文化企业 30 强中,江苏入围 2 家,北京 9 家,浙江 4 家,上海 3 家。在全国文化企业 30 强加提名企业共有 50 家文化企业入选,其中有 11 家是民营文化企业,江苏省入选的 3 家文化企业无一是民营文化企业。领军企业缺乏的根本原因是人才匮乏,江苏虽然是科教大省,但文化产业高端人才依然不足,特别是具有创新能力的复合型人才严重不足。这次省市人大联动调研中,有 10 个设区市反映文化产业人才匮乏是制约文化产业发展的主要瓶颈。各地普遍反映文化创意人才特别是领军人才"引不来、留不住"。即便是文化产业发展较好的苏州市,现在拥有省级以上文化产业领军人才也只有 2 名,市级以上领军人才不足 9 名。目前,江苏省文化产业人才主要集中在传统产业和生产制造环节,数字技术、创意研发和营销环节人才比较匮乏。扬州反映从事传统产业的人员平均年龄 50 岁以上,其文化水平、创新意识、经营理念等都比较落后,跟不上市场发展需求。

四、文化产业发展不平衡

从区域发展看,全省文化产业发展格局呈现南高北低的不平衡状态,苏南地区文化产业总产出值远远高于苏中和苏北总和。2016 年,南京文化产业增加值达 630 亿元,排名全国城市第 8 位,文化产业增加值占 GDP 比重达 6％,排名全国城市前 5 位。苏州文化产业增加值达 839.23 亿元,超过全国近 20 个省份的增加值。而扬州、泰州、盐城、徐州、淮安、宿迁、连云港等地区文化产业虽然增幅较高,但由于经济基础薄弱、产业发展起步较晚,增加值均不到 170 亿元,宿迁、连云港更是低于 100 亿元。从产业结构看,目前,江苏省文化产业结构仍然偏重,十大产业门类中占比最高的是文化用品的生产,达 29.63％。全省文化产业法人单位增加值中,文化制造业占比 47.12％。文化"走出去"方面,2017 年江苏省文化服务出口额 8.2 亿元,而浙江省同年出口额达到 27.01 亿元,相比之下,两省存在较大差距。

五、产业园区集聚效应不足

全省各级各类文化产业园区(基地)很多,但规模化集约化专业化水平较低,大多停留在空间集聚状态,功能定位不明、门类散乱、重复建设、同质化竞争、新兴业态占比小、产出效益偏低等问题普遍存在,产业、人才、资金等集聚效应明显不足、辐射带动性不强。企业与企业之间缺少共生互补、价值链需求和产业链联系,没有形成集设计、研发、生产、销售、服务于一体的完整文化产业链,带动就业和消费的作用不明显。全省缺少像北京798、上海张江科技园、深圳大芬村、浙江横店影视城这样影响大、产出高的集聚区。

六、政策落地实效不够

围绕文化产业科技驱动发展、创意引领发展、金融撬动发展、出口拉动发展,江苏省出台了一系列政策措施,但从落实情况看,还存在着推动难、落地难、考核督导难等问题。省和市县各级文化产业引导资金数量不小,但存在着"撒胡椒面"等问题,资金使用效益有待提高。调研中不少地方反映,文化产业引导资金扶持不够精准,扶助方式多为锦上添花的事后奖励,少有雪中送炭的事前、事中补助,处于初创时期的新兴产业、特色产业和小微企业获取扶持的机会不多,政策受惠面太窄,扶持促进作用没有真正体现,普遍希望进一步完善财政税收、金融支持、人才培养、知识产权保护、土地使用等政策。据苏州反映,"营改增"以后,500万元以上的企业要按增值税纳税,营业收入可以用发票抵扣。但是,对一些小微文化企业来说,购买原材料,特别是占大头的人员成本,通常都是现金支付,没有发票,无法抵扣,这就增加了企业运营成本和税收负担。而500万元以下的文化企业属于小规模企业,按营业额达不到4%的定额税纳税。这种情况逼迫一些文化企业不断往小规模方向发展,营业收入接近500万元就拆分企业,注册新公司,企业不愿做大做强,难以形成知名品牌。

第四章　加快发展江苏文化产业的
重点任务和对策措施

党的十九大报告指出,要健全现代文化产业体系和市场体系,创新生产经营机制,完善文化经济政策,培育新型文化业态,推动文化产业发展。下一步,我们将深入贯彻落实习近平新时代中国特色社会主义思想和党的十九大精神,按照省委关于推动文化建设高质量走在前列的要求,加快文化领域供给侧结构性改革,依托文化资源优势和政策支持,大力推进文化产业发展质效提升行动,推动文化产业高质量、高端化发展。到 2020 年,江苏省文化产业将更加发达,现代文化产业体系和现代文化市场体系更加健全,一批具有龙头带动作用的骨干企业培育壮大,文化产业园区集聚功能和辐射作用更加凸显,文化产业新业态、新技术加快发展,基本建成创意设计强省,文化产业国民经济支柱产业地位更加巩固。重点抓好以下几个方面工作:

一、优化产业结构,壮大市场主体

着力优化产业结构。积极发展以科技含量高、文化品位高和文化含量高为特征的文化创意、影视出版等产业,大力支持包括现代创意设计、新兴媒体、动漫游戏、网络文化、网络出版、网络视听等数字内容产业,推动文化及相关产业走上以科技为先导的可持续发展道路。综合利用工业设计、品牌策划、营销推广等文化创意手段,加快将文化元素融入文化制造业研发、设计等价值链高端环节,提升文化产品附加值,推动文化制造业转型升级。加强人工智能、物联网、大数据等技术在数字文化创意、创作、生产领域的广泛应用,推动数字文化在电子商务、社交网络的应用。做大做强市场主体。实施大企业带动战略,推动文化资源与要素适度向优秀企业集中,加快培育一批百亿级文化企业,推动各行业形成一批主导企业、各地区培育一批骨干企业,使其成为文化产业发展的中坚力量。以资本为纽带,鼓励有实力文化企业跨地区、跨行业、跨所有制兼并重组和上市融资,促进文化企业规模化、集团化经营,加强文化竞争力,夯实产业基础。营造公平竞争环境,积极支持民营文化企业发展。大力扶持处于创业初期的中小微文化企业,鼓励其向"专、精、特、新"方向发展。积极支持企业开发原创性产品,尽快提升核心竞争力。

二、增强产业集聚,实现转型升级

合理引导产业布局。摒弃"大而全"的传统观念,推进文化产业在城市空间上的有序集聚,根据城市功能、发展定位、要素禀赋等差异,选择相适应的文化产业类型,凸显上下游产业的整合协同效应,推动县域特色文化产业发展,避免各级、各类城市盲目跟风建设文化产业园区(基地),促进文化产业园区(基地)从数量规模型向质量效益型转变。推动园区转型升级。推动现有园区(基地)做大做强,丰富文化内涵,提升原创能力。重点发展南京、苏州、无锡、常州国家动画产业基地、国家文化和科技融合示范基地、国家广告产业园区等,发挥其示范带动作用。深入实施文化产业园区（基地）提升工程，推进国家级文化产业试验园区——南京秦淮特色文化产业园建设，建成一批高起点、规模化、要素集聚的重点文化产业示范园区（基地）。着力提升文化产业园区的开放度，加大园区对外合作对接的力度，通过金融、财政等政策举措鼓励江苏文化企业"走出去"。

三、整合多方资源，搭建发展平台

进一步打造高质量的服务管理和交易平台。整合利用江苏省现有平台及文化系统资源，打造聚焦产业数据统计分析、文化消费便民、艺术品文创品交易、文化产业项目对接等一流的综合性管理服务云平台，发展文化资本、产权、人才、信息、技术等交易平台，规范文化资产、艺术品和文物交易。进一步打造高质量的展会平台。打响"大运河文化旅游博览会"品牌，着力提升长三角文博会、紫金文创大赛、苏州创博会、江苏书展、江苏印刷业创新发展博览会、江苏版博会、南京融交会、常州动漫周等会展水平和品牌，不断扩大辐射面和影响力，引导文化产业向高端攀升。进一步打造高质量的"走出去"平台。建立江苏对外文化贸易园区和基地，积极参与国家"一带一路"倡议。坚持政府主导、企业主体、市场运作、社会参与，鼓励有条件的企业通过海外并购、联合经营、设立分支机构等方式拓展国际营销渠道，推动更多的江苏文化企业和产品进入国家文化出口重点企业和重点项目目录，创建有国际影响力的江苏文化品牌。

四、发挥资源优势，推动文旅融合

加快大运河文化带建设。用好大运河文化旅游发展基金，带动运河文化遗产保护利用、主题文化活动开展和运河文化景点、主题文化空间、文化创意街区、特色文化小镇建设，形成大运河文化旅游系列品牌。办好大运河文化旅游博览会，推动大运河文化带江苏段国家文化公园试点建设，打造江苏文化旅游融合发展的标志性项目。加快优秀历史文化资源开发。加大博物馆、纪念馆等文化文物单位文化创意产品开发试点力度，充分发挥全省文化展馆、文化遗迹遗址、名人故居、非物质文化遗产、历史文化名城众多的优势，进一步发展文化观光游、体验游、休闲游等旅游精品线路，推动文化旅游品牌化经营。积极探索文化遗产利用的新形式、新途径，鼓励具有市场前景的文化遗产资源与产业和市场相结合，推进文化旅游资源产业化。将非遗融入食、住、行、游、购、娱各个环节，实现非物质文化遗产的"活态化"保护传承与旅游融合发展。加快演出演艺产业发展。以江苏大剧院为龙头，整合剧场剧目优势资源，实现演出演艺产业的规模化、集约化和品牌化，促进剧场、演艺等产业与旅游业的融合发展。

五、优化产品供给，扩大文化消费

加大文化消费内容供给。认真落实国务院办公厅关于《完善促进消费体制机制实施方案（2018—2020年）》的有关要求，扩大文化消费有效供给，优化产品结构，丰富产品层次，充分运用互联网思维，推出形式多样、能够满足不同层次消费需求的文化产品。加快文化与现代科技融合，强化文化对科技手段的内容支撑和创意设计提升，提供个性化、分众化的文化产品和服务，培育新的文化消费形态。激发群众文化消费活力。鼓励支持社会力量参与文化基础设施建设，推动小剧场、文艺演出院线建设，完善文化消费设施布局。支持建设文化娱乐综合体,鼓励把文化消费嵌入各类消费场所。加强文化电子商务体系建设,推动文化消费与信息消费融合。鼓励企业研发引领新型文化消费的可穿戴设备、智能硬件、沉浸式体验平台、应用软件及辅助工具。完善文化消费网络服务平台,推动供给与需求快捷精准对接。进一步通过政府购买、税费补贴、积分奖励等多种手段,激发群众文化消费意愿,提高文化消费能力。努力缩小城乡居民文化消费差距,鼓励和引导农村居民增加文化消费。推进文化消费试点工作。深入推进南京市、苏州市引导城乡居民扩大文化消费试点工作,进一步总结提炼试点经验和有效模式,鼓励省内其他地区借鉴推广,探索创新,采取具有自身特色的措施引导城乡居民扩大文化消费。研究出台关于促进全省文化消费的意见,提升江苏文化消费水平。

六、完善政策法规,强化引导扶持

进一步加强顶层设计。加快文化产业立法,探索江苏文化产业发展法治化道路。借助长三角高质量一体化发展、江苏长江经济带高质量发展、大运河文旅融合发展等重要战略机遇,尽快研究制定文化产业、文旅产业转型升级行动计划,发挥规划引领作用。进一步完善政策体系。全面梳理并落实国家和省级层面支持文化建设政策,根据文化高质量发展走在前列的要求,在新兴文化业态发展、土地使用、税收优惠、知识产权保护、打造特色文化产业、优化空间布局、推进产业集聚、引导和支持文化产业做大做强等方面深入调研,制定完善导向鲜明、务实管用的政策举措,培育更多骨干特色文化企业和特色产业集聚带,打破发展壁垒,吸引更多国内外优质骨干文化企业落户江苏。进一步优化资金管理。加强对专项资金的绩效评价管理,提高资金使用效率。进一步梳理全省文化优势、弱势产业,扶强扶优扶弱,在兼顾平衡的同时突出重点,积极扶持一批具有较强发展潜力的文化新业态项目。优化产业专项资金的管理使用方式,放大财政资金的杠杆作用,改进资助方式,提升扶持效能,撬动更多社会资本投入文化产业领域。进一步突出人才支撑。认真落实《江苏文化人才高质量发展三年行动计划》,在加强文化产业人才培养方面拿出具体举措,形成重点突出、结构合理的人才结构层次,避免高技能人才、高技术人才、高级经营管理人才流失,加快培育文化创意人才,培养和吸引一批具有国际视野的文化投资、运营、管理的领军人才。

区 域 篇

第一章　苏州市文化产业发展研究

苏州城始建于公元前 514 年,距今已有 2 500 多年的历史。长期以来,苏州以"小桥流水、粉墙黛瓦、史迹名园"的独特文化风貌被世人铭记,它也因此成为全国首批 24 个历史文化名城之一。正所谓"上有天堂,下有苏杭",独特悠久的历史文化不仅是苏州驰名中外的法宝,在此基础上发展起来的文化产业更是苏州经济增长的重要组成部分。尤其是近年来,苏州市的文化产业整体实力不断提升,文化产业融合度日益加深,文化消费市场日益繁荣,影视动漫产业蓬勃发展。尽管如此,苏州的文化产业发展仍存在许多问题,如文化产业融合程度有待继续提升,具有竞争力的文化产业品牌仍较缺乏,文化产业人才格局有待进一步拓展等。因此,如何更好地发挥苏州文化的独特性,全力打造苏式文化品牌,应成为未来苏州市加快文化产业发展的重要举措。

一、苏州市文化产业发展现状及特色

近年来,苏州市文化产业规模持续扩大,文化产业融合程度不断加深,尤其是文化旅游特色凸显,文化消费市场日益繁荣,演艺节目、出版印刷、新闻广电、会展图书等收入不断增加,文化对外贸易总额继续增长,影视动漫产业蓬勃发展,文化产业发展呈现欣欣向荣的景象。总体而言,苏州文化产业发展的现状主要可概括为四个方面:文化产业整体实力不断提升,文化产业融合程度日益加深,文化消费市场日益繁荣,影视动漫产业蓬勃发展。

(一)文化产业整体实力不断提升

近年来,苏州市政府高度重视文化产业,相继出台了一系列鼓励和扶持文化产业的政策措施,有效推动了苏州市文化产业的发展。目前,苏州市拥有各类文创企业法人单位超过 3 万家,从业人员 70 余万人,文化产业规模持续扩大。苏州市文化产业经济支柱性地位不断增强,主营业务收入持续增长,文化企业和文化产业园区数量不断增加,文化产业项目层次不断提高,文化产业总体实力不断提升。2018 年,苏州文化产业主营业务收入 5 880 亿元,年增长率超过 10%。全市新增命名 16 个市级文化产业基地,共有 8 个国家级、16 个省级和 67 个市级文化产业示范园区(基地)。全年认定公布年度文化产业重点项目 45 个,当年完成投资 69.65 亿元。"太湖国学音乐小镇"等 4 个项目入选 2018 年度国家新闻出版改革发展项目库。确定 2019 年度文化产业重点项目 42 个,总投资 414.89 亿元。

就以相城区为例,2019 年,相城区正式发布《相城区文化产业发展规划》。《规划》提出发展目标:到 2035 年左右,集聚一批具有全球顶级水平的文化领军人才,引进培育一批具有全球竞争力的文化领军企业和机构,建成一批具有全球影响力的文化产业发展载体和空间,形成规模庞大、布局合理、优势突出、多业态融合发展的相城文化产业集群。2019 年以来,相城区积极响应国家提出的大力发展文化产业要求,凭借历史悠久的阳澄湖地域文化优势,已建成了一批国家级省级文创产业基地,构建起了一种以国资引领"产学研金"融合发展的良性运行模式,形成了一套文创产业体系,打造了一组以阳澄湖、北太湖、御窑金砖为代表的文创 IP，文化的作用更加凸显，文创产业增加值不断提升。据统计，相城区目前已拥有文化创意产业经营单位 3 100 多家，规模以上文化企业达到 61 家，聚集阳澄湖数字文化创意产业园、元和文化创意产业园、苏州相城影视产业园、江苏正华影视文化创意产业园等"四大产业园区"；初步形成了影视文化、网络数字、工艺制作、广告设计、动漫游戏等"五个核心产业"。

（二）文化产业融合程度日益加深

文化产业从某种程度上来讲，就是一个"文化＋"的概念。如何将苏州优秀的传统文化与其他产业相结合，打造出全新的文化产品，才是苏州市文化产业发展的关键所在。近年来，苏州市政府全力推进文化与旅游业、科技、创意设计、对外贸易等产业相融合，从根本上推动文化产业的全面发展。

1. 文化＋旅游

苏州凭借独特的景色和文化成为家喻户晓的旅游胜地，文化产业和旅游业的融合是苏州文化产业发展的一大特色。旅游给苏州文化注入全新活力，而苏州独特的文化又为其旅游业不断提供原动力。2018 年以来，苏州市旅游系统紧扣《全域旅游发展三年行动计划》，加快丰富旅游新供给，创新旅游服务新体系，加强市场监管，城市与旅游充分融合的开发与运营模式日益清晰，旅游业高质量发展水平稳步提高。2018 年全市实现旅游总收入 2 601.19 亿元，比上年增长 11.8％，其中，入境旅游创汇 25.22 亿美元。全年接待入境过夜游客 182.78 万人次，接待国内游客 12 847.67 万人次，分别比上年增长 4.1％和 6.7％。

2018 年，根据中国文化和旅游大数据研究院发布的国内首份基于大数据的最佳旅游目的地城市榜单，苏州获评"2018 中国最佳旅游目的地城市"第三名，仅次于上海和北京。在中国报业协会、中国旅游报社和中国社会科学院中国舆情调查实验室共同发布的《2018 中国旅游产业影响力报告》中，苏州获评"2018 中国旅游影响力城市 TOP10"第 5 名，仅次于北京、杭州、成都和广州，为该榜单中江苏省内的唯一城市。苏州入选全球旅游评论门户网站 Tripadvisor 评选出的中国"十佳国际旅游目的地"榜单前十。"苏州旅游总入口"微信公众号获评"2018 中国旅游影响力微信公众号 TOP10"第 7 名。同程文化旅游发展有限公司获评"2018 中国旅游影响力社会责任企业 TOP10"第 5 名（江苏唯一）。东山岛隐民宿获评"2018 中国旅游影响力乡村民宿 TOP10"第 2 名。

2019 年，苏州湾文化中心集散中心、张家港永联风情小镇、吴江亨通苏州湾文化旅游项目入选 2019 年省级旅游重点项目。苏州成功举办第八届中国苏州创博会，特别设置文旅融合展台，吸引了近 20 个国家和地区 600 余家创意设计企业参展，累计参观人数超 20 万人次，签约项目 318 项，总交易额 74.68 亿元。苏州市还精心策划了第 22 届中国苏州国际旅游节开幕式，其间还承办海外中国文化中心全球联动品牌"2019 中国旅游文化周"活动。苏州还将旅游消费纳入文化消费城市试点，在春节、清明、五一、端午等旅游旺季，推出文旅融合创新产品，开展文化旅游消费补贴，2019 年上半年发放补贴超过 500 万元，带动文旅消费超过 2 000 万元。此外，苏州市还积极开展文化旅游交流促进活动，组织参加广州旅展、上海及长三角公共文化和旅游产品采购会、首届大运河博览会，赴德国、意大利、波兰、匈牙利等国家及台湾地区开展文化交流和旅游推介。仅 2019 年上半年，通过因地制宜开展文化旅游资源开发，苏州的 38 个创新旅游产品收入就突破 9 000 万元。

2．文化＋科技

利用现代信息科技，传播苏州传统文化，创新文化产品，是苏州文化产业发展的重要方向。苏州市 2017 年启动"文化苏州云"项目，并于 2018 年初正式上线，此后陆续推出微信、微博、APP、网站四大客户端，半年来注册用户 16.5 万人，累计发布各类文化活动近 1 500 场，线上参与人次超 35 万人次，线上消费近 12 万笔，平台总交易量超 2 400 万元；平台横向覆盖 10 个板块，纵向贯通 380 家村(社区)星级文化中心，成功开展"新春惠民演出季""文化体验之旅""春暖读书惠""花漾演出季"等一批线上主题活动。运用互联网技术，苏州市创新建设文化数字化惠民服务平台，实现全市文化设施、文化活动、文化消费的综合化、智慧化管理。

此外，苏州市文化产业与科技的融合还体现在其利用现代数字技术对文化遗产的保护上。2018 年，苏州市精心承办世界遗产城市组织亚太区年会，来自联合国教科文组织及全球 62 个城市的官员、专家 200 余人参加会议。会议形成并发布遗产保护和城市发展的《苏州共识》，并授予苏州为全球首个"世界遗产典范城市"称号。江南水乡古镇申遗标识系统设计完成，启动遗产价值研究项目，申遗古镇数量增加到 14 个。苏州正式加入海上丝绸之路申遗城市联盟。全市新增 18 处省保单位，总数 130 处，国保、省保单位达到 189 处，数量全省第一。牵头苏州大运河文化带文化长廊建设，苏州加入世界运河历史文化城市合作组织，全市 6 大类 40 个项目进入省大运河项目预备名单，总投资超过 223 亿元。承接国家文物局文物流通领域登记交易制度试点，促进文物市场活跃有序发展。全市新增 11 位国家级非遗传承人，总数达到 50 位，人数全省第一。

3．文化＋创意设计

当前，文化创意产业已经成为苏州市国民经济发展的支柱产业，规模化、集约化、专业化水平在不断提高。文化创意与实体经济深度融合，文化新技术、新业态、新模式不断涌现。2017 年，苏州文化创意产业营业收入已达 5 346 亿元，同比增长 10.97％，其增加值占 GDP 比重达 8.19％，各类文创企业法人单位可达 3 万余家，从业人员可超 69 万人，取得了"十三五"良好开局。

4．文化＋金融

2017 年，苏州市"创意产业金融服务中心"等五大创新平台建立，促进文化金融深度融合。"苏州市文化创意产业投资引导基金"总规模达 7 500 万元，累计参与投资文创企业类"子基金"3 个，投资文创企业 3 家，其中，2 家文创企业新三板上市。工业设计产业快速成长，年初新增 6 家省级工业设计示范企业，组织推荐 4 家企业申报国家级工业设计中心。

5．文化＋对外贸易

2018 年，苏州市共有 6 家文化企业入选"2017—2018 年度国家文化出口重点企业"。不仅如此，吴江鼎盛丝绸有限公司的上久楷宋锦欧洲设计中心和苏州欧瑞动漫有限公司的《孔小西与哈基姆 2》还入选了 2018 年文化部"一带一路"文化贸易与投资重点项目。苏州玩友时代等 4 家企业获 2018 国家文化产业发展专项资金文化服务出口奖励共计 1 478 万元，获奖金额占全省获奖总金额的 85％。仅 2017 年，全市 34 家文化创意产业服务贸易重点企业出口额就达到 10 亿美元。

（三）文化消费市场日益繁荣

文化消费市场主要包括新闻广电消费、演艺节目消费、出版印刷、会展图书消费等。

2017 年以来,苏州市文化消费收益不断增长,文化消费市场日益繁荣,并成功入选全国文化消费试点城市。苏州市政府相关部门围绕十九大召开、香港回归 20 周年、建军 90 周年等重大节点,积极开展相关主题活动,分两批资助高雅艺术演出 22 项。做优民营表演院团演出周,33 家院团演出 69 个节目。其中,昆剧新版《白罗衫》获中国戏剧节优秀剧目入选奖,并获 2017 年省舞台艺术文华大奖等;广电节目创优取得新成绩,两件作品分获第二十七届"中国新闻奖"一等奖和三等奖。全市 58 个节目获江苏省优秀广播电视节目奖。8 件作品在全省广播电视少儿精品评选中获奖,数量居全省前列;新闻出版业规模总量保持全省领先水平,全市 1 221 家出版物发行单位和 2 236 家印刷复制单位通过年检,新闻出版行业总量约 371 亿元。全市拥有绿色印刷企业 18 家,数字印刷企业 6 家。4 家印刷企业登上"2017 年中国印刷企业 100 强排行榜";支持主办首届江苏印刷业创新发展博览会,360 多家印刷企业集中展示印刷行业发展的新技术、新材料、新工艺、新产品,吸引专业观众近两万人次,现场交易 2 600 多万元,意向交易 1.7 亿元,供应链金融签约 3.3 亿元,10 项重点活动圆满举行,进一步促进了印刷业转型发展。

在图书消费方面,2017 年,苏州以总分第一的成绩当选江苏省首批书香城市建设示范市,张家港市当选示范县;并连续两年承办第七届和第八届江苏书展,销售总额达 6 000 多万元。市民综合阅读率 95.35%,在全国处于领先位置。连续举办第十二、十三届苏州阅读节,组织策划"书香企业创建""品苏式生活,读中国典范"等主题活动 13 项、重点活动 59 项。苏州市在阅读总量、付费电子书人均阅读量、人均阅读电子书时长、人均借阅量四项,均进入全国城市前十位。截至 2018 年,苏州图书馆分馆总数达到 85 家;网上借阅社区投递服务点 103 处。苏州图书馆"基于信用的网上借阅社区投递系统"项目获中国图书馆学会最佳创新奖。苏州图书馆针对外来务工人员子女开展的"小候鸟"服务,荣获美国图书馆协会主席国际创新奖,系省内首次。全市共有 13 家报社、28 家期刊社、3 家图书出版社、1 275 个发行单位和 2 272 家印刷企业通过年检。

(四)影视动漫产业蓬勃发展

习近平总书记在全国宣传思想工作会议上发表重要讲话,勉励广大艺术工作者要把提高质量作为文艺作品的生命线,用心、用情、用功抒写伟大时代。影视是大众化程度最高的文化形态之一,也是文化创新创造的重要领域。苏州市也紧跟时代步伐,大力发展影视动漫产业,并取得了一定成效。2018 年,苏州观影人次突破 3 600 万人次,电影总票房高达 11.5 亿元,位列全国第九位,票房增幅在全国十大票仓城市里位居第一。截至 2018 年年底,苏州影院数达到 157 家,同比增长 14.6%。在不断创新的技术支撑下,苏州影院积极转型升级,优秀的电影内容和先进的呈现方式吸引着越来越多的观众走进影院,一饱眼福。除了拥有优质影院,还有更多影视制作企业和电影人才培养机构在不断发展壮大,这是近年来苏州电影艺术产业蓬勃发展的真实写照。

习近平总书记强调,要加快发展新型文化业态,推动文化产业快速健康发展。影视是当前文化产业的重要引擎,作为中国近代电影的发源地之一,苏州站在新的起点上,加速发展电影产业,用电影讲好新时代的中国故事。截至 2019 年 3 月,苏州有 176 家影视企业获发广播电视节目制作经营许可证,占全省的 34%。电影已成为苏州市文化艺术领域和文化产业的精彩亮点。近两年来,苏州电影产量显著提高,2018 年的过审电影数量是 2017 年的 2.2 倍,苏州已成为省内重要的影视作品生产基地之一。苏州的电影备案不仅数量多,类型也较为丰富,值得一提的是,苏州近两年的动画影片和纪录影片备案量均列全省第一。其中,2018年动画和纪录影片备案数量分别占全省67%和50%。位于相城区高铁新城的苏州相城影视产业园成立,CCTV6电影频道制作基地成为首家入驻平台,全套广播级设备的投入及高端制作团队的进驻,为苏州电影产业发展提供了技术支持及后期保障。

近年来,产业园迎来重要转型,以动漫电影后期制作为主要发展方向。园内已引进培育关联企业40多家,产业人员600多人,参与制作过的动漫影视作品超200部,仅动漫电影制作一项年营收便接近1亿元,成为长三角最具影响力的影视动漫产业集聚区之一。张家港软件动漫产业园是全国第五家、江苏省第二家获批国家影视网络动漫实验园的园区,现入驻产业园的影视动漫企业有12家。园内先后有《如意酷宝系列》《小主人之正义联盟系列》《香菇特勤队》等十余部原创动画片于央视少儿频道及国内知名卫视播出。由园内的江苏如意通动漫产业有限公司自行研发并拥有完全自主知识产权的"如意通二维动画自动生成系统"在技术领域实现重大突破,居国际领先水平。苏州国际科技园作为苏州动漫产业园的主体,早在2005年就被国家广电总局正式批准为国家动画产业基地,汇聚了多家优质动漫企业。

二、苏州文化产业发展面临的问题

尽管苏州市文化产业已颇具规模,但相比于国内其他一线城市,还存在许多不足。这其中主要包括传统文化的创新发展不足,具有竞争力的文化品牌仍较缺乏,文化产业核心内容的主导地位有待增强,文化产业链条有待进一步延伸等。

(一)传统文化的产业化创新不足

如前所述,近年来,苏州市文化产业的融合程度有了极大提升,尤其是在文化旅游、文化科技、文化创意、文化金融和文化对外贸易几个方面的融合都取得了一定的成绩。然而,苏州文化产业发展的一个重要问题是没能发挥传统文化优势,创新打造独具苏州特色的文化产品。譬如,在影视传媒方面,苏州作为昆曲的发源地,向来以戏曲、音乐等文艺节目作为宣传苏州文化的主要方式,但缺乏以苏州传统文化为题材的影视动漫作品。尽管近两年来,苏州市政府高度重视发展影视动漫产业,2019年还举办了姑苏区首个动漫庙会,常熟市的原创动画电影《冠军侯》入选了2019年度苏州市文化产业重点项目。但是,比较知名的原创影视作品还比较缺乏,尤其以苏州文化为题材的影视动漫作品更为稀缺。此外,文化与现代农业的融合是国内大部分城市文化产业发展的软肋,苏州也不例外,如何将苏州优秀的传统文化融入现代农业发展,创造出更多富含苏州文化的"农产品",是苏州文化产业发展的又一新方向。

(二)具有竞争力的文化品牌仍较缺乏

苏州市的文化产业已颇具规模,处于江苏省第一方阵。但苏州市文化产业特色却不够凸显,尤其缺乏比较具有竞争力的文化品牌。无论是在文化金融、文化创意还是文化旅游方面,都缺乏能代表苏州文化特色的品牌。在文化旅游方面,南京有"途牛";在文化影视方面,无锡有"华莱坞";在文化科技方面,常州有"金刚科技"等。苏南五市的其余三市都有一两个在国内具有一定影响力的文化品牌,而苏州除了苏绣、昆曲等传统艺术特色外,几乎没有其他大众所熟知的文创品牌。因此,如何将苏州传统文化与现代科技相结合,打造属于苏州的文化品牌,应是苏州文化产业发展的当务之急。

(三)文化产业核心内容的主导地位有待增强

一直以来,苏州文化产业主要以工业为支柱,重点发展文化制造业,且由于苏州属于外向型经济,文化制造业生产的产品大多对外出口,导致苏州市文化制造业不能很好地推动苏州市文化的发展,也不能更好地满足苏州人民的文化需要。因此,近年来,苏州市政府开始着重发展文化核心领域,大力发展文化服务业,重点推进文化创意产业发展,使得文化产业核心领域的主导地位逐渐增强。但是,相较于南京文化产业核心领域的主导地位而言,苏州市文化产业核心领域的占比仍有待进一步提高。

(四)文化产业链条有待进一步延伸

文化产业与其他传统的单一产业不同,而是一种跨越众多领域的价值实现过程。因此,文化产业水平要从实质上提高,就需要形成一条完整的产业链。当前,苏州市文化产业虽发展迅速,但仍未形成一条完整的产业链。各个门类之间的联系还不够紧密,各产业园区的合作还比较欠缺。譬如,在打造文旅城市的同时,缺乏将文化旅游和金融、科技、影视等其他产业相结合,延伸拓展产业链。相反,国外文化产业链的发展就比较成熟,如美国暴雪娱乐能够以一款网络游戏为基础,开发出产值上亿元的周边,甚至以此为蓝本创作出畅销的文学作品,创造的价值远远超过了游戏本身。苏州的蜗牛电子、玩友时代等公司也开发了不少游戏作品,但尚未形成集游戏、演艺、旅游等一体的产业链,还需不断加强这方面的探索。

三、苏州市文化产业发展对策分析

针对苏州市文化产业存在的以上问题以及结合苏州市文化产业发展的现状,在此提出以下几方面的对策建议:其一,政府方面,要树立产业意识,加强对文化产业的扶持和引导,培育和引进优秀文化企业和文化人才;其二,企业方面,要树立创新意识,立足苏州文化特色,打造苏州文化品牌,积极引进新技术,加速企业转型升级;其三,社会方面,要创造良好的文化产业发展环境。

(一)加强政策扶持和引导,推进文化产业链的形成

文化产业的发展,离不开政府政策的支持和引导。苏州市政府不仅要聚焦文化产业,在推进文化产业发展工作中准确区分"文化+"(文化核心产业)与"+文化"(泛文化产业)的区别,避免文化产业泛化的情况,通过产业资金切实推动文化产业快速发展。更要创新扶持机制,紧跟当前产业金融工具创新的大趋势,完善文化产业金融扶持体系,着力推动一批有规模的文化企业发展壮大,推动一批中等规模的文化企业脱颖而出,推动广大文化产业活动单位蓬勃发展。

首先,政府要充分发挥引导作用,促进文化产业园的资源整合,畅通信息公布和流通平台,促进企业间的互动融合,提升企业间的凝聚力,进一步巩固产业集聚效应,进一步减轻文化企业的税收负担,加大对文化产业的资金扶持。开展优秀新兴业态文化创意企业评选,对示范性、创新性、引领性好的企业和项目重点跟踪、重点培育。加强园区(基地)建设。健全重点文化创意企业培育机制,着力培育一批发展前景好、经营业绩优、业界知名度高、产品或服务的市场占有率进入国内同行业前列的龙头领军文化创意企业,在项目扶持、融资等方面给予倾斜。支持小微文创企业发展,进一步推动企业创新发展和结构调整。支持合理利用

空余或闲置厂房、场地和废弃工业设施等,将其改造建设成为具有较强创业辅导功能,运作规范、业绩突出的小微文创企业创业基地。鼓励小微文创企业根据政府向社会力量购买服务的相关规定参与公共文化服务。

其次,优化文化产业发展环境。加快转变政府职能,持续深入推进简政放权,落实"先照后证"工作。取消不合理的资质资格许可事项,降低市场准入门槛,构建政府引导、市场主体、多元投资、科技引领和跨界融合创新的文化产业发展体系。加快推进经营性文化事业单位和国有文化创意企业建立现代企业制度,鼓励文化创意成果、著作权入股,组织开展股权奖励、股权出售、股份期权、分红权、成果收益分成等激励试点,并鼓励社会资本有序参与。加大财政支持。加强知识产权保护和运用。健全知识产权保护体系,加强知识产权行政执法,完善知识产权维权援助机制,加大对侵权行为的执法力度。鼓励创新与知识产权相关的金融产品和服务,支持开展知识产权质押融资、知识产权投资入股等融资业务,拓展知识产权保险业务,创新有关服务机制,支持中小企业快速成长。支持社会资本通过市场化方式设立以知识产权投资基金、集合信托基金、融资担保基金等为基础的投融资平台和工具。

最后,引进和培养高端文化产业人才。坚持培养和引进相结合,积极创造有利于培养、吸引、汇集国内外创意创新人才的政策环境和人文环境。支持高等院校、职业院校与文化创意企业联合建设文化创意产业人才培养基地和职业技能公共实训基地,加快培养、培训文化创意研发设计、经营管理、营销经纪人才。积极促进人才交流。鼓励高等院校、研究机构和企业开展文化创意人才的国际交流,设立文化创意产业人才信息库,对在库内人才的海外培训予以补助。加强人才激励。建立健全文化产业人才使用、流动、评价和激励体系,制定实施文化创意人才培育计划。加大文化创意人才在姑苏创新创业领军人才计划中的入选比例和扶持力度。文化创意企业以股权、期权等形式给予其高级管理人员的奖励,按现行税收政策规定在计征个人所得税时给予优惠。

(二)以创新为驱动,加速文化企业转型升级

企业要树立创新意识,积极拓展产业链,利用现代科技,加速转型升级。在同行竞争中,企业要勇于创新,积极与其他企业合作交流,甚至并购重组其他企业资源。积极利用存量资源兴办文化产业园区,引导各类社会资本,特别是民间资本参与建设与运营。具体而言,其一,要利用现代信息技术平台,积极开展文化金融合作创新工作。逐步扩大融资租赁贷款、应收账款质押融资、产业链融资、股权质押贷款等信贷创新产品的规模,探索开展无形资产抵质押贷款业务,拓宽贷款抵质押物的范围。其二,充分借鉴国内外优秀文化产业经验,主动与境内外文化创意企业总部、知名创意设计机构、研发中心合作,通过海外并购、联合经营、设立分支机构等方式积极开拓国际市场,促进企业对外交流和发展。

(三)继续推进文化旅游高质量发展

文化旅游是苏州文化产业的一大特色,应该继续大力推进文旅产业的发展,并积极推动文旅产业与其他金融、科技等产业的融合发展,开发更多具有苏州文化特色的文旅产品、软件等。从供需两端发力,丰富文旅消费业态,提供更多产品和服务,持续打造文旅消费新地标、新载体,争创全国文化消费试点模范市。具体而言,可深化"苏州市文化消费大数据平台"二期建设。积极开展全域旅游示范区创建。争取苏州市跻身全国第一批以大市为单位创建的城市行列。指导相关市(县)、区创建首批省级全域旅游示范区。推进虞山尚湖旅游

度假区创建国家级旅游度假区。指导 5 家省级旅游风情小镇通过年度考核。开展旅游景区、乡村旅游、工业旅游区等各类旅游示范区创建。评选发布全市年度十大创新旅游产品、乡村旅游十大精品线路和十大精品民宿。

（四）突出"江南文化"，打造苏式文化品牌

苏州文化产业的一大不足就是文化品牌的缺乏，因此，必须立足于江南文化特色，大力打造苏式文化品牌。而从具体落实角度来看，文化品牌的打造主要应从文化旅游入手，研究制定苏州文化旅游融合发展品牌和形象推广整体方案，策划营销主题，叫响营销口号。以重大文化旅游节庆活动为平台，延伸推广半径。打造苏州国际会奖旅游目的地形象，形成文旅融合推广突破口。加强文化对外交流，如组织昆曲、评弹、中国画等艺术门类赴日本、马来西亚、新加坡和中国台湾地区开展交流。加快推进布达佩斯中国文化中心建设。加大与兄弟海外文化中心合作力度，赴日本东京、新加坡中国文化中心举办苏州文化旅游展。组织文化和旅游企业参加"中国国际进口博览会"等重点展会，实现双、多边交流互动。组织动员苏州企业开展文化、旅游贸易推广行动，争取更多项目进入国家和省"一带一路"项目方阵。加强与"长三角"城市群与"长江经济带"三大都市圈合作交流，推动苏州文化和旅游产业在更高平台上展示。

第二章　无锡市文化产业发展研究

无锡是国家历史文化名城,江南文明的发源地之一。在此基础上发展起来的文化产业,是无锡市现代产业体系的重要组成部分。2019年7月,为推动文化产业高质量发展,无锡市政府学习借鉴国内先进城市经验,按照"做大增量、提升存量、激活变量"的思路,坚持以发展具有特色优势的文化产业为重要取向,研究制定了《无锡市文化产业高质量发展三年行动计划(2019—2021年)》和《关于推动无锡市文化产业高质量发展的若干政策》。两份文件明确了着力发展影视传媒、创意设计、文化旅游、文化娱乐、数字文化、文化制造等六大重点领域,提出了开展产业聚焦提升、重大项目引育、产业主体培育、"文化＋"融合发展、文化贸易促进、产业品牌打造、金融服务体系构建、产业人才支撑八大行动,制定了差异化扶持政策。这两份文件不仅有力地推动了无锡市文化产业的发展,更是为未来无锡市文化产业的发展指明了方向。

一、无锡市文化产业发展的现状及特色

无锡经济的快速发展和产业转型升级的迫切要求,为无锡大力发展文化产业提供了新的机遇和目标,同时也将带来巨大的社会和经济效益。从2005年开始,无锡不断探索促进文化产业的发展,为社会增加了国民生产总值,创造了大量的就业机会,为市民提供了丰富的文化产品和服务,更好地满足了大众的文化需求,提高了大众的文化素养。无锡文化产业从2005年开始建立到逐步成熟,从单一发展动漫产业到现在各个门类的百花齐放,已成为无锡市社会经济发展不可或缺的组成部分。目前,无锡市文化产业发展日益规模化,以影视传媒为核心的文化产业特色日益凸显,"文化＋"融合化发展不断加深,文化对外贸易发展势头良好,文化产业政策不断完善。

(一)文化产业发展日益规模化

近两年来,无锡市文化产业增加值不断增加,文化产业规模不断扩大。截至2019年,文化企业数突破2万家,规模以上文化企业650家左右。全市共有各类文化园区载体16个,初步形成了以影视传媒、创意设计、文化旅游、文化娱乐、数字文化、文化制造为代表的发展格局。2017年,无锡市文化产业实现增加值450亿元,占GDP比重4.28％,万达文旅城、华侨城风情小镇、复华度假世界等重大文化项目落户无锡。无锡国家数字电影产业园2017年实现营收50亿元,税收4.75亿元,呈现爆发式增长。无锡市文化产业发展已经初具规模。

(二)以影视传媒为核心的产业特色日益凸显

影视传媒一直是无锡市文化产业发展的主要方向和特色。近年来,无锡市政府更是高度重视发展影视传媒产业,吸引了国内一批电影产业投资落户无锡,无锡市的影视基地更是制作出品了不少有名的影视动漫作品,极大地推动了无锡市影视传媒业的发展,使其成为无锡市文化产业发展的一大特色。2019年5月底,在2019中国·江苏太湖影视文化产业投

资峰会上,"江苏省电影产业创新实验区"落户无锡;"江苏省影视游戏版权贸易(无锡)基地"正式揭牌;规模达 20 亿元的华莱坞电影基金和 15 亿元的和乐电影衍生产业开发基金签约;"电影＋"燃梦计划发布,致力打造中国首个"电影＋"创业创新基地和电影后产品开发集聚平台。这一系列创新之举,为无锡乃至全省影视产业发展注入强大动力。

目前,无锡国家数字电影产业园区拥有水下特效棚、1.2 万平方米超大影棚等专业影棚15 座,入驻企业 1 000 多家。无锡市天工映画影视科技有限公司就是这千余家企业中的一家,从这里诞生了许多脍炙人口的影视作品,如《狄仁杰之通天帝国》《龙门飞甲》《画皮Ⅱ》《太极》《中国合伙人》《1942》《鬼吹灯之寻龙诀》《我不是潘金莲》等。此外,《西游记之三打白骨精》《捉妖记》《武媚娘传奇》《魔兽》《星球大战 7》《变形金刚 4》等大片都曾在这里拍摄和制作。无锡天工映画影视科技公司也参与了获得今年中国动画电影票房冠军《哪吒之魔童降世》的调色工作。如今,越来越多的影视公司选择在无锡落户、立项,极大地推动了无锡市影视产业的发展。2019 年上半年,无锡影视产业发展迅猛,无锡国家数字电影产业园获批"江苏省电影产业创新试验区"和"江苏省影视游戏版权贸易(无锡)基地",上半年产值同比增长23％。更为重要的是,随着太湖影视投资峰会在业界影响的不断提升,它也成为无锡具有辐射效应的特色文化品牌活动之一。无锡以特色文化品牌活动为载体,将城市影响力辐射至长三角地区,乃至全国。近年来,坚持"跨界·融合·多元"理念的无锡文博会不断提档升级,区域性辐射功能日益增强。2018 年无锡文博会以博览和交易为核心,共有 17 个国家和地区以及全国 22 个省市(自治区)的 896 家展商参展,参观人数超 13 万人次,现场交易额(含部分订单)6.327 亿元。

除了影视传媒产业外,广告业也是无锡市文化产业发展的一大特色。无锡国家广告产业园(iPark),自 2013 年获批国家广告产业试点园区并成为全国唯一的互联网广告产业基地起,园区全年广告产业收入从 45 亿元增长至 184 亿元,保持每年超 20％的增长率。经过多年发展,无锡国家广告产业园已经成为无锡市重点打造的 16 个特色鲜明、影响较大的文化园区载体之一。

(三)"文化＋"融合化发展不断加深

无锡市文化产业的融合程度相较以往有了明显提升,尤其在文化旅游、文化金融方面的融合程度较深,极大地促进了无锡市文化产业的发展。作为国家历史文化名城,无锡市一直致力于将传统文化与旅游相结合,以文化促旅游,以旅游扬文化,打造文旅城市。从数据上来看,无锡市 2018 年共接待国内游客 9 817.68 万人次,比上年增长 7.0％;接待旅游、参观、访问及从事各项活动的入境过夜旅游者 58.60 万人次,比上年增长 18.3％。旅游总收入达1 951.97 亿元,比上年增长 11.9％。全市拥有年接待游客 10 万人以上的景区 50 个,国家5A 级景区 3 家,国家 4A 级景区 27 家,3A 级景区 14 家,2A 级景区 9 家。省星级乡村旅游区(点)117 个。年末,全市星级宾馆 40 家,其中,五星级宾馆 13 家,四星级宾馆 10 家。全市拥有旅行社 229 家,其中,出境游组团社 34 家。

在体量、模式均快速发展的背景下,文旅已成为增强人们获得感、幸福感的重要产业之一。无锡市正是抓住这一新机遇,着力打造了一批全新的文化旅游景区。目前,无锡融创文旅城、小娄巷历史文化街区已经建成。梦东方徐霞客国际旅游度假区、华侨城古运风情小镇等文旅项目正有序推进;总投资 200 亿元的灵山集团"大拈花湾"项目、蓝凤凰艺术小镇等新增重点项目也已经完成签约。此外,作为国家著名的影视基地,"华莱坞"自 2013 年开园至今,在外界眼中的定位和功能也在不断升级。从影视企业集聚区、影视生产制作基地,到建成数字电影科技馆、品啦明星蜡像馆、民国街摄影棚、太空翱天体验馆,推出 5D 光影秀演出、武媚娘传奇摄影棚、三打白骨精摄影棚、湖光水景喷泉区等旅游项目,产业园区也成为国家 4A 级旅游景区。将特色文化产业与旅游互相融合发展也是无锡文化产业发展的重点方向。

此外,在文化金融方面,无锡市文化金融基金数量不断增多,文化金融产品不断丰富。目前,无锡市共拥有大运河文化旅游发展基金、华莱坞惠泉影视基金、无锡影视文化金融服务中心等文化金融机构,逐步形成以文化旅游、文化影视相互融合、资源互补的金融产业链。在无锡市政府的引导和扶持下,无锡市不断开展文化金融创新,逐步扩大融资租赁贷款、产业链融资、股权质押贷款等信贷创新产品的规模,进一步探索实施"投贷奖"联动体系。并且充分利用优势,围绕影视产业链,探索成立金融合作联盟和金融服务链,建立各类型金融机构资源互补、协同创新的文化金融服务集群,极大地推动了无锡市文化金融产业的发展。

(四)文化对外贸易发展势头良好

2018 年 6 月,无锡凭借集聚高度、增长迅速的文化产业,入选全国首批 13 家国家文化出口基地,同时也是江苏省唯一入选的城市。文化贸易不仅发展势头良好,还不断迸发出新的活力与潜力。其中,倍视文化是无锡首家年出口超 500 万美元的文化服务企业,慈文传媒大力向海外传播富有中华元素的电视作品,凤凰画材已成为全球第二大专业画材制造商。近年来,无锡对外文化交流工作在省文化厅指导下,围绕中心,服务大局,不断加快"引进来"和"走出去"的步伐,逐步形成了"1+2+X"的工作格局:以精品歌舞表演为主的一支"走出去"的队伍,以艺术节和文博会两大活动为主的"引进来"的重要平台,以书画、文博非遗展览展示等 X 个项目作为对外文化交流工作的重要补充。

(五)文化产业政策不断完善

21 世纪以来,无锡市政府越来越重视文化产业的发展,陆续出台了一系列推动文化产业发展的政策措施,实施了一批文化产业扶持行动,对无锡市文化产业的发展起到了极大的推动作用。在政策制定方面,最值得一提的是刚出台的"三年行动计划"和"若干政策"。2019 年 7 月,为推动文化产业高质量发展,无锡市政府学习借鉴国内先进城市经验,按照"做大增量、提升存量、激活变量"的思路,坚持以发展具有特色优势的文化产业为重要取向,研究制定了《无锡市文化产业高质量发展三年行动计划(2019—2021 年)》和《关于推动无锡市文化产业高质量发展的若干政策》。这两份文件明确了着力发展影视传媒、创意设计、文化旅游、文化娱乐、数字文化、文化制造等六大重点领域,提出了开展产业聚焦提升、重大项目引育、产业主体培育、"文化+"融合发展、文化贸易促进、产业品牌打造、金融服务体系构建、产业人才支撑八大行动,制定了差异化扶持政策。这两份文件不仅有力地推动了无锡市文化产业的发展,更是为未来无锡市文化产业的发展指明了方向。

在文化产业资金扶持方面,无锡市政府自 2011 年设立文化产业发展扶持资金以来,总共扶持 351 个文化产业项目,累计下发文化产业引导资金 2.94 亿元,有力地助推文化企业、文化项目发展壮大,文化产业逐步成为助推经济发展的新动力、新力量。此外,除了政府资金直接资助外,无锡市的文化企业基金也在政府的引导下逐渐发展起来。"无锡市文化旅游小微创业贷"自 2016 年设立以来,截至 2018 年上半年,累计投放金额已超 1.2 亿元,共有

58 家企业备案入库。"锡科贷"2017 年共有 40 家企业获批贷款额度 2.5 亿元,2018 年上半年已发放贷款 1.1 亿元,有效地解决了文化企业"融资难、融资贵"的问题。

二、无锡市文化产业发展存在的问题

无锡有着深厚的文化底蕴、扎实的产业基础、独特的区位优势和优美的自然环境,有基础、有条件把文化产业发展得更好,但当前无锡市文化产业发展无论是规模和层次、速度和质量,都存在短板和不足。具体而言,无锡市文化产业发展主要存在产业总体规模偏小、龙头文化企业较为缺乏、产业项目层次不够高、产业品牌不够凸显、产业人才不足等问题,与无锡经济社会发展水平和城市发展地位不相适应。

（一）文化产业总体规模偏小

无锡市文化产业虽取得了一定的发展,但其总体发展规模还有待进一步提高,主要突出体现在其文化产业占 GDP 比重方面。遑论与国内一线城市相比,即使在苏南五市中,无锡市的文化产业规模也相对偏小。无锡文化产业曾经跻身省内领先地位,但近年来,无锡市文化产业 GDP 占比已降至省内第 6 位,是苏南五市中唯一低于 5％的城市。目前,南京、苏州、常州等早已超过 5.5％。在无锡市政府刚出台的《无锡市文化产业高质量发展三年行动计划(2019—2021 年)》和《关于推动无锡市文化产业高质量发展的若干政策》中,将 2021 年无锡市文化产业增加值目标定位 5.5％以上,这个目标显然有点偏低了。须知,南京早已超过了 6％。作为江苏省重要的经济大市,无锡市应该进一步扩展文化产业规模,争取使其 GDP 占比超过 6％,成为无锡市经济发展的支柱性产业。

（二）龙头文化企业较为缺乏

2019 年无锡市文化企业数突破 2 万家,但规模以上文化企业仅 650 家左右。相比而言,南京全市共有文化企业 3.5 万家,其中,规模以上企业 1 600 余家;常州市的文化产业法人单位近 2 万家,其中,"三上"文化企业近 1 000 家。由此可见,无锡市文化企业数量虽多,但发展规模明显不够,尤其是能够代表文化产业各门类的龙头企业更为缺乏。除了在影视产业拥有几家较出名的企业外,在其他文化金融、文化制造业、文化科技、文化创意等领域都缺乏具有代表性的企业。无锡被评为江苏唯一的国家文化出口基地,与凤凰画材起的作用密不可分,可惜在无锡这样的企业还不多。文化产业发展需要龙头文化企业,以及以此为核心的产业集群。深圳之所以在文化产业发展上紧逼北京、上海,正是因为拥有腾讯、华强动漫、华侨城、雅昌等一批龙头文化企业。而无锡市 2018 年规上文化企业总数少于省内的南京、苏州和常州。由此可见,无锡要实现文化产业大发展,迫切需要培育发展一批有规模、有效益的文化企业,尤其是龙头文化企业。

（三）文化产业项目层次还不够高

近年来,无锡市的文化产业项目大多以本市、区、县为主体,且内容大多涉及传统文化产业门类,缺乏与市外、省外、国外等相关企业的合作,缺乏对新兴业态的研究和探索。这直接影响了无锡市文化产业发展的质量。无锡市政府虽设立了专项的文化产业扶持基金项目,但从申报指南来看,大多只奖励和扶持那些已经做出成绩的或发展速度较快的文化企业,如新"四上"企业、高成长性企业、影视后期制作业等,而缺乏对新兴企业的支持和鼓励。须知,往往那些刚起步的小企业,才蕴藏着更多创新和发展的潜力。

(四)文化产业品牌不够凸显

一说到无锡市文化产业,人们能想到的一般只有"华莱坞",抑或是无锡国家数字电影产业园,因为从这里出品了许多脍炙人口的影视动漫作品。然而,在其他方面,无论是文化旅游、文化金融,还是创意设计、文化科技,都缺乏能拿出手的"无锡出品"。相比而言,无论是南京还是常州,都拥有一些比较出名的文化品牌。如南京的途牛旅游,常州的中华恐龙园、金刚科技等。因此,怎样将无锡市的优秀传统文化进行创新、包装,全力打造"无锡出品",是无锡市文化产业亟待推进的工作。

(五)文化产业人才不足

与无锡市文化产业存在的以上四个问题紧密相关的就是文化产业人才的缺乏。目前,无锡市主要依靠江南大学来培育相关中高端人才。但江南大学作为一所典型的工科院校,其拔尖的专业是轻工技术与工程、食品科学与工程,与文化产业相关的比较强的专业有生态纺织技术与工程、设计学、计算机科学与技术,这些专业都是只适合于传统的文化产业门类,明显不足以满足无锡市文化产业发展的需要。在目前比较热门的创意设计、文化金融、影视动漫等方面,江南大学都无法为无锡市提供充足优秀的相关人才。因此,加紧引进和培育这方面的相关人才,也是推动无锡市文化产业发展的头等大事。

三、无锡市文化产业发展对策分析

针对无锡市文化产业发展存在的以上问题,无锡市政府要充分认识推动文化产业高质量发展的重要性,切实增强紧迫感,扩大文化产业规模,增强文化产业发展动力,提高文化产业项目层次,增强文化产业园区的集聚力,着力推进文化产业规模化、特色化、集约化、融合化发展,加快把无锡建设成为区域性文化中心城市。

(一)加大文化企业引进和培育力度,扩展文化产业规模

无锡市文化产业规模总体不够大的主要原因在于文化企业数量不足、质量发展不高。因此,要扩大文化产业规模,首先应该培育和引进更多文化企业,进而重点打造一批领军型企业。具体而言,无锡市政府应该出台相应资助和扶持政策,吸引更多文化企业入驻无锡,先从数量上壮大无锡市文化产业规模。进而聚焦影视动漫、创意设计、新媒体等重点领域,加快引进和培育一批基地型、龙头型文化企业。例如,支持倍视文化、凤凰画材、灵山集团、慈文传媒、央视网络等重点企业发展,加快培育更多创新能力强、发展潜力大的成长型骨干企业,充分发挥其在产业集聚、示范引领、扩大出口等方面的支撑作用。鼓励企业通过兼并、联合、重组等形式,培育、发展一批符合产业导向,有规模、有效益的领军型文化企业。应重点培育高成长型企业,对营业收入快速增长或得到市场风险投资基金认可的企业,给予一定扶持。鼓励企业转型升级、提质增量,对实现较好效益的规模以上文化企业,给予一定奖励。要扶持小微企业。鼓励引导社会人才在无锡创办文化企业或工作室,并给予一定创业补贴。此外,要严格落实国家和省、市确定的一系列减税降费政策,进一步降低文化企业成本,更好激发文化企业市场主体活力。

其次,推动无锡文化产业链的形成和完善。进一步强化产业政策激励作用,引导各地区

依托资源禀赋、比较优势和发展空间，明确发展重点领域，推动一批重点集聚区建设，进一步优化文化产业整体布局。具体而言，江阴重点建设临港新城文化创意产业园、高新技术创业园；宜兴重点建设陶瓷文化创意产业园、阳羡生态旅游度假区；梁溪重点建设蓉运壹号创意产业园、北仓门文化创意产业园；锡山重点建设鹅湖玫瑰文化园、荡口古镇；惠山重点建设软件外包园、阳山生态休闲度假旅游区；滨湖重点建设无锡国家数字电影产业园、灵山文化旅游创意产业园；新吴重点建设国家广告产业园；无锡经济开发区重点建设江苏国家数字出版基地无锡园区、雪浪小镇建设，在全市形成布局合理、特色鲜明、优势互补的文化产业发展新格局。

（二）提高文化项目层次，加大重大项目招引力度

针对目前无锡市文化产业项目层次不够高的问题，无锡市各市（县）区应组建文化产业招商队伍，积极与世界500强、国内500强、文化30强企业进行精准化、专业化对接，每年尽可能多地招引亿元以上文化产业项目（企业）。把握当前5G网络、超高清、人工智能、大数据等与文化融合的新内容和新趋势，重点建设发展新媒体、短视频、文化高端制造、网络文学、电子竞技等科技含量高、附加值高的新兴业态项目。其次，要构建重大项目动态管理机制。加强重点项目储备，建立全市重点文化产业项目库，实行年度滚动管理，分类指导、服务和协调，推动无锡古运河华侨城、宜兴"大拈花湾"等一批投资规模大、强度高、主体优的项目如期建设运营，完善融创文旅城配套服务设施建设，提高运营服务水平。最后，加快建设一批公共文化设施项目。加强市、区和部门间协同合作，针对性开辟绿色通道，优化行政审批流程，缩短项目落地周期。定期通报重大项目实施进展情况，动态跟进解决建设过程中的问题和困难，切实加强和改进服务，推动项目快推进、早建成。

（三）继续推进"文化＋"融合化发展

无锡市文化产业的融合发展程度虽有所提高，但仍存在不足，尤其是在文化科技、文化设计等方面的融合发展，仍需进一步加深。

1. 推进文化科技融合发展

抓住国家实施"互联网＋"行动计划等重大机遇，充分利用无锡市在物联网、大数据、云计算等方面的优势，积极发展网络文学、动漫游戏、数字教育、数字文化装备、数字艺术展示等数字文化产业。利用数字技术，提升影视后期制作、文物和非物质文化遗产保护，以及泥人、紫砂、二胡等传统工艺行业数字化、智能化水平，孵化培育独具无锡文化元素特色的品牌知识产权（IP）。鼓励引导文化装备、传统印刷等产业，利用数字技术等加快转型升级。鼓励支持文化企业申报高新技术企业，加强文化产业关键技术科研攻关，拓展产业发展空间。

2. 推进文化设计融合发展

依托江南大学，充分发挥无锡（国家）工业设计园等平台载体优势，形成以工业设计为龙头的创新设计资源的集聚区。做优时尚设计，依托广益家居城等载体和一批服装龙头企业，重点推动家居创意、服装设计产业发展和商业模式创新。依托国家广告产业园，提升广告设计服务能力，拓展新型广告媒介和数字精准营销，促进数字新媒体与传统广告业融合发展。

3. 进一步深化文化旅游的融合发展

深入挖掘本地文化资源，积极发展特色鲜明的民俗民间文化、生态文化、饮食文化等，鼓励引导社会力量参与文化特色线路开发和IP培育孵化。实施传统工艺振兴计划，推动沿线

旅游景区景点植入"非遗"大师工作室(工坊)、"非遗"传习所、"非遗"技艺表演等项目内容。整合薛福成、钱钟书等一批名人故居、历史建筑、博物馆资源,实施无锡旅游资源整合与服务总入口建设工程,打造无锡人文旅游精品线路。推动文化资源旅游化,通过演艺、节庆、会展、图书、音乐、美术、自然和文化遗产等载体,强化文化产业的旅游功能,发挥实景演出的传播作用,开发"泰伯奔吴""吴越争霸""西施范蠡"等演艺项目,推出反映无锡历史文化特色和现代发展成果的文化创意产品。以大运河沿线为纽带,加快推进古运河华侨城项目、小娄巷等大运河沿线重大文化项目,系统推进清名桥景区与环城古运河的水上文化旅游产品整体设计,将大运河无锡段打造成为国内一流、国际知名的精品文旅产业带。依托茂新面粉厂、振兴丝厂等工业遗产,引入时尚创意等现代服务业态,依托海澜集团、红豆集团、玉祁酒业等特色工业企业,开发设计集游客观赏、互动、购买于一体的文化旅游项目,打造形成百年工业文明长廊。依托演艺、节庆、会展、体育赛事等平台载体,打造一批文化、旅游、体育等多业态融合的园区、特色街区等。大力实施乡村振兴战略,着力推动乡村文化旅游发展,打造一批以现代农业为依托的旅游目的地和精品路线。

4. 推进文化商贸融合发展

以梁溪区商贸流通创新发展示范区为重点,推动太湖新城、锡东荟聚、河埒口等各类商圈,以及惠山古镇、荡口古镇、梅里古镇特色街区开展高品质商业街、步行街建设,利用无锡文化元素开展商业活动,构建集"吃住行游购娱"为一体的文商旅融合发展示范区。设立文化消费引导资金,支持开展文化消费活动以及文化消费公共服务平台建设,激活文化消费市场。

5. 推进文化会展融合发展

立足本土特色文化,利用国家文化出口基地优势,加强与国家、省有关部门、国内外行业协会和项目主办方的联系,按照国家、省有关规定,支持鼓励引进国际、国内文化及"文化+"领域重大精品赛事、活动、展会、节庆活动,培育江南文脉论坛、文博会、茶博会、吴文化节、运河艺术节等文化品牌,打造一批具有无锡特色的精品文化会展。

(四)加强产业品牌打造力度

1. 培育品牌企业

加快文化品牌构建和内涵构造,着力打造文化产业标杆,建立无锡市优秀文化企业和优秀文化企业家评选发布制度。振兴"王兴记""穆桂英"等一批有历史底蕴和社会影响力的"老字号"经典品牌,培育"江大熙攘"、"黄埠墩"等一批引领当代需求的新锐品牌,壮大金杯安琪、金一文化等特色重点企业,推动九久动画等一批原创动漫企业发展壮大,打造宜兴紫砂、惠山泥人等品质认可度高、市场影响力大的优秀品牌和项目。

2. 推出品牌作品

积极打造"无锡制作",着力培育倍视文化、天工映画、圣世互娱等后期制作企业,鼓励影视剧组来锡拍摄,对提升无锡城市形象和推动影视产业发展有积极作用的给予一定补助。全力打造"无锡出品",对无锡市原创出品的影视动漫类、舞台艺术作品等给予扶持,特别对社会效益和经济效益突出、获得国内外权威奖项的精品创作,给予支持奖励,着力打造一批特色鲜明、影响深远的无锡品牌作品。

3. 策划品牌活动

重点支持中国·江苏太湖影视文化产业投资峰会品牌会展,通过举办项目洽谈、项目签约、高峰论坛等活动,不断扩大投资峰会品牌影响力。推动无锡文博会提档升级,加大招商引资、项目对接力度,使其成为国内一流、国际知名的区域文化品牌盛会。重点支持无锡市文化创意设计大赛品牌活动,推动大赛进校园、进社区、进综合体,对大赛孵化优秀选手和团队给予一定的政策支持,鼓励优秀文化产业人才来锡创新创业。

4. 推动文化企业上市

鼓励通过公司制改建实现投资主体多元化的文化企业上市融资,鼓励符合条件的已上市企业通过公开增发等再融资方式进行并购重组。支持推动无锡拈花湾文化投资发展有限公司、无锡凤凰画材有限公司等本市优质文化企业上市融资,完善文化企业上市培育计划,建立"储备一批、培育一批、申报一批"的文化企业上市梯队格局。

(五) 加强文化产业人才引进和培育力度

1. 加强文化人才引进

实施人才引进计划,对于重点文化产业领域急需、具有较大示范带动作用的文化产业领军型人才(团队)或高级经营管理人才,纳入人才计划范围。鼓励文化名家、知名大师、具有较大知名度和影响力的国内外文化名人在无锡设立工作室或投资文化产业项目。

2. 加强文化人才培育

围绕产业发展重点领域,着力培养影视制作、创意设计、经营管理、投资运营、数字文化、文化金融等行业紧缺人才,完善文化产业人才队伍建设。积极探索"政产学研"合作模式,鼓励文化企事业单位、在锡高校、艺术院校建立实训基地、开办相关专业、学院,培养文化创意产业急需的各类专业人才。支持无锡的高等院校增设艺术专业、学科、学院,探索引进或创办无锡艺术学院。

第三章　常州市文化产业发展研究

常州地处长江下游"金三角"中心,北濒长江,东临太湖,西倚茅山,南扼天目山麓,东西南北分别紧邻无锡、苏州和上海,镇江和南京,宜兴和长兴,靖江和江阴,是一座拥有3 200多年悠久历史积淀的文化名城。近年来,常州根据国家、省统一战略部署,结合本地文化产业发展资源、基础和特点,制定了一系列文化产业政策,有效地推动了常州文化产业的快速发展。目前,常州文化产业规模不断扩大、文化产业体系日益完善、文化产业创新水平不断提升,形成了以两大国家高新技术产业开发区为引领,省、市两级经济开发区多样化发展,各类文化产业平台、园区、基地为支撑的多层次发展体系。

一、常州市文化产业发展的现状及特色

2018年,常州文化产业增加值实现383.83亿元,占GDP比重达5.8%,位列江苏省第三。在2018年文化建设高质量综合评价中,常州文化产业发展指数为18.48,位列全省第二,仅次于南京。在常州市政府相关部门的引导和扶持下,常州市文化产业取得了跨越式发展,并逐渐呈现自身特色。总体而言,常州市文化产业水平不断提高,产业结构日益完善,产业品牌特色日益凸显。

(一)文化产业水平不断提高

自2010年以后,常州市政府相继出台了一系列文化产业政策,有效地促进了常州市文化产业的迅速发展,这突出体现在三个方面:一是文化产业增加值持续上升;二是文化产业园区不断扩展;三是文化企业数量不断增加,实力不断壮大。

1. 文化产业增加值持续上升

2010年,常州市的文化产业增加值为70.15亿元,占GDP比重2.31%,处于江苏省较为靠后的位置,文化产业发展指数明显与整个城市发展程度不相匹配。自此以后,常州市政府高度重视,相继出台了各项文化产业政策,大力发展文化产业,常州市文化产业步入快速发展阶段。到2013年,全市文化产业增加值占GDP比重超过了5%,位列全省第一方阵,并成为常州国民经济的支柱性产业。近几年来,常州市文化产业增加值始终保持着超过8%的增长速度,截至2018年底,常州市文化产业增加值已经近三倍于2010年的文化产业增加值,这充分凸显了常州市文化产业规模的不断发展壮大。

2. 文化产业园区不断扩展

目前,常州市已经形成了一条由南至北的产业区,包括了以环球动漫嬉戏谷为龙头引导的太湖湾文化产业片区、淹城春秋乐园引领的春秋淹城文化产业园区、中华恐龙园领衔主导的常州市创意产业基地。其中,最具代表性的产业园区无疑是常州创意产业基地,它是国家级文化和科技融合示范基地、国家电子商务示范基地、国家现代服务业文化创意产业化基地、国家火炬计划软件产业基地、国家文化产业示范基地、国家数字娱乐产业示范基地、国家动画产业基地、国家广告产业园区聚集地,并拥有国家5A级旅游景区环球恐龙城这一独特

资源。该基地以打造"形象—内容—科技—体验—衍生"为主的创意产业链条，重点培育文化装备、文化设计、文化科技等文化企业。基地现已初步形成以常州创意园为核心的产业空间布局形态，产业载体面积约 72.5 万平方米；集聚从业人员 3 万余名，注册企业 800 多家，其中，高新技术企业 30 家，"新三板"挂牌企业 13 家，涵盖了软件与信息服务、电子商务、移动互联网、动漫游戏等创意产业主要门类。拥有各类创新创业人才 140 多名，高级专业人才 3 000 多名，获评省"双创团队" 1 个、"双创人才" 12 人。拥有"中国常州国际动漫艺术周""国家二维无纸动漫技术服务平台""中科院常州科学与艺术融合技术研究中心""产学研联合创新服务平台""CNITO 国际服务外包承接中心"、江苏省创意云中心等一批国家级、省级重点平台。按注册落户园区内企业统计，基地内企业开票营收从 2009 年的 6.19 亿元发展到 2016 年的 102 亿元，创造出年平均 49.2% 的增速，纳税总额从 2009 年的 0.51 亿元发展到 2016 年的 3.17 亿元，年平均增速达 29.8%。除此之外，现代传媒中心、运河五号创意街区、国家动画产业西太湖基地、武进中华孝道园、金坛区东方盐湖城都已经陆续建成。其中，江苏西太湖影视产业基地也是近两年发展迅猛的园区代表之一。基地以版权分销平台项目起步，逐步建设现代内景基地、民国内景基地、主题旅游景区基地、具备互联网基因的影视新媒体基地等综合产业型基地，大力推动影视产业的发展。

3. 文化企业数量日益增加，实力不断壮大

目前，常州市文化产业法人单位近 2 万家，其中，"三上"文化企业近 1 000 家，形成了以文化旅游、广告会展、创意设计、数字内容、影视演艺、出版印刷为主导的发展格局，涌现出龙城旅游控股集团、金刚科技、灵通展览等一批在行业内具有较大影响力的文化企业。民营文化企业的不断发展和壮大，使得常州市实现了以龙头企业引领带动、各类文化企业共同发展的格局。例如，以常州化龙网络科技股份有限公司、麦拉风网络科技有限公司等为代表的数字网络类文化企业；以江苏印象乾图文化科技有限公司、卓谨信息科技（常州）有限公司为代表的文化科技类文化企业，等等。

（二）文化产业结构日益完善

常州市的文化产业不仅门类齐全，几乎涵盖了 9 大类、43 中类、146 小类的所有门类，而且产业链体系日益成熟，形成了三大产业集聚区：依托创意产业基地为核心的文化创意产业集聚区，依托中华恐龙园为核心的文化旅游产业集聚区，依托青果巷、前后北岸为核心的历史文化产业集聚区。2019 年 7 月，常州市文化创意产业联盟的成立，更是极大地促进了常州市文化产业的集群化发展。该联盟主要由重点文化产业园区、平台、文化企业、相关金融机构、在常文化领域高校及科研院组成，并以推进一批创新示范、辐射带动能力强的文化产业和较为重要的项目，培育一批主业突出、具有核心竞争力的骨干文化企业，建成一批业态集聚、功能提升的文化产业平台，集聚一批创新引领、创意丰富的文化产业人才为目标，致力于成为常州文化企业抱团取暖的营地、文化行业发展壮大的"引擎"、文化产业火花碰撞的"熔炉"、文化建设高质量发展的品牌。总体而言，常州市已经形成了以文化旅游、广告会展、创意设计、数字内容、影视演艺、出版印刷为主导的两大国家高新技术产业开发区为引领，省、市两级经济开发区多样化发展，各类文化产业平台、园区、基地为支撑的多层次发展体系，凸显了常州市文化产业结构的日益完善。

（三）文化产业品牌日益凸显

近年来,常州市文化产业品牌活动品牌效应日益凸显,主要包括:连续十五年举办中国(常州)国际动漫艺术周,以动漫行业为主体,推动文创产品开发、动漫形象设计、动漫服装设计等周边产业的发展;连续五年举办常州文化创意和设计大赛,进一步彰显常州文化创意设计产业特色,打造文化创意设计大赛赛事品牌,累计征集优秀作品 3 900 余件。连续五年举办文化产业项目推介会,先后在上海、成都、深圳、香港、杭州等城市宣传推介常州文化产业发展优惠政策,累计与当地企业形成签约项目 40 余个。举办常州文化产业项目推介会、长三角产业项目对接会等品牌活动,整合文化创意产业资源,借力区域优势互补和共享实现深化产业的共同发展和繁荣。与此同时,常州还培育发展了以文化旅游为核心的主题休闲娱乐园区。依托中华恐龙园、春秋淹城、动漫嬉戏谷、东方盐湖城、苏澳合作园、法拉利公园、航天产业园等一批园区基地的建设,积极引导文化旅游产业的发展,不断加强城市品牌效应的宣传和提升。

二、常州市文化产业发展存在的问题

常州文化产业发展取得了一定的成果,但是对比上海、杭州等国内文化产业发展一线城市,仍存在着发展规模不够大、产业融合程度不够深、文化产业类高端人才缺乏、文化产业政策指引性和协调性不足等问题。

（一）文化产业发展规模不够大

自 2010 年以来,常州市文化产业增加值增速明显,占 GDP 比重持续上升。但相比北京、上海等一线城市,常州市文化产业的发展规模明显不够,占 GDP 比重也明显偏低,一直未达到 6%。其次,常州市文化产业门类虽发展齐全,但相比北上广等地,常州市各门类下规模较大的文化企业还较为缺乏,在文化旅游、演艺影视、创意设计等门类里都只有一两家规模较大的代表性企业。

（二）文化产业融合程度不够深

常州市虽在文化旅游、文化创意、文化科技等融合方面都取得了一定的成果,但相比一线城市的文化产业融合程度还是欠缺一些。尤其在文化金融、文化科技、文化对外贸易方面的融合,有待进一步加深。

其一,在文化金融方面,专业化、灵活性和个性化程度不高。目前,常州文化产业金融产品还主要以"文创贷"为主,且以传统"固定抵押品"形式为主,对于文化企业知识产权、核心技术、股份等"软产品"抵押模式探索不足。不仅如此,"文创贷"金融产品仅与交通银行、江南银行两家银行合作,与长安责任、人保财险、中华联合三家保险公司合作,金融产品供应主体不多,融资来源单一,基本仅限于银行贷款。

其二,在文化与科技融合方面,缺乏相关政策扶持引导。目前常州虽围绕文化科技融合这一目标建立了常州科技大街、新博智汇谷、文科融合示范园等产业园区基地。但由于缺乏配套政策的引导扶持,导致常州大部分文化科技园区基地存在集聚能力不明显、企业规模发展不大、创新效能不够凸显等问题。这类问题集中体现了常州文化科技融合政策的缺位现状。全国范围内,除了北京、上海、深圳、杭州等文化产业发展先进地区的文化产业发展政策体系比较完善,其他城市的文化产业政策都亟待进一步完善。

其三,在文化对外贸易方面,缺乏更加广阔的全球视野。目前,常州市文化产业出口区域大多只集中在毗连的江浙沪地区和周边发达国家,缺乏对欧美的文化产品输出。常州市应进一步扩大常州文化在全国乃至全世界的辐射力、渗透力和影响力。重点建立一批规模大、实力强,同时具有全球视野、国际化理念的文化企业。

(三) 文化产业类高端人才缺乏

就近几年的人才招引情况看,常州市的文化事业类人才引进相对较多,但是文化产业类人才,尤其是产业经营类、产业管理类、科技研发类等高端人才引进则较为不足。这一方面是由于这类人才高度依赖城市产业发展水平和重大项目,另一方面也与常州市人才招引和奖励政策不够完善有关。例如,在文化科技产业类人才的招引过程中,常州市虽依托本市国家级文科融合示范基地,自 2010 年起,招引了多个文化科技融合管理性人才和技术性人才,推动了大批文化科技类项目的进展,但由于常州市相关人才招引政策优惠大多为一次性奖励,缺乏长期激励保障,政策红利与文化科技产业发展之间存在巨大差距,致使高端人才陆续流失。此外,受岗位编制、进人计划、引进手续等"进口"环节的限制性因素,急需的实用人才、紧缺人才引进更加困难。

(四) 文化产业政策指引性和协调性不足

常州市文化产业存在的上述问题,均与常州文化产业政策的指引性和协调性不足有关。一方面,常州市文化产业政策制定过于宏观,缺乏明确的政策目标。例如,目前刚出台的《常州市关于加快文化产业高质量发展的实施意见》中,对于文化产业发展仅有描述性的宏观规划,缺乏具体定量的发展数据和指标。政策制定求大求全,缺乏针对性。另一方面,文化产业政策与文化事业政策的协调性不足。文化产业政策着重于产业属性,侧重发挥经济效能;文化事业政策着重于公益属性,侧重发挥社会效能。常州市文化产业政策没有明确区分两者界限,仍将文化事业和文化产业概念混淆,注重文化的社会意义,而非经济意义,致使无法有针对性地推进文化产业的发展。例如,《加快文化常州建设三年行动计划》《关于加快建设文化常州的意见》《常州市"十三五"时期文化发展规划》等常州主要的纲领性规划,就没有很清晰地区分文化产业与文化事业的概念。它将文化事业、文化产业、宣传工作、新闻工作等"大文化"领域的内容都纳入其中,缺乏对文化产业门类的针对性。

三、常州市文化产业发展对策分析[①]

任何文化产业的发展都离不开三个要素:政府、企业和人才。针对常州市文化产业存在的上述问题:首先,常州市政府不仅应该高度重视,出台相应政策,加大对文化产业的财政资助,扩大文化产业规模,更应该转变观念,树立产业意识,有针对性地将相关政策落到实处;其次,常州市文化企业要不断吸取发达地区文化产业发展的经验,通过引进人才等措施促进企业的转型升级,提升企业的创新能力,推动文化产业融合发展;最后,在人才培养和引进方面,政府和企业都应该有针对性地调整相关政策,一方面尽全力提升企业人员的业务素质,另一方面以优厚的待遇条件吸引更多优秀人才。

---

① 本部分参考林云著:《常州市文化产业政策研究》,徐州:中国矿业大学出版社,2019 年。

（一）加强财政资助，有针对性地拓展文化产业规模

在文化产业中，根据产品目的可以分为公共性文化产业和营利性文化产业，前者追求公共效益，后者追求经济效益，两者体现了文化产业的属性，同时两者在目的上的较大差异也对文化产业政策提出了更高的要求。为此，财政扶持政策需要兼顾社会效益和经济效益，尤其在市场逐利导向下，更要侧重社会效益的引导和扶持。在具体出台文化产业财政政策的操作实践中，要兼顾这两大类项目的需求，创新扶持形式，对症下药。针对公共性文化产业项目，一方面，要结合财政资金总盘子，保证对公共性文化产业项目扶持投入在总体社会事业中的占比，集中财政资金，确保对弘扬主旋律、倡导社会主义核心价值观等正能量文化引导教育类产品生产、推广的扶持。另一方面，在扶持审核中，要加大社会效益的权重分数。例如，目前常州文化产业专项引导资金的申报评分系统中，大多是对企业资产、年度营收、税收贡献等进行考核，虽然也有社会贡献一栏，但只是锦上添花，几乎没有分数权重。在今后的政策制定中，要切实增强社会贡献度的占比。针对营利性文化产业，扶持手段应以引导培育为主。一方面，引导培育文化产业和产业项目向文化旅游、文化科技、广告会展等具有常州特色和影视演艺、创意产业等未来发展方向上发展。另一方面，可以有倾向性、选择性地扶持营利性文化产业项目中的公共性环节。例如，在主题公园游乐园项目中，游客中心等公共服务性设施的优先扶持能级高于游乐设施的采购；在大运河文化游船项目中，河道清淤、两岸历史文化典故再现等项目的优先扶持能级高于游轮采购、码头建设等。

其次，推动整个文化产业发展，仅仅依靠财政资金是非常有限的，必须加快出台设立文化产业投资基金。例如，苏州文投基金首期到位资金达 5 500 万元，重点培育影视、景观设计与工程、电子竞技、服饰设计与销售类等重点行业。南京首期投入资金 2 000 万元于 2009年成立南京市文投集团，目前已经形成全资、控股及参股企业、产业基金共同发挥效能的投资布局，是推动南京文化产业发展的重要抓手，南京近年来文化产业增加值占比持续位列全省第一。常州在文化产业投资基金的政策制定上相对滞后。2015 年，《关于推动文化建设迈上新台阶的工作意见》中曾明确指出：要改革财政资金对文化产业发展的支持方式，变直接投入为间接引导。当然，对于符合全市文化产业发展方向的重大项目、具有社会效能的公共服务项目、具有历史文化传承的文化保护项目，仍旧应以财政直接补贴的形式进行扶持。此外，在财政资金总盘子中，通过成立文化产业专项基金的方式，充分发挥市场撬动的能力，进一步放大文化产业财政资金的扶持效能。在扶持对象上，结合常州小微企业多的特点，应重点支持有创新能力、有发展潜力、有社会效益的文化企业。在扶持方向上，既要扶持 VR（虚拟现实）、AR（增强现实）、云渲染等为代表的热门前沿产业类别，又要扶持旅游产业、影视创作、动漫游戏等常州特色产业类别，同时要兼顾传统工艺美术、方言舞台剧创作等公益性较强的产业类别。在具体运作上，充分发挥财政资金的引导作用，吸引民营资本进入文化基金，不断充实资金总盘子，盘活政府和市场双向资源。在基金管理上，在坚持政府指导的总方向下，探索引入专业基金团队进行管理，建立专项机制对基金申报、拨付、绩效、审计等方面加强监督，确保基金正常高效运转。

（二）加强文化融合理念，优化文化产业结构

文化产业在一定程度上是一个"文化＋"的概念，"文化＋旅游""文化＋科技""文化＋金

融""文化＋体育"等既是文化产业未来的发展方向,也是文化落地成为产业的必然要求。针对常州市文化产业融合程度不够深的问题,政府和企业都应进一步加强文化融合理念,推动文化科技、文化旅游、文化创意、文化产业对外贸易等的融合。

1. 文化与科技融合

文化代表着历史、积淀;科技代表着新兴、前沿。将文化与科技融合发展,使得文化拥有了新的活力,科技注入了深厚内涵,实现了这两大元素的碰撞发展。文化科技融合企业多为细分行业,具有发展市场广阔、发展速度较快、技术含量较高等特点,尤其在发展前期具有较强的政策依赖性。通过文化科技融合专项政策引导可以实现文化科技企业发展速度和质量呈指数级上升。文化科技融合主要包括打造文化科技类园区、扶持文化科技类企业、招引培育文化科技类项目等手段措施,激励扶持运用科技手段包装文化产品,提升文化产品的新颖性和审美性,尤其提升传统文化的欣赏性和普及型。结合常州发展实际,下阶段要紧扣文化科技融合发展的大趋势,积极制定文化科技融合相关政策,进一步加强对常州科教城、创意产业基地、文科融合示范街区等常州现有文化科技融合园区的管理,从结构布局、内容生产、门类拓展上实现再提升;引导鼓励天宁文创园、钟楼智汇谷等处于发展初期的文化科技园区加快发展速度,提高产业质量。加强对"互联网＋"、大数据平台、云渲染技术、VR/AR 技术、人工智能等文化科技类企业的认定、扶持、管理。出台设立文化科技融合专项引导资金相关政策,不断推进文化科技的研究、创新项目的推进,实现前沿技术与文化产品的结合,实现文科技术的落地和市场化。

2. 文化与旅游融合

在 2018 年国务院机构改革中,将文化部门与旅游部门合并,是文化旅游融合发展的历史机遇和发展契机。常州市委明确的全市三大工程之一是"建设旅游明星城市",这对文化旅游融合发展及政策制定提出了更高要求。文化旅游融合措施主要包括培育主题类旅游景区、引导文化类娱乐休闲场所建设、旅游产品的创意开发设计等。文化旅游产业具有较强的经济收益和社会收益(宣传性、教育性等),是未来文化产业发展的重点方向之一。常州在文化旅游产业领域的探索开始较早且在全国范围内有一定影响力,是本市文化产业中的特色类别。例如,以恐龙文化为主题的中华恐龙园,以春秋文化为主题的春秋淹城乐园,以道教文化为主题的东方盐湖城,以大运河文化为主题的青果巷历史文化街区等。在探索制定文化旅游融合发展相关政策时,要坚持以保护为核心,以宣传教育为主要内容,以差异化发展为主要路径的原则,积极推动旅游产品多样性生产,旅游周边文创产品创新性开发,旅游主题园区文化内涵深入性挖掘。在提高现有文化旅游项目质量的同时,重点在"常州三杰"(红色革命)文化、民国工业文化、名人民生文化、孟河医派文化、大运河文化等具有常州特色的文化项目上深入挖掘、重点培育,将文化历史资源注入旅游产业中,激发旅游产业新的活力。

3. 文化创意产业

文化创意产业是当下及未来一段时间文化产业的主要发展方向。北京、上海甚至以文化创意产业代替文化产业,并作为重点培育扶持发展的产业门类。结合常州发展具体实际,文化创意产业主要是指软件、动漫、服务外包、设计服务(包括工业设计、建筑设计、产品设计等)、文化艺术及其他辅助服务的产业。企业要坚持"内容为王"的发展理念,通过创新形式开发生产创意产品。相关政府部门应持续打造文化创意产业平台,加强与江苏省紫金文创产业联盟的对接合作,充分利用省级平台文创资源;同时要在全省体系下成立子联盟,增强与其他 12 个兄弟城市联盟间的互动合作。加强创意产业与市场融合的理念,明确文化企业为文化创意产业的主要生力军,以企业推动项目,促进创意产业从"留在脑中"到"落在纸上",最后能"立在地上"。

4. 文化产业对外贸易

在文化产业发展过程中,政府和企业都应树立开放意识,加强对国内外文化交流合作,推动具有区域特色和城市风格的优秀文化产品"走出去",不断提升城市的影响力,更好地服务区域经济和社会发展。常州要充分发挥地理上的优势,特别是在如今"一带一路"的大背景下,对外应积极拓展文化交流的内容形式,必要时可以搭建起经贸文化合作的平台,推动城市文化走向全国、走向世界,为常州市开放发展营造良好文化环境。对外贸易不仅仅局限于国际贸易,市外、省外、境外都可以纳入文化对外贸易的范畴之中。

具体而言,文化对外贸易包括文化作品交流、文化产品输出、文化项目合作等方面,政府要积极鼓励文化企业参加国内国际各类文化产业博览会、推介会,开展文化对外贸易交流合作,加强对此类产业及具体行为的补贴扶持。一方面,鼓励引导文化企业和文化产业项目"走出去",充分借助常州苏澳合作园、苏台文创园、中以合作园等合作平台,助推常州文化产业走向国际。鼓励文化企业参与国际性的文化产业展览和对接会,成立专项资金对参展活动予以补贴奖励。倾斜支持优秀国产影视剧、动漫作品、儿童剧、锡剧等具有区域特色的文化产品和服务出口;大力扶持金坛刻纸、乱针绣、梳篦、留青竹刻等常州市非遗文创产品进入国际市场。另一方面,推动市外贸易发展。作为地级市层面,与省内其他城市间、省外文化产业的贸易活动同样占有很大的比重。政府应积极鼓励本市文化产业与周边上海、浙江、安徽等地理位置相对较近、文化产业特色和形态相似性较强的地区开展产业合作,以文化间的相似和产业发展间的联系为基础,形成文化产业集群。同时也要扶持、引导与东北地区、中西部地区等文化差异较大的区域展开文化贸易,实现文化互补。

(三)优化人才引进和培育机制,完善产业人才结构

与国内很多发展中的城市一样,常州目前文化产业领域的人才总体呈现出供给不足的状态,尤其是缺乏高端的经营管理和科技型人才,导致拥有自主产权的文化产品的稀缺和文化企业技术水平不高。因此,常州市需要加大对文化产业领域人才的培养力度,拓展人才选拔途径,完善人才引进机制,完善对特殊人才的激励机制,适度引入高科技人才到常州安家落户。同时,鼓励支持创新创业,不仅可以增强文化产业的创新能力,还能吸引更多文化产业各领域的优秀人才来常州就业,从而形成良性的竞争氛围。

1. 优化文化人才引进政策

在引才方向上,要坚持"因地制宜"的原则,招引符合城市定位和实际需求的中高端文化人才。从城市能级和发展平台上来说,常州与一线城市尚存在差距,之前也出现过花大代价招引高端人才却频繁流失的现象。所以,引才方向不应受限于北上广深等一线城市的高端人才,要从实际需求出发,引得来,留得住。在引才类别上,由文化事业性人才转变为文化产业性人才,出台文化产业人才专项招引政策,重点引进文化科技类、创新创造类、企业管理类等应用型人才。其次要丰富"引才"模式。要坚持项目引才,重点文化项目是人才能不能引进并切实发挥长久性引领带动作用的关键。通过重点文化产业项目吸引人才,积极引导文化人才参与项目建设或主导项目实施,并实现企业的发展。一方面,借力文化产业园区,集聚人才。积极依托国家、省、市3级25家文化产业基地,依托区域文化产业带和重点园区,以文化旅游、动漫游戏、广告会展等急需人才的文化产业为主,加快产业聚才。同时,充分发

挥常州文化科技街、常州新博智汇谷、西太湖影视产业基地等细分产业园区,实现细分文化产业人才的集聚和抱团取暖作用。另一方面,借力文化招引活动,吸引人才。要举办各类文化产业人才宣讲活动、文化产业人才推介会议、文化产业人才专题招商活动等,打造多样化的"引才"平台并形成活动机制,组织积极参加深圳文博会、长三角文博会、杭州创博会等国内发展成熟、覆盖范围广、产业门类齐全的大型文化博览会,扩大文化人才引进的渠道。

2. 优化文化人才培育政策

在大力引进中高端人才的同时,更要加强人才的"自产自销"力度。一方面,充分发挥在常高校影视、艺术、设计、科技等学院的优势,通过扩大招生或新设专业门类等方式,培养大批文化产业人才。另一方面,要丰富育才手段,大力推动"产学研"模式。建立人才交流互动平台,及时了解项目推进情况、公司发展情况,及时解决遇到的问题。合理制定培养规划,加大资金投入,对人才实行分类经营、分批培养和独立考核,鼓励文化人才参加继续教育、职业教育、学习深造、学术交流等,制定相应的资助和奖励政策,鼓励提升学历、资历、职称层次,壮大发展人才队伍。

（四）增强政府政策的导向性、协调性和操作性

由于文化产业对本地历史文化资源、城市整体发展格局、进程及特点有极强的依附性,在制定文化产业政策的时候,要切实把握本地的文化特色与优势,确定符合当地文化产业发展的整体思路与总体方向,从而构建具有宏观性、方向性、特色鲜明的地方文化产业政策体系。

1. 加强战略规划,明确政策导向性

常州市在制定文化产业政策、构建政策体系的过程中,要紧密围绕当前"种好幸福树、建好明星城"的总体城市发展思路与规划,结合常州文化旅游、广告会展、影视演艺、文化装备等优势产业类别,充分考虑文化企业以小微企业为主、产业项目较为分散、文化人才结构尚不合理等现实情况,形成以重大项目带动文化产业链完善,以拓宽融资渠道撬动金融杠杆,坚持文化产业人才队伍建设,培育壮大新兴文化产业类别,不断提升城市文化产业的发展规模与发展质量的政策引导方向和总体产业发展格局。

2. 整合统筹资源,提升政策协调性

政策体系的协调性与政策制定主体、政策内容、不同政策之间的关系息息相关。充分整合统筹各类资源,切实提升政策协调性,形成政策合力,才能最大程度释放政策效能。首先,要进一步增强政策制定主体间的协调性。在目前常州文化产业发展联席会议及领导小组的基本架构上,进一步调整完善,将文化产业涉及部门都纳入进来,形成由宣传文化部门作为牵头单位,发改委、工信、科技、财政、人社、商务、统计、工商等相关单位为成员的工作部门,并明确工作规则,形成工作机制,统筹资源,增强联动,实现发挥最大效能。尤其是在制定文化产业发展总体战略规划、具体实施办法、指导意见等政策文件时,各部门要共同参与、群策群力,共同推动产业政策制定实施,避免出现部分部门只负责各自领域的政策制定这一现象。同时,由于文化产业的意识形态特殊属性,党委宣传部门要在政策制定、实施、考核等环节充分发挥协调、指导等积极作用。其次,要进一步增强不同政策之间的协调性。文化产业是个开放性的产业,与旅游、科技、制造等各门类产业息息相关,所以,文化产业政策体系也是个综合性的政策体系,政策涉及面广。要将现行文化产业政策统一整合、整理汇总,形成政策体系。在充分保留各政策扶持方向和发展特点的基础上,可以在政策发布平台、项目申

报流程、资格审核认定等政策宣传与操作层面做到一定程度的统一。同时,在各类政策内容中,可以相互借力,形成资源互通和共享,充分发挥体系效应,实现"1+1>2"的政策效能。在管理上,尝试运用数据库模式将各类政策纳入同一体系,避免出现园区、项目、人才等政策对象重复申报、多头申报,同一主体重复享受政策扶持的现象。同时,也要避免多重政策间互相推诿而造成的无头申报、无处扶持的现象。最后要进一步加强政策本身的协调性。逐步建立文化产业政策完善更新机制。根据文化产业发展现状和发展趋势,结合本市实际情况,要对现有政策进行调整、更新和完善。建议宏观指导类政策3—5年更新修订一次,具体实施类政策1—3年更新修订一次,操作指南类政策每年更新修订一次。同时,对于新兴业态和产业门类,要加快出台相关政策,弥补政策空白和空缺。

3. 构建三级体系,增强政策操作性

较为完善的文化产业政策体系中,一般包括目标规划政策和配套实施政策。借鉴北京、上海、深圳等文化产业发达城市在文化产业政策制定方面的成功经验,不仅制定文化产业的规划,还制定了相关配套的政策,且各类文化产业政策间层次分明,自成体系,相互支持,相互配合。为切实推动政策落地,增强政策操作性,城市文化产业政策体系应当尽快形成以"纲领类政策""实施类政策""指南类政策"为主要内容的三级政策体系。具体来说,"纲领类政策"提供明确的文化产业发展方向、发展目标和基本依据;"实施类政策"结合具体领域、具体部门,将"纲领类政策"的原则规定具体化、特色化;"指南类政策"以实现"纲领类政策"目标,促进"实施类政策"落地为主要目的,指出明确的政策执行落地实施路径。三级政策之间既独立又统一,既分离又衔接,综合调动政府的资源来对文化产业进行扶持推动。在常州市三级政策体系构建的具体实践中,应通过制定常州市文化产业整体规划、行动计划、工作要点等"纲领类政策",确定文化产业的发展扶持方向和总体目标。其次,针对发展目标,结合常州实际,形成财政政策、金融政策、人才政策、对外贸易政策、文化科技政策等"实施性政策"。最后根据阶段性产业发展形势和地区发展实际(建议以一年为标准),出台政策解读、政策指南等"指南类政策",明确政策的具体实施路径和操作手段。同时,定期举办政策宣讲会、政策解读、政策辅导等活动,推动政策得到充分宣传和积极落地。

第四章　南京市文化产业发展研究

南京是中国著名的历史文化名城,有着 7 000 多年文明史、近 2 600 年建城史和近 500 年的建都史,有"六朝古都""十朝都会"之称。南京是首批国家历史文化名城,中华文明的重要发祥地,长期是中国南方的政治、经济、文化中心,在中国历史上具有特殊地位和价值。不仅如此,南京还是国家重要的科教中心,自古以来就是一座崇文重教的城市,有"天下文枢""东南第一学"的美誉。截至 2018 年,南京各类高等院校 71 所,其中,985 高校 2 所、211 高校 8 所、"双一流"高校 12 所、两院院士 81 人,均稳居中国第三;在全球科研城市 50 强排名中,南京位列全球第 12 位、中国第三。拥有如此丰厚文化资源的南京,其文化产业发展水平无疑不会太差。自"十三五"规划以来,南京市政府深入贯彻落实五大理念,以融合创新为主要动力,进一步深化文化体制改革,壮大文化新业态,打造文化新品牌,集聚文化新人才,积极探索具有时代特征、南京特点的文化产业发展新路子。南京市文化产业竞争力不断增强,文化产业发展政策措施不断完善,文化产业水平不断提升。

一、南京市文化产业发展现状及特色

十八大以来,南京市政府在吸取和借鉴世界文化产业发达城市的优秀经验基础上,陆续推出一系列文化产业发展政策,重点扶持一批文化龙头企业,着力打造南京文化品牌,促使南京市文化产业不断发展壮大,形成了以创意产业为核心,各类文化产业全面发展的新格局。南京市文化产业的发展现状主要表现在六个方面:文化产业竞争力不断提升;文化创意产业为主导,各类文化产业共同发展;文化产业融合程度日益加深;文化产业区域发展实现多点开花;文化企业运营质量稳步发展;文化产业服务体系不断完善。

(一)文化产业竞争力不断提升

2018 年,南京市文化产业增加值达 815.42 亿元,约占 GDP 比重 6.3%,排名全省第一;2019 年上半年增加值约 408 亿元,预计全年增加值占比达 6.5%。南京市拥有市级化产业基地 15 个;江苏省文化产业示范基地(园区)24 个;国家文化产业示范基地 12 个。据江苏省委宣传部和江苏省统计局联合发布的 2018 年度江苏省文化改革发展高质量监测统计结果显示,全省综合指数 80 分以上的共有 5 个设区市。其中,南京市以 95.75 分力拔头筹,是全省 13 个设区市中唯一一个综合指数在 90 分以上的城市,领先第二名苏州市 6.97 分。

不仅如此,南京市文化产业发展始终以核心领域为重点,产业结构日益完善。截至 2019 年 9 月,南京市文化核心领域营业收入 1 382.07 亿元,占全市规模以上文化企业营业收入的比重达 66.4%。文化核心领域营业收入比上年同期增长 10.6%;文化相关领域营业收入 698.27 亿元,占全市规模以上文化企业营业收入的比重为 33.6%,同比增长 13.3%。以上数据证明,南京市文化产业竞争力持续提升,一直保持着江苏省文化产业发展第一的位置,并逐渐接近北上广深等国内一线城市的文化产业发展水平。

（二）文化创意产业为主导，各类文化产业共同发展

近年来，南京的高校相继开设了与创意产业相关的专业，并且将文化创意产业知识普及人群覆盖率扩大，不仅仅局限于高校，亦深入中小学校、社区和其他相关企业与社会机构，在广大群众中开展各类"文化创意设计"活动，为文化创意的发展储备人才。除此之外，江苏省和南京市都从政策和实际工作中加大对文化创意产业相关的教育投资与扶持，伴随而来的是人才优势的不断加强，使创意产业在创造城市经济价值的同时，全面提升了城市竞争力。南京市各区域注意与自身其他特点相结合，寻求文化创意产业发展的载体，成立文化创意产业园，促使南京步入文化创意产业发展的快车道。

目前，南京市已初步形成"一带一地四园"的文化创意产业集聚。"一带"是石头城文化创意产业带，"一地"是南京高新区软件园动画产业基地，"四园"分别是南京市晨光文化创意产业园、江苏工业设计园、幕府山国际休闲创意产业园以及世界之窗创意产业园。园区依托南京特色，定位鲜明、准确。南京市结合自身优势，重点发展研发创意、设计创意、传媒创意、科技创意等行业。在此基础上发展起来的南京创意东八区更是金陵城文化创意产业发展的得意之作，创造性地融合了文化、传媒、建筑、艺术等，被评为"中国创意产业最佳园区"。南京市文化创意产业行业中比较突出的有软件业、新闻出版业、广播电视电影业、娱乐业、艺术业、群众文化业、图书馆业、文物业、博物馆业、旅游文化业、会展业等。

仅就 2019 年上半年而言，南京市文化产业 9 大类别中，有 5 大类别营业收入同比实现增长，其中，内容创作生产、创意设计服务、文化传播渠道和文化消费终端生产营业收入均实现两位数增幅，分别达 35.52%、27.77%、21.08% 和 30.84%。

表 2-4-1 南京市 2019 年 1—6 月规模以上文化企业产业结构营收情况表

指标名称	营业收入（亿元）	增幅（%）
总计	1 386.11	8.8
新闻信息服务	223.16	−16.76
内容创作生产	251.1	35.52
创意设计服务	235.54	27.77
文化传播渠道	179.44	21.08
文化投资运营	6.22	6.69
文化娱乐休闲服务	22.02	−2.31
文化辅助生产和中介服务	59.77	−10.32
文化装备生产	42.17	−30.57
文化消费终端生产	366.69	30.84

除了文化创意产业外，南京市文化产业中的制造业和服务业水平也在不断提升。2019年上半年，南京市文化产业中，规模以上文化制造业企业实现营业收入 261.69 亿元，同比增长 30.3%；限额以上文化批发零售企业实现营业收入 324.52 亿元，同比下降 11.3%；重点文化服务业企业实现营业收入 799.90 亿元，同比增长 13.0%。数据显示，南京市的文化制造业和文化服务也增速明显。

表 2 - 4 - 2 南京市 2019 年 1—6 月规模以上文化产业企业营业收入情况表

行业	营业收入	
	绝对值(亿元)	增幅(%)
总计	1 386.11	8.8
文化制造业	261.69	30.3
文化批零业	324.52	−11.3
文化服务业	799.90	13.0

(三) 文化产业融合程度日益加深

近年来,南京市政府高度重视发展文化产业,大力推动文化与科技、文化与旅游、文化与金融等的产业融合,促使南京市文化产业融合程度日益加深。

1. 文化与科技融合

2013 年获评国家级文化和科技融合示范基地后,南京根据各区优势评定了 5 个分基地。目前,5 个分基地在视频云计算支持技术、数字终端制造技术、数字化三维模型制作技术、三网融合关键技术等融合共性技术方面取得一批重要成果。南京紫东国际创意园、南京国家领军人才创业园、南京国家广告产业园等园区获评省级重点文化科技园区。截至 2016 年,南京共有 29 家企业荣获省"文化科技重点企业",数量居全省第一。其中,江苏广电移动新媒体有限公司、南京爱德印刷有限公司等 17 家企业于 2013 年入选首批省"文化科技重点企业";2014 年 5 月 9 日,南京"途牛旅游网"在美国纳斯达克正式挂牌上市,这家仅 8 岁的年轻企业让"要旅游,找途牛"这个口号深入人心;在举世瞩目的上海世博会上,中国馆陶瓷类唯一特许产品——高淳陶瓷让人们大开眼界,炻器印花方盘、清明上河图杯垫等 10 多款产品低碳环保、设计精美,设计生产这些产品的高淳陶瓷文化创意产业园现已被中国陶瓷工业协会授予"中国陶瓷文化创意产业示范基地"称号。江苏省广电无线传播有限责任公司、南京魔盒信息科技有限公司等 13 家公司于 2016 年入选第二批省"文化科技重点企业"。

经过近几年的努力,南京市文化与科技融合发展的成果更加凸显。在 2019 年中国(南京)文化科技融合成果交易会上,南京市文化产业重点项目现场签约 35 个,涵盖电竞、IP 开发、文化旅游、新媒体、人工智能、大健康等多个产业门类,总额近百亿。在早前入选第二批国家级文化和科技融合示范基地的基础上,南京又确立了高新区、建邺区新城科技园等 5 家示范分基地,深耕各自的产业重点领域,形成一条纵跨长江南北、紫金山内外的城市"文化外环"。以南京市雨花台区的易创文化产业园为例,该园区引入和孵化了 25 家企业,80% 都是文化科技融合类,其中,永秀传媒年销售已达 1 000 万,七宝科技旗下的"狗先生"公众号集聚了数百万粉丝。作为南京市高端软件发展排头兵,雨花台区立足自身产业禀赋,突出文化科技彼此赋能,初步形成数字文化领域的产业集聚,15 家文化科技型企业入围南京市培育独角兽、瞪羚企业榜单,华博创意参与制作"冲奥"动画片《哪吒》,蓝鲸人科技旗下"美篇"成为现象级社交 APP,全国数字文化市场频现"南京力量"。

这只是一个缩影。目前,南京全市共有文化企业 3.5 万家,其中,规模以上企业 1 600 余家,拥有 12 个国家级、26 个省级、38 个市级文化产业园区。南京近年来不断谋求从重化工业向智能制造、现代服务类产业转型,如今,活力迸发的文化科技融合创新又为南京产业版图添一"新景"。

"新景"还体现在城市空间的美学点化上。夜色下的南京国际青年文化广场,8个透明玻璃盒子被"点亮",一件件绘画、雕塑、艺术装置闪耀其中,这是由建邺区打造的"24 小时美术馆"。借助技术手段,观众喊出的一句句"情话"实时显示在室外蓝色玻璃幕墙上,拼成一堵城市表白墙,收割了不少年轻拥趸。

在秦淮区老门东景区,3D立体投影秀吸引众多市民前来一饱眼福。明城墙化身巨幅荧幕,在流光溢彩中讲述历史。在南京城墙神策门至太平门段,一条"最美徒步智道"铺展开来,健走爱好者们通过手机 APP 就能监测运动信息,得到科学指导。

2. 文化与旅游融合

近年来,南京先后建成科举博物馆、六朝博物馆、汤山直立人遗址博物馆、大报恩寺遗址公园等一批文化产业重点项目并对外开放。大报恩寺遗址公园开园以来,常态化实景演出《报恩盛典》,成为南京文化新地标和旅游新亮点。不仅如此,南京还打造了浦口区老山生态旅游体验园、六合区金牛湖-冶山旅游度假区"地球之窗"主题公园、新加坡仁恒南京大明文化旅游产业园、门西历史文化街区等一批文化休闲旅游新空间;明城墙风光带全线贯通;南京市秦淮区获评国家全域旅游示范区创建单位。从数据上来看,2017 年度,南京市实现旅游总收入 2 168.9 亿元人民币,同比增长 13.6%。接待旅游者总人数 12 293 万人次,同比增长 9.7%,其中,接待入境旅游者 71.8 万人次,同比增长 12.5%,实现旅游创汇 7.6 亿美元,同比增长 12.8%;接待国内旅游者 12 221.2 万人次,同比增长 9.7%。截至 2017 年底,全市共有旅行社总数为 624 家,其中,经营出境旅游业务的旅行社 52 家,登记注册导游数为 26 802 人;旅游星级饭店 83 家,其中,五星级饭店 21 家,四星级饭店 22 家,三星级饭店 34 家,二星级饭店 6 家;国家等级旅游景区 53 家,其中,5A 级景区 2 家,4A 级景区 21 家,3A 级景区 20 家,2A 级景区 10 家;国家、省级旅游度假区 4 家;省自驾游基地 3 家;省星级乡村旅游区 53 家,其中,五星级 4 家,四星级 33 家,三星级 16 家。

3. 文化与金融融合

2013 年 11 月,由南京市文化改革发展领导小组办公室牵头,南京市委宣传部、市文广新局、市财政局、市金融办等部门共同合作,按照"政府引导、市场运作、公共服务、多方共赢"的原则,组建了全国第一家具备综合服务功能的文化金融服务中心,其目标是"互通融资信息、完善服务链条、搭建综合平台、打通实际路径",满足文化企业特别是广大中小微企业的金融需求。成立以来,中心着力推动文化企业与金融资本之间的融通和互动,积极建立多元化、多级次的中介服务体系,激发创新活力,落实普惠金融,满足不同文化企业特别是广大小微企业的融资需求。

截至 2018 年 1 月末,在中心入库的企业已达 2 654 家,10 家文化银行及文化小贷累计发放文化企业贷款 102.69 亿元,服务企业 3 029 批次,户均 339.02 万元。这些入库企业中,南京报业传媒集团成功发行 3.5 亿元中期票据,诞生了江苏有线、凤凰传媒等 14 家上市企业,芒冠科技、阿法贝文化创意、惠通创意等 10 家新三板企业。其中的先锋梯队"文化银行",由公开招标确定,共有南京银行、北京银行等 10 家银行成为南京市"文化银行",确立"专营化、专业化"发展方向。这些银行积极创新文化金融产品,仅南京银行就推出"鑫动文化"品牌产品,包括演艺贷、出版贷等八大系列产品。

在细化指标上,南京的金融创新也亮点频频。比如,针对文化投融资信息搜集的"老大难"问题,他们组建了南京市文化企业资源库,目前已入库企业 2 600 户企业已经完成放款,合计 2 605 万元。不仅如此,他们还成立了全国第一家文化金融银行。针对企业家金融素养弱的问题,举办各类对接会、讲座和培训活动 100 余场,培训 5 000 余人次。而为了推动建立小微文化企业信用体系,截至 2018 年 2 月,中心累计录入企业数据 163 户,完成测评 125 户,出具信用报告 121 份,其中的 18 户企业已经完成放款,文化小额贷款公司秉承小额分散的原则,在文化银行间拾遗补阙,截至 2018 年 1 月,文化小贷公司已向该市 278 家文化企业累计发放贷款 10.83 亿元。

4. 文化产业区域发展实现多点开花

从文化产业空间布局而言,南京市文化产业基本实现了多点开花。2019 年上半年,南京市规模以上文化企业营业收入达百亿元的行政板块有 6 家,分别为玄武区 121.83 亿元、秦淮区 148.16 亿元、建邺区 127.71 亿元、鼓楼区 248.26 亿元、栖霞区 232.35 亿元、江宁区 165.43 亿元,营业收入 50 亿元—100 亿元的行政板块有 3 家,营业收入 10 亿元—50 亿元的行政板块有 3 家。浦口区、栖霞区、江宁区、六合区、高淳区、江北新区营业收入均实现了两位数的快速增长。由此可见,南京市文化产业在各个区实现不同程度的发展。

表 2 - 4 - 3　南京市 2019 年 1—6 月规模以上文化企业各区域营业收入情况表

板块名称	营业收入(亿元)	增幅(%)
玄武区	121.83	5.2
秦淮区	148.16	−2.1
建邺区	127.71	−0.6
鼓楼区	248.26	−4.4
浦口区	39.13	50.6
栖霞区	232.35	35.9
雨花台区	79.17	−14.1
江宁区	165.43	25.8
六合区	18.45	11.1
溧水区	69.65	9.1
高淳区	43.02	15.7
江北新区直管区	92.94	15.2

(四)文化企业运营质量稳步发展

根据南京市文广新局 2019 年 1—9 月统计监测数据显示,全市 1 526 家规模以上文化企业,实现营业收入 2 080.36 亿元,同比增长 6.2%,营业利润 114.09 亿元,同比增长 8.9%。全市文化产业增加值占 GDP 比重较二季度提高 0.09 个百分点,企业总体呈现平稳向上发展态势。其中,文化制造业企业实现营业利润 12.28 亿元,同比增长 21.7%;文化批零业企业营业利润 25.69 亿元,同比增长 29.7%;文化服务业企业营业利润 76.12 亿元,同比增长 1.6%。三大产业营业利润同比均呈现正增长态势,显示全市规模以上文化产业企业良好的发展态势。

（五）文化产业服务体系不断完善

南京在全国率先建成"创意南京"文化产业融合公共服务平台体系。一是按照"政府引导、园区承载、公司运作、社会参与"原则，整合全市 30 余个平台组织，积极创新服务方式，印发《"创意南京"文化产业融合公共服务平台手册》2.0 版本，定期开展"融·文化"高端品牌讲座、创意南京 JUSTME、"文客圈"媒体沙龙等活动，推出"融合文化政策查询库""全媒体矩阵"等服务产品，累计服务企业超过 5 000 家。开展第四届文化产业"金梧桐"奖评选，实施"金梧桐文化企业 30 强培育计划"，积极推动文化企业做强、做优、做大。二是突出专业特色，在全省率先建成比较完善的创意设计服务体系。拓展南京创意设计中心的功能，一方面向外拓展，在伦敦新建南京米兰创意设计中心；另一方面向下延伸，在全市国家、省、市级重点文化园区中设立 30 多个创意南京"文创服务港"。内外互动，上下联动，承办了伦敦设计节"南京周"、南京创意设计周等重大活动，并对接企业需求推出十余种文化服务产品。增开"南京设计廊"实体店，打造设计品牌。截至 2016 年底，已开设伦敦分店，以及南京南站、中山陵、国展中心、国创园等多家门店，汇集了全市 60 余家设计企业，40 余个文创品牌，1 000 余款创意产品。投资 1.5 亿元，拥有亚洲最大规模、行业最先进的动作捕捉设备和水平的中国（南京）数字文化产业公共技术服务平台，专门服务于动漫游戏设计，2016 年为全市文化企业提供动作捕捉拍摄服务，承接多部宣传片渲染工作，成功参与郭敬明《爵迹》电影的制作。打造创意设计"众创空间"。制订《南京市众创空间（新型孵化器）备案管理办法（试行）》（宁科〔2015〕224 号），纳入市级备案的众创空间分别有 162 家，其中，市级以上创意设计"众创空间"30 家。

此外，在公共文化服务体系建设方面，据市文广新局统计，截至 2018 年底，全市共有文化馆 14 个，公共图书馆 15 个，文化站 100 个，博物馆 62 个，市级以上文物保护单位 516 处，拥有国家级历史文化街区 2 个，省级历史文化街区 7 个，国家级历史文化名镇（村）3 个。全年市级层面组织公益演出 1 500 场；放映公益电影 8 159 场，送戏 970 场；为农村和基层送书19.09 万册，更新 200 家农家书屋出版物，创建 42 家星级示范农家书屋；新增图书漂流文化驿站 83 个。居民综合阅读率 95.63%。完善公共文化服务体系，达到省级标准的村（社区）综合性文化服务中心 1 185 个。每万人拥有公共文化设施面积 2 900 平方米。年末拥有南京市文化产业基地 15 个；江苏省文化产业示范基地（园区）24 个；国家文化产业示范基地 12 个。

二、南京市文化产业发展面临的问题

近年来，南京市文化产业发展趋势良好，尤其是创意产业发展迅速，"创新名城"建设颇有成效，逐渐形成以创意产业为主导，其他文化产业共同发展的新格局。但南京作为江苏省省会，与毗邻的上海市、杭州市等的文化产业相比，仍存在许多问题和不足。这突出体现在以下几个方面：一是文化产业发展规模有待继续扩大；二是对文化创意产业的过度重视，导致其他文化产业发展受限；三是文化产业品牌不够凸显；四是文化产业国际竞争力仍有待提高。

（一）文化产业发展规模有待继续扩大

自党的十八大以来，南京市文化产业发展取得了一定成就，文化产业增加值占 GDP 比重不断增加,目前已超过6%,逐渐成为南京市经济发展的支柱性产业。然而,作为新一线城市,南京市文化产业发展规模与北京、上海等国内一线城市相比,仍有一定距离。据统计,北京市2019年1—9月规模以上文化产业实现收入8 875.8亿元,同比增长7.8%。而南京市2019年1—9月1 526家规模以上文化企业实现营业收入2 080.36亿元,同比增长6.2%。就增幅而言,南京与北京差不多,但就营业收入而言,北京规模以上文化企业的总收入比南京高出4倍还要多。虽然这与北京市经济发展水平以及国家政策扶持等因素相关,但南京市文化产业发展规模与北京市等其他一线城市的发展规模之间的差距显然有点过大了。因此,南京市未来文化产业的发展首先应该从总体上扩大文化产业规模,全面扶持各类文化企业的发展,增加文化企业数量,然后再有针对性地提高规模以上文化企业的发展水平。

（二）文化产业发展不够均衡

在2019年前三季度各门类文化企业的营业收入统计中,南京市新闻信息服务企业营业收入和营业利润依旧延续二季度疲态,分别大幅下滑23.1%和40.9%;文化装备生产类企业1—9月营业收入和营业利润同比也分别下降32.9%和75.5%。同样,限额以上文化批零业企业三季度实现营业收入为483.97亿元,同比下降10.0%。观察二季度数据,企业营业收入依旧呈现较大幅度的下滑态势(二季度同比下降11.6%)。具体来讲,导致这三类企业营业收入降低的原因主要有三点:一是传统市场竞争激烈,消费升级的趋势日益凸显,新的个性化消费需求不断形成,对企业、市场提出了新的要求和挑战,传统品类增速下滑明显;二是个别龙头企业2018年运用了较多的促销手段成效明显,但2019年企业调结构,求利润,促销活动减少,营销成效不及上年;三是企业根据消费市场情况对产品结构和销售渠道进行调整,新兴品类未达预期,渠道迁移红利暂未出现。但从南京市文化产业发展全局来看,这些传统类文化产业发展缓慢甚至倒退,实质上是由南京市文化产业政策的过度倾斜造成的。

众所周知,南京市自2016年来陆续出台了一系列大力发展文化创意产业、打造文化创新名城的政策,重点引导和扶持文化创意企业的发展。这虽然给南京市文化产业发展注入了全新活力,极大地推动了南京市文化产业的发展,但同时也使得其他文化产业门类,尤其是传统的文化产业发展遭到冷落和忽视,从而致使相关企业发展越来越缺乏动力,丧失创新能力,营业收入急剧下滑。因此,如何在以创意产业主导的前提下,推动传统类文化产业转型升级,从而全面提高南京市文化产业发展水平,应是南京市政府相关部门亟待解决的问题。

（三）文化产业品牌不够凸显

众所周知,南京有着"六朝古都""十朝都会"等美称,拥有几千年的悠久历史文化,是中华民族重要的文明发祥地。然而,正是这样一个历史文化名城,却没有一个最能代表南京的文化标签,没有一个让人一听就知道是南京出品的文化产品。这种文化产品应是其他地区所不可复制的,集旅游、文化底蕴、商业价值、城市品牌于一身,具有环境友好、资源节约、可持续、可更新升级等众多优质的产业特征,是南京文化核心竞争力的精髓,可以进一步推动南京文化产品消费走向国际市场。因此,如何将南京优秀的传统文化进行包装,打造属于南京的文化品牌,应是发展南京市文化产业需要考虑的首要问题。

三、南京市文化产业发展对策分析

南京市文化产业发展面临着前所未有的机遇,同时也承担着相应的挑战。针对目前文化产业发展过程中存在的问题,南京市应重点把握先进文化产业方向,抓住南京文化的个性,发展数字创意产业,加快人才引进和培养,促进文化产品出口。通过采取这些措施,可以真正加快促进南京市文化产业的发展,扩大南京文化的影响力。

(一)加大政府扶持力度,完善文化产业发展机制

南京市文化产业首先要牢牢把握先进文化的前进方向,以政府为主导制定宏观发展路线,大力发展新兴文化产业。政府职能部门要转变工作思路,树立文化产业理念,引入市场机制,将文化产品的经营和生产市场化。要将文化产业融入南京未来的发展战略,需要与各相关部门形成政策协调、信息互通、数据共享和工作联动的文化产业发展机制,将文化发展与经济、政治发展结合起来,构建既能维护南京文化安全,又与国际接轨的文化经济新体制。进一步深化贸易往来,促进彼此文化产业的共同发展,共同繁荣,助力南京建设"全国重要文化创意中心"和"世界历史文化名城"。

具体而言,在充分利用南京文化资源的同时,政府应加大对文化产业的重视和关注,建立多元化的文化产业投融资渠道及优惠政策。一是建立健全领导机制,完善工作机制,落实责任分工,推进重点工作的开展;二是结合银行金融系统,给予中小型企业及创新型文化企业资金借贷税率优惠政策;三是强化科技支撑,完善知识产权保护体系;四是打造优质服务平台,简化文化产业企业成立注册手续;五是对符合规定条件的高新技术文化企业,经认定后按一定的税率减少征收增值税等。

(二)抓住南京文化的个性,建立有南京特色的本土文化产业

文化产业的本土化有助于南京新兴行业的增长。与物质产业相比,文化产业更能满足消费者的精神享受和情感满足,甚至改变一个人的想法、观念、爱好和性格,对人们世界观、价值观和人生观都起到举足轻重的影响,文化成为支撑现代人精神生活不可或缺的元素。文化产品的精神消费特性对地域和群体的依赖很大,本土人群受到本地媒体宣传的影响,对与本地因素产生文化关联的事物关注度很高,特别容易形成舆论效应,而它一旦被市场更多地认可,就会出现扩散性市场狂澜,带动上下游产品的同步走红。以本土化为亮点推动南京的文化产业发展,深入挖掘南京文化资源,有助于更好地向世界宣传南京形象。

(三)发展数字创意产业,积极实践文化创新和思维的突破

结合南京市文化产业现状和发展态势,不断开发产品的附加值,发掘高科技含量产品,推动数字文化产业创新发展。数字文化产业是数字创意产业在文化领域的具体体现,近年来我国数字文化产业领域发展速度较快,新业态、新模式层出不穷,数字游戏、数字音乐、数字影视等数字文化产品与百姓生活息息相关,成为群众文化消费的主要产品。围绕数字游戏、数字音乐、数字影视等重点领域,推动生产、传播、消费的数字化网络化进程,加快文化软件服务业发展,强化文化对信息产业的内容支撑和创意提升,是文化产业领域创新发展的重要举措。

(四)完善人才引进和培养机制,着力建设优秀人才队伍

加快文化产业人才引进和培养,为优秀人才提供良好的发展机会和成长之路。发展文化产业的核心是人才,没有强大的人才队伍做后盾,文化产业就是无源之水、无本之木。因此,一是南京要为各类突出的人才提供良好的生存环境,为他们的生活提供便利,把人才留住;二是建立健全人才管理系统,包括人才数据库、人才跟踪和人才培养机制,将文化产业相关的人才信息进行整合,建立跟踪机制,定期关注,争取开展多渠道多方式的人才培训,加强人才之间的交流和合作,促进人才共同发展;三是建立人才激励制度,充分调动工作积极性。只有这样,才能让这些既懂文化规律又有丰富经验的文化产业人才为南京的发展提供助力。

(五)拓展国内与国际市场,促进文化产品及服务出口

国家和政府对中华文化的对外交流十分重视,2015年发布《关于进一步加强和改进中华文化走出去工作的指导意见》,强调加强和改进中华文化走出去工作。南京要抓住机遇,积极打通国内、国际两个市场,发挥南京综合保税区的政策优势,积极开展国际经营业务,扩大对外文化贸易规模,增大文化产业企业产品和服务的出口,将南京建成我国重要的文化产品出口基地。大力支持文化创意企业"走出去",搭建创意文化交流平台。积极参与德国 iF 工业设计展、意大利"金圆规奖"、英国伦敦创意设计展等国际赛展。举办相关的文化周、艺术节等活动,加强南京的文化产业与国际大城市的交流与合作,提高南京市文化产业的国际影响力。

"酒香不怕巷子深",这句话在今天这个信息社会里就显得不够全面了,因为在人们的日常生活中,广告宣传正起着越来越重要的作用,要想让大家知道,就要反复介绍和宣传。因此,我们说"好酒也要多吆喝"。我们应该调动一切积极因素,向国内外多渠道宣传南京文化产业产品,让它们拥有广泛的群众偏好基础。其中,尤其重要的是向青少年一代宣传对南京文化产业产品的认识,让他们对南京的传统文化有所了解,培养他们的兴趣。这不论是对南京文化的发扬光大,还是对产品的市场价值开发,都大有益处。

(六)提升文化创新能力,进一步促进企业创新发展

目前,南京市传统文化企业的发展越来越受到诸如内容创作生产、创意设计服务等文化新业态的冲击,企业要想在日新月异的激烈竞争中立于不败,就必须不断进行自我革新,走创新发展的道路,推进文化科技融合创新体系建设,通过创新降低成本、提升产品附加价值、增强产品竞争力,进而拓展盈利空间。除此之外,政府要以问题为导向,加强对文化企业的指导服务,特别是要有针对性地梳理龙头企业在发展中所面临的困难与问题,除了现有文化金融支持政策以外,还应在土地、财税等政策上继续加大扶持力度。对符合条件的文化企业,特别是高新技术文化企业,进一步加大奖补力度。加强对文化产业链的研究,完善文化产业布局,推动全市文化产业发展。

第五章　镇江市文化产业发展研究

镇江,位于江苏省西南部,是长江三角洲北翼中心,长江和京杭大运河在此铸就中国"江河立交桥"坐标。镇江是国家历史文化名城、中国优秀旅游城市、吴文化发祥地之一,以"城市山林""大江风貌"特色著称于世。近年来,镇江市委、市政府将文化产业发展摆上重要议事日程,以文化建设迈上新台阶为统领,深化文化体制改革,主要领导亲自抓、宣传文化部门全力抓、相关部门配合抓,条块结合,市区联动,为文化产业发展提供了强有力的组织保障。

一、镇江市文化产业发展的现状及特色

2015年11月习近平总书记在中央财经领导小组十一次会议上指出:"推进经济结构性改革,是贯彻落实党的十八届五中全会精神的一个重要举措;在适度扩大总需求的同时,着力加强供给侧结构性改革。"文化产业是供给侧改革的重中之重,从文化产业的供给端着手创造新供给、满足新需求是应对新常态下新经济矛盾的重要途径。展望"十三五",镇江市在"创新、协调、绿色、开放、共享"五大发展理念的指引下,以优化城市空间布局为基础,大力推进产业文化创新发展,拉动城市经济转型升级。总体而言,近年来,镇江市文化产业规模不断扩大,产业融合发展程度日益加深,文化旅游和数字产业发展尤为突出。

(一)文化产业规模持续扩大

近年来,镇江市文化产业围绕"产业强市"发展战略,深化文化体制改革,突出新兴产业发展,保持了良性发展态势。2018年,全市39个重点文化产业项目超额完成年度投资。全市开展相关招商活动突破50场次。好未来教育基地、茅山道宫演艺等17个项目签约,签约金额达63亿元。据预计,2019年镇江市力争新增规模以上文化企业75家,新增挂牌上市文化企业6家,重点推进文化产业项目41个,力争完成投资60亿元。目前,镇江已经创成省级公共文化服务示范区,建成村(社区)综合性文化服务中心665个,人均拥有公共文化设施面积0.28平方米,公共文化服务设施网络覆盖率达100%,形成了以市、县级公共文化设施为龙头,镇(街道)文化站为纽带,村(社区)文化活动室为基础的四级公共文化服务网络。2018年末,全市共有艺术表演团体5个,文化馆8个,公共图书馆9个,文化站59个,博物(纪念)馆14个,美术馆2个,其中,文化馆与图书馆均达到国家一级标准。全市乡镇(街道)以上电子阅览室建有率达100%。拥有省级以上重点保护文物单位67处,其中,全国重点保护文物单位13处。全市拥有影院37个,银屏幕数量达229块,票房收入1.97亿元,观影人数达666.5万人次。拥有广播电台数5座。文化产业发展较快,全市拥有3家上市文化产业企业,拥有1个国家级数字出版基地、2个文化科技产业园、3个省级文化产业示范基地,文化产业增加值占GDP比重达4.8%。由此可见,镇江市文化产业投资比例持续增长,文化产业项目不断增加,公共文化服务体系不断完善,文化产业规模持续扩大。

（二）文旅融合特色凸显

镇江坐拥金山·焦山·北固山三山旅游名片，更有"水漫金山""北固招亲"等文化旅游资源，文旅融合发展是镇江文化产业发展一大优势和特色。近年来，镇江市各辖区更是不断开拓旅游资源，打造文化旅游品牌，极大地推动了镇江市文化产业的发展。镇江市的文旅产业不仅已经成为镇江经济发展的重要助推器，更是为整个长三角文化旅游注入了活力。目前，镇江市文旅融合的发展主要表现在以下三个方面：

其一，"三山"文化旅游品牌初见成效。2019年底，在由安徽省文化和旅游厅、上海市文化和旅游局、江苏省文化和旅游厅、浙江省文化和旅游厅联合主办的长三角区域"七名"（名城、名镇、名村、名山、名湖、名园、名馆）国际精品线路暨主题专项旅游产品发布会，镇江市的金山·焦山·北固山景区成功入选"名山"推荐目的地名单。本次推出的长三角区域"七名"系列旅游目的地和精品线路，融合了沪苏浙皖四省的特色景点，是集千百年江南文化之大成，聚长三角旅游资源之精华，文旅融合特色凸显，产品概念外延广泛，在推动长三角文旅一体化新发展方面迈出了坚实的步伐，将会进一步推进长三角区域文化旅游资源的市场价值和品牌影响力不断提升。镇江市三山风景区的成功入选也必将进一步推进镇江加速融入长三角旅游一体化步伐，极大地提升镇江旅游在国内外市场的影响力。

其二，文旅融合的区域特色凸显。镇江市不仅拥有三山名片，其各辖区、市、县都纷纷以本地特色为基础，开发属于自己的文旅产品。其中，句容市在文化与旅游的契合点上做足了文章。该市一方面挖掘历史文脉，探索句容文明发展历程，传承弘扬优秀传统文化。另一方面，依托深厚的文化资源，做大做强旅游产业，全力构建大旅游格局。近年来，句容市先后整理挖掘出秦淮灯彩、二龙戏珠、茅山道教音乐等非物质文化遗产，葛洪文化、红色文化、颜真卿文化等一大批具有历史地域特色的优秀文化脱颖而出，与旅游产业融合为一体，逐步构建起传统文化游、生态休闲游、魅力乡村游等旅游板块，城市活力进一步释放，形成了城市支撑、乡村补充、内联外迎的大旅游空间格局。

此外，茅山丁庄葡萄小镇也是句容市文旅产业融合发展的成果之一。20世纪90年代，葡萄种植基地落户丁庄。起初，在市场推广中遭遇品牌知名度不高的瓶颈。近年来，以丁庄为核心，运用跨界思维，加强葡萄与文化旅游的关联度，通过拓展采摘体验、休闲旅游等新业态，打造丁庄葡萄小镇。如今，丁庄葡萄小镇已发展成苏南较大的葡萄种植基地，入选旅游示范基地。目前，在文旅融合发展推动下，句容已建有5A级景区1处，同时，恒大文化旅游城、葡萄小镇、民宿小镇、风情小镇等多个特色小镇也正在建设之中。

最后，镇江市文旅融合发展的第三大特征是乡村文化旅游产业的兴起和不断繁荣。2018年以来，镇江市文广旅局以乡村民宿、乡村旅游村庄建设为突破口，创造性地推动乡村旅游高质量发展，三项工作创出"全省第一"。一是乡村民宿机制建设。以市政府名义出台《关于提升全市乡村民宿发展水平的实施意见》，并成立全省首家市级乡村民宿发展协调小组，构建上下联动、部门合力、农民参与的乡村民宿发展机制。二是乡村旅游标准化建设。全市率先制定并实施《乡村旅游民宿建设与服务规范》《乡村旅游特色村建设规范》两个地方标准，已评定句容市定卧佛山庄等乡村旅游金宿2家、培育扬中市友好村等乡村旅游特色村3家，形成镇江特色乡村旅游产品。三是培育乡村旅游品牌。句容市丁庄村、丹徒区五套村入选首批省乡村旅游重点村。2019年丁庄村接待游客量60万人次，五套村接待游客量38万人次，已初步形成乡村旅游民宿、乡村自驾游基地、乡村博物馆、乡村陶吧等新型旅游业态。

（三）数字文化产业异军突起

近两年来,镇江市的影视动漫、游戏等数字文化产业发展迅猛。最为人熟知的当属 2019 年春节期间大热的影片《流浪地球》,让观众大呼"国产科幻电影元年来了"。而电影中大气磅礴的特效场景,就是出自镇江市一家影视 3D 特效制作企业——镇江视程影视制作公司。这家企业自 2016 年成立以来,已负责了多部影视大片的后期 3D 特效制作,其中包括《红海行动》《速度与激情》等国内外热门影片,目前占据了国内一半的市场份额,业务规模及从业人员规模均处于龙头地位。

事实上,镇江市以视程影视为典型代表的数字文化产业已然兴起,并为城市发展注入源源不断的创造力。除了镇江视程影视的 3D 特效制作,镇江易乐、二四六零等企业的动漫网游,睿泰数字产业园的数字教育和数字出版,以及镇江新区奥博洋的敲宝网,都在行业内处于优势地位。随着经济的发展,物质生活不断丰富和完善,人们越来越多地追求精神和文化生活品质,文化消费成为民众关注的消费新热点。也因此,镇江市一批数字文化产品赢得了广阔的市场空间。以大禹山创意新社区为例,该社区是镇江市唯一的网页游戏研发、运营基地,也是目前江苏省最大、全国前十的网页游戏研发、运营基地,集聚了网络游戏企业 20 多家,入园企业在全国布局近 50 个分支机构,页游、手游、H5 游戏、VR、网络直播、电竞等各种网络游戏业态发展迅猛,网络游戏产业产值超 7 亿元,从业人员 2 000 余人。

还有一组数据也印证了镇江市数字文化产业的发展势头:镇江睿泰数字产业园作为国家数字出版创新基地,正在为高等教育出版社、人民邮电出版社、奔驰、英菲尼迪、中国银行等提供数字化服务,致力于打造中国最大的数字教育内容制作基地;镇江新区奥博洋的敲宝网,注册用户已突破百万人,每天累计在线作业人数为 3 万—5 万。由省内最大的网络游戏研发公司——镇江易乐 2017 年正式发布上线的精品手游《攻城三国》,目前市场流水已突破 10 亿元,并出口至韩国、美国、爱尔兰、中国台湾等国家和地区。该企业是江苏民营文化企业 30 强,现已发展为江苏省最具有影响力的游戏文化企业,研发的《攻城三国》《傲视千雄》《傲视遮天》等多款游戏产品,长期位于国内网络游戏开服榜前茅。与"江苏易乐"毗邻而居的江苏名通信息科技有限公司,自成立以来每年保持 50% 以上的增长速度,连续多年销售收入破亿元,已连续开发出《热血江湖传》《奇迹来了》《暗黑王座》等游戏产品,其中,《热血江湖传》市场流水已突破 3 亿元。公司先后获得"国家高新技术企业""全国重点文化出口企业""南京都市圈最具投资价值文化企业"等称号。目前,公司正加快推进总投资 1.13 亿元的长江游戏谷一期项目,将其打造成国内游戏产业的重要生产基地。"江苏易乐"和"江苏名通"两家"网络游戏双雄"的爆发式发展,只是镇江市京口区文化产业高质量快速发展的一个生动剪影。

据统计,仅京口区现有各类文化产业法人单位 1 190 多家,其中,规模以上文化产业单位 42 家。2017 年,该区实现网络游戏产业营业收入约 7 亿元、税收约 3 600 万元,增幅均高达 20% 以上;预计完成规上文化产业营业收入 24.67 亿元,文化产业增加值占 GDP 的比重高达 6.61%,在全市位居前列。该区坚持把动漫游戏产业作为文化产业发展的主攻方向,电子商务、软件服务外包等特色产业进一步集聚,文化产业布局更加清晰。入驻网络游戏企业 20 余家,在全国布局超 50 个分支研发、运营机构,页游、手游、H5 游戏、VR、网络直播、电竞等各种网络游戏业态均发展迅猛。大力发展电子商务产业,网络零售、第三方电商交易与服务、百度推广等龙头电商平台区域总部纷纷落户,网商产业园孵化、服务小微电商项目近

3 000个。"金海星导航"和"江苏绪普"2家单位入围江苏省第三届"'i 创杯'互联网创新创业大赛"决赛,据了解全市仅有3家单位入围决赛。该区还倾力打造不同种类的文化产业园区,助推文化产业多领域进军、全方位发展。2016年建成开放的京口互联网创新创业中心,目前已入驻网络游戏、北斗导航、电子商务等企业36家,2017年实现营业收入超3亿元,提供就业岗位近600个。为了加快中心发展,京口设立了600万元的"互联网产业"专项引导基金,现已发放引导基金近300万元。镇江婚庆文化创意产业园则以婚庆文化创意产业为主,总建筑面积10万平方米,现有相关商铺600余家,2017年营业收入超10亿元。目前,产业园正多措并举,以吸引更多的大学生进驻园区创业,并在创成市级文化产业园的基础上,加快省级文化产业园创建步伐。与此同时,该区着力推进总投资超7亿元的五大重点文化产业项目,为文化产业持续快速发展积蓄后劲、增添活力。目前,中国中小企业信息产业园(产业研发区)、长江游戏谷一期、掌源智能科技等重点文化产业项目正在加速推进之中,今明两年有望陆续建成投入运营。

(四) 文创产品层出不穷

文化创意是文化产业的重要组成部分。近年来,镇江市文创产品日益增加,品类繁多。镇江市文化企业将传统文化、镇江特色与现代科技相结合,打造了各式各样的文创产品,并借助于文博会等平台,将镇江文化特色展现在世界眼前,有力推进了镇江市文化产业的发展,扩大了镇江文化的全球影响力。

深圳文博会是中国唯一一个国家级、国际化、综合性的文化产业博览交易会,以博览和交易为核心,全力打造中国文化产品与项目交易平台,促进和拉动中国文化产业发展,积极推动中国文化产品走向世界,被誉为"中国文化产业第一展"。镇江以文创馆"小兵驿站"参加了这次国家最高级别的文化盛宴。"小兵驿站"文创馆由茅山新四军纪念馆提供授权,以新四军红色文化为基础进行相关产品开发、设计及运营。目前已开发红色文创产品十个系列近百种,有新文房四宝、行军水壶、明信片、包、玩偶、杯垫、徽章等,涉及地方主题类、文创应用生活服饰类、文创应用文具类、文创应用礼品类、文创应用旅行类等多个门类。

除此之外,杏园雅集系列文创产品以及扬中的"河豚"等文创产品也为镇江文化产业发展增添了新意。"杏园雅集系列文创产品"的设计灵感和元素皆取自镇江博物馆馆藏一级文物《杏园雅集图》手卷,提取了手卷上的图案、书法、印章、提拔等各种元素,创作出雨伞、丝巾、折扇、笔记本、文房等近30种文创产品。此系列产品的设计兼顾实用性与创新性,美观大方,展现了雅集图的高贵与雅致,是新时代博物馆中文创产品的创意衍生新品。扬中素有"中国河豚岛"之称,在这里,河豚不仅是一种美食,也是一种文化。河豚系列文创产品有炭雕、纪念币、钥匙扣、玩偶等。河豚炭雕采用优质活性炭制作,经传统手工工艺雕刻,并以珍贵的纯天然硅颜料着色,色彩古朴自然,是集观赏性和环保性能于一身的河豚状环保工艺品。河豚纪念币采用999纯银制作,正面刻印活泼可爱的河豚卡通形象,背面刻印的是吉祥纹和福字环绕着三叶草,寓意吉祥、幸福、幸运,是具有观赏、收藏、保值和投资价值的纪念品。

二、镇江市文化产业发展存在的问题

镇江市文化产业虽取得了一定成果,但相比苏州、南京、常州等市的文化产业,仍存在着一定的差距和不足。这突出体现在文化产业发展模式不够全面、文化品牌欠缺,文化产业创新能力不足等方面。

（一）文化产业发展模式有待进一步完善

长期以来，镇江市文化产业的发展模式都以政府为主导，本质上并未能脱离政府办企业的框架。这种发展模式虽然能使文化产业快速成型和起飞，但也容易出现政府主导市场的倾向，从而使文化产业缺少一个人格化的风险和利益承担者。镇江三国城和二十一世纪乐园两个文化项目，正是由于地方政府介入太深，没有尊重市场规律，以关门倒闭告终。不仅如此，政府在制定相关文化产业政策时，未能切实考虑到企业、地区等的特殊性，往往容易"一刀切"，缺乏明确的方向。如镇江的"626"工程，虽规模宏大，但总体感觉一哄而上、主攻方向不明。政府在规划时，应注意依托本地的文化资源优势，发展具有比较优势的产业。如果不顾当地经济文化的发展水平，盲目大搞园区建设，势必造成资源浪费和同业恶性竞争，反而不利于文化产业的发展。

（二）文化资源的开发利用率不够高，缺少文化品牌

文化企业的竞争力很大程度上体现在文化品牌上，凡文化产业发展领先的地区，也多是有核心文化品牌的地方。如云南丽江就是先发掘传统文化资源，塑造了"纳西古乐"品牌，后又推出民族风情舞蹈《丽水金沙》，紧接着重点推出《印象·丽江》，成功地促进了丽江旅游文化的发展。相比而言，金山、焦山、北固山虽一直是镇江引以为傲的旅游名片，但随着社会的发展、旅游方式的改变，这些景区对游客的吸引力也逐年降低。西津渡虽然拥有1 300年的古渡历史老街，是近两年镇江开发较为成功的项目，但每年游客接待量非常有限。相同处境的还有南山风景区，整个景区已经慢慢成为市民热衷的休闲健身场所，而非吸引游客的旅游胜地。这一切都是由于缺乏文化资源开发规划，缺乏打造文化产品品牌意识，还没有找到将文化资源变成文化产业的载体和途径，文化资源的潜在价值没有转化为现实价值，文化资源的潜力没有转化为产业实力。虽然镇江早已打出新的旅游名片："镇江，一个美得让您吃醋的地方"，但从品牌定位可以看出，镇江的文化旅游产业需要建设的不是某一个或几个项目，而是整个的镇江城市建设。这意味着确立这一品牌需要长时间，以及大量的资金投入，且短期很难看到明显的效果，和常州打造"龙"文化、泰州打造"水城慢生活"相比，难度要大得多。

（三）文化企业创新能力较弱，市场竞争力较低

创新是文化产业的核心。镇江的历史文化悠久，但无论是"水漫金山""北固招亲"，还是鸦片战争的炮台，或者是沈括、米芾、王羲之留下的丰厚文化遗产，最多只能是吸引到一些从未到过镇江的游客，而不能引来"回头客"。这也是国内许多文化旅游产业的通病。这些文化需要注入新的元素，让它们焕发新的活力。新元素的注入需要有相应的文化企业，以及具备相应的文化创新能力。近年来，镇江的文化创意产品虽有所发展，但都停留于小小的旅游纪念品的设计和开发，远未达及文化创意的生产和市场化。尤其对文化旅游产业来讲，最缺的就是创意企业。这从文化创意指数上也可以看出，2017年公布的镇江文化创意指数为11.67，列全省最后一位。

三、镇江市文化产业发展对策分析

针对镇江市文化产业发展过程中存在的问题，笔者以为，镇江市政府和文化企业可以着重从以下几个方面加以解决：一要转变政府角色，发挥企业主体作用；二要抓招商，抓项目，

打造区域特色文化产业;三要抓品牌;四要抓服务,重点为企业融资、人才招引、项目落地等提供配套政策保障。

(一) 转变政府角色,发挥企业主体作用

近几年,镇江市政府在深化文化体制改革方面已经做出了许多努力,但与构建符合市场经济运营规律、自我完善的文化体制目标还有差距。这首先需要注意的就是区分文化产业和文化事业的性质,树立牢固的产业意识。文化事业的公益性质决定了政府既是决策管理者,又是事业发展的主要参与者和最终责任者。而文化产业的经济性质决定了它的发展应该主要由市场决定,按照市场规律办事。若政府不能正确区分文化事业和产业,则不利于文化产业的发展。因此,地方政府在发展文化产业时,要注意自身角色的转换,既要扮演好管理者角色,又要做好文化产业发展的引导者,而不能只做文化产业发展的主导者。只有将产业发展的主导权交给企业,交给市场,才能真正激活产业的生命力。而政府只需要做好产业发展的引导者、支援者以及市场秩序的维护者即可。

其次,就企业而言,应该进一步加强文化单位改革与创新。将已进入文化市场的单位,全面改造成符合现代市场经济要求的企业法人主体,使其具备市场生存能力。对尚未进入市场的,根据不同情况,采取以承包、租赁的形式,或者以股份制的形式经营。改革要使文化企业真正成为独立核算、自负盈亏的市场主体,以市场的供求状况和盈利状况来组织文化产品生产。文化企业要发挥自身的主体作用,积极引进人才、项目,勇于创新,不能太过依赖政府的资助和扶持。只有企业自身立起来,文化产业才能真正发展起来。

(二) 抓招商、抓项目,打造区域特色文化产业

面对席卷全球的文化产业发展浪潮,如何在其中脱颖而出,创新、特色是关键。镇江作为有名的历史文化名城,有丰富的文化资源,如何让这些古老的文明焕发全新活力,打造属于镇江自身的文化产业,招商引资是关键。具体而言,可以从以下几个方面入手:

一要加强招商引企。强化组织推介,突出园区招商、专业招商和精准招商。营造亲商环境,提供一流服务,及时有效解决企业发展中面临的各种矛盾和问题。重视新兴业态招引,重点引进数字产业、网络娱乐、智能制造等新兴文化服务业,招引抢占经济发展制高点的文化新业态,包括大数据、云计算、智能制造、互联网娱乐、互动新媒体等业态。二要落实项目建设。积极申报和引进重大项目,对新开工项目加大要素保障力度,对年度应竣工项目做好协调推进。三要强化产业统计。建立并运行排查入库工作进度月报制度,关键窗口期实行每日通报制度。突出二三产剥离,鼓励支持重点企业把生产和创意设计部门进行分离,继续执行规模以上企业新增入库激励政策。四要加大政策扶持。用足、用好中央、省市扶持资金、基金和有关奖励政策。修改完善政策,在土地、融资上给予更多的要素保障,积极鼓励民间资本进入文化领域。抓好企业培育,开展十强文化企业、诚信文化企业、优秀文化企业主评比认定工作,增强企业影响力和凝聚力。

作为一个中等规模地方城市的文化企业,只有通过走地方特色、错位经营的文化产业路线,才能在激烈的市场竞争环境下,寻找到自我生存和发展的方式。在招商引资的基础上,企业要结合地区特色,发挥创新能力,积极打造区域特色文化产业。各文化企业之间应加强合作,资源共享,推进文化产业链的形成。例如,可以共同利用镇江的丰富历史文化资源,结合企业自身的特点,做大做强数字文化产业,各个企业间分工合作,由点及面,逐步形成园区

化、集团化的发展模式。此外,将现代科技和传统文化的相结合,打造一条文化创意街区,而非单纯的历史文化街区,也是镇江文化产业发展的可行之道。镇江市政府和文化企业应保持对高新技术的高度敏感,增强推动文化与科技融合的自觉性和主动性,加快构建有利于科技与文化融合的体制机制;积极运用电子技术、网络技术、信息技术、数字技术,加快对传统产业的改造,推动与演艺、电影、电视、动漫、游戏等相关领域的融合,用先进的生产手段和表现形式增强文化产品的感染力、传播力和影响力。

(三)加强文化产业融合发展,积极打造文化品牌

镇江在文化旅游、文化科技等方面的融合发展取得了一定成果,但缺乏具有影响力的文化产品品牌。镇江虽有"水漫金山""北固招亲""三山"景区等文化旅游名片,却缺乏以此为基础发展起来的文化产品品牌。因此,镇江应继续加强文化与农业、工业、金融等各方面的融合发展,以知名度较高的优质文化产品为重点,打造一批具有镇江地域特色的文化产品品牌。

具体而言,镇江应发展创意产业,做大做强动漫游戏、数字出版、网络文学等产业规模。引导文化消费,加强"文化+旅游"融合,通过政府购买服务引导市民文化消费,倒逼文化产业供给侧改革,满足群众的精神文化需求。形成产业集聚,20家规模园区要充分发挥载体资源优势,强化产业定位,形成产业规模。其他重点园区要着力推动转型升级,培育建设1—2个具有产业定位、文化内涵和社区功能的"文化特色小镇"。

(四)完善人才招引机制,增强文化产业的创造力

人才是文化产业发展的核心和依据,是文化产业发展的基础,人才的质量与数量直接关系到文化产业竞争力水平的高低。重视实施人才兴业战略,首先要立足现有人才,鼓励多出精品。其次要培养专业人才,利用驻镇高校优势,培养一批动漫、网络等创意文化人才。再次要引进领军人才,完善优秀人才保障机制。最后要利用镇江籍在外人才,利用他们的特有才能和影响力,引进和创作并举,打造有民族文化底蕴、集聚效应强,影响力大,知名度高,以至于在全国有影响的重大文化品牌。古城镇江具备发展文化产业的诸多有利条件,但要实现突破性发展,使文化产业成为镇江市支柱性产业,还显得任重道远。

第六章　扬州市文化产业发展研究

扬州是国务院首批公布的历史文化名城,其"东水西山一路连,南江北湖一河牵"的地理位置,孕育了厚重的人文底蕴和文化传承。随着扬州城市的发展,这座有着 2500 年建城史的古老城市不断焕发新的活力,城市环境日益美化,居民生活水平不断提升,陆续荣获了"中国优秀旅游城市""国家卫生城市""国家园林城市""国家生态示范市""联合国最佳人居奖"等荣誉称号。近年来,扬州在推动文化产业发展上下足功夫,把文化资源优势转化为文化产业优势,让文化产业成为城市经济发展的一道靓丽风景线,成为全市服务业的重要支柱产业之一。

一、扬州市文化产业发展的现状及特色

扬州市作为首批国家"历史文化名城",有着得天独厚的文化资源和手口相传的文化口碑。近年来,扬州市文化产业以资源转化和产业融合为重点,取得了显著的发展成绩。现阶段,扬州市文化产业发展现状如下:

(一)产业规模不断壮大

近年来,扬州市文化产业增加值总量呈逐年递增的趋势,文化产业增加值的增速保持在 30% 以上。预计 2019 年扬州市文化产业增加值将突破 170 亿元。文化企业数合计达 5 296 家,企业数量稳步提升。扬州市文化产业增加值近年来增速占的比重持续稳定上升,对实体经济的贡献率不断提高,文化创意产业已经成为扬州现代服务业发展的新亮点。全市现有 5 个国家级文化产业园区(集聚区)、7 个省级文化产业类园区(基地)。扬州被授予"中国琴筝产业之都"称号,江都荣膺"中国毛笔画笔之都"和"文房四宝特色产业区域"。"扬州漆器""鲁垛乱针绣"获地理标志集体商标注册;新兴文化产业成长迅速,电子纸产量已占全球总产量的 90% 以上;报业传媒集团、广电传媒集团等优势企业的总体实力不断增强。下一步,扬州将重点发展工艺美术、文化创意、新闻出版、影视制作、演艺娱乐、文化旅游、文博会展等八大行业。骨干企业方面,运行态势良好,支撑作用强劲。工艺品生产零售企业方面,扬州市工艺美术集团作为全国知名的文化产业企业之一,始终坚持人才兴业战略,集聚行业高端人才,设立大师工作室,突出创新创造,不断提升产品附加值和市场占有率,企业内漆器研究所已被认定为省级技术中心,玉器厂获国家"非遗保护示范基地"称号。扬州市工艺美术集团公司经济总量连续五年实现 30% 以上的增长,企业经济效益继续大幅提升。传媒企业方面,扬州报业传媒集团在发挥宣传主阵地作用的同时,化资源优势为产业发展优势,形成了"4 报 6 网 2 刊 10 公司"的发展格局,其中,《扬州日报》《扬州晚报》和《扬州时报》发行量分别超过 6 万、10 万和 4 万份,成为苏中、苏北地区报业发展的排头兵,扬州网、手机报等新兴媒体影响力和辐射面不断强化扩展。扬州广电传媒集团坚持新闻宣传和产业经营"两手抓、两手硬",现拥有 4 个广播频道、4 个电视频道、2 个数字电视频道和 2 个大网站,其中,1 套、2 套电视频道的收视率超过 40%,成为省内有影响的广电宣传媒体。

（二）产业特色日趋突出

在九大行业类别中，文化用品、设备及相关文化产品的生产位行业位居第一位，发展势头比较强劲；文化休闲娱乐服务行业位居第二位，发展速度迅猛；文化用品、设备及相关文化产品的销售位居第三位；出版发行和版权服务行业位居第四位；广播、电视、电影服务行业位居第五位；其他依次是网络文化服务、文化艺术服务和新闻服务。随着文化产业化步伐的加快，扬州市已经初步形成以文化旅游、玩具制造、工艺品制造与交易、文化娱乐、出版发行与印刷、广播影视等为主体的门类较为齐全的文化产业体系。文化旅游产业持续扩容放量，扬州市文化旅游业以瘦西湖风景区为核心，以"世界公园"和"文博城"建设为抓手，覆盖各类旅游业态的大文化旅游格局初步成型。以"烟花三月"国际经贸旅游节暨国际盆景大会为契机，瘦西湖景区各项景点进一步整合提升，温泉度假村成为休闲旅游新热点；一批历史文化街区相继复兴，东关街跻身"中国十大历史文化名街"，"双东"历史街区创成国家4A旅游景区，"双宁"历史文化艺术片区综合改造工程稳步实施，南河下历史文化街区启动复兴规划建设；扬州市已建成文博场馆近100座，"扬州八怪"纪念馆新馆区等场馆正在新建。大运河申遗取得阶段性进展，"七河八岛"水上游览线正式开通；1912街区、个园、花局里、教场秦淮坊人气渐长，高老庄演艺大舞台票房火爆，瘦西湖大型实景演出"春江花月夜"公演反响良好，扬州城"月光"旅游市场方兴未艾。文化创意产业加速集聚发展，江苏（扬州）信息产业服务基地已入驻文化企业70家以上；扬州智谷文化创意产业园集聚文化企业63家，其中，笛莎公主文化创意产业有限公司连续三年实现100％增幅。广陵设计瑰谷由原中船重工七二三船舶研究所老厂区改造而来，已吸引10余家企业和机构入驻，成功承办2013世界绿色设计论坛扬州峰会。

（三）承载能力不断增强

截至目前，扬州市已拥有各级各类文化产业园、集聚区共27个，其中，国家级4个。瘦西湖风景名胜区作为第一家国家文化旅游示范区，其品牌影响力和市场占有率不断增强。扬州工艺美术集聚区为江苏省重点扶持发展的创意产业园，先后荣获国家文化产业示范基地，中国传统工艺美术特色基地，2011年初又被国家工信部认定为国家中小企业公共服务示范平台，成为全国同行唯一获此殊荣的企业。扬州智谷文化创意产业园先后获得江苏省、国家文化产业示范基地，上海远梦创意设计、江苏笛莎公主、筑丰软件、3D科技园等60多家研发机构和企业相继入园。扬州经济技术开发区着力打造电子阅读器先进制作基地，川奇光电等电子书行业龙头企业成功落户扬州。此外，江苏信息服务产业基地（扬州）入选"江苏省重点文化产业园区"，宝应乱针绣文化创意园获得"江苏省文化产业示范基地"称号。

（四）体制改革持续深入

在相关文化政策的鼓励下，扬州文化产业主体已遍及内资、港澳台投资、外商投资等多种投资形式，呈现国有、集体、私营、股份制多元化发展态势。在法人单位中，内资单位、港澳台商投资单位、外商投资单位的资产总量所占比重分别为74.9％、12.2％和12.9％，营业收入所占比重分别为62.8％、14.2％和23％。与2004年相比，港澳台商投资单位和外商投资单位资产总量和营业收入所占比重有较大幅度的提升。在内资单位中，私营企业发展较快。随着文化市场主体的日益增多，文化产品和服务的类型更加丰富，质量不断提升。扬州市曾获得全国文化体制改革先进地区，广电、报业、工美三大集团顺利组建，国有企业法人治理结构初步建立。三大国有集团通过对经营性资产剥离改制，成立了云智传媒等6家子公司，进一步扩展了发展空间和经营渠道。下辖县（市、区）中，仪征将市文化传播中心、扬剧团、电影公司三个单位整合组建的市演艺影剧有限公司、高邮广播电视网络公司正式挂牌。宝应鲁垛乱针绣文化创意产业园与扬州大学、浙江大学合作，创建江苏省文化产业集聚区和旅游示范区，邗江区与东方演艺集团成功签订框架性协议，开发区引进顺天实业集团建立产业孵化平台，承担招商引资任务，仪征引进江苏泰成集团公司、江苏银茂控股集团公司、浙西大峡谷旅游开发公司、上海西缘绿化等企业联合体投资开发文化旅游项目，充分实现了合作共赢、借力发展。

（五）服务机制不断健全

全市拥有文化产业园区、集聚区27个，其中，国家级4个。瘦西湖风景名胜区作为首家国家文化旅游示范区，其品牌影响力和市场占有率不断增强。工艺美术集聚区荣获国家文化产业示范基地。扬州智谷文化创意产业园先后获批江苏省、国家文化产业示范基地。国家数字出版基地扬州园区落户扬州经济技术开发区。此外，江苏信息服务产业基地（扬州）跻身"江苏省重点文化产业园区"，宝应乱针绣文化创意园摘得"江苏省文化产业示范基地"称号。这些园区载体的建设，为扬州文化产业集聚发展提供了良好的平台。三大国有通信集团通过对经营性资产剥离改制后，成立了扬州云智传媒等6家子公司，进一步扩展了扬州文化传媒产业的发展空间和经营渠道。扬州市财政、税务部门对8家新组建的市属转制文化企业进行认定，帮助企业及时享受相应财税优惠政策。鼓励企业用足、用好上级政策，积极服务企业、项目争取各类专项和政策扶持，先后为高老庄大舞台演艺项目《运河情》、电视剧《潮人》、扬剧《十把穿金扇》等11个项目成功争取省级文化产业引导资金1020万元，为扬州工艺美术集团、江苏笛莎公主引进省紫金风投资金7000万元和2000万元。扬州市本级还设立1000万元的市级文化产业发展专项资金。

二、扬州市文化产业发展存在的问题

尽管扬州市文化产业发展初具规模，但对照产业政策要求和全国先进地区成绩仍有一定差距，主要表现在观念理念有待更新、发展后劲尚显不足、政府职能仍需优化。

（一）观念理念有待更新

一是文化资源产业化开发"守旧守成"的现象比较普遍。在制定文化产业发展规划时缺乏创新精神和前瞻意识，在时代和市场面前，对现有文化资源的现实境遇缺乏科学和全面的认识，不能正确评估现有文化资源的价值，往往出现重视不够或过分拔高两个极端的错误认知。

二是文化资源产业开发"全面开花"的现象比较严重。主管部门和部分开发者把握不住区域文化资源的特质和市场需求，面对种类多样、丰富繁杂的文化资源，缺乏清晰的判断和科学的规划，往往"眉毛胡子一把抓"，造成了投入分散、开发不足、效应较弱的局面。

三是文化资源产业化开发"低小散粗"的现象比较常见。部分管理者好大喜功，文化资源产业化开发层次低、规模小、布局散、品质粗的现象时有发生，甚至出现了严重破坏文化资源原真性和完整性等现象，反而妨碍了扬州"精致"特色的彰显，在追求短期经济效益的同时忽视了社会效益与经济效益的统一。

（二）发展后劲尚显不足

一是部分文化资源自然状态存在的现象没有改变。大多数的民俗民间艺术,像剪纸、麦秆贴、编织等仍处于自然存在的形态,自生自灭的情况比较严重,非物质文化遗产流失程度较高,许多技艺面临传承人高龄化,后继乏人,或直接面临绝代断裂的危险。

二是部分文化资源的市场前景堪忧。作为农耕文明哺育的中国传统文化形态,在现代文化和都市文明的冲击下,尤其是在市场经济大潮中,缺乏自省意识、市场意识,更失去了培养受众、培育市场的机会,越来越多的实用技艺、民间文化形态失去发展空间和能力,只能作为"活化石"——非物质文化遗产被保护甚至冰藏。

三是相关理论研究与文化资源产业化开发实践学用脱节。文化产业突飞猛进式的进展,文化体制改革措施和文化政策的密集出台,使得文化产业理论研究捉襟见肘,成果供给明显不足。对于文化产业理论研究需求的急剧增加造成了一定程度上的"泡沫化"现象。无数"专著"和"论文"篇幅的浩大与内容的贫乏恰成对比。在文化资源产业化开发方面的研究亦是如此,对文化资源的类型、属性和转化机制缺乏科学的评估体系,尚未能对文化资源产业化开发提供科学指导。

（三）政府职能仍需优化

一是政府"无限功能"挫伤市场主体的积极性。在文化资源产业化开发中,政府往往既是文化资源的所有者、管理者、开发者,又是市场秩序的制定者、参与者和监管者,多重角色叠加导致政府职能在文化资源产业化开发由严重错位,部门利益刚性导致文化资源闲置、不足和浪费并存。

二是文化政策不科学干扰市场环境完善。由于理论界对文化政策研究不够重视,政府关于文化政策的出台缺乏科学理论支持,加之部分政府行为的急功近利和短视与文化资源开发投入大、回报周期长之间形成矛盾。政府行为的短期化较为普遍,对文化资源产业化开发缺乏实质性的内容及政策支持,从而制约了文化产业的规模化、品牌化、专业化发展。

三是市场机制的作用发挥不充分,社会资本在文化资源产业化开发上难有作为。文化资源配置方式依然未能从根本上改变权力分配的格局,权力对市场的干扰在推进文化遗产保护上有愈演愈烈的倾向与趋势。文化市场上条块分割、地区封锁、城乡分离的格局依然存在,严重阻碍了市场机制在文化资源产业化上的作用发挥。在已开发的文化资源产业化项目上,概念炒作、模式复制、千人一面的情况较为突出,表明了创新动力不足、能力不强仍是制约文化产业快速健康持续发展的重要因素。

三、扬州市文化产业发展对策分析

扬州市历史悠久、人文荟萃,在漫长的历史长河中,形成了丰富的历史遗存和人文积淀,具有鲜明的文化特色,为文化产业发展集聚了文化资源富矿。将丰富的历史文化资源通过市场转化为文化产品,实现文化遗产向文化财产转变,既是扬州市推进文化资源转化中必须破解的重大课题,又是实现文化产业发展的可行路径选择。坚持以弘扬社会主义核心价值观为主旋律,以提高市民素质为引领,以满足人民群众日益增长的多样性文化产品需求为目标,以建设"世界文化名城"为统领,以扬州市的历史文化资源为依托,以基本产业转型需求和消费市场升级需求为导向,以产业融合和改革创新为动力,进一步提升承载能力、优化软硬环境、集聚关键要素,着力做大产业规模、凸显产业特色、打响产业品牌,加快将文化产业打造成为新的支柱型产业,为文化名城建设再创新业绩。

(一)打造三城三中心

坚持"有所为有所不为",凸显特色,错位竞争,加快扬州市文化产业发展,推进名城建设。一是激活文博资源,打造文博城,成为区域性文博会展中心。加快重大文博项目建设,重视做好文博场所的开放运营和管理,充分利用古城丰富的古典园林、古民居、古城遗址及民风民俗等人文资源,打造一批如宗教文化游、盐商文化游、古城遗址游、名人故居游等文化旅游精品,打开文化与旅游结合的产业发展空间。

二是集聚知识要素,打造创意城,成为区域性文化创意中心。发挥好江苏信息服务外包基地、人民大学文化科技园、经济开发区国家数字出版基地、扬州智谷文化创意产业园等平台载体作用,探索设立知识产权交易市场,加大企业孵化和政策扶持力度,大力发展具有扬州文化特色的内容产业,形成创意产业与传统文化良性互动。

三是优化流程标准,打造休闲城,成为全国休闲消费中心。研究发掘打造吃住行游购娱等传统服务产业服务流程,制定并提高行业服务标准,突破制作、保鲜、流通等关键领域的技术,实施传统工艺和技艺的现代工业化大生产战略。加强传统工艺与现代科技的结合,赋予淮扬美食、沐浴养生、美容护理等"扬州三把刀"新的消费价值和市场空间,并通过输出管理,输出技术,输出工艺,不断提升休闲文化的经济价值。

(二)打造三大服务平台

一是利用现代管理流程,打造创业系统平台。扬州市最大的资源、最大的空间、最大的优势都在民间,必须充分利用民间的资源、优势和空间,优化创业环境,降低创业门槛,鼓励文化名人、文化爱好者利用文化资源、智力创意来就业。当前可以采取电子商务技术和现代管理流程,开辟文化创意创业系统平台,达到转化智力成果和文化资源的目的。

二是利用现代科学技术,打造技术服务平台。扬州市文化资源转化的瓶颈:一是资金,二是技术,三是人才,四是文化。促进扬州市文化资源的转化,必须加强关键领域技术的研发。要重点加强对速冻保鲜技术处理,加快对淮扬美食的工业化流程开发;要重点加强对雕刻、刺绣等手工工艺流程的分解、研发和代替,寻求传统工艺美术的机器化大生产的可能;要利用软件编程和动漫设计处理,加强对扬州市文化名人、艺术作品、文学故事和文化遗存的消费,赋予传统文化资源以现代时尚和切实可感的表达方式和表现形式。

三是利用现代经济体系,打造市场交易平台。文化资源转化的价值和内容要通过市场空间来判断。市场既是促进文化资源转化的最大试验场,更是文化资源转化成功与否的试金石。必须依托传统优势项目打造各类专业市场,重点依托工艺坊打造工艺美术项目交易平台,实现资源、股权的有效流通,依托五亭龙玩具城引进国际著名的网络游戏巨头,实现网游项目和玩具产品的无缝对接,将南河下改造与产业规划有机结合,明晰其"以文化艺术品拍卖为主打的文化旅游"产业定位,打造文化艺术品拍卖市场。

(三)打造三大经济板块

一是以资源换资本,打造文化旅游产业。目前,扬州市最大的文化资源是"历史文化名城"这块招牌及其支撑体系,如历史遗存、文化名人、历史故事、民间传说和特色建筑等。这些支撑的市场价值一般都是难以甚至无法估算的。但是除了一些历史遗存和特色建筑须谨慎保护外,无形的文化资源和大部分的历史遗存都是有价值的、可开发的。如可尝试将瓜洲等古镇的文化资源打包升级,将无形的文化资源做成一个个的项目包装后市场化运作,在统一规划下由投资主体自主开发运营。通过这些将扬州市文化资源广泛调动起来,把整个扬州做成一个文化旅游开发区。

二是以资本换产业,打造文化创意产业。文化创意产业是可最大化开发利用文化资源的产业。如果说,文化资源是原料,是矿石,那么文化创意就是生产线、转化器。文化创意产业需要大量资金、人才、政策扶持。必须以非常力度、非常投入做非常产业,才能凸显“创意”效应。“把钱用到刀刃上”,就是要利用有限资本重点加强主题公园、实景演出的投资开发建设,大力促进“智谷”创意园区的转型升级,从形象系统到产业内容,从企业孵化到市场运营,从项目投入到配套服务的升级,使其形成创意汇集地、资本集聚地、项目交易地。

三是以产业换空间,打造文化休闲产业。要立足特色产业,形成特色市场,打造特色城市,拓展发展空间。要加强对扬州市主城区整体产业规划,以文化休闲产业及相关配套来布局整个扬州市主城区,推进其他非旅游休闲的产业逐步向仪征等县市转移,进一步彰显“休闲扬州、消费天堂”的城市特色定位。要加强对扬州市文化休闲产业的研究、总结和提炼,形成扬州市工美、餐饮、沐浴、养生、美容、旅游、娱乐、演艺等休闲产业的工艺技法、运作流程和管理模式,并不断进行复制、粘贴,扩大市场占用率和国际影响力,使扬州市真正成为休闲产业中心名城。

(四) 打造重点业态

为适应当前文化产业发展的新趋势,以扬州市现有文化产业发展状况为依据,今后一段时期内,扬州市文化产业发展可选择以下几个重点业态。

1. 文化旅游产业

文化的融入使旅游业的发展有了深度、有了内涵、有了灵魂,旅游业的腾飞又将带动文化的进一步交融和文化产业的繁荣蓬勃发展。“十二五”规划中就明确指出,文化产业作为国民经济“支柱性产业”,将与同样作为“战略性支柱产业”的旅游业会有越来越多的融合发展,其融合发展的产物——文化旅游产业,将是挖掘地方文化特色、完善旅游产业链条、促进产业转型升级、推动地方经济腾飞的重要发展方向。结合扬州市经济社会的发展实际,可按照“吃住游娱购”一体化的模式和思路来打造独具扬州特色和文化旅游产业链条。

2. 文化创意产业

随着经济全球化进程的不断加深,以创造力为核心、以创新研发为动力的新兴业态蓬勃发展。文化创意产业,作为文化与科技、创意、工业等多种产业融合发展的新业态,发展速度尤为迅猛。结合时代的需求和发展的可行性,扬州市文化创业产业可在以下几个方面有所突破。

(1)工艺美术业:依托扬州工艺美术集团和薛春梅、时庆梅等一大批工艺美术大师,进一步集聚设计研发实力,开发一批代表扬州工艺美术设计最高水平的精品力作,筑牢“天下玉,扬州工”的口碑与品牌。在保有现阶段高端工艺品消费市场份额的同时,还应积极推进扬州工艺美术品产品向中低端市场延伸,主动研发贴近市场需求的中端产品,做大扬州工艺美术品产销规模。

(2)传媒产业:依托扬州报业传媒集团、扬州市广播电视新闻出版集团等单位,积极推进传统纸媒的数字化转化和广播电视的网络化转移。在做好现有数字电视、电台广播等传统业务的同时,还应联合电信、移动、联通等网络运营商,华为、中兴通讯等国内知名硬件生产商,凤凰传媒、盛大文学等平台服务商,围绕移动互联网和智能手机、平板电脑等新兴移动终端开发针对性的新媒体产品,加快构建文化传媒业的全媒体经营格局。

(3)创意设计业:凭借扬州市传统优势产业——建筑业的发展优势,依托江苏省华建集团等一批全国建筑业龙头企业,以及扬州规划设计院、扬州市工业设计院、扬州市建筑设计院等省内知名设计院所,重点发展工业设计和建筑设计业,进一步培育和集聚一批资质完善、市场认可、实力突出的设计企业,抱团发展,形成产业集群。

(4)软件服务业:依托"中国声谷"基地,加快由软件服务业由远程呼叫向后台运算和云计算等领域的提升,积极引进和培育一批在细分领域领先的软件开发商。依托西安交大科技园、扬州智谷等综合研发载体,重点进军嵌入式软件、电子商务等领域,同时依托浙大网新科技园、新加坡科技城,打造软件服务外包基地,重点引进和承接新加坡、欧美等地区的软件服务外包业务。

3. 数字出版产业

近年来,随着网络的全面普及和智能手机、平板电脑的飞速发展,融合了计算机技术、互联网技术、通讯技术、流媒体技术、显示技术等高新技术所衍生出的数字出版业,已经逐渐超越了传统出版业,成为一个内容涵盖数字期刊、电子图书、网络文学、数字报纸、网络教育、数字音乐、网络地图、网络动漫、网络游戏、数据库出版物、手机出版物等众多范围的新兴业态。扬州市在发展数字出版产业方面独具优势,主要体现在:一是获批"国家数字出版基地",凸显核心优势。被国家新闻出版总署批准设立的"国家数字出版基地"集聚了凤凰传媒出版集团、浙大网新、盛大文学等一大批国内数字出版业龙头企业。下一阶段,可依托浙大网新科技城等载体,着力建设和打造国内大型数字出版基地和虚拟交易服务基地,形成集数字出版、数字平台、网络服务、通信服务为一体具有强劲竞争优势的产业集群。

二是积极试点应用探索应用,积累先进经验。扬州市早在 2010 年就在三元桥小学率先试点开展了"电子书包进课堂"教学实践活动,使用电子出版教材与电子设备进行图、文、声、像并茂的课堂教学探索。并在政府部门的办公中积极探索使用电子平台对公文进行实时流转、签批盖章。在数据内容更新上,与扬州日报、扬州晚报等媒体进行深入合作,将数字出版内容与手机用户相绑定,形成即时性数字内容出版的试点。扬州市在学校、政府等部门率先进行的数字出版产业的试点应用,推广了数字出版优质资源,为下阶段数字出版产业的全面提速发展积累了实践经验。

三是建设数字出版增值平台,拓展交易市场。扬州市积极开发网络增值服务平台,与通信运营商、门户网站等结成战略联盟,建立完善数字交易平台,完善网上银行支付、支付宝支付、手机支付等收费通道。依托网上"扬州电子书城"建设了方便快捷的"扬州数字阅读平台"品牌。同时,完善物理载体,建成支持网络平台数据查询、交易运行的云计算服务中心。探索利润分成模式,建设交易平台,针对试点的教育市场,开辟了一种学生、学校、出版商、设备制造商多方收益的模式,以实现电子出版业的普及。进行数字文化体验,建立电子出版业应用体验中心,一方面借鉴台湾"诚品书店"的经营模式,向大家展示一种全新的阅读文化生活,使书店成为多元的、动态的文化事业,举办各项演讲、座谈、展览等延伸阅读活动,实现书店与读者间关于阅读的对话;另一方面以"电子书包"的形式,进入课堂,以全新的模式展示数字化的教学方式。

第七章　泰州市文化产业发展研究

泰州是历史文化名城,有着五千多年的文明史和两千多年的建制史,历代以来人文荟萃,历史源远流长,素有"汉唐古郡,淮海名区"之称,早在汉朝就有"红粟流衍"和"屯田煮海"之富,唐代有"海陵红粟,仓储之秋靡穷"之饶,素有"水陆要津,咽喉据郡"之称。作为一个拥有两千多年历史的城市,又作为长三角经济发展区的16座中心城市之一,千百年来,风调雨顺,安定祥和。依托中国优秀旅游城市的称号,如今的泰州拥有古建筑、古遗志、古石刻几百处,被单列为省级文物保护的就有134处,全市5座博物馆珍藏好几万件文物。拥有千年古刹光孝寺、日涉园、崇儒祠、岳王庙、安定书院、桃园、施耐庵陵园、郑板桥故居、梅兰芳纪念馆,这些人文景观都是泰州的文化瑰宝。泰州历代人才众多,名贤辈出,"儒风之盛、夙冠淮南",《水浒传》作者施耐庵、书法评论家张怀瓘、教育家胡瑗、评话宗师柳敬亭、"棋圣"黄龙士、"扬州八怪"代表人物郑板桥、京剧艺术大师梅兰芳、地质学家丁文江等,均是泰州历代名贤中的杰出代表。宋代名相吕夷简、晏殊、范仲淹、抗金名将岳飞、《桃花扇》作者孔尚任、《镜花缘》作者李汝珍、民族英雄林则徐、书画大师齐白石等均在泰州主政或兴业。这些都是泰州文化产业的生产动力。

一、泰州市文化产业发展的现状及特色

泰州发展自身的地方文化产业,有着较强的现实土壤,其地方文化优势是泰州所独有的,泰州的人文风貌是别的城市无法用生产制造出来的,这些地方特色是泰州地方文化产业的无形资产和核心价值。一系列独有的文化资源正在为泰州的经济文化发展提供产业价值,通过保护以及改造、开发,就能促使文化产业深层发展。

(一)地理区位优势明显,文化产业门类齐全

泰州地处江苏省中部、长江沿岸,是江苏"维扬文化"的发祥地之一。地理位置临江近海、水陆交通便捷,有"水陆要津,咽喉据郡"之称。苏中入江达海的5条重要航道在此交汇,江阴大桥成为泰州与上海、苏南连接的快速通道,328国道、宁通高速公路、宁靖盐高速公路、京沪高速公路以及新长、宁启铁路在泰州境内纵横交错,成就了泰州承南启北交通枢纽的重要地位。作为有着悠久历史的文化名城,泰州千百年来人文荟萃、名贤辈出,施耐庵、郑板桥、梅兰芳是其中的杰出代表。境内有着丰富的文化资源,现存古遗址、古建筑、古石刻数百处,其中,列为省市级文化保护的有134处。泰州孕育了独具特色的名人名贤文化、盐税文化、红色文化、生态文化、民俗文化,构成了泰州相对的文化资源比较优势,为发展文化产业提供了较好的基础条件。独具特色的地方文化使得泰州的知名度不断提高,相关的文化产业得到了快速发展,成为地区经济一个新的增长点。

泰州市文化产业发展速度日新月异。泰州文化产业实现了从小到大、逐渐成熟壮大的历史性跨越。目前,泰州已经形成了出版业、报业、广播电视业、艺术教育业、文化娱乐业、文化博物业与文化旅游业等比较齐全的门类。除广播电视、传媒广告业外,泰州文化产业单位

已有 2 400 多家，就业人员达 16 000 多人，文化产值突破 50 亿元大关，为泰州经济社会的发展做出了突出贡献。目前，泰州初步形成了包括文化创意、文化旅游、传媒出版、乐器制造、广告会展、演艺娱乐和文化培训等在内的文化产业体系。2012 年泰州制定实施"文化名城建设行动计划"，加强历史文化资源保护，加快文化产业发展。文化创意产业综合体项目开工建设，3 家企业获批国家文化重点出口企业，新增 4 个全国重点文物保护单位，望海楼入选中国历史文化名楼，溱潼镇荣获"中国民间文化艺术之乡"称号。

（二）文化企业实力明显增强，文化创意园区建设加速推进

泰州地区近年来涌现出一批在国内、省内有一定知名度的文化企业和企业集团。江苏凤灵乐器集团、泰州市美画艺术品有限公司被评定为国家文化出口重点企业。凤灵小提琴产业园被评为国家级文化产业示范基地，姜堰区溱湖湿地公园、江苏百成数码影业有限公司被评为省级文化产业示范基地。江苏世泽艺术品有限公司等企业初具规模，发展前景良好。泰州市着力推进装饰壁纸产业发展，已有 10 多家装饰壁纸企业落户高港高新技术产业园区，其中，3 家企业名列全国壁纸企业"十强"，园区被中国建筑装饰协会授予"中国壁纸产业基地"称号。

（三）文化市场繁荣有序，文化产业发展领域进一步拓展

目前，泰州文化产品市场和资本、产权、人才、信息技术等文化要素市场建设进一步加强，音像制品、工艺品、古玩收藏等各类交易市场日渐活跃。泰州市结合城市改造、历史街区和文物景点修缮保护，培育形成了一批特色文化街和文化专业市场。同时，不断加强文化市场管理，坚持不懈地开展"扫黄打非"工作，坚决打击违法文化经营活动，文化市场秩序和知识产权保护工作进一步规范。以文化旅游、传媒出版、乐器制造、演艺娱乐等为主体的文化产业快速成长。泰州报业传媒集团、广播电视传媒集团、江苏有线泰州分公司、凤凰文化发展有限公司等一批文化企业（集团）相继成立。创意设计、广告会展、数字印刷、软件开发服务等新兴文化产业起步发展。文化发展立足群众，惠民工程颇有成效。市委、市政府秉承"文昌水秀、祥泰之州"的城市文化主题，先后建成市区十大市民文化广场，努力打造群众性文化活动品牌，"百姓大学堂""百姓议事园""百姓大舞台"等"百姓"系列文化活动贴近群众生活，深受群众喜爱。同时，政府加大对公共文化服务体系的财政支出，大力支持社区文化、广场文化、校园文化、企业文化等群众性文化活动，促进农村文化进城、城市文化下乡之间的良性互动。

二、泰州市文化产业发展存在的问题

（一）文化品牌多，文化产品少

泰州市文化产业发展存在内部结构不完善的现象。泰州市拥有悠久的历史和丰富的人文景观，却没有得到充分的开发，没有形成完整的文化产业链，造成了文化产业发展的缺失。在对文化资源开发重点的把握上，泰州市仍将重心放在有形资源上，而对无形资源的开发和利用不足，缺少现代科技元素的引入，文化产业企业成长缓慢，市场竞争力欠缺。近年来在泰州地区形成了众多国内外知名的旅游活动文化品牌，如溱潼会船节、梅兰芳艺术节以及各类民俗节日，还打造了多个知名景观，如望海楼、桃园、兴化油菜花田、李中水上森林，不仅吸

引了大量游客,还丰富了本地文化生活,但是提及本市知名的文化产品,尤其是运用本地文化符号形成的具有地方特色的文化品牌产品相对较少,大多还只停留在宣传文化品牌本体的层面,涉及文化品牌外延的附加值产品极少。另外,作为一个文明古国,我国各区域民族地区文化异彩纷呈,都具有丰厚的文化积淀,一些具有远见卓识的地区已形成了一批初具规模且颇具影响力的文化产业集聚区,这意味着泰州市文化产业发展面临着激烈的竞争。

(二)服务生产的文企、文化项目和人才缺乏

按照服务类型,可以把文化产业区分为居民生活服务类和生产服务类。生活服务类方面,随着本地区文化生活水平的提高和市政资源的投入,形成了众多生活服务类文企,涉及文化教育培训、演艺以及家居设计等领域。但反观服务生产领域,围绕本地区支柱产业,能为企业提供品牌经营咨询、广告宣传服务,能为企业进行产品设计,能为企业产品进行展示设计服务的文企则较少,区别于生活服务类的文企项目易于显性,这些项目服务提供的是一种服务策略,不太显性,但这些服务于企业生产的文企才是能实实在在创造高附加值的单位。目前,从泰州工美协的行业调研情况分析,泰州地区非常缺乏从事生产性服务的文企,这不仅制约了文化产业的发展,也影响了该市其他支柱产业的转型升级。

在文化项目方面,一方面随着本地区居民人均收入的提高,居民越发追求有品质的生活,公众消费带动了服务生活类文化项目的发展,另一方面政府部门也围绕该主题提供了大量的文化惠民项目,形成了本地区繁荣的文化生活项目市场,但大多服务生活类的文化项目无法服务于生产经营,起到提高产品附加值的作用,因此,很难评估其对产业与经济的影响。同时,该类项目很难形成规模化的文化产品输出,从而带来工业化,带来税收,带来文化资本的介入。此外,从市场角度考量,由于市场上服务生产类文企项目少,导致本地区文企单位匮乏且质量不高,企业所需求的生产服务项目多在本地得不到解决,因此,项目多转移至苏南等地区解决。在此连锁效应下,市场萎缩,企业萎缩,从业人员的素质也越发得不到提高,制约了本地区整个文化产业的发展。

在泰州地区市场上,服务生活类的文化人才远远高于服务生产的文化人才。以本地区各所高校为例,在专业、课程设置上以及毕业生的就业导向,基本上高校培育的学生以从事文化生活类的行业为主,如文化教育培训、家居设计、演艺行业等,各所高校都开设了类似的文化艺术类专业;但在服务生产领域,围绕本地区支柱产业,产品的附加值提升,品牌经营策略,本地区的高校中极少有开设类似于产品设计、旅游产品设计等与生产服务相关的专业和课程。此外,由于缺少政府主导的项目平台,在文化产业核心项目的建设缺乏高技术、高素质行业人员的人才集聚,难以形成项目突破。

(三)传统文化产品多,创新能力创新因子少

文化产品并不等于文化创意产品,泰州的传统文化产品比较多,耳熟能详的有泰州盆景、兴化木船、泰州根雕等,但是这些并不能称之为文化创意产品。文化产品只是对传统经典的一种传承和延续,没有进行"深加工",所以,往往产品本身的附加值很低,而文化创意产品则是运用现代化的设计手法创作加工制造新产品的过程。文化创意产品的核心就是"文化创意",这些创意根植于中国文化,具备独特性、原创性、效益性,能够依托产品融入的文化创意创造一定的市场附加价值。设计师应迎合时代的市场需求,运用合理的策略进行设计开发,理解文化内涵、提取设计元素,进而以需求为导向设计产品,以赋予其文化和商业的双

重属性，从而在为泰州经济社会创造经济效益的同时，承担起创新和传承中国传统文化的作用。

三、泰州市文化产业发展对策分析

（一）加强政策引导扶持，围绕文化产业双向并举

首先，在政策引导上，在关注生活服务类文化项目的同时，更需要推动生产服务类文化项目的建设。其次，文化产业的发展壮大也离不开政府扶持与引导。因此，制定符合文化产业发展需要的文化产业政策有利于理顺文化产业发展脉络，可针对性地制定文化产业的财政扶持政策、税收优惠政策和价格补贴政策等措施，为文化产业发展创造良好的政策环境，同时，积极借助本地的文化市场项目，制定保护本地文企的政策，从深层次上解放和发展文化产业生产力。

（二）通过五种模式拓展文化产业

一是围绕现有的产业基础，集聚某一行业的文企单位，形成特色鲜明的主题文化产业集群。比如，泰州已有一定基础的珠宝雕刻工美行业，通过多年的发展，已经有了青山玉雕、世泽木雕等文企单位，但无论是在产业化，还是市场知名度，与周生生、老凤祥、周大福这样的品牌企业相比还有一定的差距，反过来，如果能以此为基础引入这一领域的行业名企，就可以形成一定规模的珠宝雕刻产业集群。二是以大项目为突破口，衍生文企资源落地。通过配置产业的上下链形成文化产业集群。比如，泰州医药高新区目前大力推进的大健康产业，只要能引入大型企业，无论是医疗器械的产品设计，还是医药品牌的品牌测绘，或者是医疗环境的展示以及生活服务，都可以作为很好的文化产业项目源头，反过来，好的文化产品也能提升产业的附加值，推动产业发展。三是紧盯国家大型文化基金项目，如非遗传承。四是关注、抢占文化产业风口，如北京围绕产业转移开发出了雄安新区，又如台湾经济下行下文化产业的转移，如果我们能适时地对接相关文化企业并落户，那么对于本地的文化产业发展将是巨大的助力。五是关注资本市场对于文化产业方向的热度。如现阶段火热的虚拟现实文化产业项目、"互联网＋"的文化产业项目。

（三）建构产学研平台，创新驱动，培育文企人才高地

近几年，泰州市在深化文化体制改革方面有了一定的进展，取得了一些成效。但是，文化管理体制中存在着较为浓重的计划经济色彩，文化市场开放度不高，文化企业适应市场的能力较差等问题依旧存在。这就要求相关部门在认识文化发展特点、遵循文化发展规律的同时，加快转变政府职能，深化文化体制改革。把主要精力放在制定规划、培育市场、政策引导上，坚持走公益性文化事业与经营性文化产业"两分开、两手抓"的新路子，实现经济效益与社会效益的有机统一。

文化产业是一个知识密集型的产业，最核心的资源还是高新技术的集聚和文化产业人才的集聚，文化产业和文化事业的发展根本在于人才。从2014—2017年的泰州市工艺美术专业职称申报来看，泰州地区的文化产业人才层次较低，78%的文创从业人员学历低于大专，市区具有高级职称的人才极度匮乏，且大多分布在高校，缺乏文化项目的实践阅历，这样的文企行业人才背景很难进行创新驱动的实践。因此，首先要重视引进和培养人才，多渠

道、多层次、多领域地引进文化产业急需的高素质人才,同时引导和鼓励泰州籍文化产业人才、创意人才回来创业;二要建立健全文化产业在职人员业务培训和继续教育制度,重点培养和引进文化产业领域的领军人物、专业技术人才和经营管理骨干;三要充分调动社会力量,鼓励各类文化单位与南京师范大学泰州学院、南京理工大学泰州科技学院以及泰州职业技术学院等高校联合成立文化产业人才培养基地。同时,单纯依靠市场也很难解决现状,吸引高端优质资源,这就需要政府以及市场项目为主导,围绕生产服务,搭建以生产类文化项目研发为核心的产学研平台,进行有针对性的人才培育和技术提升,从而带动本地区文化产业的发展,繁荣泰州经济。

(四) 积极对外推介,全面推广"祥泰之城"称号

要深刻认识发展文化产业对于调整、优化经济结构,推进文化建设,提高城市品位所起到的重要作用,要求有关部门尽快制定和完善泰州地区文化产业发展规划,将文化产业最为重要的支柱产业来规划、发展。充分把握好文化产业、文化市场的"双重性"的特点,防止片面强调文化产业的政治属性,忽略经济属性的思想观念。要推进文化产业的发展,提升泰州市在国内外的知名度至关重要。要打造名副其实的"祥泰之城",就要走精品化路线,利用现代媒介以及其他途径强化这一称号,深入挖掘泰州市独树一帜的文化资源和特色,努力打造精品文化传播产品,如文艺类图书、影视剧等。其次,可以通过知名网站网络广告、中央电视台以及各卫视电视宣传片等形式来面向全国宣传泰州的文化特色,同时注重提升中国泰州国际旅游节、梅兰芳艺术节、溱潼会船节、郑板桥艺术节、兴化千岛菜花节、靖江文艺节、泰兴银杏节等节庆活动的层次以及专业化水平,努力提升泰州的影响力。作为一个中等规模的三线城市,泰州的文化产业发展既需要整合现有资源形成产业优势,又需要不断推进机制创新以激活文化生产力。可以采用的发展思路有:树立创新意识,让各大城市的先进技术、先进创意照亮泰州,运用高新技术对传统产业进行升级改造;强化精品意识,深入挖掘文化资源和特色,积极整合资源,大力推进戏剧、影视剧、文艺类图书、广播剧、歌曲、舞蹈等文化产业的创作生产,努力形成一批精品力作,同时提高中国泰州国际旅游节、梅兰芳艺术节、溱潼会船节、郑板桥艺术节、兴化千岛菜花节、靖江文艺节、泰兴银杏节等节庆活动层次,努力提升泰州的知名度和影响力。

(五) 文化产业发展规划设计要强调侧重和整合

泰州作为一座历史悠久的城市,人才辈出,文化底蕴深厚,因此,开展以"文明寻踪"为主题的文化旅游以及相关产业,可以成为泰州市文化产业发展的重要着力点,以此带动文化产业发展。如作为中国历史上第一个真正意义上的思想启蒙学派,泰州学派及其创始人王艮师承的"心学"思想,可以作为推广泰州文化产业的一个主题,带动出版业、文化研究及其他相关产业。又如,作为京剧艺术大师梅兰芳先生的故乡,泰州市可以开发以梅兰芳公园、梅兰芳大剧院等为主线的主题文化一站式旅游,大力传承梅兰芳大师的爱国、爱艺等精神以及京剧文化传统。此外,还可以大力发展特色文化产品,如靖江猪肉脯、泰兴黄桥烧饼、兴化竹泓的木船制作工艺以及淮扬菜等,形成"祥泰"系列的地方特色文化产品。另外,泰州的地方文化很有必要进行整合,将地方资源进行有效整合,达到系统论所需要的"1+1>2"的功效。所谓文化资源的整合,可以把一些零散的文化资源进行发掘考证,建立有机联系,为文化产业的包装奠定基础。从泰州凤城河景区的布局来看,就很好地将诸多景点有效地集中在一

起。当今的凤城河景区是国家 4A 级风景区,在美丽的水域周围,集中了 30 多个景点,文会堂、碑苑、州城遗址、古城池地雕广场、老街、梅兰芳故居均在景区周围,本来这些文化资源既分散又呆滞,单个的文化资源绝对没有这么大的彰显力度,但是经过整合,这些文化资源都集中于一处,形成了以凤城河为龙头,包括其他 30 多个景点的优良景区。这样整合后,让游客产生整体的江淮风情认知,对泰州产生一种独特的人文情感,凤城河大小景点的集中展示能让游客产生一种全局性的把握,这样更能产生一种品牌效应,成为地方文化产业的竞争优势。目前,凤城河景区已经实现了小处景色的完美对接和合作。如果能在大处实现泰州城区景点和姜堰、泰兴等地景点的对接和合作,搭建好合作平台,通过"1+4"的模式,能提高景点之间的利用率和耦合度,必定能在旅游景点的开发当中实现更大的双赢和整体提高。在实现文化资源对接时,要保持一种宏大与开放的心态,保守、怕吃亏、怕困难是文化资源整合的大忌,在进行文化资源整合时,要避免"画地为牢"的传统恶习,突破行政区划的条条框框,注重资源的整合与优化,充分实现"大泰州,大旅游"的基本格局。大泰州板块的文化资源是否优良直接会影响到整体苏中地区的文化资源,在大泰州文化资源整合完毕后,还要考虑到和南通、扬州等地的文化资源的关联度,未来三个城市可以共同在江苏省政府的协调和帮助下,充分实现优势互补,精诚合作,进行统一的整体规划,抱成一团,成为一个文化资源共同体。

第八章　南通市文化产业发展研究

坐落于"淮南江北海西头"的南通市,是有着悠久历史的苏中古城,滨江临海的地理特征,在南通人民的生活中留下了江与海的烙印。南通山水滋养了历代文人雅士,他们在南通留下了不可磨灭的文化印痕,清末状元、爱国实业家张謇潜心构建了"中国近代第一城",为南通的城市发展奠定了基础。近年来,南通市的文化产业整体实力不断提升,文化产业融合深度日益加深,文化消费市场日益繁荣。

一、南通市文化产业发展的现状及特色

"十三五"以来,南通文化产业实现较快增长,初步形成包括新闻出版、图书音像、休闲娱乐、体育健身、文艺演出、工艺美术、信息服务、广播影视、群众文化等在内的综合型文化产业体系,成为全市经济的重要组成部分。文化产业发展已成为南通市新的经济增长点,主要体现在以下几个方面:

(一) 文化产业初具规模

近年来,南通市明确了发展重点文化产业、建设重点产业项目、做强重点文化企业、培育重点产业园区、振兴历史经典产业、完善文化市场体系、提升文化消费水平、扩大文化对外贸易等 8 项重点任务,打造了狼山文化产业集聚区、淘宝文化艺术品城、1895 文化创意产业园区、家纺设计产业集聚区等一批文化产业园区,推动产业集聚集约发展。南通市拥有各级非遗 188 项,其中,国家级非遗 10 项、省级非遗 53 项、市级非遗 125 项。另外,南通市还拥有中国工艺美术大师 4 名、省工艺美术大师 16 名、省工艺美术名人 24 名,这些独特的文化资源和人才资源成为南通市文化产业发展的优势和亮点。据统计,红木雕刻、家纺设计、仿真绣、扎染、通派盆景、陶瓷、板鹞风筝等特色文化产业增加值近 200 亿元,占据整个文化产业增加值一半以上。

通过大力实施重大产业项目带动战略、文化产业示范园区(基地)提升计划,南通市培育了科技互联网视频产业园、1912 非遗展示体验中心、星派天地文化娱乐综合体等 85 个市级文化产业重点项目。全省首创动态项目库推进制度,开发网上直报系统,对市级文化产业重点进行动态跟踪、服务和督查,促进项目早投产、早见效。

经过近年来的培育和建设,南通现已形成以广播、电视、报业和文化艺术为主体,出版发行和印刷传媒相结合的核心文化产业,以城乡居民文化旅游、文化休闲娱乐、网络文化服务、广告商务、文化用品制造等为代表的特色文化产业。一批国内外大型文化产业企业投资南通,如深圳华强、上海文广集团、凤凰出版集团等。特色文化产业快速发展,重点推进超亿元特色文化产业项目十余项,包括海安 523 文化产业主题公园、南通江海民俗文化博览园等。文化及相关产业对 GDP 增长的贡献率不断增加,文化产业体系不断健全。在"南通文创网"和"文创南通"微信公众号开辟招商项目专栏,做好对接服务上海大会文化产业招商项目编报工作。加强招商推介,组织企业参加广西南宁东盟博览会、深圳文博会、海峡两岸(厦门)

文博会、南京文交会、苏州创博会、扬州文博会和无锡文博会等全国知名展会。在深圳会展中心举办南通市文化产业推介会暨合作项目签约仪式，签约文化产业项目 16 个、总投资 12 亿元。开展"一对一"招商，与北方电影集团洽谈"戏曲音像工程基地"落户，与旅法国际服装设计师许茗洽谈南通蓝印花布等家纺创意品走上国际舞台方案，赛格动漫基地招引企业入驻。

（二）文化产业结构逐步改善

文化产业可分为核心层（新闻服务、出版发行和版权服务、广播电影电视服务、文化艺术服务四大类）、外围层（网络文化服务、文化休闲服务、其他文化服务三大类）和相关层（文化用品设备及相关文化产品生产和销售）三个层次。据最新统计结果，南通文化产业核心层、外围层完成增加值 22.38 亿元，占文化产业增加值比重为 32.8%，同比减少 6.3%，外围层和相关层完成增加值 45.86 亿元，占文化产业增加值比重为 67.2%。外围层和相关层比重提高，说明南通市文化产业结构正逐步优化，将为南通市文化产业的可持续发展增添动力。大力实施文化产业项目带动战略，加大文化产业基地、园区建设力度，培育了一批规模大、档次高的文化产业集群。目前，拥有国家级示范园区（基地）1 个，省级示范园区（基地）2 个，南通 1895 文化创意产业园、海安 523 文化产业主题公园、华强方特探险乐园等项目成为亮点。从文化产业内部产值结构来看，新兴文化服务业占到了全部文化产业增加值的 28.8%，直追传统文化产业，现代新兴文化产业发展滞后的局面得到一定程度改观，以文化休闲娱乐、网络文化服务为代表异军突起，成为支撑南通文化产业发展的重要力量。文化产业结构的改善也为城市建设和人们的日常生活带来了极大的改观。

文化设施建设加快推进。以重点文化设施建设和乡镇（街道）综合文化站达标提升工程为抓手，新建、改扩建各级文化馆（站）、图书馆（室）等公共文化设施，全市万人拥有公共文化设施面积 1 201 平方米。各县（市）区文化艺术中心项目进展顺利。南通"环濠河博物馆群"荣获国家公共文化服务体系示范项目。如皋、海门、通州、海安建成省级公共文化服务体系示范区。市图书馆（少儿馆）新馆建成开放。伶工学社复建开放，挂牌"梅兰芳教育基地"。

广播影视服务体系建设全省领先。全面推进乡镇广电服务站规范化、标准化建设。率先在全省完成数字电视整体转换。以市为中心、县为节点、乡镇为基础，面向全市的广播影视公共服务体系进一步完善。市文广新局被国家人社部和广电总局联合表彰为全国广播影视系统先进集体，是全省唯一获此殊荣的地市级广电行政管理部门。

文化惠民活动日益繁荣。持续多年打造的"濠滨夏夜""文化江海行"群众文化活动品牌先后获得文化部"群星奖"，公共文化服务展示月、"五月风"文艺展示月、"童声里的中国"等品牌活动影响力和覆盖面进一步扩大，全民阅读和"书香南通"建设扎实推进，"南通韬奋读书节"被评为江苏省双十佳全民阅读推广活动。南通市获评讲述省实施农家书屋提升工程试点先进市，如皋、海门获评示范县和先进县。

书画艺术影响提升。"中国美术南通现象"品牌效应逐步放大。邵连、张卫等 8 人次 6 件作品入选第十二届全国美展。组织举办"中国梦·江海风——全省画院院长作品邀请展"。成功举办第七届美术报艺术节，"江海艺境"书画巡展相继在中国美术馆以及西安、杭州、深圳、厦门等地展出。

音乐影视充满活力。歌曲《我们的中国梦》《如意东方》获全国"五个一工程"奖，歌曲《我家住在长江边》《心弦为谁拨响》入选中宣部中国梦主题新创歌曲。网络短片《梦想之花》获

"全国优秀原创网络视听节目"奖。动画片《孔小如》获国家动漫精品工程奖,《彩色豆园》《熊仔》获优秀国产动画片奖。电影《濠河边上的女人》《三个未婚妈妈》,电视剧《八千里路》《她的一生》,动漫《小龙丘丘》《香菇特勤队》《熊仔》,广播剧《亭亭向阳花》《浴血海疆》,纪录片《麦收》《双合村的亡命人》获省"五个一工程"奖。

(三) 文化产业加速发展

近年来,全市重点培育规模大、档次高的文化产业群体,文化产业基地、园区建设取得重大进展,先后命名文化产业示范园区 8 个、文化产业示范基地 18 个。海安 523 文化产业主题公园、飞跃百度文化广场、南通中国家纺创意产业园、海门江苏红木制品城、启东姚记扑克公司、吉品陶瓷等一批文化示范园区与基地的引领作用逐步显现。凤凰书城、民博园、华强科技、如皋长寿城、如东世界木屋博览园、如皋科技城等 150 个投资超亿元的文化建设重点项目正有序推进。此外,文化产业基地与项目建设凸显了文化产业的集聚效应,有力地带动了房地产、文化旅游、制造业等相关产业发展。随着科技创新与技术进步,特别是互联网与信息技术的广泛应用,南通文化与科技结合的新兴文化业态加速形成。南通电视台参与的移动多媒体广播电视业务、中广有线实施的网络广播电视业务等新媒体业务初步成型。南通日报社电子报、南通网等数字化阅读平台已开始运作。电信、移动、联通等电信运营商的手机报、移动上网、移动电视等新媒体业务运营良好。中一广告、濠滨论坛等一批新兴广告媒体公司开始涌现。南通家纺城、叠石桥国际家纺城的家纺创意设计型企业茁壮成长。南通方特城市乐园正在应用高科技手段打造城市版的主题乐园。文化产业新兴业态的形成,为南通市文化产业发展注入生机与活力。

产业活力持续增强。扎实推进文化体制改革,实施"宣传与经营两分离"改革,南通日报社、南通广播电视台完成了南通报业传媒集团、南通广电传媒集团组建任务,全面完成南通广电网络与江苏有线的新一轮整合。积极培育文化产业市场主体和中介组织,推动健全现代文化市场体系。出台促进文化产业发展扶持政策,市级财政每年安排不少于 5 000 万元文化产业发展专项资金,鼓励、支持和引导社会资本投资兴办文化产业。

(四) 文化体制改革稳步推进

南通市委、市政府出台了《关于落实文化建设工程实现文明城市建设领先全省的意见》以及各项促进文化产业发展的扶持政策与文件,将文化产业纳入政府主导推动发展的轨道。目前,市、县两级文化行政主管部门已全部完成合并,组建了文广新局,成立了文化产业职能部门,有效解决了多头管理、职能不清、条块分割、协调困难等问题。全市 31 家文化事业单位内部改革基本到位,形成公有制为主体、多种所有制共同发展的文化产业格局。南通电视台与广播电台合并组建南通广播电视总台,南通艺术剧院筹备注册南通市演艺公司,南通日报社正探索市场化运行和企业化管理的新途径。南通环濠河博物馆群、国际文化交流中心、凤凰国际书城、南通报业新闻传媒中心等公共文化设施逐步建成,进一步提升了公共服务功能,更有助于推动文化产业的高点定位与高端发展。

广播影视管理扎实有效。加强广播电视节目监听监看,安全播出无事故。开展打击非法网络共享网站及设备产品、非法境外卫星地面接收设施等专项整治行动。开展"无小耳朵先进社区(乡镇)"创建活动,海安、如东、通州被评为全省创建工作先进县,市文广新局 3 次荣获全省创建工作组织奖。强化广播电视广告播出监管,南通广播电视台被评为全国广播电视公益广告播出工作示范单位。开展清理整顿网络视频有害信息专项行动,有效打击取缔"黑广播"。

新闻出版版权管理深入推进。深入开展"打三假"和整治"新闻敲诈"专项行动。开展打击违禁出版物及有害信息、扫除淫秽色情出版物及不良信息、查处侵权盗版出版及网上侵权盗版行为、整治非法报刊及网络报刊等专项行动,打击各类非法出版活动。市、县政府机关使用正版软件工作全面完成,做好一般作品免费版权登记工作。

二、南通市文化产业发展存在的问题

南通市文化发展还存在一些薄弱环节和亟待解决的问题,主要表现为文化产业规模偏小、文化产业结构失衡、文化产业集群化程度不高、文化产业跨界关联效应尚不明显、文化产业创意人才队伍力量弱小等。这些问题和不足迫切要求在今后的发展中,进一步增强机遇意识、责任意识和忧患意识,采取有效措施,努力加以解决。

(一)文化产业规模偏小

十七届六中全会明确提出,到2020年文化产业成为国民经济支柱性产业。学界一般认为,作为国民经济的支柱性产业,要具备以下几个主要条件:一是具有一定的规模,产业增加值必须占GDP的5%以上;二是行业关联度高,影响力大;三是在国际市场上要占有一定份额,出口创汇稳定增长。换句话说,国民经济支柱性产业是一个综合性的指标系统,产业增加值占比只是必要但不是唯一的指标。支柱产业的一个核心特征是其在国民经济发展中所释放出的关联效应。南通市文化产业尽管发展较快、势头较好,增加值占GDP比重位居江苏中上水平,但是从文化产业的国际国内影响力、市场份额、与相关产业的关联效应等方面来看,距离支柱性产业目标尚有一定的差距。江苏省知名文化企业中难觅南通市文化大型企业、龙头企业的踪影,南通文化产品无论从规模还是影响力来看,与省内发达地区差距较为明显。

(二)文化产业结构失衡

从产业链的角度可以把文化产业划分为内容产业、传媒与平台产业、衍生产品及文化制造业等三大部分。其中,内容产业是文化产业中体现文化产品精神价值和审美价值的核心部分,文化产业的竞争力强弱取决于文化产品内容的优劣;平台在文化产业发展中扮演的角色也越来越重要,平台产业能聚合内容产业的优质创意,扩大内容产业的传播力。而南通市文化制造业占文化产业增加值的整体比重较高(占57.2%),存在着以文化制造业为主的格局,没有体现出文化产业高附加值的产业特性。文化产业结构失衡还表现为城乡失衡:一方面体现为南通县(市)区较南通市区而言,文化基础薄弱,产业竞争力差,文化企业规模小;另一方面还体现在县(市)区的文化产品和服务主要集中在文化产业链的中下游环节,以相对低端的文化制造业为主,缺少自主研发和创意设计的高端产业形态。

(三)文化产业集群化程度有待提高

文化产业集群就是在文化产业领域中,大量产业联系密切的文化企业以及相关支撑机构(教育科研机构、资本市场、物流体系)在空间上集聚,通过协同作用,形成强劲、持续竞争优势的现象。"十二五"期间,南通市重大文化产业项目有序推进,一批布局合理、特色鲜明、关联度和辐射力强的文化产业集聚区已初具雏形。但是也存在以文化产业园作为发展载体的产业发展模式的通病——基本上没有实现提升文化产业集聚度的目标,文化产业园出现地产化和空心化的趋势。据悉,在全国超过 2 500 家的文化产业园区中,接近90%还处于亏损和招商状态,真正盈利的不超过 10%。如何在文化产业集聚区进一步优化资源配置,形成自己独特的经营模式、商业模式,通过知识、技术的溢出效应带动园区及周边的发展,共享知识创新和技术创新带来的空间溢出效应,是南通文化产业跨越式发展面临的一大挑战。

(四)文化产业跨界关联效应尚不明显

文化产业是智能化、知识化的高附加值产业,具有很强的渗透力和辐射力,有利于拓宽传统产业的发展空间。研究表明,文化产业增加值与三大产业增加值都有着一定的关联。比如,观光农业就是农业与文化产业相融合的新型业态,既具有文化产业的共有属性和特征,又具有农业特色。文化产业与第二产业也能产生较大的关联效应。越来越多的企业运用文化创意的领先驱动力,将文化理念渗透到设计、生产、营销、市场、品牌管理等环节中,有效提升了产品的附加值。当前,南通市文化产业与传统产业之间相互渗透、关联提升的潜力还有待进一步挖掘。文化产业和农业、工业、第三产业的跨界组合出现了一些积极的因素和新业态,这些新领域还有很大的发展潜力和培育空间。比如,通州绿博园有效填补了南通市观光农业方面的空白,开业之初吸引了较多游客。如果能够运用创意思维对绿博园的独特资源进行"一源多用"式的全产业链开发,推动文化产业与现代农业、现代手工业和现代服务业的跨界共生,将使绿博园走得更远、开得更久、办得更好。

(五)文化产业创意人才队伍力量弱小

文化产业是人才高度聚集的新兴行业,一个区域的发展,文化产业的发展有赖于一大批高素质的创意人才队伍。当前制约南通文化产业发展的一个重要因素就是高层次创意人才队伍的层次与数量。比如:(1)人才数量严重不足。相较北京、上海等中国文化创意产业发展繁荣的地区而言,南通创意产业人才的建设发展要求相对滞后,南通目前在文化产业人才的培养机制、配套的制度环境等方面,都远远不能适应文化创意产业人才发展的要求。南通的文化创意产业人才无论是质量还是数量,都远远落后于发达地区的发展水平。(2)人才质量与产业需求不匹配。文化产业的发展要求具有较强创新能力的高素质的人才队伍,而文化创意产业人才的能力培养是需要诸多条件的,包括先天的禀赋和后天的培养,需要经过专业的训练和长期的职业养成。所以就目前而言,南通文化创意产业还没有能够形成完善的人才培养机制和人才长效发展的管理机制,人员的综合素质和综合能力相对不足,专业型人才和高素质创新型人才还相当短缺,掌握高技能高技术,有突出创新能力,精通经营管理的高层次人才更是制约产业发展的瓶颈。(3)高素质人才匮乏。文化产业发展的一个重要因素是文化产业创意人才的培养与开发。在南通,综合型高层次人才还有很大的缺口。作为教育之乡的南通在基础教育上拥有全国领先的优势,拥有着不断扩大的人才队伍,但高层次人才却严重缺乏。文化创意产业对于高层次人才需求日益旺盛的现状与人才队伍相对不足形成了强烈的反差,人员的继续教育和培训只能在一定程度上缓解这种缺口和不足。(4)政府人才引进政策、人才长效机制尚未完善。从政府层面而言,优秀的吸纳人才政策是集聚创意产业人才的重要因素,而良好的文化氛围、人文气息也是长久留住人才的关键性因素,就目前情况而言,南通虽然有一套综合的人才引进措施,但在人才的长效机制上还相对不足,需要进一步的产业政策和人才政策的引导,为创意型人才提供一个安居乐业和积极的工作环境,南通受上海和苏南经济发达地区薪资待遇人才吸引优惠政策等方面的影响,往往有着区域性的先天性不足。

三、南通市文化产业发展对策分析

（一）牢牢把握文化产业发展抓手

1. 以品牌化战略为先导,打造南通文化产业龙头品牌是企业的标识,蕴涵着巨大的市场价值

文化产业的业态支撑点在于文化品牌。缺乏高附加值的知名品牌和龙头企业带动,是南通文化产业面临的较大障碍。江海文化已成为南通显著的文化特质,但是当前对江海文化的研究、开发、利用仅仅局限于历史脉络的梳理和考证,对江海文化内涵的提升和进一步拓展应用尚处于起步阶段,更遑论品牌化打造。因此,必须密切注意国内外文化产业最新发展趋势,以国际视野、地域特色和时代特征,深挖江海文化资源,并运用创意领先驱动力对江海文化资源进行加工和再创造,变资源优势为产业优势,打造出具有震撼力和影响力的崭新文化品牌。同时,要鼓励本地有实力的文化企业,以市场为导向,以资本为纽带,努力打造在全国乃至全世界有影响力的产业集团,以提高文化企业在国内、国际市场的竞争力。

2. 以创意研发为领先驱动力,打破创新链和产业链之间的壁垒

文化的渗透关联效应使得产业融合具备了深厚基础和广阔空间,也成就了当前"文化＋"这一崭新的发展形态。"文化＋"是文化与其他产业融合后附加值的提升,制造业附加值的提升最重要的途径是生产性服务里包含设计和创意等文化内容。例如,南通海安鑫缘茧丝绸集团有限公司研发选育出天然彩色茧蚕品种,丝织复制博物馆里的古代名画,利润比做传统服装大幅提高,这就是创意研发提升传统产业附加值的一个生动事例。可见,"跨界"是文化产业运作和发展的必然属性和过程。文化产业与传统产业通过创意和创新进行融合与渗透,必将引领传统产业向"创意经济"的质变。实施文化创意驱动产业升级策略,有效促进创新链、产业链、市场需求有机衔接,将会给南通传统产业优化升级带来巨大的发展空间和机遇。

3. 以项目化推动为重要支撑,助推南通文化产业跨越式发展

大项目是经济社会发展的聚合器,以项目化推进,可以迅速扭转文化产业发展布局零乱、投入分散、见效迟、发展缓慢的尴尬局面,走出一条跨越式发展的新路子。因此,创新南通市文化产业项目建设机制、放大项目的联动效应势在必行。首先要判断形势、拓展思路、创新项目投入机制,重点引进和建设一批引领产业风向、具有显著关联示范效应和提升拉动作用的重大项目和龙头项目;其次要创新项目管理机制,为文化企业搭建投资融资、展示交易、信息交流、人才培养和技术研发等方面的公共服务平台;第三要创新项目绩效评估机制,做好重大项目的进度、实施、关键点的控制工作。比如,扎实推进南通文化创意中心、南通·1895文化创意产业园、星湖101文化街区、南通高新区科技之窗、东升国际石文化创意产业园等一批"十三五"市级文化产业重点项目建设,发挥好重点项目对产业发展的示范拉动作用。继续实施市级年度文化产业重点项目推进目标责任制,改进重点项目入库预审和推进督查考核机制,提高项目质量,加快建设进度。加大文化产业招商力度,改进招商方式,强化专业招商、精准招商和网络招商,力争招引一批规模大、带动力强、科技含量高、市场前景好的重大文化产业项目。

（二）大力拓展文化产业发展格局

1. 发展重点文化产业

在传统文化产业领域，着力通过深化改革和技术创新，推动产业转型升级，重点提升发展工艺美术、新闻出版、广播影视、演艺娱乐等四个优势传统行业。在新兴文化产业领域，着力推进文化与科技、创意、民生融合发展，重点发展三个产业：一是互联网信息服务业。鼓励发展数字影视、数字音乐、动漫游戏等信息内容服务产业，重点打造全球动漫产业运营平台"动漫网"、赛格动漫产业基地和平台。二是文化创意与设计业。引进和培育一批与南通市工业制造、现代家纺、建筑装饰等优势产业融合发展的创意设计企业，重点打造南通家纺创意设计集聚区、全球最大的家纺花型版权互联网交易平台"瓦栏网"、南通创意设计中心、美丽中国—空间建筑设计产业基地等骨干园区、基地和平台。三是文化休闲旅游业。推动南通特色文化与旅游融合发展，打造"江海明珠、灵秀南通"旅游文化品牌。力争到 2020 年基本确立以"4＋3"行业为支撑，结构合理、富有活力的现代文化产业体系。

2. 积极推动文化产业平台建设

在互联网和移动技术高速发展的今天，不少企业借助平台战略取得了巨大的成功。平台处于产业链的高端，商业模式领先，具备颠覆传统的能力。推动文化产业平台建设，一要着力推进传统媒体与新兴媒体进一步融合发展，媒体融合目前已经上升为国家战略。二要积极打造文化产品交易平台。2015 年 1 月，上海文化产权交易所（南通）交易中心成立，成为苏中、苏北地区唯一的文化产权交易中心。与此同时，南通文化艺术品展览中心及拍卖中心、南通文化艺术品股权投资及孵化中心、南通文化艺术品电子商务交易中心等交易平台也将相继投入运营。三要精心孕育各类创新平台。目前，南通市各类创新平台培育不断取得新突破。市委、市政府提出争取到 2020 年，形成"创业苗圃＋孵化器＋加速器"的完善链条，建设各类创新创业服务平台 50 个以上，孵化科技型创业企业 2 000 家，支撑发展特色产业集群 10 个。

3. 精心打造文体旅游休闲产业

当前，南通"两河两岸"景观带的打造正在紧锣密鼓地进行，"两河两岸"绿廊的独特景观为市民休憩提供了新的场所，但配套商业设施较少，不得不说是一个很大的遗憾。开发"两河两岸"，应当借鉴泰州凤城河、苏州李公堤等地商业开发的经验，充分利用"两河两岸"景观带，打造南通新的观光休闲娱乐商圈。同时，要加快唐闸古镇等特色旅游资源的商业化开发，精心设计游览线路，延长游客的停留时间进而拉动消费。应当充分利用南通市的区位优势及便捷的交通条件，大力发展会展经济，不仅可为城市带来持续的人口导入，而且能拉动或间接带动数十个行业的发展，直接创造商业购物、餐饮、住宿、娱乐、交通、通讯、广告、旅游、印刷、房地产等相关收入，更可以提高城市的美誉度和知名度。目前，南通市缺乏专业化的会展展馆，急需建设一批高规格、高起点、高质量的专业会展场馆；配套的酒店餐饮等服务业还不发达，高档星级酒店的床位还远远不能满足需求。

4. 培育骨干文化企业

重点培育一批竞争力强的骨干文化企业，增强文化产业整体实力和市场竞争力。改进和完善"南通文化产业示范企业"年度评比奖励制度。发挥文化产业发展专项资金的导向激励作用，加大对重点文化科技企业、重点文化科技产业园的扶持力度。完善国有文化企业经营机制，重点推动南通报业传媒集团、南通广电传媒集团、南通国有置业集团发展，做大做强南通文化产业股权投资基金。鼓励南通华强、同洲电子、凤凰传媒、姚记扑克等一批重点企业提升品牌影响力和核心竞争力。鼓励红木、扎染、仿真绣、蓝印花布等行业的领军企业,通过引进战略投资者、与国际著名品牌合作等方式,进一步做大做强。

5. 引导产业集聚发展

推动各县(市)区因地制宜,规划发展特色文化产业园区,推动产业集聚集约发展。重点打造崇川区狼山文化产业集聚区、大生·众创街区、淘宝文化艺术品城,港闸区两岸文创产业集聚区、动漫产业集聚区、数字印刷出版产业园,通州区家纺设计产业集聚区、开沙岛文化旅游度假区,开发区工业设计、广告创意产业集聚区。继续推进海安523文化产业园、如皋文化创意产业园、海门麒麟红木文化城、启东圣合圣心玫瑰文化产业园、如东栟茶古镇旅游文化产业园等重点特色园区建设。完善市级文化产业示范园区、基地评选命名工作,引导园区、基地规范建设、加快发展,争创国家和省级示范园区、基地。

6. 提升文化消费水平

积极培育文化消费市场,发展大众性文化消费,开发中高端文化消费,培育特色文化消费。支持开展文艺竞赛、欣赏、体验、阅读等活动,支持演艺、图书、影视、动漫等文化企业开展文化消费进基层活动。围绕吃、住、行、游、购、娱等旅游产业要素,挖掘名小吃、老字号、工艺美术、传统民俗等资源,加强旅游商品开发和营销。建设文化消费信息资源共享服务平台,加强文化消费市场引导、商户联合营销、综合信息服务和行业监测分析,支持同类文化企业和产业链上下游企业建立文化消费服务联盟。鼓励金融机构开发演出院线、动漫游戏、艺术品互联网交易等领域的支付结算系统,拓展文化旅游消费信贷业务,促进个人信用消费。借助江海博览会,办好文化集中展销活动。完善文化惠民卡制度。

7. 扩大文化贸易

探索研究南通市文化出口重点企业认定办法,适时开展市级文化出口重点企业评定工作。推动南通市一批文化企业和产品进入国家、省"文化出口重点企业名录"。培育和建设具有一定出口规模、潜力的文化出口基地,推动文化出口企业向园区集中,提高规模化、集约化、专业化发展水平。鼓励南通市文化出口企业与境外相关平台实现链接,及时发布文化产品出口信息,为企业与客户对接提供服务。加大文化营销宣传力度,推动更多更好的文化产品"走出去"。支持文化企业参加深圳文博会、西交会等境内外知名文化会展交流活动。鼓励对外文化贸易企业借助电子商务等新型交易模式拓展国际业务。建立健全全市文化贸易统计制度及指标体系,加强监测、分析。

(三)协调推进文化产业发展保障

1. 加强组织领导

各级党委、政府要把文化建设摆在全局工作突出位置,深入研究新形势下文化建设的新情况新特点,及时研究解决文化改革发展重大问题,切实担负起政治责任和领导责任。健全文化建设工作责任制,落实党政"一把手"的"第一责任"。坚持党管干部原则,选优配强文化领域领导班子,确保人岗相适、适岗适任。把文化建设成效作为各级党政领导班子和领导干部政绩考核的重要内容,提高考核权重。充实优化文化建设工程评价指标体系,开展年度文化建设情况督查。

2. 加大改革力度

加快完善文化管理体制和文化生产经营机制,进一步增强文化单位发展活力,激发全社会参与文化建设的积极性创造性。坚持简政放权、放管结合,加快推进政府职能转变。深化国有文化单位改革,继续推进经营性国有文化单位转企改制,加快国有文化企业公司制、股份制改造,研究制定国有文化企业社会效益与经济效益综合考核评价体系,探索实行管理股制度,探索对参与管理股企业建立政府专项风险补偿机制。健全国有文化资产管理体制,建立党委和政府监管国有文化资产的管理机构,实现管人、管事、管资产、管导向相统一。建立向国有独资及控股文化企业外派监事会制度,加强对国有文化企业的国有资产监管和风险管控。创新媒体融合发展的体制机制,推动媒体内部组织结构的重构再造,鼓励探索以资本为纽带的融合发展路径。完善媒体采编与经营两分开工作机制,研究制定科学管理考评奖惩指标体系,规范编外人员聘用及管理。深化公益性文化事业单位改革,推动建立法人治理结构、组建理事会,强化服务功能。深化国有文艺院团改革,厘清院团公益职责和市场功能,探索采取市县合作方式整合优势资源,增强院团发展活力。

3. 进一步深化文化体制机制改革

创新文化体制机制是激活文化发展动力、推动文化产业跨越式发展的重要保障。应当按照创新体制、转换机制、面向市场、增强活力的要求,准确把握和妥善处理好政府与市场、文化事业和文化产业之间的关系,加快推进文化管理体制改革和运行机制创新,加快文化与体育、旅游产业的深度融合,尤其是要在重点文化领域取得突破。从产业自身成长性的角度来看,动漫、游戏等内容产业的成长性最高,产业渗透能力很强,并且有较高的附加值。南通市要为这些产业创造良好的发展环境,切实转变文化行政管理部门的职能;从产业关联角度考虑,应当优先发展报纸、电视、互联网等对其他文化产业有较强带动作用的文化传媒产业,因为这些基础平台产业的发展对内容产业的发展具有很好的引领作用。南通报业传媒集团、南通广电传媒集团相继组建,说明南通市在深化文化体制改革、调整国有文化企业布局方面迈出了重要的一步,下一步应在跨区域、跨行业经营方面取得更大的突破。

4. 进一步健全文化产业的金融政策支撑

据统计,我国小微文化企业占全部经营性文化企业的98.5%。"融资难"是小微文化企业面临的普遍难题,很多小微文化企业就是因为在初创关键期缺乏资金,"死在了起跑线上"。因此,加强文化产业的金融支持是推动文化产业跨越式发展的必要保障。首先,应当进一步加大财政扶持力度。提高文化产业专项引导资金的使用管理水平,同时设立文化产业投资基金与贷款风险补偿基金,对符合条件的文化企业,给予贷款贴息和保费补贴。其次,开发符合文化产业特性的信贷产品。文化企业通常固定资产较少,以无形资产为主,具有资产结构轻型化的特征,缺乏不动产等约定俗成的抵押物。因此,南通市的各大国有银行和股份制银行、小额贷款机构应打破传统的思维定势,积极借鉴苏州、无锡等省内发达城市的经验,拓宽贷款抵押范围,探索实施包括版权、专利权等在内的知识产权质押贷款及其他非抵押类贷款新模式,解决中小文化企业融资难题。第三,吸引更多社会资金和创投企业,加大对文化创意企业和文化产业项目的风险投资,逐步建立多元化、社会化的文化产业融资配套服务体系。与此同时,保证公共财政对文化建设投入的增长幅度高于同级财政经常性收入增长幅度,保持基本公共文化服务财政支出与经济社会发展总体水平和政府财力的增长相适应。加大公共文化设施建设、使用、管理的投入力度,优先保障公共文化服务体系建设和运行;加大文化遗产保护经费投入;加大对文学艺术作品创作、重点项目实施和重大课题研究支持力度。整合规范已有的各类公共文化服务专项资金,加大对经济薄弱地区转移支付力度。探索推行政府购买公益性文明劝导岗位。改革财政资金对文化竞争性领域的支持方式,变直接投入为间接引导,逐步减少并退出竞争性领域的无偿支持。贯彻中央关于支持文化改革发展的系列文件精神,将财税、人才、土地、金融等政策分解落实。研究制定扶持地方戏曲、保护传承民族民间文化、促进文化消费等政策。

5. 强化法治保障

全面推进文化领域依法行政,推动科学立法、严格执法、全员守法,通过法律的手段提高文化管理的科学化、规范化、法治化水平。完善领导干部学法制度,提升领导干部运用法治思维和法治方式管理文化事务的能力。健全依法科学民主的决策机制。大力推进文化法律法规的贯彻实施,完善市县两级文广局权力清单制度,实施行政权力网上公开透明运行标准化管理,深化行政审批改革,行政审批事项清理精简、增速提效常态化。加强文化市场、广播影视、新闻出版版权、文物行业管理和行政执法,推进管理重心从事前审批向事中事后监管转变。强化综合执法队伍建设,健全执法程序,规范执法行为,提高文化执法规范化水平。推进政府信息公开,加强行政监督和问责。深入开展"七五"普法。实施"法治文化作品创作繁荣行动",着力打造一批法治文化精品力作,积极开展群众性法治文化活动,为法治南通的建设营造良好的文化氛围。

(四)加快南通文化产业创意人才队伍建设

1. 加快制定南通创意产业人才队伍建设的总体规划

文化产业是一个集智慧、创意、产业于一体的综合性事物,是现代科技发展与文化创新相融合的综合性门类。对于文化创意产业人才队伍建设而言,需要有一个强有力的管理部门、职能部门对相关事宜进行总体宏观性的协调。政府要从区域战略高度对全市的文化产业创意人才队伍建设进行宏观性的指导,形成由各级政府、高等院校、科研院所等相关职能部门所组成的全区域、部门、综合性的管理协调队伍,并借鉴国内外人才队伍建设的先进经验与做法,切实加强创意人才队伍建设的综合性措施和发展规划,指导南通文化产业创意人才队伍的建设。

2. 充分发挥政府在推进创意人才队伍建设过程中的主导作用

政府作为创意人才队伍建设的行政主管部门,应当加强行政领导对于人才队伍建设的管理责任,把创意人才队伍建设工作纳入政府的重要工作职能中,使其与领导干部的考核相衔接,加强责任管理。一是各级部门要统一领导做好人才工作和政策性的制定,要加强文化产业创意人才队伍建设的政策性指导及创意人才队伍相关政策措施的落实,加强相关工作人员的主观能动性,为创造良好的社会氛围,为优秀创意人才的脱颖而出创造良好的机遇和实践平台,逐步形成上下衔接、协调有序、不断完善的创业人才培养机制和工作氛围。二是应当大力加强文化创意产业专业资格认证制度,作为一个新兴的产业门类,文化创意产业涌现出了众多的职业门类,应当将相关的职业拉入国家职业技能工种,给人才的培养和鉴定提供政策性的便利,这或将在一定程度上提高创意人才的职业素养、专业技能和从业的积极性。

3. 建立多渠道人才培育机制,保证文化创意产业发展所需的人才供给

加强文化产业创意人才的在职培训工作并在条件允许的情况下在南通诸高校加强创意、设计、传媒等相关专业的建设,培养一大批既熟悉中国传统文化又了解本土文化产业发展形式的富有创造力的青年才俊,为南通文化创意产业人才队伍提供后备力量。引入全面的人才评估体系和人才评价体系,要留住人才、用好人才,为人才提供良好的环境,应当为文

化产业创意人才提供多渠道的培养和良好的保障,要落实政府提出的关于加强文化产业政策和管理的长效机制,进一步加强产学研的结合,鼓励有一定实力的企业参与到人才建设的长远规划中来,落实相关产业政策配套。鼓励高校开办二级学院,大力开发创意产业人才资源,发挥高校在人才培养中的发动机功能,落实文化产业政策,加强人才的吸引工作,推进人才的流通机制,不断吸引一大批有创造能力的文化创意产业人才来南通工作、发展。

4. 构建多元化的人才培养体系

文化产业创意人才结构可以分成高层次、中层次、低层次等三个层次,从类别上来看可以分成国际型、复合型、创新型和实用型。南通作为我国经济发展迅猛的沿海开放城市,应当对创意人才的培养建立多渠道、多形式、全方位的人才培养体系,可以加强与北京、上海、广州、深圳等中国一线城市的文化产业创意人才建设的工作交流,建立起长效的人才培养管理机制的研讨制度,加强跨区域合作,增进人才之间的合理流动和频繁交流,促进高校之间人才培养体系的融合,加强国际交流,建立起产学研相结合的办学体系,促进人才的优质培养,完善和落实文化产业政策,通过多种渠道培养既具有国际视野又具有本土战略思维的高层次文化创新型人才,满足社会发展对人才培养的要求。

5. 进一步丰富文化产业的人才储备

人才是文化产业赖以发展的关键要素,是文化资源转化为产业资源的关键要素,发展文化产业需要人才支撑。丰富文化产业的人力资源储备,当务之急是要着力引进当前紧缺的文化产业复合型、创业型人才。这类人才既要有一定的文化内涵,又要有一定的企业管理经验,更要懂得市场运作和商业模式开发。对于这类领军人才,既要辅之以优厚的待遇、宽松的环境,也要运用适当的激励措施。与此同时,还应当做好南通本地高校相关专业人才的培养,为文化产业跨越式发展提供源源不断的基础人才储备。完善文化人才政策,在全市建设一支政治过硬、素质精良、结构合理的文化人才队伍。配齐配强乡镇(街道)党委专职宣传委员和村(社区)宣传文化单位工作人员,每个镇(街道)综合文化站(中心)配备在编在职人员不少于3人,规模较大的乡镇适当增加。设立城乡基层公共文化服务岗位,配置由公共财政补贴的工作人员。每个行政村(社区)设有不少于1个政府宣传文化公益岗位。对实行免费开放后工作大量增加、现有机构编制难以满足工作需要的公益性文化事业单位,结合实际和财力,合理增加机构编制。继续实施南通市"226高层次人才培养工程"、南通市宣传文化系统"四个一批"人才工程、南通市宣传文化人才"千人计划",加大高层次文化人才引进培养力度,五年内培育和引进文化管理、文学艺术等类别文化领军人才30名和文化重点人才100名;接轨江海英才计划,实施江海文化产业人才计划,五年内培育和引进30名文化产业领军人才和100名文化产业重点人才。制定《南通江海文化产业人才计划实施细则》,积极推动入选人才享受国家、省、市高科技人才的同等待遇。健全人才使用、流动、激励、保障机制,采取签约、项目合作、知识产权入股等多种方式集聚文化人才。建立市级文艺荣誉制度,根据国家、省有关评比达标表彰活动管理规定,表彰有杰出贡献的文艺人才,在全社会大力营造尊重文艺人才的浓厚氛围。

(五)加强江海文化传承创新

1. 培育打造江海文化品牌

深入挖掘、研究江海文化特质,主动保护、传承江海文脉,积极弘扬、传播江海文明,与时俱进、丰富江海文化内涵。进一步把握江海文化兼收并蓄的包容性、果敢坚毅的自强性、崇文尚德的自觉性等个性特征,努力增强江海文化的认同感、凝聚力。在注重开拓和务实、大气和精细、传承和创新相结合中着力培育发展具有江海特质的文化品牌,把江海文化打造成在江苏文化乃至中华文化版图上具有特色魅力的文化品牌,进一步凸现南通作为"国家历史文化名城"与"中国近代第一城"的风范。

2. 组织开展江海文化研究

推进江海文化宏观研究,编撰出版《江海文化概论》《江海南通概览》等"江海文化"系列丛书。推进"大生"系统档案及《大生驻沪事务所号信》整理出版工作,组织编纂《大生集团史》《张謇年谱长编》。整理南通历史文献资料,编辑出版《南通文献丛书》。在全市文化遗产普查的基础上,编辑出版《南通文化遗产集成》。充分发挥江海文化研究会、张謇研究中心等专业团体作用。加强优秀传统文化的宣传普及,在国民教育中增加地域优秀传统文化课程内容。加强南通籍或在南通从事革命活动的革命先辈的研究,加强"红十四军斗争""反清乡斗争""苏中七战七捷"等重大事件的研究。用好、用活丰富的红色文化资源,为培育和践行社会主义核心价值观提供载体和素材。

3. 夯实文化遗产保护基础

进一步加强文化遗产保护制度建设、机制建设、载体建设和政策保障。全面落实文物工作"五纳入"。增强各级政府、保护机构和保护单位的责任意识和科学保护意识,提高科学保护的能力和水平。加强各级文物保护单位"四有"档案整理和规划编制及公布工作,全面完成文物普查。实施文化遗产信息化、数字化、网络化建设,开展数据采集、调查,建立全市文物、非物质遗产、博物馆、珍贵古籍信息数据库,努力建立比较完善的文化遗产信息管理系统。

4. 提升博物馆建设水平

国有博物馆结合可移动文物普查,加强藏品管理。健全全市博物馆体系,实施南通博物苑提升拓展工程,建设东部文博景廊、南部生态保护区,恢复和修缮历史建筑。促进民办博物馆发展,加强业务指导,提高办馆水平。开展博物馆理事会制度建设和体制创新工作,开展民办博物馆运行评估。完善"环濠河博物馆群"建设,提高博物馆馆际之间、馆群与濠河风景区之间联动运营水平,综合开发博物馆人文景观资源,打造成自然韵味独特、文化价值极高的历史文化资源集聚示范区。进一步提升博物馆群整体服务水平,提高"文博之乡""博物馆城"知名度。

5. 加强历史文化名城镇村保护

继续实施《南通历史文化名城保护规划》,推进南通、如皋历史文化名城保护工程,加强保护规划实施情况的监督和管理。在城市规划建设中注重建筑形态、风格、色调的设计、引导和控制,加快环濠河区域的有机更新,保护好文物资源以及濠南、西南营、寺街、唐闸等历史文化街区。深入推进历史文化名镇、名村创建工作,加强余东、栟茶、余西、白蒲等历史文化名镇(村)保护利用。以唐闸工业遗产申报世界遗产为目标,进一步挖掘、研究唐闸工业遗产的内涵价值,开展文保单位和历史街区的修缮,加强环境整治,力争早日进入"中国申报世界文化遗产预备名单"。

6. 保护抢救不可移动文物

编制大生纱厂、天宁寺等全国重点文保单位完整保护利用规划和修缮方案,完成修缮工程;实施南通博物苑相禽阁、濠南别业西楼等部分历史建筑实施保护修缮,恢复"花竹平安馆";实施青墩遗址保护利用规划,开展青墩遗址博物馆建设。针对全市名人故居保护现状,分期实施抢救保护修缮工作。进一步加强文物保护单位、博物馆的安全保卫以及防火防灾的硬件设施建设。运用法律手段规范文化遗产管理保护工作,切实加强文物执法。

7. 提升非遗保护传承水平

以濒危项目、代表性项目为重点,努力加强抢救性记录、传承人培养、传承基地建设和文化生态保护工作,建立科学有效的保护传承机制。保护好"蓝印花布印染技艺""梅庵派古琴艺术""南通仿真绣"等国家级非物质文化遗产,实施以抢救性记录、数字化保护和数据库建设为内容的"记忆工程"。实施南通非物质文化遗产展示馆提档升级工程,提升非遗工坊等载体的建设运营水平。开展非遗项目生产性保护工作,做好蓝印花布等传统工艺的创新。加强对通剧、海安花鼓、如皋木偶、如东杂技、海门山歌、启东版画、通州小品等传统艺术形式的传承和发展。积极对接"长三角非遗联盟城市",搭建优秀非遗项目合作交流、展示交易产业化平台。

8. 保护传承地方戏曲

实施地方戏曲抢救性保护,依托重点戏曲院团,成立地方戏曲传习研究所。分期、分批配备流动演出车,对灯光、音响、服装、道具等设施的添置更新给予经费扶持,对专业院团复排经典剧目、保留剧目、新创剧目演出给予补贴。加强戏曲专业人才培育。实施地方戏曲传承带徒、青年人才进修深造计划。

9. 推进对外文化交流

借助"一带一路"国家倡议,积极参与在沿线国家(地区)举办的各类文化交流活动,着力构建全方位、多层次、宽领域、官方与民间并重的对外文化交流体系。以南通市"江海博览会"等大型活动为平台,加快对外交流走向世界的步伐。梳理整合全市历史文化遗存和特色文化资源,在舞台艺术、造型艺术、文化遗产等各领域开展国际文化交流。组织大型多媒体歌舞秀《梦·江海》赴日本进行商业演出,组织如皋木偶、如东杂技等特色民间艺术以及蓝印花布、扎染、陶瓷、红木雕刻等传统制作技艺走出国门,策划推动南通书画名家主题展览对外交流,在更广领域展示南通文化风采。

南通市文化建设面临机遇与挑战并存。在南通市率先全面建成小康社会的决胜阶段和积极探索开启基本实现现代化新征程的这一重要阶段,文化是转变增长方式、增强地域综合竞争能力、避免区域发展的同质化竞争可以汲取的新兴力量。南通市牢固树立高度的文化自信与文化自觉,把文化建设放到推进"两个率先"的进程中来谋划,放到实现"两个一百年"目标的大局中来部署,放到谱写"中国梦"南通篇章和建设"强富美高"新南通的实践中来推进。目前,南通市的文化发展已经具备了很好的基础条件,下一阶段要按照中央和省的决策部署,自觉结合本市的历史传承、区域文化、时代要求,打造城市文化精神,对外树立形象,对内凝聚人心,紧紧依靠改革、科技、文化"三轮驱动",统一思想,凝聚共识,抓住机遇,迎接挑战,全力推动文化建设再上新台阶。

第九章 徐州市文化产业发展研究

徐州是国家历史文化名城,地处江苏省西北部、华北平原东南部、长江三角洲北翼,京杭大运河从中穿过,陇海、京沪两大铁路干线在徐州交汇,素有"五省通衢"之称,是国家综合交通枢纽和风景旅游城市,华东重要门户城市,华东地区重要的经济、科教、文化、金融、医疗和对外贸易中心。近年来,徐州根据国家、省统一战略部署,结合本地文化产业发展资源、基础和特点,制定了一系列文化产业政策,有效推动了徐州文化产业的快速发展。目前,徐州文化产业规模不断扩大、文化产业体系日益完善、文化产业创新水平不断提升。

一、徐州市文化产业发展的现状及特色

(一)文化产业发展呈现多元化开放趋势

徐州市政府提出了"构筑形成'452'现代文化产业新体系""加快构建'一核一廊两翼两带'"等战略性文化产业发展策略,突出发展文化旅游、文博展销、演艺娱乐、数字文化、出版印刷、文艺服务等6类重点文化产业,着力推进文化与科技、金融旅游等产业融合发展,分层次、分类别实施有针对性的引导和扶持政策,形成发展特色和竞争优势,为徐州文化产业发展拓展更多渠道,最终形成多点支撑的协调一致的文化产业发展格局。依托于丰富的历史文化资源,徐州鼎立发展文化产业,产生了演艺娱乐业、旅游业、文化广播影视业、广告会展业、工艺美术业、艺术培训业、新闻出版业等一系列比较合理的综合性文化产业结构体系,并培育一些具有特色的文化产业,促使非公文化产业发展脚步也不断加快,这些文化产业包括:

(1)新闻出版业。近年来,徐州市扶持发展了徐州文化产业集团、徐州广电集团、徐州报业传媒集团、中国矿业大学出版社等几个大型骨干文化企业。

(2)演艺娱乐业。徐州市在健全文艺精品生产鞭策体质的同时,又集中力量推进影视剧《美丽中国心》《解忧公主》《刘邦大帝》等优秀作品的拍摄,推出《汉风武林》综艺表演系列,加大舞蹈、戏剧、书法、绘画等艺术精品的创造产出,集中力量重点打造梆子戏《扁担巷》、柳琴戏《柳琴姑娘》等一系列优秀剧目,在全国、全省"五个一工程"中取得重大成就。

(3)文化休闲娱乐业。近年来,徐州以开发实景演出为内容建设的徐州文化旅游主题公园有汉文化博览园、户部山历史文化街区、奇石交易博览园、民间博物馆景区等,特色文化园区有大学科技园、创意68产业园、印刷工业园、文化产业园等。着力打造的文化产品生产基地有民族乐器、工艺美术品和汉王石刻等专业化生产基地。

(4)文化旅游业。徐州市的旅游资源十分丰富且独具特色,以此为基础发展起来的旅游业同样丰富多彩。徐州市重点发展了汉代文化旅游、彭祖养生旅游、苏轼文化旅游、战争旅游和山水旅游等古代文化旅游产业。徐州是两汉文化发源地,既是全国汉文化资源遗存保存最多的城市,也是颇具特色的历史文化名城,以此为基础发展起来的汉文化旅游,是徐州市旅游业主要组成部分。苏轼在徐州任职期间,留下众多的历史遗迹和典故,是徐州东坡

文化旅游开发项目的重点。徐州拥有丰富多彩的战争文化资源，并据此发展了两类战争旅游，即楚汉战争文化旅游和解放战争旅游，每年都吸引大量游客前来凭吊和参观。在山水文化旅游中，徐州市山水兼具北雄南秀的过渡性自然特征，风光旖旎，独具特色。近年来的城市景观的建设，更是为徐州市增添了不少的风光旅游景点，成就了"山水风韵秀甲淮海"的美誉，也成为外地游客的向往之地和当地百姓休闲胜地，带动了徐州市旅游业的发展。此外，徐州市还拥有一些独具特色、影响较大的节庆活动。

（二）文化产业集群化加强，示范基地建设卓有成效

近年来，徐州市文化产业在市政府的大力扶持下蓬勃发展，不少文化功能集聚区相继出现。徐州市首批 16 家文化产业示范基地分别是徐州艺术馆、徐州文化创意产业园、邳州宝石玉器城、江苏大风乐器有限公司、江苏光线传媒有限公司、凤凰徐州书城、徐州绪权印刷有限公司、徐州创意 68 文化产业园、徐州欢乐谷大剧院、彭城民俗文化产业园（张伯英艺术馆）、徐州星美影院管理有限公司、徐州动漫产业园、中国矿业大学出版社、徐州市马庄农民乐团、窑湾古镇文化旅游集聚区、徐州汉文化景区。2012 年，徐州市又评选出第二批文化产业示范基地共 8 家企业。2014 年 11 月，徐州市文化广电新闻出版局公布第三批徐州市文化产业示范基地名单，共计 8 个公司：新沂马陵山旅游发展有限公司、徐州工业职业技术学院大学科技园有限公司（淮海文化科技产业园）、徐州市贾拉克工艺品有限公司、邳州古镇旅游发展有限公司、徐州尚汉堂文化发展有限公司、江苏华信新材料股份有限公司、徐州市卓美彩色印刷有限公司、徐州九里山文化旅游发展有限公司。2015 年 3 月，文化部公布第六批国家级文化产业示范（试验）园区和第六批国家文化产业示范基地名单，徐州大风乐器有限公司榜上有名，荣膺"国家文化产业示范基地"称号。全市已有 5 家省级文化产业示范基地，包括徐州文化产业园、创意 68 文化产业园、徐州动漫影视基地、徐州软件园、淮海文博园，有力提升了文化产业的布局结构、产业规模和发展层次，从而促进了各类资源合理配置和产业分工，提高了徐州文化产业规模化、集约化、专业化水平。

（三）产业规模得到较快扩大

自 20 世纪 80 年代以来，徐州的历史文化市场经历了多年的考验与风雨洗礼后，已渐渐进入标准化和合理化的发展轨道。公办文化馆站、公共图书馆、公共图书馆藏书、博物馆、新华书店等文化事业代表性行业无论从规模上还是质量上，都有了长足的进展。近年来，徐州市委、市政府重点扶持培育了徐州报业传媒集团、徐州广电集团、演艺集团、文化产业集团等一大批文化企业的"领头羊"，呈现出新文化业态和新文化产品不断涌现、新文化市场实体和新文化创意项目争相涌现的良好态势。在政府引导和市场调节下，经过创新、优化，文化市场规模由小到大，影响力由弱到强，形式由单一走向综合。近年来，徐州市委、市政府越来越重视文化产业的发展，紧紧围绕建设区域性文化中心这一总目标，以深化文化体制改革为抓手，加快发展文化产业，大力繁荣文化市场，先后依托各类历史遗留街区和地段建成了多个规模不同风格各异的历史文化市场，如徐州市的古黄河石市场、户部山古玩文化市场、建国路彭城古玩文化市场、文化宫院内"拍卖典当行"等，还建设了一大批重点文化设施和文化产业园区如艺术馆、音乐厅、徐州软件园、彭城一号、创意 68 文化产业园、南湖水街、滨湖新天地等。这些文化市场、重点文化设施和文化产业园区等文化产业的建设，见证了徐州的文化市场由无到有，由少到多，奠定了文化产业发展良好的基础。2018 年度，全市文化民生类为

民办实事工程项目共 5 项:首届淮海书展 2018 年 7 月完成,镇(街道)综合文化站达标提升工程完成 64 个目标任务,1 000 场戏曲进校园任务完成 1 159 场,智慧博物馆一期工程全面完成,完成汉代音乐史诗《汉乐华章》推广演出 40 场。完成各类艺术展览、大讲堂等系列文化活动 160 余场(次);送戏 1 022 场,送电影 3.74 万场、送图书 13.96 万册;发放"政府文化惠民券"4.68 万张;徐州博物馆免费接待观众 70 万余人次;市图书馆新订购图书 1.1 万种14.2 万册,开展公益服务活动 240 余场,接待读者 28 万余人次;徐州文化馆免费公益性培训学员约 5 万人次。"文润彭城""动感彭城""城乡文化对对碰""舞动乡村""汉风大讲堂"等品牌文化活动影响广泛,"文润彭城"文化惠民消费季期间,举办各类纳凉晚会、百姓舞台、讲座、公益培训、非遗展、书画展等 4 000 场次,1 566 家文商旅企业产品打折惠民,以文化消费公众号形式发放 30 万元红包,吸引近千万人次参与,消费金额 30.487 亿元,惠民 4.32亿元。

二、徐州市文化产业发展存在的问题

(一)文化资源利用率偏低,创新意识不强

据统计,徐州市现有馆藏文物 6 000 多件,可供展出的文物有近 3 000 件,民间还散落大量珍贵的历史文物,最早的文物是原始社会新石器时代磨制的石器。徐州市政府加强了重点历史文化资源的保护和开发力度,建立了文化遗产保护开发基金,多处的历史文物已经成功申报为国、省、市级保护单位。但是,由于各方面的原因,徐州文化资源总体利用率偏低,创新力度不够,基本以旅游观光为主要收入来源,文化产品科技含量偏低,形式单一,缺少创新意识,难以给游客留下深刻印象。

(二)文化产业竞争力较低,产业规模小,缺乏品牌产品和创新人才

徐州地区生产总值虽已位居全省第六位,但是文化产业增加值屈居下游。徐州文化产业整体缺乏强有力的竞争力,无法吸引省内和国内的大批游客前来观光旅游,许多文化企业处于亏本经营、入不敷出的状态。文化产业规模偏小,尚未形成比较系统化的文化产业链条,虽然有不少文化产业集聚区和产业基地示范园,但支柱产业和龙头产业尚未形成,各自为政,资源整合力度不够,没有充分发挥出徐州特有的文化优势。同时,企业品牌意识不够,没有比较出名的文化品牌产品,难以在省内外形成广泛的影响力和吸引力。

(三)宣传力度不够,文化活动缺少深刻内涵,无法调动大众积极性

为了弘扬两汉文化,发展徐州的特色旅游,徐州市已经成功举办了十届汉文化国际旅游节和三届徐州文化博览会,这些活动规模大、内容多、持续时间长、涉及面广,具有轰动效应和良好的社会与经济效益。参加徐州汉文化国际旅游节的国内外人士,可在徐州汉城观看到大型广场仿古文化仪式表演《汉宫盛典》及汉乐、汉舞、汉民俗表演,到沛县汉城观赏大型仿古文化仪式表演《高庙祭典》,到汉皇故里进行探访游,还可参观游览汉墓、汉兵马俑、汉画像石、项羽戏马台、云龙山、云龙湖等一系列驰名于世的旅游景点,以及欣赏汉代出土文物精品展、徐州民间工艺品展等。但是,这些大型活动造成了一种尴尬的局面,整个活动期间,鲜见徐州当地居民的身影,广大徐州市民不愿参与或无法参与到活动中去,活动现场全是领导、媒体、外来游客,造成了普通百姓对活动的隔膜感和冷漠感,无法调动广大徐州地区居民

的积极性和主人公意识。同时,大部分文化活动流于形式,主要是大型歌舞和走马观光式的参观游览,缺少对徐州汉文化内涵的深刻挖掘,很难让参观者得到惬意的文化享受和审美感受。此外,徐州市对特色文化宣传侧重于对外宣传,对本地区内部宣传力度不够,造成了许多徐州地区的大中小学生对本地文化遗产了解不够,缺少主人公意识和应有的自豪感,无法对本地文化进行大力宣传和详细介绍。

三、徐州市文化产业发展对策分析

(一)加大宣传力度,多种途径提高城市知名度

徐州市是重工业城市,长期以来,徐州市政府把发展重工业作为工作重点。在许多人眼里,徐州市并不是一个旅游胜地,而是一个交通枢纽、老工业基地。徐州许多特色文化资源虽然研究价值较高,但鲜有人知。近年来,徐州发展旅游业意识增强,在旅游宣传促销上采用多种促销手段,加大宣传力度,如已经成功举行徐州文化博览会、汉文化节、彭祖文化节等大型活动,制定"舞动汉风"的指导思想,精心打造特色文化品牌,但徐州营销宣传手段缺乏创新和突破,旅游开发意识薄弱,环节分散,包装不够,市场营销战略施行不力,致使徐州市极具地方特色的文化资源知名度不高、旅游人数不多、文化产业发展落后。所以,要解决这个问题,可以从以下几个方面入手:采用出版介绍徐州特色文化系列书籍的方法让本地人和外地人了解徐州,如可以撰写出版《徐州文化名人录》《彭城书画派简介》《徐州非物质文化遗产的继承与发扬》《走进"汉代三绝"》《彭祖文化记》《传递徐州红色文化的火炬》《徐州山水录》《品尝徐州诗词盛宴》等作品,但要注意作品要图文并茂、语言清丽,文采斐然,不能"掉书袋",不能使读者有钻"故纸堆"的感觉,失去阅读的兴趣。另外,要充分发挥徐州文化团体和单位的指导作用,督促他们做出实际成绩、有所行动。在大中小学和各地文化馆开设徐州特色文化系列讲座,开展多种多样的系列文化活动,制作精美的徐州文化展板,发放各种文化宣传手册,张贴文物宣传画,让广大徐州市民详尽了解本地区丰富的文化资源,从而为促进徐州文化产业的良好发展发挥重要的作用。最后,要采用现代化手段开展徐州特色文化的宣传工作,可以通过电视台、广播电台、报社、网络等多种媒体资源拓宽宣传途径,多角度反映地方特色文化。对徐州非物质文化遗产要加强利用和保护,提升对非物质文化遗产的发掘力度,提炼本地文化精神内涵,加强对徐州非物质文化遗产的介绍和存档记录,形成生生不息的文化源泉。

(二)打造徐州特色文化品牌,提高文化产品质量

近年来,徐州市文化产业规模不断扩大,类型不断增多,但依然存在缺少知名品牌产品,文化产品粗制滥造等现象,这和一个拥有超过六千年的文明史和四千年建城史的古城极不相符,也和拥有自己独特的两汉文化、战争文化、养生文化和民俗文化的文化大市的称号差之甚远。徐州文化资源种类繁多,但缺少打造精品的工匠精神,"汉代三绝"、彭祖养身文化、各种民俗文化节、柳琴戏、徐州剪纸,等等,让人眼花缭乱,目不暇接。但是许多文化资源处于初级开发阶段,对游客的文化内涵要求颇高,游人在离开时难以留下对这里长久的记忆。若想提高人们对徐州的认识,就要先开发拥有徐州个性的本土文化精品品牌。徐州人引以为傲的文化与历史价值没有被发展为品牌价值,就很难走出徐州,走出江苏,走出国门。针对这种情况,徐州市委、市政府提出,今后应该把资源开发和文化产业发展的重点放到两汉

文化、彭祖文化、书画文化、红色文化、山水文化等特色文化上,繁荣文化事业产业,加快文化强市建设,要深入实施"舞动汉风"工程,彰显特色文化品牌魅力。让"两汉文化看徐州"的内涵更加丰富立体具象,真正成为江苏代表性的文化符号;开创书画文化繁荣发展新气象;大力弘扬"淮海先烈精神",彰显徐州人的气概与风骨;着力打造"山水文化"品牌,让"楚风汉韵、南秀北雄"的城市特质更加显著。

(三)充分发挥徐州文化产业的创新创意作用,打造新的经济增长点

徐州市文化产业发展氛围不够浓厚,文化产业创新缺乏新意。这种发展状况使得文化产业发展缓慢,也使得创意环境的优化提升较为困难。因此,如何发挥徐州市文化优势,优化出新,就成了破解徐州市文化产业发展难题的重要课题。徐州市地处淮海经济区中心,拥有丰富的历史文化资源,有着以创意68产业园为首的11个代表性的文化创意产业集聚区。这些集聚区拉动了徐州文化产业的发展,但是其业态分布和产业结构还存在不合理之处,产生的社会效益不够理想,与苏南几个城市无法相比。如何实现其业态分布和产业结构的优化提升,是徐州市文化创意产业所亟须解决的难题。在实际工作中,可以重点支持淮海文博园、龟山民博文化园、宝石玉器城等重点文化产业园区,强化创意设计、研发展示流通等核心功能。弘扬创新精神,增加文化产品的文化和创意内涵,将传统文化产品的制造、销售产业与相关高科技产业、创意设计产业有机结合,促进园区转型升级。加快培育电子商务、互联网金融、网络信息服务等新产业形态,要树立"互联网+文化"的理念,加快文化创意、数字出版、动漫游戏等新兴文化产业发展,引领全市互联网经济快速发展壮大,促进跨界融合、创新协同,打造新的经济增长点。

(四)加大政府投资,鼓励民间资本进入,建立项目投资多元化格局

文化产业发展不力,与缺少资金关系很大。由于文化产业的"高投入、高风险"特点,使不少民间投资者望而却步,而政府投资杯水车薪,难以解决实际问题,这些因素造成了徐州特色文化资源的开发和保护不能及时到位,许多文化资源被闲置浪费,许多文化产业举步维艰。因此,要加大政府投资,创造多种融资渠道,鼓励民间资本进入,以此建立文化投资的多元化格局。从2013年起,市财政每年安排1 000万元设立市文化产业专项扶持资金,并规定随着市级财力增长专项基金会相应增长。专项资金采取贴息、补助、奖励等方式,专项用于引导扶持符合徐州市文化产业发展规划和相关政策的文化产业重点项目建设、重点文化产业园区(基地)建设,扶持重点国有、民营文化企业发展,优先支持文化科技企业、文化科技产业基地做大做强。同时,市政府在有条件的县(市)区财政也应安排文化产业发展专项资金。文化产业的良性发展要加大政府投资的力度,同时争取国内外各类文化产业投入基金,拓宽融资渠道,鼓励大型文化产业和骨干企业上市融资,降低资本融入门槛,鼓励和引导非公资本以独资、合资、合作、联营、参股、特许经营等多种形式公平进入文化产业领域,支持民营文化企业快速发展。加大对品牌产业的奖励力度,降低文化产业税收比例,构建网络融资平台。

(五)建设文化功能集聚区,提高徐州文化产业规模化、集约化水平

经过实地调查发现:徐州比较知名的11家文化产业集聚区中,70%以上处于亏损状态,真正盈利的不超过10%,这是由资金短缺、文化定位不准、重复建设等原因造成的。文化资

源的特色集群之路,是文化产业发展的较好选择,也是大势所趋,但是不能建立文化产业集聚区后,没有配套的服务设施和充足资金来支撑,最后使文化功能集聚区流于形式。因此,必须发挥文化集聚区的带头作用,提高徐州文化产业规模化、集约化、专业化水平。在徐州文化集聚区建设过程中,由于企业发展方向定位不明确、经营理念落后,导致不少文化集聚区出现了重复建设的现象,而且许多企业经营管理不善,许多商铺鲜有顾客光顾,造成了资源的极大浪费;还有的文化聚集区在建设时虽然初衷很好,但由于缺乏专业性技术人才和后续资金投入,没有达到产业集群的预期效果,成为普通的商业店铺或居住区。如"创意68"项目是以发展创意产业和生产性服务为重点的现代服务业示范项目,建成后将形成五大业态:创意办公、商务办公、新传媒制作发布、动漫公司、创意设计。目前入驻的企业共有90家,其中,艺术家工作室占比14%,设计策划类企业占比18%,文化休闲类企业占比40%,创意培训类企业占比18%,其他5家为文化相关企业,占比10%。可以看出,园区并没有发挥出应有的发展创意产业的功能。现已入驻文化、旅游企业和机构27家,餐饮、住宿配套类企业3家;文化类主营业态经营面积近8万平方米,文化企业入驻率达到61%。园区相继获得"江苏省首批重点文化产业园区""省级现代服务业集聚区""省级文化产业示范基地""省级中小企业创业基地""国家3A级景区"等荣誉或授牌。具体而言,建设文化功能集聚区要做到以下几点:

(1) 明确发展定位。徐州是国家第二批"历史文化名城",依托徐州厚重的文化基础,充分挖掘徐州地方文化遗产。徐州应从实际出发,在国家和江苏省文化产业发展规划基础上合理构建文化产业发展格局,科学、合理地编制徐州文化产业发展规划。这有利于徐州文化底蕴活跃在现代人民的生活中,人们可以看到、听到、感受到文化独有的特色。因此,徐州文化准确定位是文化产业集聚区建设的基础,只有把握发展定位,才能形成特色鲜明、主次清晰的文化产业集聚区。

(2) 完善产业体系。徐州市相关部门应该依靠自身文化资源,结合自身文化特性,遵循产业建设发展规律,对其体系进行调整和优化。进一步利用文化资源与文化特点,逐步健全文化产业集聚区内容。只有明确其发展内容,掌握发展思路,才能完善集聚区建设的整体规划。同时,依据各文化产业集聚区实际发展,建立自身体系,从而建立起完善、优质的产业发展体系。采用现代传媒,展示徐州特有的文化品牌——两汉文化、彭祖文化、战争文化、名人文化、书画等基点,把优势做好、做大、做强,并延伸到更多的领域,通过规模提升创造更大的附加值,打造徐州文化产业集聚区建设的优势。

(3) 提高经营理念。文化产业集聚区建设的主要目的就是拉动经济效益。因此,政府要提高经营理念,同时还要建立合理经营模式。这就要求各个文化聚集区要积极提升经营理念,建立良好的运营机制。借鉴优秀文化产业集聚区成功经验,健全引进人才体系,以文化为核心,带动旅游业、服务业全面发展。运用文化产业的各种资源,采用现代科技手段,建立新型的经营方式。改变集聚区建设的管理方式,建立强有力的管理团队,采用先进的经营理念、策略和水平。要认真学习新的经营理念,同时也要到其他城市学习、交流,把徐州的时代文化、地区文化、战争文化等特点有机地联系一起,提升经营效益。

(4) 鼓励技术创新。随着"互联网+"文化产业集聚区建设新型技术的飞速发展,文化产业的内在结构以及人们的文化思维和习惯都随之发生了改变,人们的关注与参与热情被空前激发,促进了徐州产业集聚区的升级与创新。"互联网+"是一种新的经济意识形态,要充分发挥互联网在徐州文化产业中的集成和优化作用,将互联网的科学技术创新成果更好地融入徐州文化产业集聚区的整体发展,形成以互联网为基础的经济发展新模式。同时,注重引进技术人才方略,探索和建立人才库,在文化产业集聚区建设优势互补、共同发展的良好机制,实行跨团体、跨行业、跨区域调配。在徐州地区,依托中国矿业大学、江苏师范大学、徐州工程学院等院校建立技术人才培训基地,为徐州文化产业集聚区建设的发展做好技术支持。

（5）优化文化链条。作为新型文化产业链的迅速崛起,文化产业特质也有更好的要求,其最大的表现就是信息技术和文化产业的有机融合,使得文化产业集聚区建设有更好的标准化。这表现在产业链不能仅仅表现为垂直型,而是表现为垂直和水平相结合的复合型结构。优化文化产业链是提高徐州文化集聚区建设的重要手段之一。文化产业聚集区的发展应该从自身的创新能力开始,以掌握核心技术为抓手,才能建设全面、高效的文化产业集聚区。政府要鼓励和支持建立文化产业链,提升品牌意识,促进文化自身的优势。将尽快建立文化产业链,改变文化行业的单一形式,要从深层次去挖掘文化产业链建设对城市发展的重要作用,这对于文化产业集聚区建设有很大的帮助。

（6）保护知识产权。文化产权是产业文化集聚区建设发展的根本条件之一。知识产权贯标是指企业贯彻实施《企业知识产权管理规范》国家标准。国家部委及地区政府多次出台对于企业知识产权贯标认证的扶助支持政策。在网络技术迅速发展的今天,出现了一系列随之而来的问题。因此,必须要做好文化产业聚集区建设的知识产权保护,徐州市政府要尽早建立完善的知识产权保护体系。要从法律、法规建设方面率先开展,营造良好的文化产业发展规范和法制环境,充分保护好本地文化产业的研发工作,还要保护好在国内外市场上的知识产权。更重要的是,理解和运用我国近些年来因文化产业革新所颁布的多项规章制度,这就要求必须要依法办事,有法必依,严厉打击一切侵权行为。还要加强知识产权在民众中的普及教育,帮助文化单位和企业构建拥有国家支持的知识产权保障体系,只有这样才能最大限度地保证徐州市文化产业集聚区建设的快速、健康、持续的发展。

（7）培育产业集聚。一个城市要不断培育文化产业的持续发展,这是文化产业集聚区建设发展的根基性的要求。因为集聚区始终要建设在文化产业发展的制度基础上,这是判断文化产业集聚区建设的重要标准。因此,在集聚区建设过程中应该加强社会企业与集聚区内的企业之间建立高度联合、高度统一的社会关系与经济关系。因此,培育产业发展要有效、合理地运用财政、金融、税收等经济方式,采用多形式拓宽融资渠道、全面完善配套措施等为我国文化产业的发展提供政策扶持。同时,鼓励企业推出网络平台、个性化定制服务、品牌授权等新模式与市场经营相匹配,开发特色营销渠道,培育特色文化产品及创建特色企业品牌。推广文化消费理念,引导群众从低端传统的文化消费向更高层次的新兴文化消费过渡,构建协调稳定的文化环境。徐州市要加大力度对文化资源进行培育和整合,这有利于产业制度和文化融合,对于文化产业集聚区的建设有重要的帮助。

（8）重视市场导向。文化产业聚集区建设的发展,离不开市场的引导。徐州市对文化产业集聚区建设高度重视和支持,随着经济的发展,政府进一步强化市场管理和服务,使得文化产业发展成为招商引资、引进人才的主要原因之一。文化集聚区的建设应立足自身、立足长远,并有计划地拓展空间和挖掘潜力。在政府给予很好的政策基础之上,以徐州特色文化产业为平台,以组团到发达省市举办招商洽谈会、招商项目推介会为契机,直接与投资商、合作者面对面地谈项目、谋发展。随着经济的进一步深化,城市应引入多元投资、融资方式,充分发挥自身优势推动招商引资,大力引进创意型、策划型、创造型的文化人才,同时引进先进的生产技术、管理经验、营销理念和市场导向。还要依托重大项目与优秀企业合作,在合作中引进先进技术和高层次人才,将招商引资和招才引智有机结合起来,为文化产业集聚区建设注入新活力,全面提升集聚区的整体竞争力。

(9)特色融合提升。文化产业集聚区在建设与发展过程中要充分考虑多业态结合。让文化与其他内容发展融合,建立集文物博览、文化体验、现代商业、演艺休闲、观光休闲等于一体的文化产业集聚区。随着徐州文化产业集聚区建设的全面开展,体现的特色就是质量、效益和实力,要认真研究和把握本地区的特色优势,下功夫抓好特色文化品牌建设,促进特色文化产品和服务提质升级。徐州特色文化产业的阶段要求是产业集群,集群本身就是一种特色。积聚有两种模式:一是纵向型。围绕发展起来的特色文化产业,众多上、中、下游企业集聚起来,形成完整的产业链,拉动整个产业全面发展。二是横向集聚。即同类企业、产品集聚,形成专业化生产、供给和销售平台,加快提高产业集聚程度。

(六)加快徐州文化产业创意人才队伍建设

1. 充分引进各类创意人才和培养本土创意人才

徐州市应该加大对于创意产业人才的引进力度,在政策上、产业上和制度上向文化创意产业人才倾斜,并利用良好的区域优势,广泛吸纳各个层面优秀的创意人才,使具有国际思维和较高创意能力的文化产业创意人才能够扎根徐州,发挥他们的创造力和能动性,形成一大批学有所长、术有专攻的文化产业创意人才集群,使人才在区域经济发展中发挥主导性作用。

2. 完善创意人才队伍建设的服务保障体系,吸引、集聚人才

政府在人才政策体系方面要建立起高层次创意人才引进的绿色通道,采取"量体裁衣""一人一策"的办法邀请国内外著名的文化产业创意人才来徐州安居创业,从科研经费、安家费、柔性流动等各个层面提供具有吸引力的政策性倾斜,加大人才的吸引力度。在人才服务体系方面组建文化创意产业人才服务中心,在全市范围建立起人才培养的网络体系,为高层次人才、扎根基层服务企业的创意人才提供全方位不间断的优质服务。建立起人才培养的长效激励机制,完善和落实政府对人才管理的各项政策,建立相关的专项资金,并且逐年增大财政支持力度,给予创意人才在徐州的创业提供政策、税收等各个方面的优惠政策,为徐州地区实现创意人才多元化、市场化发展提供全新的思维。

3. 不断优化创意工作人才发展环境,营造良好社会氛围

不断完善文化基础设施建设,加强创意人才工作和生活配套设施的建设,完善社区服务体系,为吸引和稳定人才创造一个舒适、安全、方便的生活与工作环境。一是加强知识产权保护,净化知识创新环境。创建一个关心、爱护创意人才,了解创意人才,依靠创意人才的良好社会风气,充分尊重和发挥创意人才的个性特点,促进创意人才将个人事业和社会理想事业、社会责任结合起来,形成一个良好的"尊重劳动、尊重知识、尊重人才、尊重创造"的氛围。二是加强载体建设,广泛开展创意人才的创新实践活动,努力营造一个有利于创意工作开展的社会环境氛围。依据徐州的区域文化特点,在不同层次定期举办文化创意竞赛,为从事创意工作的人员和广大学生创新提供成长的舞台。

4. 构建创意人才激励模式

徐州创意人才现有激励机制存在的问题,既有从宏观角度看,对知识产权保护不到位,现有法律保障体系不健全和政府的财政支持不足的问题;也有从微观角度看,企业内部的薪

酬和福利没有竞争力,培训设计不合理,传统的绩效考核、工作环境不适合创意等问题。创意人才的间接激励,即宏观激励措施,包括知识产权的保护、优惠贷款、财政资助和税收优惠四个方面,这四个方面的激励措施提供了一个和谐、文明的创新人才的宏观的创意环境,将吸引大量国内外优秀的创意人才,并为他们提供适合的学习、成长和发展的信息平台。创新人才的直接激励,即微观激励措施,包括成长激励、成就激励、环境激励和薪酬激励四个方面。这些可以提供优越的、适合创作的企业氛围,并给予他们一些具有挑战性的工作,给予他们充分的信任和鼓励,提供与知识输出相匹配的薪酬,最后充分调动创意人才的工作积极性和主动性,充分激励、发挥他们的创造性。

第十章 盐城市文化产业发展研究

盐城地处中国东部沿海地区,江苏省中部,长江三角洲城市群北翼,东临黄海,南与南通接壤,西南与扬州、泰州为邻,西北与淮安市相连,北隔灌河和连云港市相望,拥有江苏唯一的世界自然遗产——中国黄(渤)海候鸟栖息地。自"十三五"规划以来,盐城市政府深入贯彻落实五大理念,以融合创新为主要动力,进一步深化文化体制改革,壮大文化新业态,打造文化新品牌,集聚文化新人才,积极探索具有时代特征的文化产业发展新路子。盐城市文化产业竞争力不断增强,文化产业发展政策措施不断完善,文化产业水平不断提升。

一、盐城市文化产业发展的现状及特色

近年来,盐城市委、市政府把文化建设作为优化经济结构、转变经济发展方式和实现科学发展的重要抓手,统筹安排、全力推进。目前,盐城市文化产业发展态势良好,已成为全市经济的重要组成部分。

(一)政府重视程度加大,财政投入幅度增加

近年来,盐城市委、市政府日益重视文化产业发展,全面落实国家、省文化产业政策,文化产业迅速发展。盐城市委、市政府高度重视文化产业,积极稳妥地推进文化机制改革,优化文化产业发展的软硬件环境,在税收优惠、人才引进、投融资机制、文化产业招商引资、土地使用、重点文化产业聚集区等方面予以扶持。先后举办两届文化产业博览交易会和文化产业招商推介会,签约投资总额达120多亿元。市委、市政府不断推进园区内项目建设,市区建成5个文化产业聚集区,13个文化产业集聚区,不仅有众多文化企业入驻,相关配套基础设施也不断完善,集群化水平越来越高。比如,盐城市中小文化产业园规划面积200亩,总投资5亿元,依托华锐风电、韩资企业园区而建设,聚集了100多家文化科技企业,重点打造文化创意区、服务区、加工区、办公区四个片区,成为盐城市龙头科技文化产业园。海盐文化风貌区以海盐博物馆、盐城水街为代表性地标,建设为集旅游、休闲、餐饮、购物、娱乐为一体的国家4A级旅游景点,盐城水街、东进路休闲区一排排仿古建筑,合理布局、错落有致,是盐城市重要的对外窗口,也是市民休闲旅游的好去处。聚龙湖文化产业集聚区、智慧谷数字文化产业基地充分发挥地域优势、楼宇优势,吸引800多家文化企业入驻,实现文化产业由"点"到"面"发展。文化市场得到进一步培育,印刷发行业规模得到进一步扩大,全市印刷企业500多家,出版物发行网点805家。广播电视业增长较快,全市广播电视广告经营收入每年平均增长20%。全市文化产业增加值达到41亿元,呈现快速增长态势。

盐城市政府还明确职能,根据"党委领导、政府主管"原则,建立党委宣传部门牵头负责、文化部门共同参与的工作推进机制,健全动态管理机制和巡查推进机制,宣传部门和政府文化部门各司其职,宣传部门主管意识形态工作,政府部门统筹文化产业的政策研究、产业规划制定、资金管理与使用等方面,既要确保发挥文化宣传和正确的舆论导向作用,又要充分挖掘文化产业的市场潜力,共同推进盐城市经济的发展,从而有效地对"盐城市重大文化项

目库"实行动态管理,对现有文化产业(包括在建和已建成的)进行登记、分类,实时掌握项目内容、发展情况、建设目标,完善文化产业库,明确项目属地管理和责任部门,以便实现对现有文化产业进行的全方位动态管理。

(二)文化事业持续发展,支撑产业提质增速

按照"事业带动产业、产业助推事业"的一体化发展战略,大力发展文化事业,为文化产业加快发展提供有力支撑。按照"市有三馆、县有两馆、乡有一站、村有一室"的要求,不断完善覆盖城乡、结构合理、功能健全、实用高效的四级公共文化服务体系。近年来,盐城市投入近40亿元资金,新建成市科技馆、图书馆、淮剧博物馆、广播电视塔、青少年活动中心、市文化艺术中心等一批惠民实事工程。文艺创作精品迭出,一批作品相继在国家、省市获奖。文化活动惠泽民众,成功举办了淮剧节、海盐文化节、盐城丹顶鹤国际湿地生态旅游节、文化产业博览交易会和文化产业招商推介会等文化会展、文化活动。

文化建设步伐加快,公共文化服务体系初步形成。全市建有10个文化馆、9个图书馆、6个博物馆、3个纪念馆,所有乡镇都建有500平方米以上的文化站,新建农家书屋2 000余个、文化信息共享工程基层服务点35个,基本实现"县有两馆、乡有一站、村有一室"的目标。新四军纪念馆人物馆、中国海盐博物馆、海盐历史文化风貌区、陆公祠文化街、江苏省淮剧博物馆和市文化艺术中心相继建成开放,城市文化功能明显提升。艺术生产成果丰硕。全市共创作大、小戏100余部,其中有10部大、小戏剧本获省戏剧文学奖。淮剧《太阳花》分获国家舞台艺术精品工程、文化部地方戏调演"二等奖";《一江春水向东流》等4部淮剧入围省舞台艺术精品工程;《唢呐声声》荣获世界戏剧节"创新剧目奖"、省戏剧节"优秀剧目一等奖";市歌舞剧院在第六届省音乐舞蹈节上荣获6项金奖,在第二届省舞蹈"莲花奖"青年演员大赛上,有2个舞蹈节目获"优秀表演奖";全市有4件书画作品分获第十届、十一届全国美展金奖、银奖、铜奖;小淮剧《我是你的留守妻》荣获全国第十五届"群星奖"金奖;在第八届省"五星工程奖"评比中,全市获金奖作品列苏北第一。

社会文化蓬勃发展。全市建成3个全国文化先进县、5个省文化先进县和一大批省级文化先进乡镇,创建10个国家级民间艺术之乡和7个省级艺术之乡,5个国家一级文化馆、3个国家一级图书馆。社会文化活动丰富多彩,每年以重大节庆为节点,以广场、公园、社区为主要场所,开展"激情大舞台,魅力新盐城"系列文化活动。成功举办三届中国海盐文化节。实施"三送"工程,开展"和谐文化到农家"十馆联动文艺巡回演出活动,全市每年送戏580余场,送电影25 000余场,送图书18万多册,丰富了群众文化生活。

文化遗产保护成效突出。全市有不可移动文物603处,全国重点文物保护单位1处,省级文物保护单位16处,市级文物保护单位73处,中国历史文化名镇1个,省级历史文化保护区1处,各类博物馆、纪念馆9座,馆藏文物3万多件。文物保护"五纳入"工作进一步推进,基础工作逐步完善。在全国范围内广泛开展海盐文物征集活动,加强海盐文化研究。坚持开展新四军革命文物征集和研究活动,实施新四军纪念馆扩建改造工程,积极创建全国4A级景区。2008年起,全市博物馆、纪念馆实行免费开放。重视做好非物质文化遗产保护工作,淮剧、杂技和董永传说3个项目被列入国家级非遗保护名录,海盐晒制技艺等11个项目被列入省级非遗保护名录。市、县两级非遗保护名录建立,31个项目列入市级非遗保护名录。

文化市场繁荣有序。加强演出市场、歌舞娱乐场所、网吧和电子游戏厅管理,全市文化

市场发展繁荣有序。农村网吧管理取得显著成效,受到文化部的充分肯定,并在全国推广。盐城市文化市场行政执法工作多次受到省级表彰。

(三)体制改革步伐加快,集群化成效明显

大力推进文化体制改革,市直文化事业单位由 18 个调整为 13 个。市直经营性文化事业单位转企改制工作全面完成。全额拨款文化事业单位实行全员聘任制和劳动合同制,并建立公开招聘、双向选择、竞争上岗的灵活高效的用人机制。艺术表演团体实行转企改制,建立现代企业管理制度。全额拨款文化事业单位实行全员聘任制和劳动合同制,并建立公开招聘、双向选择、竞争上岗的灵活高效的用人机制。调整归并市文化、广电、新闻出版管理职能,实现管办分开、局台分设、广网分离;将原有广电、文化的执法人员进行整合,组建市文化综合执法大队。整合省淮剧团、市歌舞团、市杂技大世界和市文化艺术中心,成立盐城演艺集团,探索出一条"剧场有剧团、剧团有剧场"的经营性文化单位转企改制新路径。

文化产业园区作为集群化发展的重要载体,对于扩大盐城市文化产业发展规模有着重要影响。目前,盐城市规划建设了 13 个文化产业集聚区,还开设了 6 000 余个文化产业项目,各集聚区围绕文化主导产业、特色产业,结合自身优势,招引了一批重点企业和优秀团队,加快推动经济与文化融合发展。另外,盐城市还建成了五大重点文化产业园区,分别是聚龙湖产业集聚区、盐城中小文化企业集聚区、串场河文化聚集区、东台西溪文化产业园、东方 1 号创意产业园,各园区都由专家团队精心规划,统筹发展。比如,聚龙湖文化产业集聚区由南京大学产业研究中心打造,并在此基础上建立起与之相配的文化创意、传媒娱乐、数字科技等多种特色的文化产业集群。东方 1 号创意产业园秉承"创意无限·引领未来"的理念,成功引进上海木马设计、江苏东方旅游品牌研究院等几十家国内优质设计企业。推进市民生活、文化、科技以及和城市建设的融合发展。盐城市还积极整合水绿盐城、海盐之都、红色风帆、黄海风情、生态农庄、淮杂文化、历史传说等七大"文化+旅游"资源,文化产业和旅游业的一体化发展,全面带动和促进了盐城经济的协调发展。

(四)文化产业规模初具,企业实力不断壮大

目前,盐城已初步形成了涵盖文化传媒、创意设计、出版发行、电影电视广播、时尚消费和咨询服务等多个门类的比较齐全的文化产业体系。为了打造充满活力的文化盐城,满足群众日益多样化的精神需求,转变经济增长方式,展示、挖掘盐城市特有的"四色"特色文化(红色铁军文化、绿色湿地文化、蓝色海洋文化和白色海盐文化),从 2011 年起,盐城市委、市政府将推动文化产业集群发展列为一项重点工程,围绕建设"有规划、有园区、有龙头、有品牌"的文化产业集聚区要求,投入了近 80 亿元,整合文化资源,先后在市区范围内规划建设了 13 个文化产业集聚区,实现了经济效益和社会效益的"双丰收"。盐城市确立了"内外核一带两轴"的产业集群总格局。"内核"即城南新区,依托聚龙湖文化产业集聚区,发挥市中心区位优势、资源优势、人口集聚优势、产业汇聚优势、文化设施优势、交通便利优势,打造城市文化中心和服务中心。"外核"即盐都区、开发区、亭湖区,作为内核聚集区的辐射区域,主要发展休闲、创意、旅游、娱乐等产业,延伸城南新区的文化产业链,形成集娱乐、活力、自然环境于一体的多功能产业集聚区。打造盐城中小文化产业园、环保科技城、软件园、汽车产业园等标志性文化产业集聚区。

（五）政策环境日益优化，扶持力度不断加强

盐城市制订了《盐城市文化产业发展规划（2012—2020）》，为规划实施和文化产业发展提供强有力的保障；出台了《关于文化建设工程的实施意见》，修订出台《市文化产业发展专项资金使用管理办法》，推动全市文化产业重大项目和重点工程建设；起草《关于支持盐阜大众报报业集团、盐城广播电视台加快发展的政策意见》，全力推动盐阜报业集团、盐城广电集团以上市为目标，实现多元化、规模化、特色化发展；规划确定 13 个文化产业集聚区，作为市政府重点实事工程，纳入全市 30 个重点服务业集聚区一并督查、考核和推进，推动文化产业园区加快建设进度；建立全市文化产业项目库，修订完善文化企业名录库，对全市近 4 000 家文化企业实施动态跟踪管理，为文化企业发展创造良好的外部环境。

二、盐城市文化产业发展存在的问题

近几年来，盐城在促进文化产业发展方面，进行了积极探索和大胆实践，取得明显成效，但总体还处于起步、探索、培育阶段，相对于人民群众日益增长的文化需求，盐城市文化产业发展任重道远。文化单位的产业意识明显增强，涌现出一批面向市场、创新发展的文化企业和文化产业集团。但目前全市文化生产力还没有得到充分释放，文化资源优势并未转化为文化产业的竞争优势。

（一）文化产业总量偏低，文化产业链不完整

大力发展文化产业虽然得到了各级政府和领导的高度重视，但尚未在全社会形成共识。盐城市、县两级党委、政府对发展文化产业重视不够，特别是对文化产业在转变经济发展方式、调整经济结构中的重要作用认识不足，推动文化产业发展的自觉性、主动性不强。一些干部对文化产业的特点、规律认识不清，把握不准，习惯于用抓文化事业的传统方式来抓文化产业。文化产业经营主体的市场意识、创意能力和开拓精神弱，这一切都制约着文化产业的发展。因此，盐城市文化产业虽然门类较齐全，但规模普遍偏小，产业规模化和集约化程度不高，缺少大规模、高水平、产业链完整的龙头企业，缺少文化领域的战略投资者和骨干企业，缺少具有引领和示范作用的文化产业园区。无论是从产业规模还是从经济总量的占比来看，盐城市文化产业发展尚显滞后。

产业的发展需要一个完整产业链的支撑，是产业发展的动力所在。要想文化产业持续不断地发展、升级，就必须打造一个相对完善的产业链，只有这样，文化产业的发展才会产生规模效益和互动效益。过去，由于受计划经济体制的影响，一些文化行业发展比较单一，比如音像、出版、戏剧行业等，它们自成一体，各自为政，行业与行业之间关联性小。

就目前盐城市文化产业链的发展情况来看，文化产业虽然在表面上形成了一定的集群趋势、效应，但在深入调查研究中发现，产业园区的大部分文化产品并没有形成产业链关系。盐城市除了文化娱乐、文化旅游、文化产品制造等行业，其他许多文化行业的基础还相对薄弱，尤其是新兴行业的发展规模不大，产业结构单一，产业链条短，各行业关联度小，辐射力不强，缺乏相关的文化衍生品。同时，盐城市文化产业的发展缺乏"文化＋旅游""文化＋科技"文化产业链。从现如今文化产业发展趋势来看，文化与旅游、科技的融合是未来发展不可逆转的一个大方向，今后，几者之间的融合发展会进一步加快，要实现文化＋全产业链的深度融合和升级，推动盐城市文化产业的整体新转型升级。

（二）产业结构不尽合理、投入不足

全市还未建立统一的文化产业领导与协调机制，文化事业单位的管理机制及制度不完善、不配套。在文化产业管理方面不同程度地存在着政事不分、管办不分、职能交叉、多头管理、各自为政的现象，宏观调控乏力。虽然全市文化单位进行了转制改革，但由于有的文化单位退休人员多，包袱沉重，部分文化单位现代企业制度尚未真正建立，内部机制不灵活，经营管理不善，自我发展能力弱，后劲不足。因此，造成了传统文化产业比重较大，文化服务业比重不大，新兴文化产业比重偏低。非公资本进入文化产业广度和深度不够，国资、民资、外资多元化投入并存的文化产业投资机制还未形成，推动文化产业化经营的动力不足。

另外，政府没有注重区域内科学布局，依托各地不同资源，形成优势互补，在产业集聚发展上的思路没有打开，无法对盐城市文化产业集群发展做出具体的、细化到各个产业园区的战略规划，进而导致盐城市文化产业园区特色不突出，许多文化产业园区存在雷同现象，园区产业结构单一，产品同质化，缺乏创意文化产业，地区产业园区之间发展不平衡，也缺乏"龙头"文化产业品牌和支柱行业。根据盐城文化产业目前发展情况来看，大丰麋鹿旅游区、射阳丹顶鹤旅游度假区等，具有独特而鲜明的地域特色和文化资源开发潜力。但是，盐城地方政府并没有深入挖掘出地方产业特色，对特色产业缺乏统筹性规划，以至于规模性、高名气文化品牌数量较少；另一方面，一些文化资源被闲置，没有得到合理的开发利用。盐城市政府应当进一步加强对当地优秀文化资源的发掘和利用，从而有效提升区域文化产业的发展水平，构建起具有盐城特色的文化品牌。同时，对于传统文化产业没有做到很好的挖掘与传承，盐城部分文化产业集群传统资源没有得到很好的传承与打造。例如，盐城市海盐生产中的古盐田、古盐炉、古盐工具、盐镇和古民居都受到严重破坏。数千年的历史也在盐城留下了众多的遗址、遗迹，有曾经繁华一时的东晋城遗址、饱经沧桑建于明代龙兴寺遗址、雄伟壮观的弥陀律古寺遗址，还有大批具有千年历史的古镇，但只有 13 个被评为国家重点镇，包括亭湖区盐东镇、东台安丰古镇等，这与盐城的历史不相符。作为盐城文化的代表——"盐业古镇"和"水乡古镇"，如大丰刘庄、建湖上冈等区位优势明显，文化产业发展潜力大，却因没有受到保护性建设与改造，导致文化要素没有得到很好的传承，没有形成庞大的文化产业集群，产业链也没有得到延伸。

（三）文化企业竞争力不强、人才匮乏

当前，盐城文化产业发展还处于初级阶段，传统文化产业多，高精尖等创意产业少，而且文化企业的自主创新能力不高，核心竞争力不强，知识产权的作用发挥不够充分，企业的创意、研发、制作水平较低，缺乏懂经营、善创意的复合型人才、经营管理人才、专业技术人才和文化经纪人才。究其原因，一方面，缺乏创新型人才激励政策。近年来，虽然盐城市文化产业蓬勃发展，然而，由于缺乏创新型人才的激励政策，导致文化产业方面的专业型、创新型、复合型人才稀少，成为制约盐城市文化产业集群发展的一大瓶颈。就目前来看，盐城市无论是在文化人才总量上、人才队伍结构上，还是在文化人才专业素养方面，都无法适应和满足文化产业集群发展的需要，导致创新型人才不多。目前，盐城市大多数文化生产者都处在模仿、复制已有产品或服务，原创文化产品少之又少，存在照搬照抄、特色雷同、"泛文化"现象，无法实现由"盐城制造"向"盐城创造"转变，导致文化产业集群核心竞争力弱。另一方面，缺乏系统的人才培养计划。盐城市在文化产业人才队伍的培养方面还存在一些问题，缺乏系

统的人才培养计划，文化人才层次较低。由于盐城市经济发展水平不高，就业环境、待遇较发达地区有很大差距，大部分优秀文化人才为了改善就业环境和待遇，提高生活水平，纷纷涌向了苏南发达城市，本地文化产业专业性人才不多。

（四）管理体制不顺畅，主体职责不清晰

当前，盐城市现行的文化管理体制仍然存在体制僵化、思路不清晰的问题，导致资本、人才、技术等要素流动性不足，创新资源没有得到充分利用，这与新时期文化产业集群发展的趋势不适应；另一方面，政府内部存在主体职责不清晰、政府角色错位、政出多门、多头管理等问题，政府越位、错位等现象频频出现。以盐城市部分旅游文化资源为例，滩涂湿地生态旅游资源、大丰麋鹿旅游区、射阳丹顶鹤旅游度假区等由林业部门管理，宗教文化场地如阜宁县盘龙古寺、东台龙王古寺等由市民族宗教事务局管理，自然风景名胜保护区如丹顶鹤自然保护区、永宁寺、东沙岛、九龙口风景名胜区由市环保部门管理，这样的管理体制使得政府管理主体权责划分不统一，部门之间交叉管理，遇事扯皮、推卸责任，引发管理混乱、效率低下，文化产业无法统一等问题，不利于文化产业集群的健康发展。根据盐城市13个集聚区的具体情况来看，盐城中小企业园、软件产业园由盐城高新区、盐城市经济开发区组织实施，而大丰区、东台市成立产业园区管理委员会专门负责园区牵头建设，阜宁县、响水县文化产业园区统一由乡镇实施推进，建湖县、滨海县文化产业园区由规划部门负责推进。不同地区的文化产业园没有形成统一的发展思路，容易引起争议。

从盐城市文化管理部门的具体情况来看，盐城市文化广电新闻出版局负责全市广播电影电视事业、文化遗产、文化艺术、新闻出版与版权、文化产业工作；盐城市旅游局主管文化遗产、旅游产业开发和保护；盐城市经信委作为信息主管部门，主要负责动漫、游戏产业；盐城市城市管理局负责广告策划、城市规划。政府管理部门职能之间存在交叉、重叠，效率低下，比如，某项文化相关工作需要多个职能部门负责，但是部门之间也缺乏完善的协调机制，在一定程度上影响了文化产业的融合与集群发展，造成文化资源的浪费，增加了政府管理成本，也不利于文化产业竞争力的提高。

三、盐城市文化产业发展对策分析

（一）更新政府理念

1. 改变管理理念

在文化产业大发展格局下，盐城市要实现区域文化产业集群的持续发展，政府管理主体必须不断深化文化产业发展的认识，不断更新管理理念，消除传统以"办文化"为主的理念，转而建立起以"服务文化"为主的新管理理念。盐城地方政府要创新理念，营造氛围，加快推动"高精尖"的文化创意产业发展，从而尽可能满足人们对美好生活的需要。同时，政府还应进一步提升强化自己的主体市场意识，将工作重心放在对所在辖区内优秀文化资源的找寻开发和利用上，并通过对市场导向的观察来及时做出相关文化产业项目及其管理体制的调整，制定差异化的发展规划，对辖区内现有的文化产业集聚区、产业园区进行回头看，对标找差，对不符合发展标准的文化产业园区进行调整，甚至淘汰，制定和实施适合其发展的政策法规，优化各地文化产业园区空间布局，提高运营能力。

2. 明确权责关系

盐城市政府应当尽早明确管理的主体权责关系,从而准确认识自己的责任和义务,及时发现并把握文化产业集群发展的机遇,强化其自身的主体责任。一是盐城市及其下属区县、乡镇等政府机关部门应当充分重视文化产业的集群发展,并尽早将其提上议事日程;二是盐城市内各个相关部门要协同发展,分工明确,权责清晰,建议建立盐城市委宣传部门总揽、区域文化部门负责具体规划和管理,人社部门、统计部门等其他有关部门合力推进的发展新格局。比如,人社部门要出台人才支撑政策;财税部门要制定税收优惠政策。此外,要坚持多投入导向,走政府主导与市场参与者相结合、财政支持与民间参与者相结合、经济输送与文化产业项目输出相结合的路线,大力推进公共文化设施和文化产业项目投资。

3. 强化服务意识

盐城地方政府应该积极构建服务型体系设施,并不断加强对区域文化产业集群发展的服务意识。作为地方政府,不仅要切实保障市场的决定性作用并予以遵循,还要尽可能地发挥自身的服务意识和相应职能,并做到以下三点:其一是盐城地方政府要充分挖掘本地优秀文化资源,并通过对文化产业项目的包装宣传来打造盐城市所特有的品牌效应,进而提升盐城市的文化产业发展水平及核心竞争力。其二是尽可能地将盐城市文化产业项目推广出去,即在将当地工农业与文化产业共同纳入招商工作范畴的同时,多角度、多层次地推广区域文化产业的发展。其三是地方政府相关部门要做好文化产业项目的跟踪服务。对于已经完成签约的项目,政府应当切实做好跟踪监督服务,并通过对服务意识和工作效率的提升改进来及时有效地为其提供便捷福利和支持,亦有助于及时发现问题加以解决,确保区域文化产业项目的发展建设顺利完成,有效提升区域文化产业的服务质量及标准。

（二）着力构建产业发展保障体系

1. 形成齐抓共管的工作机制

盐城市各级党委、政府要从中国特色社会主义事业总体布局的战略高度,充分认识加快文化建设的重要性,把推动文化事业和产业发展摆在更加突出的位置,纳入经济社会发展总体规划,建立健全党委统一领导、党政齐抓共管、宣传部门组织协调、有关部门分工负责、社会力量积极参与的工作体制和工作格局。市、县两级成立由党委或政府主要领导担任组长的文化改革和发展领导小组,积极推动各项有利于文化繁荣发展政策措施的制定实施,及时解决文化建设过程中出现的各种问题。把文化建设成效作为评价地区发展水平、衡量发展质量和领导干部工作业绩的重要内容,纳入绩效考核体系,明确分值权重。各县(市)区对乡镇(街道)文化建设考核要参照执行。

2. 形成稳定增长的投入机制

坚持政府主导、社会参与、群众受益的公共文化投入保障机制,保证市、县财政对公共文化建设投入的增长幅度高于同级财政经常性收入增幅,提高文化支出占财政支出的比例。积极拓宽投入渠道,鼓励和引导社会力量参与文化设施建设、生产提供公共文化产品和服务、资助公益性文化活动,形成以政府投入为主导的多元投入机制。鼓励市内国有商业银行、政策性银行降低信贷门槛,创新文化金融产品,加大对文化企业的金融支持。鼓励优势文化企业充分对接资本市场,通过上市、私募、发行债券等方式融资发展;引导社会资本以多种形式投资文化产业,参与重大文化项目实施和文化产业园区建设,鼓励社会资本进入新兴文化产业,鼓励科技人员在新兴文化产业中创业发展。

3. 形成保障有力的政策机制

进一步完善促进文化产业发展的相关配套政策措施，落实和完善文化经济政策，在财政税收、市场准入、金融信贷、土地使用、社会保障、人员安置等方面继续加大扶持力度。加快行政审批制度改革，进一步简化创办文化企业、举办文化活动、开展文化对外合作交流等方面的文化行政审批事项，对信誉好、操作规范的文化企业，有法律、法规依据的可依法实行备案制。建立健全文化产业统计制度，市、县两级统计部门每年定期发布文化产业统计报告。完善文化市场综合执法机制，构筑完善的知识产权保护体系，严厉打击侵权、盗版等非法行为。

（三）着力构建文化产业发展体系

1. 推进园区项目建设

按照"坚持标准、突出特色、提高水平"的要求，大力培育规模效益好、产业贡献率高、具有较强竞争力的文化产业园区（基地），提升文化产业的规模化、集约化、专业化水平。制定优惠政策，完善配套设施，提高服务水平，大力开展招商引资，有针对性地引导项目、企业向文化产业园区集中，努力使文化产业园区成为承接产业转移、促进产业集聚、带动产业发展的龙头。建立《盐城市文化产业重点项目库》，编制《文化产业发展投资指导目录》，谋划生成一批资源深度开发、产业链条延伸、展现品牌特色的大项目、好项目。重点推进聚龙湖文化产业集聚区、盐都中小文化产业园、西溪文化旅游集聚区等园区建设。

2. 培育骨干文化企业

坚持政府引导、市场运作、科学规划、合理布局，选择改革到位、成长性好、竞争力强的文化企业进行重点培育，在资金投入、项目支持、资源配置等方面加大倾斜力度，打造一批国有或国有控股文化企业或企业集团，在发展产业和繁荣市场方面发挥主导作用。以广电集团等重点文化企业为龙头，鼓励有实力文化企业进行跨地区、跨行业、跨所有制经营和重组，提高产业集中度。引导社会资本进入文化产业，培育能够独立运作、具有自主知识产权的民营骨干企业。

3. 打造文化产业品牌

挖掘开发利用全市丰富的文化资源，围绕重点文化产业，打造优势突出、特色鲜明、结构合理的文化产业品牌体系。坚持高起点谋划、高标准建设，重点打造文化企业品牌、文化产品品牌、文化旅游品牌、文化会展品牌、民俗工艺品牌、文化创意品牌等六大特色品牌。加强文化科技创新，打造新兴文化产业品牌，促进文化产业品牌的优化升级。建立文化产业品牌评价和激励机制，加强资源整合、亮点聚合，在优化资源配置中形成整体合力，重点打造50个重点文化产业品牌，充分发挥品牌的经济竞争力、文化感召力和辐射带动作用，提高文化产品附加值和增值能力，拓展文化市场发展空间。

4. 推进产业融合发展

促进文化与旅游的融合发展，重点发展以历史文化旅游、现代文化旅游、民俗文化旅游、生态文化旅游为主体的文化旅游业，开发特色文化旅游演艺项目，开发具有盐城特色、展现文化底蕴的旅游商品，引进培育一批投资开发休闲、观光、体验旅游产品的企业。加速文化与科技的融合发展，健全以企业为主体、市场为导向、产学研相结合的文化技术创新体系，培育一批特色鲜明、创新能力强的文化科技企业。加强文化与现代新兴产业的融合，提升城市休闲、观光、购物、体验产业的文化品质；促进文化与传统产业的融合，实现文化产业与制造业、建筑业、印刷业、现代农业等产业的融合发展；推进文化与会展、商贸、信息产业的融合，积极争办全国、全省重大交易、博览等展会活动。

（四）着力构建文化产业市场体系

1. 繁荣发展文化市场

在文化市场消费市场方面，积极推动文化产品市场化建设，拓宽文化消费领域，培育农村文化市场，培育新兴文化市场的消费增长点，推动文化消费和文化供给的双向提高；在服务体系建设方面，规范文化市场相关中介机构和行业组织，打造文化交易服务平台，完善知识产权代理、市场开发、法律咨询等专业化配套服务；在市场秩序建设方面，制定文化企业行业标准体系，建立文化市场长效管理机制，引导文化产业健康有序发展。加快推动盐城演艺集团等转企业改制后的文化企业进一步完善现代企业制度，培育一批核心竞争力强的国有或国有控股大型文化企业或企业集团，通过直营、控股、参股等多种形式，牢牢把握决定文化产业持续健康发展的核心领域和关键环节。

2. 扩大对外文化贸易

充分挖掘和利用全市丰富的历史文化资源，努力培育一批戏曲、杂技、舞蹈、民间工艺等领域，具有盐城特色的对外文化精品项目，参与国际文化市场竞争，扩大出口贸易。积极组织东台发绣、益林玻璃、射阳农民画、盐都长毛玩具参加南京文交会、广州广交会展销，提升市场份额；继续加大工艺美术品开发力度，在产品创新上多下功夫，在产品销售上多做文章，促进工艺美术业更好更快发展。加强与周边省市的文化交流合作，积极参与长三角文化产业发展。

3. 加大市场监管力度

深入开展"扫黄打非"斗争，坚决抵制庸俗、低俗、媚俗之风，不断净化文化市场。建立一批大型品牌娱乐场所和娱乐超市，提高娱乐产业的整体层次和文化品位。按照"科学布局、优化结构、规模发展"的原则，发展一批信誉好、实力强、经营规范的网吧连锁企业。加强对执法人员的业务培训，提高执法人员依法行政能力。加快建立市文化娱乐业协会、网吧业协会，推进行业自律。健全文化行政综合执法机制，依法查处违反文化娱乐、广播电视、新闻出版和文物保护等法律法规行为，不断提高文化综合执法水平。

4. 着力构建文化人才队伍体系

第一，大力培养文化领军人才。深入实施"五个一批"人才培养工程，吸引和培养一批名家大师、领军人物。按照各领域发展要求，推动文教结合、产学合作，培养和引进一批高层次专业技术人才、经营管理人才、复合型文化人才、急需紧缺人才。引导和扶持一批文化骨干企业、重点园区建立高层次文化人才引进平台，以项目引才、产业聚才、以才引才等方式，吸引高层次人才、创新团队和高端文化实体进驻，对带技术、带项目、带资金创办文化实体的给予重点扶持。创新人才引进方式，通过建立"智库"、咨询委员会等形式，选聘一批国内外顶尖人才担任文化发展顾问；促进在盐高校、科研机构、产业园区、文艺团体、骨干企业之间的合作，创新文化人才资源共享模式；完善人才柔性引进政策，鼓励以岗位聘用、项目聘任、客座邀请、定期服务、项目合作等多种形式引进高层次文化人才。

第二，壮大基层文化人才队伍。制定实施基层文化人才队伍建设规划，完善机构编制、学习培训、待遇保障等方面的政策措施，吸引优秀文化人才服务基层。配好配齐县（市）区宣传文化部门班子、乡镇（街道）党委宣传委员、宣传干事和乡镇（街道）综合文化站专职人员。

重视发现和培养扎根乡土的文化能人、民间文化传承人，特别是非物质文化遗产项目代表性传承人，建立"基层文化人才资源库"。坚持分类指导、大力扶持，培育壮大广场文化骨干、民俗文化骨干、文化志愿服务骨干等各种类别的业余文化骨干队伍，鼓励专业的文化工作者和社会各界人士参与基层文化建设和群众文化活动。

第三，优化文化人才激励机制。完善人才培养开发、评价发现、选拔任用、流动配置、激励保障机制，建立以岗位职责为基础，以品德、能力和业绩为导向的人才评价考核指标体系，为优秀人才脱颖而出、施展才华创造良好制度环境。建立对突出贡献者、重大文化成果授予荣誉及重奖制度，建立年轻优秀人才破格晋升制度、杰出专家特殊津贴制度。聚焦重大项目、重要基地建设，拓展创业平台，保障文化人才工作的专项投入，积极营造潜心创作创造的良好工作环境和条件，使文化人才创业有机会、干事有舞台、发展有空间。

第四，建立高校文化人才培养机制。盐城本地高校应该主动承担起培养文化产业集群人才的重要责任，打造盐城市文化产业人才培养平台，实施校企联合，在盐城工学院、盐城师范等本地院校设置文化产业相关专业，大力培养文化产业管理人才、市场营销人才、创新型人才、理论研究人才，为盐城文化产业持续发展提供源源不断的智力支持。与此同时，高校还应紧密配合与及时了解文化产业企业的发展需求，打造适合盐城发展需求的文化产业人才众创空间，使之成为培养文化产业人才的高端平台，同时要加强创新实践，创建实践教学体系，改革课程教学体系，启发学生积极实践并进行相关的科学研究，实现产学研一体化，以更好地适应文化产业发展的需要。另外，盐城市政府应当尽可能多地组织邀请相关文化产业专家定期进行专题讲座，从而不断拓宽普及大家对于文化产业集群发展的认识和理解，进一步促进文化产业集群的发展升级。

第五，健全创意文化人才引进机制人才是文化产业发展核心竞争力及驱动力，在产业发展中起着重要作用。盐城市的文化人才层次不高，结构不合理，缺口大，因此，更要健全创意文化人才引进机制。文化产业创意人才作为复合型文化人才，他们的技术储备多，兼具文化产业策划者、管理者、传播者等多重身份，文化创意人才对文化工作具有创新作用，政府管理者要聚焦国内外的优秀人才智力，建立文化专业人才、文化创造型人才综合培养体系及激励机制，吸纳外来优秀文化人才，引进优秀的文化专业教师回盐执教和优秀的文化人才回盐工作和创业，在职称评定、住房补贴、工资福利、家属安置、孩童入学等各个方面给予优惠政策和特殊关照，为文化创意产业提供储备人才。鼓励文化产业集聚区建立创新型人才培养基地，实施文化创新领军人才后备梯队建设计划，对他们开展系统化培训，建立以项目为导向的资助计划，不断提升文化创新型人才的专业素养。

第十一章　淮安市文化产业发展研究

淮安市位于北纬 $32°43'00''\sim34°06'00''$，东经 $118°12'00''\sim119°36'30''$ 之间，是重要的农副产品生产和加工城市。淮安是江淮流域古文化发源地之一，地处淮河与京杭运河的交汇点，被誉为"运河之都"。淮安人文荟萃，是军事家韩信、汉赋大家枚乘、巾帼英雄梁红玉、中华人民共和国第一任国务院总理周恩来等人物的故乡。淮安是我国四大菜系之一淮扬菜的主要发源地。境内有中国第四大淡水湖洪泽湖，以及清晏园、第一山等景点。

一、淮安市文化产业发展的现状及特色

（一）文化旅游资源丰富，全套服务体系初步形成

淮安市景色优美，具有丰厚的旅游资源。国家级历史文化名城——淮安，在秦代就已置县，至今已有 2 200 多年的历史。境内"下草湾古猿化石"的出土和"青莲岗文化"新石器早期文化遗存的发现，昭示着生于斯的先民们创造过灿烂辉煌的历史文化。淮安文化的主要成就是"水文化（淮河、大运河、黄河、盐河、洪泽湖等）；名人文化（如汉代军事家韩信、新中国总理周恩来，文学家枚乘、枚皋、张耒、吴承恩、刘鹗等）；源远流长的淮扬菜美食文化；宗教文化；红色文化（新安旅行团、苏皖边区政府旧址、新四军黄花塘纪念馆、刘老庄八十二烈士陵园、周恩来纪念馆等）。如此丰富的文化遗产和文化传统是天赐淮安的巨大财富资源，为淮安旅游产业的发展铺下雄厚的基础，为文化旅游带来先机和商机。

根据淮安市旅游局的规划，将以淮安名城和盱眙县为旅游中心，洪泽湖连结百里古堤形成旅游核心区。全市内包括文物保护单位 100 处，国家级景区 42 个，省级乡村旅游区 52 家，其中，省级旅游度假区 2 个，省级生态旅游示范区 2 个，旅行社 110 个。全市已初步形成了吃住行游的全套服务体系。

（二）大力实施"文化＋"战略，有效整合和挖掘特色文化资源

近年来，淮安市大力实施"文化＋"战略，将文化创新和创意成果深度融合于经济社会各领域，有力地助推淮安经济社会高质量发展。一是与经济发展融合。成功改造新华印刷厂为文化创意产业园；举办文创大赛，创意设计助力企业产品创新提档；成立 2 家文化银行，为企业量身定制金融产品，已为中小微文化企业贷款近 2 亿元；成功挂牌上海股交中心淮安孵化基地，推动中小微文化企业上市，有 3 家文化科技企业分别在新三板和香港上市；淮阴区举办花卉博览会，吸引无数游客前往观赏，文化创意让农业升级为现代服务业；13 家企业被表彰为省级文化科技企业；5 家传统印刷企业通过技术改造，获得国家绿色认证；100 多家企业、10 万多项技术和创意获国家版权登记。二是与旅游项目融合。博物馆、文化馆、纪念馆列入省级文创产品开发试点单位，深度开发旅游产品；挖掘文化资源，积极参与 14 个特色田园乡村试点建设，发展特色乡村游；一批重大文旅项目开工建设，如投资 31 亿元的西游乐园、投资 200 多亿元的里运河文化长廊以及投资 50 多亿元的白马湖公园、投资近 30 亿元的

方特世界。三是与战略资源融合。主动融入"一带一路"，128米红楼梦云锦长卷在瑞典展出，被文化部定为今年重点对外展览项目，扩大了淮安国际影响力；积极参与大运河文化带建设，制定大运河文化带建设方案，做好大运河文化传承、保护和利用工作；与中版集团签约，共同实施中华优秀传统文化传承工程；充分利用高端资源，创新服务模式，大剧院与保利集团合作、新三馆与北图合作，推动文化资产高效利用，文化产品双效统一，文化服务亲民惠民。四是与百姓生活融合。在全市范围内实施文化惠民百千万工程，即办百场文化大讲堂和艺术展、送千场电影和戏曲下乡、捐数万册图书到乡村，满足人民对美好生活的向往；全市28家数字影院相继投入运营，成为群众文化生活的重要组成部分；淮安大剧院赢得最美消费场所口碑，成为百姓最喜爱的文化消费场馆；创新运用"主题内容化、内容创意化、创意产业化"动态体验式宣传方式，开发红色文创产品，拍摄电影《童年周恩来》《薪火相传》《刘老庄八十二壮士》，弘扬红色文化，歌颂革命精神。

（三）打造"四位一体"发展模式，助推文化产业提质增效

今年以来，淮阴区把激发文化产业发展新动能作为"兴文化"的重要抓手，通过"平台公司＋产业基金＋孵化空间＋园区载体"的"四位一体"发展模式，助推文化产业高质量发展，全区文化产业增加值占比不断提升，文化产业高质量发展稳步推进，基本形成"投资—基金—孵化—加速—园区"文化产业全链条培育体系。一是发挥平台公司引领作用。成立淮阴润淮文旅开发公司等五大平台公司，统领全区文化产业发展，构建部门之间的沟通协调机制，调动各相关部门的积极性，实现资金、人才等要素的统筹与整合，为文化产业发展提供支撑。2018年，淮阴区通过平台公司，重点推进乐田小镇创意农园、高家堰文化旅游、千金渡盐浴养生微度假小镇、曼度文化互动体验综合体等项目建设，不断培育壮大区内骨干文化产业项目。二是借力产业基金助推成长。设立摩亚动漫文化产业基金，首期基金3 000万元，为初创期和成长期文化产业项目提供引导资金，加快发展小微文化企业。基金成立以来，引进了移创物联、德辰易泊等项目，2018年9月新引进了产业头条新媒体项目，该项目依托国务院发展研究中心、中国经济时报社等优质高端资源供应方，运用互联网、大数据技术为产业发展提供高端咨询服务，致力于推进信息化工业化融合发展。三是培育众创空间孵化项目。搭建文化产业创业孵化平台，正式运营合伙人创业孵化工场，为文化产业发展提供优质服务。孵化工场以初创青年为服务对象，形成以众创空间为载体，以"光子众筹"创投基金、"光子基站"网上路演平台、后大学时代商学院为品牌，以文创服务、"现代农业＋生态旅游"为特色产品的综合性创业服务平台。现已入驻孵化项目11个，并被纳入省级众创空间备案，为创客搭建精彩起跳平台。四是壮大园区载体加速集聚。发挥文化产业规模集聚效应，借助国家级农业科技园、商贸服务中心和软件科技产业园等园区平台，大力推动文化产业与农业、旅游、科技、电子商务等产业之间深度融合发展，加大文化旅游、信息技术、智能终端、文化创意等生产和服务，积极培育打造农耕文化创意园、电商文化产业园、软件科技产业园三大园区载体。目前，"三大园区"已集聚文化产业项目超200个，不断释放文化产业规模集聚效益。

（四）创新里运河文化长廊运作模式，用最美地标勾勒时代画卷

2017年5月26日，习近平总书记在中共中央办公厅调研室《打造展示中华文明的金名片——关于建设大运河文化带的若干思考》的报告中作出重要批示："大运河是祖先留给我

们的宝贵遗产,是流动的文化,要统筹保护好、传承好、利用好。"这也为推进大运河文化遗产保护利用工作指明了方向。

"丰富表现形式,让大运河在新时代焕发出新的生机。"这是江苏省委书记娄勤俭对大运河文化带建设提出的要求。

近年来,淮安市按照"政府主导、各方联动、市场运作"原则,对运河建设的运作模式进行了大胆创新,实施"成熟一段、开发一段、滚动发展"战略。通过市场化运作,鼓励社会力量参与里运河文化长廊建设,多渠道筹措保护开发资金。

建设中的里运河文化长廊总体区段分为"起、承、转、和"四大篇章序列,对应重点打造清江浦景区、漕运城景区、山阳湖景区和河下古镇景区。清江浦景区是具有运河文化特征和地方文化气息的博物馆群,"南船北马,舍舟登陆"石碑昭示着昔日的繁荣,清江大闸、陈潘二公祠、吴公祠、斗姥宫、御码头、国师塔等运河文化遗存给运河之都平添了庄重和传奇色彩,清江浦记忆馆、戏曲馆、名人馆、清江浦楼彰显了全国历史文化名城的无穷魅力;漕运城景区突出传承漕运文化,以最运河、最淮安、最市井为构建原则,以明清建筑风格,打造"漕船盛景、漕御盛世、漕粮盛宴"三大文化主题板块;山阳湖景区重点打造运河文化国际交流中心,规划建设板闸遗址公园、榷关遗址公园、淮关文创园、水文化主题科技馆等项目;河下古镇景区主要结合河下古镇、萧湖、吴承恩故居、状元府第等遗存,通过对城河街、文博城、萧湖、盐文化养生主题园的打造,凸显运河古镇的浓郁风情。

历经多年的规划建设,目前,里运河文化长廊清江浦景区已基本建成开放,是国家级水利风景区、4A级景区,跻身2016江苏省十大新景区、2017最美中国——文化魅力、特色魅力景区;中国漕运城景区PPP项目顺利签约,入选全国优秀旅游项目、江苏省PPP示范项目;河下古镇景区已成为5A级景区的核心板块;萧湖亮化工程也被授予亚洲照明设计优秀奖。

大运河文化是中华优秀传统文化中的瑰宝,书写了中华民族历史的繁华和荣耀。淮安将持续深挖大运河沿线文化资源,紧扣江淮经济区、淮河生态经济带、大运河文化带"一区两带"建设战略目标,按照高质量发展的要求,创造性地推动新时代各项事业发展,加快把淮安建设成为江苏绿色发展先行区、淮河生态经济带引领区、大运河文化带示范城市、苏北重要中心城市,努力在全国、全省推进大运河文化带建设中继续提供淮安经验、打造淮安样板。

(五)浓郁的地域文化特色

淮安地区拥有十分深厚的文化渊源和浓厚的文化氛围。淮安自古以来就素有"运河之都"之称,历史上曾与苏州、杭州以及扬州并称运河沿线"四大都市",独特的地理条件造就了淮安文化浓郁的地域特色,南北交汇的节点更便于文化融合,得以形成运河文化、饮食文化、古城文化、湿地文化、曲艺文化和名人文化体系。具有浓厚乡土气息的淮海戏、悲怆激昂的西路淮剧、轻快活泼的萏派京剧以及淮安的京韵大鼓,等等,都有浓厚的民族特色和传统印记,而且经过长期的历史积淀,逐渐形成了个性鲜明的地域品牌,为促进淮安文化产业集聚发展提供了良好的品牌基础和发展活力。除此之外,淮安地区目前有1处世界文化遗产,11处国家级文物保护单位,24处省级文物保护单位,147处市级文物保护单位等,这些得天独厚的资源禀赋能够更好地促进淮安文化产业的集聚发展。

(六)便捷的交通区位优势

淮安地处江苏省的北部,古代就有"南船北马"之说,如今已经融入长江三角洲区域经济发展之中。淮安位于长三角的北翼,中段是江淮平原,京杭大运河贯通其中,南部对接苏南、上海经济圈,北部是苏北开发阵地以及传导区域。在区域交通中,淮安素来就有扼南下、北上之说,而且东出西进的水陆交通组成良好的交通运输网络。已经建成的淮安涟水国际机场将成为苏北重要的空中运输港,同时多条高速公路经过,淮安成为苏北重要的陆路节点,连接着淮扬镇以及徐宿淮盐的高铁正在建设中。今后,淮安将融入南京1小时经济圈,融入上海2小时经济圈,而高铁到达北京只需3个小时左右。四通八达的水运、航空以及公路、铁路运输等立体交通网络,为文化产业发展创造了良好的外部环境。

(七)"全域旅游"规划提出的背景及实施现状

在"全域旅游"视阈下,进一步实施"文化+""旅游+"战略。淮安是历史文化名城,地域水文化资源丰富、历史人文资源深厚。这些是淮安发展文化产业的基础和依托。但囿于传统的旅游方式和体制,淮安在旅游上的创新模式不够,必须要在"全域旅游"视阈下,进一步实施"文化+""旅游+"战略,只有这样,才能推动文化资源与旅游产业在纵深层面的碰撞融合,不仅带来旅游边界的拓宽,从单纯的景观游览到全域旅游,而且会带来更多方面的发展机遇,将旅游和各行业深度融合,促使地方经济快速发展。

1. 全域旅游规划推出,模式创新

随着我国社会发展进入新常态,全域旅游的发展模式应运而生,2013年开始起步成长。2016年1月29日国家旅游局局长李金早提出了推动我国旅游从景点旅游向全域旅游转变的规划。2018年3月9日国务院办公厅印发《关于促进全域旅游发展的指导意见》。由此"全域旅游"在社会上成为一个热点话题。发展全域旅游,在"互联网+""文化+"背景下延伸"旅游+"多元产业链。全域旅游与绿色发展相融合。全域旅游已上升为国家级旅游发展战略。2016年2月1号国家旅游局〔2016〕13号文关于公布首批创建"国家全域旅游示范区"的通知,全国入选262家单位,江苏共8家,淮安的金湖县榜上有名。2016年10月21日国家旅游局〔2016〕141号文关于公布第二批"国家全域旅游示范区创建单位名单"的通知,全国入选238家单位,江苏20家,淮安的洪泽区、淮安区、清河区、盱眙县均榜上有名。

在大好的形势下,立足淮安实际,挖掘本地资源,拓展客源市场,优化客源结构,运用"旅游+"思维,推进全域产业融合,创新模式,引领特色发展。势在必行,形势逼人,我们的课题也应运而生,具有独特的研究价值。

2. 旅游文件密集出台,政策利好

2016年1月27日,中央发布一号文件《关于落实发展新理念加快农业现代化实现全面小康目标的若干意见》,指出大力发展休闲农业和乡村旅游。2月中共中央办公厅、国务院办公厅印发了《关于加大脱贫攻坚力度支持革命老区开发建设的指导意见》。3月《国务院关于进一步加强文物工作的指导意见》公布。2017年初,中共中央办公厅、国务院办公厅印发了《关于实施中华优秀传统文化传承发展工程的意见》,等等。这些文件的频繁出台,在政策上奠定了旅游文化发展的基石。与发达国家相比,我国文化产业只是在20世纪80年代中期才被提起,后逐渐认识到其与国民经济的互动效应。因为文化产业作为新兴的产业,是知识经济的重要组成部分。21世纪以来,特别是党的十八大、十九大报告里强调"推动文化产业快速发展",把文化产业提到非常重要的战略地位。淮安作为国家历史文化名城,文化资源丰厚,当然是发展文化产业的雄厚基础。国家的利好政策将为淮安发展文旅产业带来强劲的推动力和驱动力。

3. 旅游产业不断发展,前景广阔

"十二五"以来,围绕全省旅游业发展大局,淮安先后将旅游业纳入全市"五大建设"和"重要支柱产业"战略部署,累计投入 300 亿元,推进 100 个项目建设,实体增多,规模增大,旅游经济保持较快增长,旅游作为支柱产业的地位和作用进一步凸显。"十二五"期间接待国内外游客年均增速超过 16%,2015 年接待游客 2 320 万人次,比"十一五"末翻了一番;实现旅游总收入 266 亿元,是"十一五"末的 2 倍多,总量在全省排名上升了 2 位,旅游业增加值占全市 GDP 的比重达到 5%,正在成为支柱产业。目前,全市共有可供游览的景区景点 100 家(A 级景区 41 家,乡村旅游区 41 家,全国工农业旅游示范点 7 个,5A 级景区 1 家,4A 级景区从空白发展到 12 家),旅游饭店 58 家(5 星级 1 家,4 星级 7 家);旅行社 109 家(国际旅行社 2 家);旅游车船公司 6 家;持证导游人员 5 000 人,旅游产业体系进一步完善。打造旅游目的地城市,到"十三五"期末,旅游人数达到 5 000 万人,旅游总收入超过 500 亿元,平均增长率分别达到 11%、13%,旅游增加值占 GDP 比重达到 5.5%。

4. 文化旅游不断升温,深入人心

文化旅游以旅游文化为消费品。旅游者为实现自己特殊的文化感受,用自己独特的审美情趣和文化理解力,将旅游资源的文化内涵进行深入理解和体验,从而获得精神和文化上全方位享受的一种旅游活动。它在历史文化旅游、建筑文化旅游、宗教文化旅游、园林文化旅游、民俗文化旅游、饮食文化旅游等方面对旅游者追求文化享受和体验具有特殊的感召力与诱惑性。寻求文化享受已成为旅游者的一种风尚。因其蕴含的深度体验和情感诉求获得了各国旅游者的青睐,也因其在文化的传承与传播中受到了重视。在欧美国家,文化旅游是位居前列的旅游形式,因为它是知识经济时代追求高品位、高层次旅游方式的首选。相信未来,其对旅游者的吸引力将持续增长。而中国拥有五千年的历史文化资源,为文化旅游提供了更厚重的平台和更为广阔的空间。

（八）独具抗战文化旅游资源

淮安地处中国南北地理分界线、长江以北江淮之地,位于苏北地区的中心地带,河湖纵横、交通便利,因其优越的地理位置,历史上成为"南船北马舍舟登陆"之地。在抗战期间,淮安更是苏北抗战的重要地区,中国共产党领导下的人民军队深入敌后,建立了诸多抗日根据地,淮安成为淮南、淮北、苏中、苏北四处抗日根据地的结合体,具有重要的战略地位,成为历史上的军政要地。军民的抗战活动在这片热土上留下永恒的印记——抗战遗址、遗迹,这是淮安地区抗战的历史见证,更是特色鲜明的红色文化资源,在颂扬革命先烈英雄事迹、传承伟大抗战精神、激发全民爱国情怀等方面发挥着不可替代的重要作用。在相当长的一段时间内,淮安在保护利用抗战文化旅游资源方面做了许多有意义的努力和尝试。黄花塘新四军军部遗址、刘老庄八十二烈士陵园、苏皖边区政府旧址等一批抗战文化旅游景点成为经典的爱国主义教育基地、地方红色旅游的标杆。

淮安抗战遗址文化资源丰富。抗日战争时期,淮安抗日救亡宣传和活动此起彼伏,敌后战争加速淮安解放的步伐,中共中央华中局、中共中央华中分局、新四军军部、华中军区、苏皖边区政府等军政机构的成立巩固了抗战的胜利果实。刘少奇、陈毅、张云逸、曾山等老一辈无产阶级革命家在淮期间的战斗经历,更是淮安地区革命胜利的重要保障。淮安的抗战历史为淮安留下了非常丰富的抗战文化旅游资源。

1. 数量丰富,类型多样

根据淮安市第三次文物普查名录以及相关文献资料,再结合研究团队的实地调研,淮安地区的抗战遗址总共有 104 处,主要包括战争遗址遗迹类、文教类、军政机关三大类。抗战遗址遗迹类资源占多数,科教、军政机关类资源所占比例较少。丰富多样的抗战文化旅游资源全面地呈现了淮安抗战的历史风貌、历史脉络、文化精神内涵,为抗战文化旅游资源的开发提供了丰富的素材。

2. 多数资源分布相对集中

涟水县有抗战文化旅游资源 38 处,盱眙县有 30 处,二者之和超过了淮安地区抗战文化旅游资源总数量的五分之三,且多分布在乡镇。对资源进一步梳理后发现,战争遗址遗迹类、军事机关类资源多分布在乡村,文教类、政府机关类资源多分布在城市。车桥战役、大胡庄战役、刘老庄战役等多发生在乡野,烈士陵墓多处于乡村。为了方便信息的集中、扩散和政府领导功能的发挥,文教团体和政府机关多选址于城市。淮安地区类型相仿的抗战文化旅游资源呈现集中分布,这是历史发展的结果,也为后期资源的开发利用提供了便利。类似的抗战文化旅游资源容易发生天然的联系,方便抗战文化产品的统一定位,更能凸显地区抗战文化旅游资源的特色。

二、淮安市文化产业发展存在的问题

(一)以乡村旅游为代表的文化旅游业的产业融合发展水平较低

乡村旅游是根据多种类型的乡村为背景,利用乡村风景、生活和文化来吸引游客,为游客提供休闲度假、生态旅游和观光购物等体验的一种旅游方式。乡村旅游将农业生产、农产品销售、农民生活、产业发展和乡村环境有机地结合在一起,一方面为城乡居民提供了了解地方民俗和乡村自然景观的机会,另一方面在保护乡村生态环境的前提下发展乡村经济,提高了农村居民的经济收入。目前,开展乡村旅游是响应我国扶贫政策的重要措施,有利于缩小城乡差距,促进经济与生态的协调发展和社会主义新农村的经济建设。

淮安市是我国重要的农副产品加工城市,其中,农业人口比重达到 70% 左右。因此,发展乡村经济成为全面建成小康社会的关键所在。淮安市拥有丰富的乡村旅游资源,据统计全市的旅游示范村数量已超过 10 个。淮安市的许多风俗也逐渐成为旅游开发的重点,近年来正在规划的"江苏旅游新三角"计划,再次增强淮安市发展乡村旅游的竞争力。

淮安市在开发乡村旅游的同时,注重景区内基础设施的建设,基础设施投资从 2011 年的 19.2 亿元增加至 2017 年的 122.01 亿元,增加了 5 倍。淮安市在发展乡村旅游中加大对基础建设的投资,促进了美丽乡村的建设和开发。但农民在旅游业开发中的参与度和农村居民就业人数占总就业人数的比例的权重值都很低,说明旅游业开发对农民就业影响程度较小。乡镇制造业所在比例、农副产品加工业增加值占 GDP 的比重以及第二、三产业增加值占 GDP 的比例等指标的权重值相对较低,这几个指标均与工业发展水平相关,说明淮安市以发展农业和旅游业为主,工业发展水平相对薄弱,在 GDP 中所占比重较小。总之,淮安市以农业为经济支柱,工业发展水平较弱,旅游业虽然正处于快速发展的阶段,但产业融合发展水平较低。

(二)产业集聚发展与其他产业发展相比还存在一定的差距和不足

虽然目前文化产业园区建设步伐加快并初具规模、公共设施不断完善、业态丰富、特色鲜明,各项文化服务有效开展,正在形成产业集聚发展态势,但是,和其他产业发展相比,还存在一定的差距和不足。

1. 文化资源开发整体规划缺失

目前,淮安尚未对现有文化资源出台统一的开发规划,分散的文化资源得不到有效整合及合理配置,导致文化企业在经营方面缺乏较强的竞争力,降低了文化企业产值增长率以及企业存活率。此外,投融资机制尚不完善。文化产业本质上是资金和技术密集型产业,目前,淮安资本市场对文化产业的青睐度不够,银行业对文化企业的支持力度尚需从政策和顶层设计方面加以重视。

2. 文化资源开发和利用方式粗放,导致文化企业的产出和效益低下

淮安市的文化企业还处于低层次的发展中,文化资源和文化产品仍是外延式的开发,没有内涵式的深度挖掘文化的本质意蕴。

3. 人才短缺

相对于国内其他文化强省和周边其他经济较为发达的文化强市,淮安的经济发展水平和企业待遇尚缺乏强大的吸引力,许多高学历及高素质人才流向北京、上海、苏南和杭州等发达地区,导致淮安市的文化产业尤其是创意文化产业人才匮乏。

4. 文化主导产业同质化现象比较严重

由于缺乏对文化资源的深度挖掘,很多企业过于向传统的优势品牌文化集结,直接导致区域内部的文化业产品以及服务呈现同质化,加剧了企业之间的不良竞争。

(三)淮安抗战文化旅游资源保护开发现存的问题

1. 缺乏专门的保护开发规划,保护措施执行不力

在历史文化资源保护中,科学的规划、针对性的措施是基本保障。在第三次淮安文物普查中,淮安地方对抗战文化旅游资源进行彻底清点,资源的保护等级也有一定的划分,但是缺乏进一步的保护利用规划,致使很多资源长期处于休眠状态,甚至遭到严重破坏。以淮安区的相关抗战遗址为例,新安小学旧址、淮安县抗日民主政府旧址等就面临着这样的问题。新安小学旧址在抗战时期就已经遭到破坏,现在遗址已濒临消失;淮安县抗日民主政府旧址亦变成民居,遗址也已经消失,后建淮安县抗日民主政府纪念园。

2. 政府重视程度不够,持续性不强

历史文化资源保护是一个长期的系统工程,不仅需要对重点资源进行修复甚至重建,更需要后期的维护和功能的提升,保持其历史价值的传承,实现其弘扬抗战文化的功能。前期,淮安抗战文化旅游资源得到相应的重视,进行了遗址保护、文物整理、展馆建设工作,但是,部分资源的后续维护滞后、中断,致使原有保护效果遗失,难以达到抗战文化旅游资源保护的最终目的。以大胡庄烈士纪念陵园、车桥战役纪念馆为例,建设初期,内部设施比较完善,展示纪念功能完备,但是后期政府部门疏于管理维护,出现建筑开裂等问题。

3. 社会民众抗战文化认知薄弱、抗战遗址保护意识不强

历史文化资源的保护是一个社会问题,受到政治、经济、文化、社会等多个方面影响。抗战文化旅游资源保护不仅需要政府提供人财物大力保护,更需要广大人民群众的认同和支持。淮安地区民众对于抗战文化旅游资源认知不够,保护意识不强。我们在淮安烈士陵园的走访中发现,多数人对于陵园内的烈士以及相关事迹并不了解;多数民众缺乏对抗战文化旅游资源价值的认知。

综上所述,淮安抗战文化的保护缺乏完整的规划,存在保护措施执行不力、政府部门重视程度不够、社会群体参与度不高等问题。改善淮安抗战文化旅游资源保护的状况,要坚持规划先行,执行有力;政府统筹,持续实施;政府引导,全民行动,最终实现淮安抗战文化旅游资源的持续保护利用。

三、淮安市文化产业发展对策分析

(一)发展乡村旅游的综合措施

淮安市以农业为基础,乡村旅游正在蓬勃发展,但结果显示产业融合水平较低,工业发展水平有待提高,环境效益也受到影响,农民参与度较低等,这些问题的存在直接影响到淮安市乡村旅游的健康可持续发展,乡村旅游的发展应采取一些综合措施以解决这些问题。(1)发展乡村手工业、制造业和加工业。借助乡村旅游的优势建立一体化工厂,以传统特色民俗和特产为依托,打造特色产业品牌,发展手工业、制造业和产品的加工业。(2)合理开发环境资源,发展生态旅游。淮安市虽然自然风光独特优美,但是随着经济的发展,环境质量受到影响,发展旅游业应以自然环境为基础,以保护环境为前提,加强环保的宣传,提高当地居民和游客的环保意识。(3)合理规划和布局,提高农民的参与度。根据淮安市不同地区的资源类型和特点,因地制宜,强调特色,带动农民转变思想观念,将田间活动与乡村旅游衔接起来,形成"劳动自助型"的体验模式;将民居房改建为乡村旅游景观房,内饰为当地民俗,形成"民居民俗型"的居住模式。总之,淮安市乡村旅游的发展将促进农业、工业的整体发展,坚持科学发展观,处理好经济、旅游开发和环境的关系,实现淮安市乡村旅游的可持续发展。

(二)文化产业聚集发展策略

淮安已有许多档次较高、前景看好的文化产业园以及产业基地,引进了许多软件、网络动漫、服务外包、游戏以及文化创意技术企业,其发展的规模以及水平都呈现出上升的态势。淮安要实现文化产业跨越式发展,还需要进一步加强其集聚发展效应。因此,在产业化的过程中,需要着力培育文化创意产业,结合淮安地区的文化产业总体发展情况做出积极探索。淮安文化产业园已经初具规模,业态日益丰富,特色十分鲜明,通过建立具有特色的文化产业园以及基地,能够形成良好的文化产业集群,实现产业联动,彰显规模效应以及集聚效应。

1. 加大文化产业园区建设力度,整合文化产业资源

由于受制于文化体制机制的约束,淮安许多文化产业在发展过程中出现资源难以合理流动和有效配置的局面。为了更加有效地推进文化产业化发展,政府文化管理部门应该相互协调,文化企业之间应该加强合作,合理分工,寻找企业发展与人才、技术、信息、资本的有机融合,从而更好地实现文化产业集聚发展目标。因此,必须加紧淮安文化产业园区建设,引导文化企业向园区汇集,对区域内的文化资源、品牌资源、人才资源、资金资源进行合理配置,制定合理的共享方案,有效推进文化产业聚集发展。

一是积极发挥政府的协同作用。在促进淮安文化实现集聚发展过程中,政府可以运用宏观调控手段对资源进行合理配置,进而有效促进文化企业能够在市场机制的作用下更好地优化资源组合。同时,淮安作为苏北重要中心城市,已经初步具备辐射周边大约2 000万人口的能力,强大的辐射能力可以促进金融服务、市场交易更趋完善,推动科技创新,进而进

一步提升淮安文化产业的辐射能力。

二是大力支持实力文化企业向规模化、专业化、集约化发展。加强对文化产业重点龙头企业、领军企业的培育,帮助他们做大做强,更好地走专业化、特色化的发展道路。

三是重组区内生产要素,优化文化产业链。通过对文化产业园区内文化资产与业务的纽带连接,使得区内文化企业在产业结构、组织结构、产品结构各个方面达到最优配置,实现文化从产品、服务、流通到消费的进一步完善,在更大空间中聚集以及整合各种生产要素,形成合理分工与协作。全力解决淮安文化产业化过程中所出现的条块分割、地区分割以及行业分割的局面,同时避免企业之间、产品之间的同质化竞争。

2. 依靠科技创新驱动,提升文化产业质量

创新是文化产业集聚发展的灵魂。文化产品不是一般的日常生活消费品,其主要作用是为了满足人们更高层次的精神需求。党的十九大报告指出,"我国社会主要矛盾发生了深刻变化,转变为人民日益增长的美好生活需要和不平衡不充分的发展之间的矛盾"。所以,文化产品不仅要有优越的品质,更需要具有独特的创意,以满足人民日益增长的美好生活的需要。因此,文化企业需要依靠科技创新,加大科技投入,提升产品质量,推陈出新,保证生产的文化产品和提供的文化服务达到消费者日益提升的高品质要求。

一是文化产业的集聚发展必须有一批具有较强实力和发展后劲的文化龙头企业与领军企业的引领,而龙头企业和领军企业的实力取决于其所生产的产品的科技含量和市场接受度。因此,重点龙头文化企业应该充分利用自身的资本、人才、资源、品牌优势,建立自己的技术创新平台和研发基地,对市场变化和消费者的需求做出及时反映,迅速推出迭代和换代产品,从而不断满足人民群众的精神消费需求。

二是加强优秀文化人才的引进和培养。人才是提升企业竞争力的关键,是文化产业集聚发展的核心。优秀的文化人才可以给文化企业带来更先进的文化理念和生产技术,所以,文化企业应建立长效人才培养机制,把人才队伍建设放到企业的发展战略高度加以重视。一方面可以通过校企合作模式,在高校中培养有关文化产业的产品生产、管理和营销人才;另一方面可以通过合约的形式,分期分批从企业内部选派人才到其他文化产业大型龙头企业甚至国外深造,学习、吸收他人和国外先进的文化产业管理经验和经营模式,给企业带来新的发展理念。同时,政府应加快制定文化人才引进机制,出台相应的优惠政策,吸引国内外优秀文化人才进入产业集聚区,为淮安文化产业集聚发展贡献智慧。

三是大力鼓励和推进"万众创业大众创新"。文化产业园区和文化企业为文化人才提供一个公平公正的科技创新生态系统,出台相关奖励政策鼓励企业加大研发投入,支持个人不断大胆创新,将本地区优秀的经典文化资源与最新、最先进的科学技术相结合,通过文化产品创新竞赛、文化产品博览会等多形式多途径对文化创新活动进行奖励,展示文化产业的最新创造成果。同时,加强对文化创新成果如文化产品专利权、著作权、商标权等知识产权的保护力度,让文化人才的创新创造意愿更加强烈,创新成果更加丰富。

3. 加速产业协同互促,推进产业融合发展

文化产业集聚发展的目的就是为了充分高效利用资源,提升文化产业的发展效率。加强产业之间的协同,以大融合推动文化产业的大发展,正是实现这一目的的重要手段。

一是加速推动文化与高科技的深度融合。实施科技带动战略,吸引一批具备持续创新能力、具有现代企业管理制度、与文化产业发展高度吻合的骨干企业进驻产业园区,以信息化、"互联网＋文化"等手段全面发展智能文化产业、创意文化产业,加快淮安市国家级文化

与科技融合发展示范基地建设,把淮安文化产业园区打造成极具竞争力的智慧型创业乐园。

二是加速推动文化与"一带一路"倡议融合发展。充分运用长江经济带、丝绸之路经济带以及京杭大运河发展经济带的发展契机,抓住"运河申遗"的成功机遇,推动文化产业对外交流以及区域合作,更好地提升文化产业集聚发展速度,实现淮安文化大开发、大创意的战略发展目标。

三是加速推动文化与旅游的融合发展。淮安是个古老又年轻的城市,旅游资源十分丰富,可以通过文化与旅游的融合提升旅游文化内涵、延长产业链,重点推进一批如周恩来纪念馆、荷花荡、清宴园等文化旅游区、文化旅游项目建设。

4. 创新政府管理理念,提升服务能力

长期以来,政府一直在文化产业和文化事业发展中扮演着主导者的地位。相对于其他工业化项目,文化产业集聚园区建设起步较晚,产业基础比较脆弱,市场开放程度偏低,资金和技术都相当匮乏,而且发展目标模糊,因此,政府在发展初期对文化产业园区的主导作用,帮助文化产业顺利度过了萌芽期,园区文化产业逐渐增强了自身的发展实力,园区基础设施建设已经逐步完善。因此,淮安文化产业集聚已经度过了萌芽期之后,政府则应该适时改变管理观念,让自身的定位由"主导者"转变为"服务者",让文化企业到市场经济的大海中去"遨游",产业集聚应该更好地适应市场发展的客观要求。

一是完善文化产业园区融资渠道。政府应通过制定文化产业集聚区投融资服务政策,优化文化企业融资环境,引导民间资本进入产业园区,可以通过免息贷款或政府与民间资本合作(PPP)等方式扶植文化企业的发展。政府既要给大型文化龙头企业提供政策保护,继续支持他们做大做强,也要加大对小微文化企业和众创企业的支持力度,使产业集聚区成为大企业发展的乐土,同时也成为创业型企业的"孵化基地"。

二是继续加大基础设施建设的投入。政府应做好产业园区的配套设施建设,包括道路交通、电力、水利等生产设施以及就医、购物等生活设施的基础配套,降低园区企业的生产、流通成本,给企业员工提供更加便利的生活条件,吸引更多企业和文化人才向园区集聚,从而不断增强文化产业集聚区的整体实力和竞争力。

文化产业集聚发展的最终目的就是为了打造优势文化产业品牌,做强文化龙头企业,提升文化产业的发展效率,在更高层次满足人民日益变化的美好精神需求。在社会经济不断寻求新的增长点的背景下,淮安作为江苏重要的历史名城需要找到自身的文化特色,加快实现产业化集聚发展,把淮安文化产业打造成淮安经济发展的名片。同时,政府应该创新管理理念,转变管理职能,正确把握好管理与服务的尺度,做文化产业集聚发展的推动者和服务者,使淮安文化产业步入稳步发展的良好局面。

(三)打造文化创意产业,引领地方经济发展

在文化与经济耦合发展的背景下,非常依赖"文化+"特别是文化创意产业的引领作用。"文化+"在促进经济发展方面有着广阔的发挥空间。当前,淮安地方经济发展已进入转型升级的关键时期,经济发展存在着对文化的巨大需求。

1. 塑造经济的价值理念,激活精神创新的因子

文化是经济的灵魂和统帅,在经济发展中起着十分重要的引领与支撑作用。淮安经济领域文化还存在一些问题,如贫富差距、生态环境破坏现象时有发生、资源短缺、商业道德的弘扬不力及社会凝聚力还不很强等已经影响到经济建设;再者,企业的创新动力不足,民众

的创业热情还不很高,已影响到地方经济转型升级的前景。面对这些问题,必须加强实施"文化+"战略,加强文化建设,通过文化创意产业发展,推广可行的经济发展理念,塑造与之相适应的民众价值观念,激活精神创新的因子,如创新精神、企业家精神等。只有这样,才能清除经济发展的障碍,补齐短板,让文化成为引领经济发展的长效动力。

2. 扩大地方的文化需求,促进消费结构的升级

文化消费代表着消费结构升级的方向。文化消费所拥有的空间是无限的。近年来,淮安文化消费需求较旺盛,市场潜力巨大,文化消费已经成为扩大内需的最佳选择。消费结构变动决定了产业结构调整的方向,这就迫切需要把"文化+"作为战略选择,对文化创意产业进行培育。淮安文化底蕴较深厚,也决定了应当把文化消费和文化创意产业作为拉动经济增长的主要动力。同时,文化创意产业可以通过劳动者文化素养、科学知识的提高,间接影响经济增长,提升经济增长效率。因此,发展"文化+"战略是转变经济发展方式推动经济转型升级的不二选择。"只有开放视野,在'文化+'的背景下才能挖掘和赋予旅游产品更丰富的文化价值,增加产品的魅力,增强开发产品的品牌意识,打造出一批多元化更有特色的旅游产品,才是发展旅游,推进地方经济建设的关键。"

3. 提升地方的文化软实力,增强对外贸易的竞争力

文化创意产业是一国也是一地软实力的重要体现。文化商品输出能够使一地获取商业利润的同时,还可输出一地的生活方式和价值理念,扩大对外乃至国际文化影响力,起到变相宣传一地商品的作用,促进出口贸易的增长,增强综合实力。比如,日本、韩国非常重视文化输出,两国都提出"文化立国"的战略。淮安的文化软实力还较薄弱,比如,"西游记文化"虽然走出国门,但在国际上的影响力不够强大;淮扬菜文化也还没有形成巨大的产业影响。只有通过文化创意产业的发展真正让地方文化走出去,展示淮安地域文化丰富多彩高雅独特的一面,才能吸引更多的境外人来淮旅游、投资,使文化资源转变为文化资本,这是增强文化产业的对外竞争力,提升文化软实力的必然选择。

4. 强化文旅的品牌意识,产生强烈的诱导效应

很多地方的文旅发展火不起来的重要原因是同质化。要想使自己的"产品"具有竞争力,就必须在"个性化"上做文章,也就是提炼自己地方文化的特色,在深度加工不断凝练铸造的基础上,创立地方的"品牌"。"品牌"意味着知名度、信誉度、价值观、竞争力,也意味着消费者的可比度、认同感、选择性、确定性、诱惑力。做到这样,客源会源源不断,效益自然滚滚而来。正如央视广告词所言:"相信品牌的力量。"淮安的古淮河、大运河、洪泽湖等以"水"为代表的特色,有些是稀缺资源,如被称为"东方庞贝"的洪泽湖水下泗州城、"西游记"的垄断性资源、淮扬菜的悠久历史、开国总理周恩来故里等。强化"游在淮安"的品牌意识:一是打造拳头产品,二是设计开发精品游览路线。"十二五"期间,淮安国家 5A 级景区实现"零"的突破,五星级旅游饭店从无到有,淮扬菜美食节、盱眙龙虾节、洪泽湖大闸蟹节、金湖荷花节等成为知名节庆品牌,"游在淮安"品牌为越来越多省内外游客所熟知和接收。周恩来故里获批苏北首批 5A 级景区。到"十三五"期末,旅游人数达到 5 000 万人,旅游总收入超过500 亿元,平均增长率达到 11%、13%,旅游增加值占 GDP 比重达到 5.5%。

5. 拉长旅游的文化产业链,带动经济效益的新增长

文化遗存的天然物态被后人梳理、打磨、开发,成为旅游产业的平台和支撑,即产业融合。它是旅游产业与文化产业发展的新模式,也是旅游产业系统、文化产业系统的演化路径。特别是享受型、体验型、休闲型的旅游文化消费直接促进了旅游产业的升级变化,强烈

要求经济增长方式由粗放型逐渐向集约型转变，意味着两个产业在技术、产品、企业、市场等方面将发生一系列的融合。融合过程是多层面的产业创新过程通过技术、资源、产品、市场，进行交叉、渗透，新业态、新产品的多样化，必然拉长了旅游的文化产业链，如影视旅游、会展旅游、旅游演艺、体育旅游、旅游主题系列出版物、旅游游戏软件等新兴的旅游业态，以满足旅游主体的多元化需求。这是产业融合的新趋势。因为旅游产业与文化产业融合后所产生的旅游新业态将丰富旅游产品和服务类型，提高旅游文化的丰度和深度，有利于旅游产业的转型升级。旅游新业态在与传统旅游产业发展模式的新突破、新发展，与文化产业融合后产生的新业态兼具旅游产业与文化产业的属性，同时具有旅游产业与文化产业的优势，并迅速成为增长快、效益好的经济新亮点。"丰富的文化资源，博大而精深，不少资源具有稀缺性，如'运河之都'的相关遗迹、洪泽湖古堰、淮海戏、淮扬菜、长篇巨著《西游记》等属于垄断性竞争性资源。如何把这些众多的文化资源与文化产业对接，进行深入提取和深度加工，以便转化为文化资本，加速社会经济的迅猛发展。这是值得深刻研究的。"

以上从全域旅游战略下的淮安面临的背景趋势，探索淮安文化资源与旅游产业的深度融合而带来的先机与商机，以及在这种新模式的引领下所能产生的效果价值，打造出"游在淮安"系列品牌，使旅游经济得到较大增长。淮安实现"经济强市"的目标离不开高端产业的支撑，高端产业离不开文化的支撑，因为文化创造的财富是能够永远保值并且不断增值的财富。

（四）淮安抗战文化旅游资源的保护策略

1. 全面普查抗战资源，制订详细的保护方案

淮安市第三次文物普查对淮安抗战文化旅游资源有了初步统计，对抗战时期政治、军事、文教等资源进行查证落实和梳理，呈现了抗战文化的基本面貌，但是，基于保护利用的视角，此次普查的深度不够，对资源的全面评价不足。抗战文化旅游资源的保护和利用应该坚持全面、深入、准确的原则，对整体资源重新加以审视和思考，对抗战文化在新时代进行全新定位。因此，有必要对全市抗战文化旅游资源进行一次专项普查，对每个资源单体进行详细资料搜集和价值评估，从全市抗战文化资源的整体出发，全面把握淮安抗战文化旅游资源的质量和价值。

抗战文化旅游资源的保护是一个长期、细致的工程，必须有一套系统科学的保护方案。淮安抗战文化旅游资源共104处，数量较大，资源类型涵盖战争遗址、军政机关、文教团体等多种形式，这就决定了淮安抗战文化资源的保护工作不可能一蹴而就，有必要分批次、有重点地展开，依据历史背景、分布地区、保护现状、实际价值等因素确定抗战遗址的保护等级和保护的具体方法，有针对性地对资源制定长期、系统的保护规划，确保保护工作的有效性和持续性。

2. 强化政府在抗战文化旅游资源保护中的主导作用

历史文化资源保护是一个社会性问题，从文物保护的经济属性来看，它具有公共服务事业的性质，只能主要靠政府的政策导向和强制措施。因此，政府需要提高对抗战文化旅游资源的重视程度，将抗战文化旅游资源保护列为地方政府政绩考核的重要指标之一，使抗战文化旅游资源保护有规划指导、有指标执行、有标准考核，将保护工作纳入政府的重要工作日程。抗战文化旅游资源是抗战过程中产生的历史物质遗存，是中共团结带领人民共同奋斗的历史见证，对于宣扬革命烈士事迹、传承抗战精神、激发全民爱国精神具有重要意义，其社

会效益凸显,但经济效益薄弱,难以获得市场资本的青睐。抗战文化旅游资源的保护基本依靠地方财政的局面,在短时间内难以完全改观,政府的主导作用直接决定了资源保护的效果。因此,在淮安抗战文化旅游资源保护过程中,强化政府的主导作用,健全完善权责明确、统筹有力的资源保护体制和运行机制,成为一条必由之路。

(五)淮安抗战文化旅游资源的利用思路

淮安抗战文化旅游资源的开发利用要立足资源本身,走"121"一体两翼一拓展的抗战文化旅游资源开发路径。"1":坚持"抗战文化"主线,挖掘抗战文化精神内核,深化抗战文化旅游产品内涵;"2":一方面,增强抗战文化旅游产品的体验互动性,增强产品吸引力,另一方面,加强红色旅游产品的区域合作,突出红色文化资源的整体优势;"1":坚持"文化+"理念,加强抗战文化与多种产业的融合,扩充抗战文化旅游资源的经济附加值。

1. 突出抗战文化产品的精神内核

淮安抗战文化产品是一种旅游产品,更是一种文化旅游产品。文化是文化旅游产品生命力的精髓,精神是文化旅游产品的支撑,只有凸显文化旅游产品的精神内核,保持文化旅游产品的文化含量,才能增强文化旅游产品的吸引力和持久生命力。

淮安抗战文化旅游资源开发中,要坚持"抗战文化"精神内核,以车桥战役遗址、大胡庄战役遗址、刘老庄八十二烈士陵园、黄花塘新四军军部遗址等抗战重要事件纪念地为重要抓手,上承新安旅行团革命历史陈列馆,下启苏皖边区政府,涵盖抗日民众、团体和军队等各方力量的抗战活动,通过文教、战争、军政机关等侧面全面展现淮安抗战历史全貌,突出"抗战"文化主题,打造互为联系的系列产品和旅游线路。在产品开发过程中围绕"曲折""转折"等关键词,可以将整个展区分为"先声夺人战敌后""峰回路转入反攻""稳操胜券话成果"三个部分。

2. 增强抗战文化产品的体验互动性

在抗战文化景区建设和产品设计中,要突出爱国主义教育的主体功能,确定爱国主义教育基地的核心地位,稳定抗战文化旅游固有的游客市场。以往的旅游产品开发中,往往单一、固化地遵循这一基本原则,这就有可能导致产品设计思路呆板,弱化产品吸引力,缺乏市场适应力,使得抗战文化旅游资源一直处于孤芳自赏的尴尬境地。只有在遵循这一基本原则的基础上,灵活科学地运用声光电、人工智能、物联技术等手段,设计开发展示性与参与体验相结合的抗战文化旅游产品,强化红色旅游产品寓教于游、寓教于乐的功能,才会使设计的产品既突出爱国主义教育又拥有广泛的市场适应性。可以在抗战旅游产品打造过程中增加参与性、体验性活动。例如,打造刘老庄战斗实景剧目,再现八十二烈士英勇战斗的激烈场景;编排《新安旅行团》大型歌舞剧,回忆旅行团抗战宣传的场景;举办抗战文化艺术节,创作更多抗战艺术作品;运用现代技术手段,构建淮安抗战文化纪念馆,全方位再现淮安军民英勇的抗战历史等。这样,既可扩大产品外延,丰富产品类型,又可增强游客互动,提高抗战文化旅游产品的感染力,宣传抗战精神,还可以带来直接的经济收益。

3. 加强红色文化产品的区域合作

在抗战旅游资源开发过程中,一方面,坚持以地方抗战文化旅游资源为基础、区别于周边的红色旅游产品定位,打造特色旅游产品;另一方面,抗战旅游产品的营销更要站在区域合作视角,找周边同类型、关联性强、有互补性的旅游景区和旅游产品,有机整合利用区域内的旅游资源,形成红色旅游产品开发的系列化、整体化,发挥红色旅游产品与其他旅游产品的互补作用,从而产生群体效应,加强抗战旅游产品的推广力度,增强区域旅游产品的整体竞争力。淮安拥有丰富的旅游资源,这些资源和产品都为淮安区域内的合作打下了坚实基础。利用成熟的周恩来故居、纪念馆两个5A级红色旅游资源,与苏皖边区政府旧址、新安旅行团纪念馆等抗战资源形成联动互推机制,丰富淮安红色旅游产品的内容,带动抗战旅游产品的客源,实现淮安红色旅游的整体发展。近年来,盱眙龙虾旅游品牌享誉全国,可以利用盱眙国际龙虾旅游节的品牌活动将黄花塘新四军军部遗址等抗战旅游产品与盱眙其他旅游景点之间形成关联,打造地域性综合旅游线路,丰富区域旅游体验,推广抗战文化旅游产品。

4. 坚持"文化+"理念,加强产业联动融合

"文化+",是以文化为主体或核心元素的一种跨业态的融合,它代表的是一种新的文化经济形态,即充分发挥文化的作用,形成以文化为内生驱动力的产业发展新模式与新形态。

"文化+"的实质,是要实现内容、市场、资本和技术等关键要素在文化产业发展中的聚集、互动、融合和创新。抗战文化是文化旅游产品生命力的精髓,应加强产业联动融合,实现内容、市场、资本和技术等关键要素在抗战文化开发中的聚集、互动、融合和创新,实现抗战文化与相关的食、住、行、娱、购等旅游服务产品的联动,实现抗战文化与农业、民俗民风、生态等资源的融合。例如,淮阴区农业基础良好,又拥有丰富的抗战文化旅游资源,该地区可以将抗战文化与地方休闲农业相结合,打造抗战文化体验园,再现新四军当年的吃穿住行等场景,游客可以全场体验,充分体验抗战时期生活。通过抗战文化与其他产业的融合,实现社会效益和经济效益的共赢。总之,在开展红色旅游过程中,既要注重红色旅游产品的开发,又要充分考虑如何有效介入相关产业的开发,从而使得各类产业围绕红色旅游形成良好的互动发展关系。

第十二章　连云港市文化产业发展研究

连云港,古称朐(qú)县、海州,背山临海,山海相拥,历史上曾是我国主要的海州港所在地。它虽偏处海隅,但随着中央政权对海洋的关注、海运与对外贸易的兴盛,以及依托山海渔盐之利,曾有过数度繁华。由于淮盐的经济地位和社会价值,使得连云港与省内的淮安、扬州、苏州等城市,以及周边山东区域有着密切的文化联系和经济往来。南宋以前,位于中原发达地区正东方的连云港,有着得天独厚的战略与区位优势,在周边西安、洛阳、开封、青州、徐州、扬州、淮安等政治经济文化中心的辐射带动下,经济、社会、文化亦曾高度繁荣,成为与长安、洛阳、开封等中原城市直线距离最近的出海口之一,是当时连接大唐和新罗、日本的重要港口城市。连云港的主要申遗点为孔望山摩崖造像、东连岛东海琅琊郡界域刻石、孔望山海龙王庙遗址及龙洞摩崖石刻群、封土石室、刘志洲山石刻船画、大伊山宋代船画等多个遗产点。

一、连云港市文化产业发展的现状及特色

(一) 持续提升文化公共服务水平,文化和旅游建设不断取得新进展

早在 1984 年,国务院批准大连、天津等 14 个沿海城市为全国首批对外开放城市,连云港市位列其中。经过多年的建设,连云港市取得了长足的发展与进步,但是与其他的沿海开放城市,尤其是与天津、大连、上海、福州等城市相比,有着很大的差距。2013 年国家"一带一路"倡议出台,连云港迎来了新一轮发展契机。建设现代化国际海港中心城市成了连云港市近期的发展目标。城市建设涉及方方面面,其中,文化产业的作用举足轻重。连云港地区有着深厚的文化底蕴,这片神奇的土地在长期的历史进程之中创造了辉煌的东夷文化、大禹文化、徐福文化、丝路文化、孝文化、西游记文化、淮盐文化、大陆桥文化等一大批传统特色文化。其中,西游记文化是重要组成部分,借力西游文化,建设现代化国际海港中心城市,成为连云港区域经济社会发展的重中之重。

新中国成立 70 年来,连云港市在经济发展的同时,全市持续提升文化公共服务水平,大力推进文化艺术创作,加快文化旅游产业融合发展,扎实推动文化遗产保护传承,全市文化和旅游建设不断取得新进展。

1. 公共文化基础设施建设不断完善

随着经济的快速发展,全市公共文化设施不断完善,各级文化机构基本健全,其中,市有六馆一中心(图书馆、少儿图书馆、文化馆、博物馆、美术馆、民俗博物馆、市文化艺术中心)、县有"三馆"(图书馆、文化馆、博物馆)、区有"两馆"(文化馆,图书馆)、乡镇有一站(文化站),截至 2018 年底,全市建成综合性文化服务中心 1 472 个,建成率达到 87.1%,万人拥有公共文化设施统计面积约 2 279 平方米。全市 4A 级以上和部分 3A 级景区实现重点区域免费Wifi 覆盖,4A 级以上景区全部实现重点区域监控覆盖。

2. 公共文化服务供给能力不断提高

近年来，开展文艺演出进基层，年均达 1 200 余场次，创作推出《辣妈犟爸》《孤岛夫妻哨》等一大批优秀作品，策划举办国际摄影周暨四届丝绸之路摄影艺术展等有声势有影响的艺术活动，深受广大群众喜爱。江苏女子民乐团打造"丝路回响""苏韵流芳""丝竹华韵"等特色音乐会，先后在 20 多个省、60 多个城市巡演，并先后赴 10 余个国家及港澳台地区开展文化交流。

3. 文化产业发展和品牌建设不断有新突破

至 2018 年底，全市有文化企业和个体工商户 8 000 余家，其中，纳入文化产业统计企业 140 余家，东海县以水晶产业为代表的珠宝首饰品、工艺美术品制造初步实现产业集聚。连续举办十届文化产品博览会，展会规模、质量及影响力持续提升，成为省厅《"十三五"文化发展规划》重点扶持的六个文博会之一。全市共有国家 A 级景区 42 家（5A 级 1 家、4A 级 11 家），星级旅游饭店 20 家（五星级 2 家、四星级 5 家），旅行社 116 家（其中具有出境游资质的 12 家），国家级特色景观名镇 1 家，全国休闲农业与乡村旅游示范点 1 家，省星级乡村旅游区 53 家（五星级 1 家，四星级 19 家），省特色景观旅游名镇（乡）3 家，省工业旅游示范区 5 家，省自驾游基地 3 家。连云港海滨旅游度假区、大伊山旅游度假区获批省级旅游度假区。

4. 加强文化遗产资源保护

连云港市颁布了首个地方文化立法《连云港市文物管理保护办法》，国家级文保单位孔望山摩崖造像、省级文保单位龙苴城遗址保护规划经省、市政府批准颁布实施，全市 100 余处市县级文保单位"两线"图的测绘工作基本完成。省级文化生态保护区——连云港山海文化生态保护实验区建设取得阶段性成果，编印《连云港市非遗手绘地图》成为全省首张非遗地图，海州五大宫调、淮海戏、徐福东渡传说、东海孝妇传说、淮盐制作技艺等 5 个项目入选国家级保护名录，34 个项目入选省级名录，确立公布 165 个市级"非遗"名录及 214 个传承人和 113 个传承基地。确定了民主中路西段、连云老街、南城东大街三条作为申报的历史文化街区，并着力推进其规划编制及保护管理工作。

（二）创新举措参展办会，多途径提升全市文化创意发展水平

从 2009 年国家发布文化产业振兴计划以来，连云港市的文化产业全面开花，新闻出版、文艺演出，文化会展、文化创意等业态快速成长，文化产业增加值从原来占全市 GDP 比重的 1.8% 上升到现在的 3% 以上，文化企业、文化园区、文化金融等方面成效凸显。

1. 举办连云港文博会，建设西游文化创意名城

"中国·连云港文化产品博览会"简称连云港文博会，由连云港市人民政府主办，连云港市文化广电新闻出版局、连云港市文化改革发展领导小组办公室，连云港市演艺集团执行、连云港文广文化传媒有限公司执行，连云港市文化产业协会协办，是纳入江苏省"十三五"文化发展规划的六个省级文化会展之一，也是国家"一带一路"交汇点及核心区重要的文化交流平台、产品交易平台、投资促进平台、外交服务平台，自 2009 年起已连续成功举办多届。2019 年连云港文博会亮点特色突出，在全市掀起西游文化热潮，让西游精神融入港城发展，全力以赴建设西游文化创意名城。

（1）结构优化，层次提高

一是精细办会，注重用户体验。布展设计将紧扣"交汇'一带一路'，博览港城文旅"这一主题特色和亮点，提档升级。本届文博会展区面积 2 万多平方米，预设 30 余个特展位、260

个标准展位,设有连云港展区、创意连云港展区、创意生活展区(连云港高校创意联盟展区)、"一带一路"国际展区等 12 个展区,充分展现各展区文化和旅游的魅力,呈现"文旅+创意""文旅+科技"交融的展会特色。二是绿色办会,注重节能环保和可持续利用。无论是环境营造还是内涵体现,无论是建筑设计还是施工过程,本届文博会都将注意贯穿绿色环保理念。

(2) 深度融合,激发活力

当前是文化和旅游融合发展的机遇期,为深挖文旅合作潜力,激发发展活力,在连云港展区内设云台山景区展区,各县区招展内容新增旅游元素,适应新趋势、新特点以及新需求,汇聚文化和旅游创意产品、景区 VR 体验、重点旅游项目推介等,为文旅融合发展注入动力。同时,今年将西游文化嘉年华活动与文博会结合,创新展示港城夜游经济的发展成果,以文艺表演(西游音乐节),文创市集、体验、娱乐和互动等形式,打造夜场文博会,进一步提升市民观众的获得感和幸福感。

(3) 互动体验,活动丰富

一是搭建室内小型剧场,表演戏曲、民乐,结合老船木家具、茶艺等精品服务,让受众可以"闹中取静",近距离感受非遗保护成果和生命力;二是开展图书漂流、跳蚤市场等特色活动,力求打造特色"全民阅读"活动和阅读体验活动;三是突出"文旅+科技"融合的元素,将文创成果以交互式、体验式、沉浸式呈现,观众可以借助 VR、AR 等技术切实体验文创与科技融合的魅力。除以上三大特色互动体验外,为期四天的展会还增设了非遗美食、百米画卷涂鸦、手工技艺大赛、非遗鉴宝、老中医义诊等近 40 余项展示体验活动,分散在各个展区,力求将本届文博会的活动内容转化为更加贴近观众的主题。

2. 举行西游记文化节,创建江苏省文化旅游节庆品牌

西游记文化节是经省政府批准举办的重大文化和旅游节庆活动,对于宣传连云港西游文化和山海旅游资源,促进该市文化和旅游产业融合发展,提升城市形象和知名度、美誉度发挥积极作用,已成为连云港市及周边地区,乃至全省重要的文化旅游节庆品牌。

2019 年,根据省、市关于节俭办会的工作要求,按照"1+3+N"(1 个品牌、3 个节庆活动、N 个系列活动)的总体思路,该市将连云港之夏旅游节、西游记文化节、2019 连云港丝路音乐节三节合办,举办了 2019 连云港文化旅游节。恰逢新中国成立 70 周年,是文旅融合的开局之年,也是全市"高质发展、后发先至"的大突破之年,办好西游记文化节暨连云港文化产品博览会,责任重大。9 月中旬,市政府专门召开了西游记文化节暨第十一届文博会工作推进会,就活动开展做出了明确部署,提出了具体要求,各相关单位精心策划,认真组织系列文旅活动,丰富节庆内涵,放大活动效应。

一是认真做好各项活动筹备组织工作。进一步细化活动方案,落实工作责任,做好连云港西游记文化节暨文化产品博览会开幕式出席领导及嘉宾邀请、接待考察、安全保障、宣传推广等工作,做好各项系列活动的组织、筹备、指导等工作,确保各项文旅活动取得实效。

二是加强文化旅游市场监管。西游记文化节举办期间正值该市旅游旺季,市文广旅局进一步加强了文化旅游市场监管,联合公安、交通、城管、市场监管等部门开展联合执法,紧盯重点区域,对节庆活动场所、旅游景区、星级酒店、旅行社、文化场馆等开展文化和旅游市场检查,引导企业规范经营,严肃查处各类违法违规行为,为来连游客提供优质的旅游服务,为节庆活动的举办提供坚实保障。

三是加大节庆活动宣传。对西游记文化节的系列活动,特别是 2019 年文博会的主要活

动和具体安排等通过广播电视、报刊、官方微博、微信、网站等进行集中宣传，努力营造浓厚的节庆氛围，同时增强节庆活动的认知度和知晓度，让广大群众和游客积极参与到节庆活动中来。

3. 举办徐福故里海洋文化节

第十一届徐福故里海洋文化节暨 2019 赣榆发展大会于 2019 年 10 月举行。徐福作为中国历史上东渡扶桑的第一人，最早开拓了"海上丝绸之路"东方航线，开创了中日韩友好之先河，是传播中华文明的伟大使者。连云港市赣榆区作为徐福故里，从 1990 年开始已经连续举办了十届徐福节。文化搭台、经贸唱戏，徐福节的持续举办有效促进了赣榆与日本、韩国等国家和地区的友好往来。经过多年的不断探索和创新，徐福节已经成为赣榆经济文化对外交流的知名品牌和桥梁纽带，有力地提升了赣榆对外知名度、文化美誉度和国际影响力，促进了全区经济社会事业的发展。2019 年徐福节的主要特点可以用"三个聚焦"来概括：

（1）聚焦挖掘徐福文化，扬帆"海上丝绸之路"，节庆活动更具时代特色

习近平总书记在党的十九大报告中指出："坚持创造性转化、创新性发展，不断铸就中华文化新辉煌。"习近平总书记的讲话精神为弘扬徐福文化、传承传统文化指明了方向。同时，国家提出了"一带一路"倡议，省委出台了高质量推进"一带一路"交汇点建设的意见，徐福是"海上丝绸之路"的开拓者、中华文明的传播者，徐福文化与海上丝绸之路紧密联系。筑梦新时代、乘风再破浪、扬帆再起航。连云港市正在奋力打造"一带一路"交汇点建设的强支点、争创国家历史文化名城。西游神话和徐福东渡两个故事分别沿"一带一路"和"海上丝绸之路"展开，有着深刻的连云港印记。2019 年是新中国成立 70 周年，赣榆"高质发展，后发先至"进入关键期，站在新的历史起点上，为进一步挖掘徐福文化、提炼徐福东渡精神，推进国际滨海城市建设，彰显"江苏近海亲海第一城"鲜明特色，建设"强富美高"新赣榆，赣榆区举办了第十一届徐福故里海洋文化节暨 2019 赣榆发展大会，正当其时，恰逢其势。

（2）聚焦经济文化主题，不断创新内容形式，节庆活动更加丰富多彩

第十一届徐福故里海洋文化节暨 2019 赣榆发展大会围绕"开幕式""徐福故里海洋文化节""赣榆发展大会"三个部分，将举办十个丰富多彩的系列主题活动。徐福故里海洋文化节，组织了 5 个主题文化活动，主要是"一论坛、一展会、一竞赛、一大典、一晚会"。"论坛"就是"徐福文化与海上丝绸之路"国际论坛；"展会"就是首届中国赣榆徐福文化创意产品展览会；"竞赛"就是"徐福文化"知识竞赛；"大典"就是徐福祭祀大典；"晚会"就是"追梦在赣榆"大型文艺演出。赣榆发展大会组织了 5 个经贸主题活动，即招商推介会、2019 年"智汇海州湾"科技人才赣榆行暨海洋产业发展论坛、赣榆区农产品展销会、2019 幸福乡村主题论坛、中国乡村电商峰会等，将有力地推动赣榆实现工业立区、产业强区、项目兴区的目标。

（3）聚焦深化经贸合作，加强对外交流交往，节庆活动更为开放包容

一是突出有效务实，打好招商引资牌。徐福节期间举办了招商推介、现场观摩、项目签约等活动，邀请重点客商数量、签约项目体量档次、计划总投资等都创历史新高。另外，还举办了 2019 幸福乡村主题论坛暨中国乡村电商峰会、农产品展销会，全方位体现赣榆农村电商发展、农业特色品牌、智慧农业发展丰硕成果。

二是突出合作共赢，打好对外交流牌。本届徐福节邀请日本、韩国、中国香港、中国台湾等国家和地区的专家学者深入研讨交流徐福文化，专家层次之高、研究成果之丰富，比往届都有明显提升。徐福节期间还成立了徐福文化战略联盟、缔结中日友好学校，加强中外徐福

文化传承交流。

三是突出科技引领,打好招才引智牌。举办了 2019 年"智汇海州湾"科技人才赣榆行暨海洋产业发展论坛,邀请中科院、中国海洋大学等高校科研院所领导及专家学者,围绕推动赣榆由海洋养殖大区向海洋养殖强区转变建言献策、安装"智慧"引擎。

本届徐福节系列文化活动注重在新内容、新创意、新形式上下功夫,展现地域特色、彰显时代特征,主要有以下创意:

一是文化名片"亮"起来,首次开展徐福节徽标和吉祥物征集。面向全球征集徽标和吉祥物亮相徐福节,充分展现徐福东渡精神和赣榆海洋特色,丰富徐福文化元素,留下赣榆文化印记。

二是文创产品"火"起来,首次举办徐福文化创意设计大赛和文创产品展。征集到近千件设计作品,徐福国潮、福大、姓氏书简、徐福东渡扇、徐福实木书签等系列作品脱颖而出,特色鲜明、内涵丰富,体现了国粹与现代潮流设计融会贯通。

三是文学精品"创"起来,首次发布名家看赣榆散文集。举办"徐福故里黄海明珠"大型采风寻访活动,邀请鲁迅文学奖的著名作家齐聚赣榆,用富含深情的笔触、情境优美的文字,记录赣榆的山海风情、历史底蕴和文化底色。此外,还面向社会征集优秀散文作品 226 篇,从中精选 20 篇佳作,编印赣榆散文集《山海神韵》,全方位展现赣榆的神奇、神美、令人神往。

四是文艺盛会"燃"起来,首次举办大型综艺演出。"追梦在赣榆"大型文艺倾情上演。围绕庆祝新中国成立 70 周年、"一带一路"文化特色,突出赣榆徐福文化、海洋文化元素,演出分为四大篇章:风起东方——追寻文化交融、百川汇海——经略蓝色梦想、行稳致远——实现共赢发展、奋进崛起——谱写跨越新篇。

4. 参加大型文化展览,展示连云港文化产业发展活力

2019 年中国(南京)文化和科技融合成果展览交易会在南京新庄国际展览中心拉开帷幕,来自全国 400 多家文化科技企业及多个国家文化和科技融合示范基地汇聚一堂,展现近年来在文化与科技融合领域取得的丰硕成果。连云港展区脱颖而出,该市多家企业参展,近百款西游文创产品精彩亮相,充分展示了连云港文化产业发展的活力。连云港展区面积近 200 平方米,以蓝、黄为主色调,分别代表连云港的山海文化和西游文化,整体造型突出西游文化主题,前后设计分别以猴形和画卷的形式展开,展台以山形作为背景。此次参展的企业包括连云港"文化＋"融合发展服务平台、连云港市文创产业投资发展有限公司、连云港市文化旅游发展集团有限公司等,是该市多年来培育的颇具代表性的"西游文创阵容"。本次南京展会上,连云港市不仅把嘉年华上的文创产品和活动成果带到了现场,还特别邀请"猴王"走进展会,与南京市民面对面,进一步宣传展现连云港浓厚的西游文化氛围,吸引更多游客来连。

5. 大力开发文旅创意产品

近年来,连云港市从"画说美猴王"活动开始,通过举办活动、市场运作、合作交流、产业落地等途径,全力以赴提升全市文化创意发展水平。组织市文投、江苏广视、市文旅、海州湾文旅等文化企业,开发了 30 个主题近 400 款地方文创产品,建设花果山文创实体店、西游文创体验店,促进文化产业发展。其中,"悠游西游""水连动杜邦纸手表"系列分别获得中国旅游用品大赛银奖、铜奖。"水连动心满意竹水晶竹编包"荣获"2019 中国特色旅游商品大赛"金奖。在 2018 第五届"紫金奖"文创大赛中,该市更是取得历史性突破,成为紫金奖文创大赛的一匹"黑马",得到省内领导和组委会的肯定。

（三）市政府推出"服务券"与"打样券"扶持文化产业

2019 年 8 月连云港市政府推出《连云港市文化品牌活动服务券管理办法(暂行)》和《连云港市文化创意设计打样券管理办法(暂行)》。此举旨在调动全市文化创意设计、文化活动等从业人员的积极性,充分发挥、使用好市级文化产业及平台建设项目资金的导向作用,不断提升连云港文化创意水平,推动全市文化产业高质量发展。

据悉,服务券面值分为 1 万元、5 万元、10 万元。服务券一场活动限领 1 次,原则上金额不超过实际活动成本的 30%,每个主体每年限领不得超过 2 次,主要用于支持具有连云港地方特色的文化品牌活动、文化产业发展和项目建设、原创类文化项目等。服务券申请对象包括本市范围内依法登记注册设立、纳税并合法持续经营满两年,未受到工商、税务等部门处罚,具有独立法人资格的文化类企业单位和企业化管理的文化事业单位。在申请条件上,充分体现连云港"高质发展、后发先至"生动实践,反映文化发展、项目建设、社会进步,彰显港城文化软实力等。全国文明城市创建、《西游记》文化开发等地方主题文化活动(项目)优先审批。

（四）"活态保护"非物质文化遗产,开发利用与保护传承的有机统一

2019 年 6 月 28 日,连云港市非物质文化遗产博物馆在海州区民主路老街 131 号开馆,它也是该市首个市级综合性非遗展示立方体。该馆集非遗展示、互动体验、传习研究、动态展演、互动交流于一体,采用多种现代展陈方式,多方位、多视角陈列展出港城非遗十大类别约 500 件项目实物,并将不断更新展品内容,开办丰富多彩的非遗课堂、展演展示活动。

众所周知,历史文脉、文化遗产、传统文化是一个城市的灵魂。加强保护是开发利用的基本前提。保护文物是为了提高文化资源的再生能力,获取社会效益和经济效益。非遗保护是"活态保护",其鲜明的特征是坚持"保护为主、抢救第一、合理利用、传承发展"方针,坚持"科学保护、守正创新、弘扬价值、发展振兴"思路,着力保护非遗传承实践、传承能力和传承环境,顺应文旅深入融合发展高要求、大趋势,以高颜值的展示展演彰显文旅融合,以高质量的创意创新擦亮诗和远方。对文物的合理开发利用,实质是挖掘文化遗产的商品属性,使其转化为文化产品、实现价值,推动文物的保护传承,与此同时,带动文化产业发展。合理开发利用文物,实际上也是文物保护的一种有效方式,可以增强文物的生命力、可持续发展力,既实现传承文化的目的,又为拉动内需、扩大就业、促进经济发展发挥重要作用。

（五）西游记文化产业与连云港旅游业融合发展

近年来,随着人们文化消费需求的提升和文化旅游的快速发展,连云港以吴承恩《西游记》创作背景地——花果山旅游和孙悟空神话传说等西游记文化吸引着海内外众多游客,强烈的文化旅游消费需求成为连云港旅游业与文化产业融合的原动力。为了适应这种发展要求,连云港市政府认真贯彻落实国家和省政府关于推进旅游业和文化产业融合发展的决定,按照现代产业融合发展的规律,在《连云港"十二五"旅游产业规划》和《连云港"十二五"文化产业规划》中,明确提出了通过发展文化旅游把西游记文化资源优势转变为产业优势,提升全市文化软实力的战略决策,将文化旅游产业、休闲娱乐产业、会展节庆产业、民间工艺产业等具有一定基础的优势产业列为"十二五"文化产业重点发展行业。

一是积极利用技术创新改良旅游产品与文化产品,促进西游记文化资源有效转化为特

色旅游产品,在产业融合方面已经迈出了坚实的步伐。2014 年连云港文化旅游共接待国内外游客 2 417 万人次,实现旅游总收入 302 亿元,比 2013 年分别增长 13%和 15.2%,旅游业增加值占全市 GDP 比重达 7.1%。现代传媒、演艺、广告、娱乐、信息网络等 13 个文化产业门类,拥有文化类企业 3 200 余家,全市实现文化产业增加值 48.83 亿元,连续 4 年平均增幅达 35%。

二是积极利用旅游商品与西游记文化产业价值链的融合,实现对非物质文化遗产资源的开发,推出了由著名评书表演艺术家刘兰芳演播的《花果山传奇》和以"西游记"为主题的雕刻、刺绣、剪纸、泥塑、面塑等民间工艺品,积极发挥西游记文化旅游纪念功能、收藏功能,丰富西游记文化旅游商品类型。

三是举办大型会议、展览会、博览会、交易会、招商会、文化体育、科技交流等活动,吸引游客前来洽谈贸易,观光旅游,进行技术合作、信息沟通和文化交流,带动了旅游业发展。2009 年以来,连云港连续举办了五届文化产品博览会。借助文博会,连云港汇聚了江苏省和丝绸之路沿线十多个城市几百家文化企业,展出各类特色文化产品。2014 年,文博会在国展中心设立西游记文化产品专区,以浓郁民族特色的西游记文化产品招揽游客,令人瞩目。展会期间,"唐僧师徒"四人来到文博会现场,吸引了众多旅游者,进馆人次达到了 9 万,现场成交 6 500 万元。目前,这种以西游记文化会展旅游已成为推动连云港旅游业与西游记文化产业融合的新形式。

二、连云港市文化产业发展存在的问题

(一) 缺乏结合特质的"文化创意"延展

文化保护和文化创意是城市护住历史文脉的双翼,二者互相依托,缺一不可。城市建设者和管理者在做历史保护时,要着眼于长远,要用历史的眼光看待它,其实保护的本意就是要让文脉延续下去,这离不开文化创意的有效延展。

时至今日,很多历史文化遗产都在寻求文创创意的加持,其中,工业文化遗产的开发利用值得一提。几乎每个城市都曾存在过各类厂矿企业,然而却伴随着历史进程不断衰亡。这些工矿企业记录着一部中国完整的工业文化史,它们是工业历史的见证,也是留存几代人的"记忆长廊"。一些地区为了让这些废弃的老旧厂区、工业遗址,重新焕发第二春,将它们或改建为工业博物馆、纪念馆和旅游项目,或改建为餐饮服务单位,甚至还有的改造为文化创意产业基地,厂区留下来了,历史保住了,得到了经济效益和文化效益的双赢。

连云港市也有不少工业厂区遗址,大部分都产生于 20 世纪初资本主义发展阶段,比如,江苏第八工场等;有的甚至在新中国成立后还发挥了重要作用,譬如锦屏磷矿,就曾被称为:"中国化学矿山的摇篮"。作为全国六大磷矿区之一,亦是新中国成立后建设的第一个大型磷矿企业,为全国其他磷矿建设提供了大量的科技人才,但到了 20 世纪 90 年代后期,因资源枯竭和体制改革也渐渐废弃。早在 2010 年,锦屏磷矿旧址公布为第四批市级文保单位。

那么,到底该如何开发矿山"剩余资源"?连云港市旅游和文化管理相关部门均曾对锦屏磷矿进行考察,市政协也曾提出相关提案,总体意图是希望将这座废弃遗址有效利用起来,转型文旅资源。因为这里与桃花涧景区零距离,发展矿下体验和传统采矿工艺参观可以成为旅游主线,而矿山遗址专题展览也应逐步成为磷矿工业遗产博物馆的重要组成部分,但目前这项工作还处于空白阶段。

一项文化遗产被成功地保护了,就会滋养城市的文脉,为城市输送文化给养,让城市有根脉,有未来,更会逐步树立起自己特有的"城市精神",注入独具地方特色的文化内涵,所以,文化保护离不开创意和创新。只有通过这些手段,才能展现一座城市的丰满和坚实,对外才能树立起自己标志性的形象,对内也能凝聚人心。

(二)西游记文化产业与连云港旅游业融合存在的主要问题

1. 产业融合体制尚不健全

多年来,连云港旅游业和文化产业管理体制和全国一样,基本是条块分割,行业存在壁垒,各自有各自的管理目标和政策规定。各级政府对旅游企业、西游记文化企业的经营管理干涉较多,存在着政府职能交叉、多头管理、缺位、越位等诸多问题。连云港市文广新局、旅游局、文物管理局、建设局、发改委、财政局等部门都可对旅游业、西游记文化产业发展有权干预,造成旅游企业、文化企业多头领导,管理机构责任不明等问题。而在旅游产品与西游记文化产品的质量监督、价格控制、资本准入、市场执法等方面,又常常监管不到位。在旅游业与文化产业快速融合发展的新背景下,连云港现有的相关政策与措施尚未完善。

2. 产业投融资体系不完善,缺少大型西游记文化旅游项目

虽然连云港具有独特的西游记文化资源条件,但是目前对西游记文化资源的挖掘还不够充分、深入,缺少西游记文化旅游的魅力环境旅游大项目,主要原因在于融资渠道较少,资金投入不够。资金不足已经成为连云港西游记文化旅游发展的"瓶颈"。

3. 旅游企业和西游记文化企业交流互动较少

随着产业融合发展,连云港旅游企业与西游记文化企业业务交叉、融合越来越多,跨产业经营现象越来越明显,但不同类型的旅游企业与西游记文化企业之间的互动交流较少,尚未形成协同一致、共赢发展意识,导致旅游企业和西游记文化企业只注重自身领域的发展,没能很好地通过旅游业价值链与西游记文化产业价值链的融合实现跨产业的规模化发展。

4. 西游记文化旅游复合型人才匮乏

旅游业与西游记文化产业融合需要大量复合型人才从事基础服务型、管理型、教育型工作,才能利用文化创意有效整合旅游资源与西游记文化资源,实现产品融合、企业融合与市场融合。但是,在连云港旅游业中,低层次就业比例较大,中、高层管理人员文化层次与实际岗位需要存在较大差距。文化产业从业人员从事文化经纪、文化管理的人员很少。掌握旅游业相关知识又具备文化产业管理经验的复合型人才更是匮乏,这导致连云港旅游业与西游记文化产业的融合形式、范围、发展速度受到限制。

三、连云港市文化产业发展对策分析

(一)聚焦文旅发展、推进文旅融合、加强文旅交流

文化和旅游是"一带一路"交汇点的战略支点建设的重要内容,也是推动共建"一带一路"人文交流的重要载体。连云港市与"一带一路"的关联,有着悠久的历史渊源。从汉代开始,连云港曾七次位于海上丝绸之路与陆上丝绸交汇点。今天,连云港作为江苏"一带一路"交汇点建设的"强支点",将聚焦文旅发展、推进文旅融合、加强文旅交流,应着力抓好四个方面工作:

1. 练好内功,强化监督,着力在提升文旅行业服务质量上下功夫

深入推进公共服务体系建设,完善公共服务基础设施,年内全市乡镇文化站全覆盖、基层综合性文化服务中心建成率达98％,完成新建旅游厕所82座,改扩(新)建旅游停车场17个。突出以市场环境、公共服务、旅游相关要素等方面加大文旅行业监管力度,建立健全投诉快速处理机制,推广"先行赔付"机制,推进失信惩戒制度和信用信息公示制度建设,加强文旅市场综合治理,全面提升服务质量和水平。

2. 主动融入,扩大交流,着力在城市旅游推广与国际合作上做文章

深化"一带一路"沿线城市文化旅游合作,推进国际旅游便利服务体系建设,争取"一带一路"沿线国家游客来连落地签政策。目前,连云港市作为全省地级市第一家试点单位,正式获批开办团体口岸签证业务。积极拓展对外交流领域,落实"丝竹华韵"国家重点文化交流项目,推动更多文艺展演、文博展览、非遗展示、旅游推介活动等优势项目"走出去",着力提升"西游圣境山海福地"城市旅游品牌影响。

3. 彰显特色,做优品质,着力在文旅产业发展项目带动上求突破

推进连岛国际旅游岛建设,打造国际游轮精品航线,拓展境内外海上旅游线路。坚持以优质项目为纲,加大文旅招商引资力度,目前连云港正在争取借助金陵饭店集团的品牌、资源优势,并已筛选出花果山西游文化集聚区、连云港国家级海洋旅游度假区、温泉康养旅游度假综合体、镜花缘文化产业园等一批重点文旅招商项目,着力打造具有高识别度和鲜明主题的大型综合文旅项目。

4. 挖掘资源,突出重点,着力在文旅品牌培育塑造上见成效

以品牌创建为引领,全面提升旅游发展质量,着力推进连云港市国家旅游改革创新先行区建设和东海县、连云区两个国家全域旅游示范区创建,推动连岛、东海水晶城5A级旅游景区和伊甸园、青松岭森林公园4A级旅游景区创建。将新时代文物工作放在高质量推进"一带一路"交汇点的战略支点的大局中来谋划,积极呼应"一带一路"倡议,紧跟"海丝"申遗步伐,目前连云港市已入选"海丝"申遗城市联盟。2018年,按照市委、市政府的统一部署和要求,又启动了申报国家历史文化名城工作。下一步,统筹做好申名、申遗各项工作,确保2020年成功申报江苏省历史文化名城,2022年冲刺国家历史文化名城,不断提升连云港的软实力和知名度。

(二)西游记文化产业与连云港旅游业融合发展的主要途径

1. 企业融合

企业是生产经营活动主体,无论是产品融合、技术融合还是市场融合,其最终的执行者和实施者都是企业。连云港旅游企业和西游记文化企业都是产业融合的主体,唯有这两类企业实现融合,才能推动连云港旅游业和西游记文化产业的融合发展。连云港旅游业和西游记文化产业相辅相成,互补性强,在激烈的市场竞争环境和利益驱动下,这两类企业为了扩大自身生产经营范围都在试图通过产业跨界、多元经营降低生产经营成本,通过业务合作与融合提高产品与服务质量。只有这些企业融合发展带来了显著经济效益,其示范作用才能带动和辐射相关企业,加快产业融合步伐,壮大企业规模。只有连云港旅游业和西游记文化产业的大多数企业都出现内容趋同的跨产业、多元化的经营时,才能促进产业向深度融合。

2. 文化创意

文化资源通过"创意"转化为市场认同的旅游产品，是旅游业广泛运用、深挖掘文化内涵的新途径，是更新旅游产品的新方式。西游记文化资源是连云港最具特色和优势能够为连云港利用和开发并可以直接转化为经济效益的文化因素，是西游记文化创意的来源和灵魂。以西游记文化为底蕴的观念价值决定了文化旅游产品的市场价值，并且能够提升连云港文化旅游产品的辐射能力和品牌的亲和力。西游记文化资源是一种传统、动态、可再生的精神财富，其神奇、浪漫的神话优势能够转化为产业发展优势，进而有效转化为文化产品。通过"创意"围绕唐僧团队坚定信念、百折不挠、奋力拼搏、勇往直前等核心文化价值开发出层次性、系列化和高品位的西游记文化旅游产品，将其潜在的精神价值转化为现实的旅游价值，从而实现西游记文化资源向文化旅游产品的有效转化。

3. 技术创新

现代科学技术对人类社会的政治、经济、军事、文化各个方面的推动越来越显著，高科技已经成为旅游产业和文化产业发展的技术支撑。在信息技术引领下，以文化创意为内容的科技新产品层出不穷，市场需求与消费模式也在科技的影响下变化发展。技术创新不仅能够降低旅游产业与文化产业在开发过程中的资源消耗，提高资源向产品转化的效率，而且能够完善旅游产品和文化产品的功能，在满足消费者需求的基础上创造更多的新价值。因此，技术创新为旅游业与文化产业的融合发展提供了良好的技术平台，成为两个产业融合的推动力。技术创新能够在旅游产业与文化之间扩散和应用，两个产业利用新技术不断开发新的文化旅游产品。从西游记文化旅游创意灵感到西游记文化旅游创意的实现，科技的作用十分显著。虽然在西游记文化旅游创意策划的形成阶段，科技的作用并不突出，但在西游记文化旅游产品的设计、制作、生产阶段，科技的力量逐步显现，能够创新文化旅游内涵表现形式与体验形式，也能为新型旅游产品的开发提供技术支撑。

4. 产品融合

旅游产品是指为满足旅游者审美和愉悦的需要而被生产或开发出来以供销售的物品与劳务的总和。尽管旅游者的旅游动机各异、需求多样，但旅游产品都需要满足旅游者审美和愉悦的需求，旅游者正是通过旅游产品来感知、理解其文化内涵的。文化产品是以版权为核心的个人或集体的创作成果，并在复制销售过程中，产品价值不断提升。连云港旅游产品与西游记文化产品具有共同的资源基础，西游记文化资源中的物质文化资源和精神文化资源同时是连云港旅游资源的重要组成部分，资源的交融性和通用性成为连云港旅游产品与西游记文化产品融合的良好基础。因此，通过旅游业与西游记文化产业的产品融合，已成为铸造连云港西游记文化旅游品牌的关键。

5. 市场融合

市场是商品交换的空间，旅游市场是旅游者与旅游经营者之间各种经济行为和经济关系的总和，文化市场是文化产品进入流通和消费领域所形成的交换关系的总和。连云港旅游业与西游记文化产业之间不管是企业融合、技术创新，还是产品融合，其实都是市场选择的结果。市场融合模糊了连云港旅游市场与西游记文化市场的边界，增强了两个市场的联系，并产生良好的传导效应；技术创新改变了连云港旅游市场和西游记文化市场的需求特征，给这两个产业的产品和服务带来了新的市场需求。连云港旅游市场和西游记文化市场需求的扩大又进一步促进产品的创新，进而为连云港旅游产业和西游记文化产业的融合提供更广阔的市场空间，使得产业融合在更大的范围内出现。

（三）西游记文化产业与连云港旅游业融合发展的保障措施

1. 做好连云港旅游业与西游记文化产业融合发展专项规划

要在国家和江苏省关于旅游业与文化产业融合发展的政策指导下，以宏阔的产业发展视野在制定连云港"十三五"旅游业和文化产业发展规划的同时，制定旅游业和西游记文化产业发展子规划，以现有旅游业和西游记文化产业为基础，集中力量建设布局合理、产业关联度大、产业集聚效应高、辐射带动能力强的西游记文化产业基地，延长西游记文化旅游产业链，在继续发展壮大与西游记文化旅游相关、相辅的出版发行、影视制作、印刷、广告、演艺、娱乐、会展等传统文化产业的同时，加快发展西游记文化创意、数字出版、移动多媒体、动漫游戏等新兴文化产业，促进跨国、跨地区、跨行业、跨所有制兼并重组成为常态。力争在"十三五"末建成江苏省乃至国家西游记文化旅游产业园区、发展一批具有产业融合发展潜力"专、精、特、新"的中小型西游记文化旅游企业，培育1—2个有国际影响的西游记文化产业和旅游业融合发展的产业集团。

2. 合理调整政府规制，创新发展体制

旅游规制、文化规制是政府规制在旅游业与文化产业中的具体体现，是政府为了纠正市场缺陷带来的不经济、不公正现象以及维护旅游市场和文化市场稳定发展而采取的行政干预。现代社会跨产业活动日益频繁，产业边界越加模糊，由此产生的多头管理问题也逐渐凸显。在这样的背景下，政府对旅游业和西游记文化产业发展规制要打破分立格局。

首先，要逐步改变单纯运用行政手段进行资源配置的方式，依据法律法规对产业融合中的西游记文化旅游市场主体、市场运营、交易方式等经济活动进行规制，明确规制内容、规制机构及相关职能、规制范围，维护文化旅游市场的有序竞争，为旅游业与西游记文化产业融合创造良好的市场环境。

其次，要放松经济性管制和文化规制。放松规制有利于降低旅游业和西游记文化产业的进入壁垒，有利于有实力的中、小型民营企业进入旅游业和西游记文化产业，有利于弥补政府在西游记文化旅游公共建设投入的不足，有利于为消费者提供种类丰富的旅游产品和西游记文化产品，满足消费者的个性化、多元化需求。

第三，重组规制机构。旅游业与文化产业具有跨产业、跨部门的特点，在产业融合的背景下，要按照系统、公正、高效的原则组建西游记文化旅游规制机构，根据两个产业融合发展的特点，明确旅游、文化主管部门在系统规制中的主导地位，构建条块结合、辐射联系的统一规制机构，制定和实施旅游业和西游记文化产业融合发展规划目标及策略，提高规制干预的针对性和有效性，促进旅游业与西游记文化产业融合顺利进行。

3. 创新西游记文化旅游产品，大力培育消费市场

文化旅游产品具有旅游产品和文化产品的双重属性，它是体验经济时代最典型的体验产品。西游记文化旅游产品开发可以从以下两个方面进行：一是优化文化旅游的生活场景，使旅游者身临其境地处于西游记文学作品描述的情境、景观中，产生文化上的"换景移情"。如根据《西游记》小说场景再现唐僧、孙悟空等人物环境，使游客身临其境；二是通过改变旅游者的生活节奏、生活内容组合和形式，增强旅游者的好奇心、新鲜感，消除他们日常生活的单调感和乏味感。同时，还可以通过创意策划深挖西游记文化内涵，从广度、深度和关联度等方面深化文化旅游产品的开发，实现西游记文化旅游资源的经济效益向文化资源精神效益的转变，从而推进旅游产业与西游记文化产业的深度融合。

文化旅游市场是以文化为基础的旅游市场,它不同于一般的旅游市场,也不同于一般的文化市场,它是文化与旅游相结合的综合性市场。随着经济的发展,国民文化素质的提高,文化方面的消费需求必将大幅提升。在这种发展情势下,连云港市政府要顺势而为,将潜在的西游记文化需求转化为现实的西游记文化旅游市场,把具有民族特色的西游记文化资源转化为西游记文化旅游产品。这既是促进连云港文化旅游市场发展的支点,也是促进连云港旅游业与西游记文化产业融合的关键。更为重要的是,通过创新开发西游记文化旅游产品、培育西游记文化旅游品牌等措施能够刺激文化旅游需求、拓展海内外文化旅游市场,为连云港旅游业与西游记文化产业的融合发展提供强大动力和广阔空间。

4. 完善投融资体系,鼓励扶持企业跨产业集团化发展

为了有力推动旅游业与西游记文化产业融合,连云港市政府应加强旅游业与西游记文化产业的投融资体系建设,为西游记文化旅游项目开发建设提供完善的金融政策支撑。建立西游记文化旅游产业融合发展专项基金,一方面以担保基金、贷款贴息基金、贷款风险补偿基金等形式用于项目补贴、贷款贴息、支持信用体系建设,以支持西游记文化旅游项目开发。为了鼓励企业对西游记文化旅游项目的资金投入,市政府可以通过制定西游记文化旅游投资优惠政策,如所得税优惠政策、土地使用优惠政策、贷款和收费优惠政策、招商引资优惠政策、就业安置优惠政策等,以政策优惠吸引更多资金进入西游记文化旅游产业,为产业融合发展提供政策支持。另一方面,作为西游记文化旅游企业也可以利用国家鼓励政策,进行政策支持性信贷融资,例如,积极申报旅游国债项目、旅游扶贫基金、生态保护项目和文物保护项目,争取世界旅游组织(WTO)规划支持资金、联合国教科文组织(UNESCO)的项目基金、国家及省市旅游业和文化产业发展专项基金等。

企业是产业融合的主体,产业融合通过企业融合来实现。在目前产业融合的背景下,产业之间的壁垒降低,企业除了要面对产业内原有企业的直接竞争,还要考虑其他产业的潜在竞争企业。无论是旅游企业还是文化企业,要想获得持续的市场竞争优势,就必须根据市场环境的变化不断培育企业新的核心竞争力。因此,连云港市政府要鼓励旅游企业、西游记文化企业按照现代企业制度建立西游记文化旅游集团,通过产业优势互补,优化企业资源配置,提高产业资源利用率,降低产品开发成本和产业转换成本,优化产品性能,丰富企业产品类型,促进企业形成新的核心竞争力。在组建西游记文化旅游集团的过程中,要将相关旅游企业和文化企业从政府部门剥离出来,按照现代企业制度要求,建立起"产权明晰、权责明确、政企分开、管理科学"的集团企业。只有当西游记文化旅游企业成为经营规模大、实力雄厚、具有较大影响力的综合型企业集团后,才能保证其融合的持续发展。

5. 培养复合型人才,为连云港旅游业与西游记文化产业融合提供智力支撑

人是生产力的主体,人力资源的质量、数量对于地区文化旅游产业的融合具有重要影响。旅游业与文化产业的融合离不开高素质、高技术的复合型人才,无论是创意、生产还是销售、管理,都需要高素质的人才来完成。

随着旅游业与文化产业的融合发展,创新的产业发展模式和创意的旅游文化产品,只有复合型、创意型人才才能有效管理融合型企业。旅游开发人才和西游记文化创意人才是产业融合的关键。只有旅游开发人才和西游记文化创意人才互相合作,将创意思维转变为符合文化旅游市场的产品,才能将西游记文化产业的特点和连云港旅游产品的特点结合起来,通过对整体市场和细分市场的分析,才能制定出富有连云港地方特色和魅力的西游记文化旅游产品,促进两大产业的深度融合。因此,促进连云港旅游业与西游记文化产业融合,要

多渠道、多形式、多途径培养具有创新能力的复合型文化旅游人才,积极培养和引进既掌握旅游业知识,又掌握文化产业知识的复合型文化旅游人才。

对已经具有一定专业知识和专业技能的旅游从业人员和文化创意从业人员要进行在职培训,使他们掌握更多、更新的复合性知识和技能。旅游企业和西游记文化企业也要根据自身的生产经营活动特点和需要,对本企业员工进行有针对性、实战性的培训,加快企业所需人才的培养,积极吸取国内外文化旅游企业的人才培养经验,借鉴先进的企业培训模式,有效提升企业员工的整体综合素质和复合创新能力。

(四)强力打造"西游文化"特色产业,促进现代化国际海港中心城市建设

连云港的战略地位重要,区位优势明显。远有沿海开发,近有"一带一路"等国家倡议在此交汇,千载难逢的发展机遇摆在港城人民面前。为了更好地建设现代化国际海港中心城市,借力西游文化,弘扬西游精神不失为明智的选择。

在当今文化产业大发展的背景下,西游文化产业取得了长足的发展,但是其发展水平与建设"现代化国际海港中心城市"依然存在着不够协调之处。

首先是政府的重视度仍需要提高。虽然西游文化列入了文化产业和旅游发展规划,但是必须清楚地认识到,西游文化建设不仅仅是文化部门或是旅游部门的事,这是关乎现代化国际海港中心城市建设之事,是港城全社会经济发展的重要方面。连云港市作为"一带一路"的交汇点,迎来了新的发展机遇,适时将西游文化建设纳入政府规划,使之成为港城全社会的自觉行动,必将为连云港的发展做出巨大贡献。

其次是要加大对西游文化产业建设的投入。有投入才会有产出,这是亘古不变的真理。通过对文化产业特别是西游文化产业加大投入,提升其文化产业总量,才能真正使得以西游方化为代表的文化产业成为连云港市国民经济发展的重要支柱。

最后是要完善文化产业发展的环境与机制。当前连云港的文化产业项目基本上是处于单兵作战的状态,与其他文化项目、与"一带一路"沿途国家乃至其他西方国家的联系都比较少,难以呈现文化产业井喷的状态。这就要求西游文化不仅要加大与其他文化,如宗教文化、魔术文化等的融合,更重要的是要加大西游文化与旅游、广播电视、网络、游戏动漫等行业的融合力度,做好西游文化域外传播以及接受状况的研究,从而让西游文化成为把连云港市建设成为一个国际性的海滨城市、现代化的港口城市和山海相拥的知名旅游城市的新引擎。

第十三章 宿迁市文化产业发展研究

近年来,宿迁市委、市政府高度重视旅游业发展,将旅游业作为国民经济战略性支柱产业和生态经济发展的新引擎进行培育壮大,围绕把宿迁建成国内知名旅游目的地城市目标定位,大力实施"全域旅游、旅游＋、品牌打造、项目突破、创新引领"五大发展战略,充分发挥丰富的历史文化遗存和独特的生态资源优势,全面提升以历史文化游、酒文化游、生态休闲游为核心的多元化产品体系,推动由观光旅游向观光、休闲、度假旅游并重转变,旅游业发展质态得到了进一步提升。

截至目前,全市共有省级旅游度假区 4 家,分别为泗洪洪泽湖生态旅游度假区、宿迁骆马湖旅游度假区、泗阳成子湖旅游度假区、宿迁洋河旅游度假区;省级旅游风情小镇创建单位 3 家,分别是三台山衲田风情小镇、泗洪临淮渔家风情小镇、沭阳新河花木风情小镇;国家A 级旅游景区 48 家(4A 级 10 家),省三星级以上乡村旅游区 42 家(四星级 8 家),省级生态旅游示范区 3 家,省级工业旅游示范点 6 家,省级自驾游基地 6 家,旅行社、星级旅游饭店、经济型酒店分别有 86 家、20 家、60 家。

一、宿迁市文化产业发展的现状及特色

(一)积极鼓励文化创意产业发展

1. 深挖宿迁市地域性"历史元素"

为丰富宿迁城市文化,梳理历史文脉,从 2017 年起,由该市文化广电和旅游局牵头负责宿迁城市文化的发掘研究,开展城市历史人物、历史事件、城市文化、城市节庆、城市活动等五个方面 25 个课题研究,截至目前已结项 11 个,部分研究成果已在城乡建设规划中得到应用。2019 年以来,重点开展大运河宿迁段、酒文化及皂河古镇调查研究,其中,大运河文化资源普查已完成,整理物质文化资源 131 项,非物质文化资源 55 项。推进文化与旅游深度融合,将历史文化资源融入特色地域旅游中,打造全域旅游知名目的地。结合宿迁市独具特色的酒文化资源,认真落实《关于加快推进宿迁"中国酒都"建设的意见》,精心编制酒文化旅游发展规划。打造酒文化旅游地标,支持洋河酒文化旅游区、双沟酒文化旅游区建成以苏酒文化为特色的复合型旅游基地,推进泗阳来安基地汉代酿酒文化挖掘,乾天酒厂乾隆江南御酒庄园建设。通过不同形式,深挖宿迁市地域性"历史元素",推进特色旅游业发展。据统计,2019 上半年,新建、续建旅游项目 118 个,完成投资 42.63 亿元,全市累计完成接待国内外游客 1 349.06 万人次,同比增长 10.4%,实现旅游总收入 162.62 亿元,同比增长 12.4%。

2. 创新旅游产品开发

为推进宿迁市旅游创意产品开发,该市文化广电和旅游局在 2018 年旅游商品设计大赛的基础上完善方案,围绕培育宿迁老字号、旅游景区专属纪念品、民间工艺品、土特产品、旅游食品、文博衍生品、创意生活用品、都市工业产品、特色工艺美术品、科技创意产品等 10 个

系列旅游商品持续举办宿迁旅游商品创意设计大赛,向社会征集旅游商品研发创意"金点子",对评选出创意新颖的获奖旅游商品进行奖励,提升旅游商品研发动力。市文化广电和旅游局与市财政局还研究制定了《宿迁市旅游商品引导资金管理办法》,将旅游业发展引导资金用于鼓励旅游商品研发生产,计划设立旅游商品店补助、年度畅销旅游商品奖励、年度创意旅游商品奖励、获奖旅游商品奖励等四项补助资金,鼓励旅游商品企业深入挖掘宿迁丰富的文化、历史资源、自然资源和传统工艺,积极研发、推出具有本地特色、品质优秀、市场认可的旅游商品(创意产品),鼓励特色商品旅游化。为进一步支持旅游创意产品研发,2019年宿迁市从旅游业发展引导资金中切块 100 万元用于支持旅游商品研发和旅游商品集散中心建设,在项王故里景区打造宿迁旅游商品集散中心并集中展销全市特色产品。

(二)充分利用现有资源鼓励文化创意产业

1. 研究"宿迁名人",丰富景区文化内涵

宿迁文化积淀深厚、文化资源丰富,有以力拔山兮气盖世、不以成败论英雄的项羽为标志人物的西楚文化,以朱瑞将军、彭雪枫将军为代表传承下来的红色文化等。宿迁市高度重视围绕"宿迁名人"挖掘独具特色的旅游资源。截至目前,已打造形成项王故里、陈家大院、杨泗洪墓、雪枫烈士陵园、朱瑞将军纪念馆等多处旅游目的地。2019 年以来,沭阳的吴印咸故居、胡家花园也陆续建成对外开放。2019 年元旦期间,围绕"宿迁名人"集中打造的"宿迁文化名人馆"正式对外免费开放。该馆坐落在市区幸福中路,由省级文物保护单位道生碱店(建于 20 世纪初)改建而成,原来是宿迁人张道生建造用来销售洋碱、洋油的店铺,故名"道生碱店"。2018 年,因道生碱店平移而重新布展,共收录宿迁文化名人 131 名,远自春秋,近至当代,共分"国之栋才""文坛星光""艺苑明珠""翰墨菁华""科技精英""客籍翘楚""社会贤达""吴印咸艺术馆"八个部分。布展格局简洁大方,充分利用有限的空间,给参观者传递最多的人文历史信息。

2. 紧盯"宿迁元素",推进本土文艺创作

宿迁市鼓励艺术家沉下心来,围绕"宿迁元素"用心创作,作品质量和数量不断提升。以项羽、虞姬故事为背景的曲艺苏北琴书《虞姬辞楚》获得中国曲艺牡丹奖;以抗日战争为背景讲述宿迁柳琴戏庄家班艺人身在古城、不畏强暴、以喉代矛、奋起反抗的现代柳琴戏《古城拉魂》获江苏省"五个一工程"奖、江苏文华大奖;由沭阳淮海剧团排演的大型淮海戏《胖婶当官》先后入围 2018 现实题材新创剧目及 2019"紫金文化艺术节"展演剧目;以骆马湖历史传奇为基础创排的大型柳琴戏《清清骆马湖》获江苏艺术基金 2018 年度大型舞台剧和作品创作资助项目等。下一步还将围绕提升"中国酒都"形象和美誉度,以酒为主题,组织打造一批文艺精品,对剧本《运河酒馆》、舞蹈《酒趣》等进一步打磨,宣传展示酒文化。深入打磨柳琴戏《清清骆马湖》、泗州戏《信仰》等舞台艺术作品,提升入选国家戏曲剧本孵化计划的《瓜为媒》等两部作品。通过丰富的文艺形式,推广宿迁本土历史文化,不断扩大宿迁对外影响力。

(三)洋河新区确定建设"中国酒都核心区"主攻方向

洋河新区建设"中国酒都核心区"的总体思路是,立足"酒都洋河、品牌洋河、宿迁洋河、世界洋河"的发展定位,按照"一核一带三轴四区"空间布局("一核一带三轴四区"空间布局:一核即城镇发展核,一带即古黄河文化卷轴生态彩带,三轴即发展大道、酒家路、南大街,四区即宜居新城、慢享古镇、生物智园、乐活田园),实施"产业品牌+城市品牌"双品牌战略,构

建"两核驱动，三产融合，多平台支持体系"（"两核"，即酒产业＋文化旅游；"三产融合"，即酿酒产业与现代农业形成一二产融合，酿酒产业与文化旅游形成二三产融合，文化旅游与现代农业形成一三产业融合；"多平台支持"，即围绕服务四大产业的四大研发平台、综合科技服务平台、金融服务平台、产学研合作平台、农产品展示交易平台等），加快打造绵柔型知名品牌示范区、优质白酒核心产区、产城融合示范区、全域旅游示范区、乡村振兴示范区。

深挖文化，让"酒都"有特色，更有内涵。2019年8月7日，市洋河新区文化研究会正式成立。该研究会将积极开展以酒文化为核心的文化研究工作，以重塑经典，打造精品为己任，在基础性、应用性、创新性研究上出精品，推出经得住历史检验、具有很高应用价值的研究成果。

文化研究会的成立，预示着市洋河新区对酒文化的梳理工作已全面展开。独具特色的酒文化是洋河最闪耀的底色，加强对洋河酒文化的研究和挖掘，将进一步加大宣传弘扬和运用力度，才能让酒都核心区建设更有内涵、更具特色。

除了深挖酒文化，市洋河新区还将积极建设酒文化载体，聚焦建设特色酒镇示范区、酒文化体验样板区，积极申创省级绵柔白酒特色小镇，加快建设酒镇客厅、洋河古镇、酒文化广场、酒文化博物馆等一批重大项目，打造洋河酒文化地标。

同时，统筹抓好世外酒村、御酒庄园、南大街特色改造等在建项目，加快建设一批凸显酒文化的集中展示区和特色街区，不断增强酒都核心区辨识度，挖掘白酒文化内涵，追溯古镇历史记忆，融入洋河八景等元素，打造"洋河礼物"，通过大力开发白酒品鉴、古镇慢享、商务休闲类旅游产品，加快将酒文化转化为可观赏、可感知、可体验的文创产品。

在酒文化宣传上，市洋河新区也不断加大力度。该区将积极策划酒类文化节、论坛、博览会、研讨会等活动，努力打造一批在国内具有一定影响力的节庆品牌，在提升酒业品牌的同时，提升洋河酒都核心区的知名度和美誉度。目前，市洋河新区正在编排酒文化主题话剧，结合现代科技手段，通过群众喜闻乐见的形式，展现洋河丰富多彩的酒文化内涵，着力构建节庆、演出、新媒体等协同发展的酒文化传播方式，不断提升洋河文化软实力。

（四）"体育＋旅游"融合发展

生态是宿迁旅游的资源特色，也是发展时尚体育的最大优势，宿迁丰富的生态资源为体育旅游融合发展提供了肥沃的土壤。

1. 政府高点定位，加快体育产业与旅游产业融合

宿迁市委、市政府把"最美的生态、永远的时尚"作为宿迁城市建设的主题定位，围绕打造林荫城市、彩色城市、花园城市、个性城市，从过去园林绿化单一的景观功能向景观、生态、休憩、体育等复合功能发展，以期让广大市民和到过宿迁的人享受美的快乐。正如联合国世界旅游组织专家、中国国家旅游局改革发展咨询委员会委员、德安杰环球顾问集团董事长贾云峰先生所说，"将体育与生态环境联系起来，宿迁也许并不是第一个，但将建设生态体育融入城市发展理念并成为社会发展目标，宿迁之前应该并没有先行者。"围绕时尚体育城市建设目标，宿迁市成立了时尚体育城市建设指挥部，广泛招引投资主体，完善两大时尚体育运动基地和八大时尚体育主题公园等基础设施，如今已经成果显著。

2. 部门加强合作，完善"体育＋旅游"治理机制

近年来，宿迁市体育和旅游主管部门主动打破部门壁垒，充分挖掘体育、旅游资源，在举办体育旅游精品赛事、加强体育旅游产业基地宣传方面的合作日益紧密，旅游与体育产业融

合发展态势逐渐形成。2018 年 6 月，宿迁市体育和旅游主管部门签订战略合作协议，谋划体育旅游融合发展新路径，进一步开启了"体育＋旅游"战略合作的新篇章。通过签订战略合作协议，部门联合发力，在举办体育旅游精品赛事、打造"旅游＋体育"产业基地、推出体育旅游精品线路、加大体育旅游产品宣传推介等四个方面强化无缝对接和互补合作，推动"体育＋旅游"工作开创新局面。

3. 举办精品赛事，激活"体育＋旅游"旅游市场

围绕时尚体育城市建设，打造时尚体育新品牌，不断完善"1＋X＋1"赛事体系。作为国内首个将体育、健康、生态、旅游等元素融为一体的自主品牌原创赛事生态四项赛，已连续举办六年并入选中国高校教材和中国体育赛事创新的优秀范本，2016 年中国体育旅游精品赛事，2017 年、2018 年连续两年被评为中国体育旅游精品十佳赛事。成功举办全国青年举重锦标赛、"问鼎宿迁"中国力量公开赛等，积极推进水上、极限、马术等其他相关赛事的品牌建设工作。三台山森林公园以时尚体育嘉年华为总揽，先后成功举办"骑行祯田花海""三台山易起跑""特技风筝表演""瑜伽太极快闪"等活动，为广大健身爱好者提供多种健身活动参与选择。

4. 强化规划引领，为"体育＋旅游"发展提供政策支持

《宿迁市体育发展"十三五"规划》提出，优化产业结构，拓宽产业发展方向，提升健身休闲、竞赛表演、场馆服务、技术培训等体育服务业以及体育用品业发展水平，积极推动体育产业与健康、养老、文化、旅游等产业融合发展。《宿迁市"十三五"旅游业发展规划纲要》明确，"十三五"期间，宿迁旅游业发展确立"全域旅游、旅游＋、品牌打造、项目突破和创新引领"五大发展战略。"旅游＋体育"方面，重点做强生态四项赛等特色体育旅游品牌，以大众体育的兴起为契机，完善体育旅游慢行系统。《宿迁市旅游促进条例》自 2019 年 6 月 30 日起施行，是宿迁市第一部关于旅游发展的地方性法规。《条例》规定"编制体育旅游规划和发展体育旅游应当借助健身休闲运动、体育赛事活动等体育元素，开发特色体育旅游产品，满足旅游者健身、运动和游览的消费需求。"

5. 利用市场资源，推动民间力量发展"体育＋旅游"

居民生活方式和消费观念的变化使体育健身消费群体逐渐扩大，健身休闲业规模和项目日益增加，篮球、羽毛球、游泳、健身操、瑜伽、乒乓球等普及程度逐渐提高，马术、滑雪、攀岩、高尔夫等项目快速发展。目前，宿迁已开发的体育旅游项目有：洪泽湖湿地保护区的湿地探险、军事体验、滑水板；骆马湖湖滨浴场的沙滩排球、赛艇、环湖自行车；三台山森林公园的定向越野、野外拓展训练、山地自行车、森林高尔夫；项王故里的举鼎、射箭；湖滨新区的生态四项体育比赛等。

6. 加强对上争取，加大省市体育产业发展专项资金支持

在政策扶持方面，充分利用省级、市级体育产业引导资金扶持政策，深入挖掘并培育体育旅游融合发展项目，注重对新兴体育项目进行扶持，重点资助具有较强的产业属性和体育关联度，社会和经济效益良好，对提升体育产业竞争力、拉动体育消费、推动体育事业发展具有积极作用的企业。近三年来，宿迁市共组织申报项目 34 个，其中，盛基科技发展江苏有限公司等 5 家单位共 8 个项目获得省级财政专项资金 840 万元；为进一步培育体育消费市场、壮大体育产业规模。自 2011 年起，宿迁市同步配套市级体育产业引导资金，集中力量推进一批体育服务质量优、行业带动能力强、产业规模优势显著的项目。2016 年以来共资助宿迁市体育产业发展有限公司的"推进场馆自主经营及俱乐部建设"等 18 个项目 468 万元，带动实际投入 15 530.89 万元,吸纳就业人数超过 200 人。

7. 强化集约发展,打造两湖生态体育旅游圈

以三台山森林公园、骆马湖和洪泽湖湿地公园等景区为载体,以体育赛事为媒介,着力打造骆马湖和洪泽湖生态体育旅游圈。三台山森林公园以时尚体育嘉年华为总揽,先后成功举办"骑行衲田花海""三台山易起跑""特技风筝表演""瑜伽太极快闪"等活动,为广大健身爱好者提供多种健身活动参与选择。湖滨新区已成功举办五届的中国生态四项公开赛。洪泽湖湿地国际垂钓邀请赛是目前国内参赛钓手最多、规模最大、规格最高、奖金最高、专业性最强的钓鱼大赛。泗洪国际半程马拉松赛等也成了具有代表性和影响力的著名赛事。

(五)宿迁市统计局"三举措"强化统计助力文化产业工作

2019 年 11 月,宿迁市统计局结合规模企业入库及退库情况,加强文化产业单位名录核实和文化产业数据分析,掌握文化产业发展变化情况,助力文化产业发展。

一是强化查询核实,时时掌握规模文化企业增减变动情况。在名录库申报系统上运用"全帐号"设置文化产业单位汇总模板,对月度、年度新增和退库的企业进行查询和核实。

二是强化分析研究,及时反映文化企业发展情况。对工业、贸易、服务业月度财务状况表进行汇总,对主营业务收入、营业利润等主要指标变化情况进行分析,了解企业发展中存在的问题和原因,对文化产业全年发展情况进行预测,为市委、市政府的决策提供翔实依据。

三是强化业务指导,全面提升文化产业统计质量。针对文化产业单位核实和规模企业发展中存在的问题,及时反馈县区核实,对新入库的文化产业单位要求将主要业务活动填报详细,对规模企业发展中存在的问题,要求分析原因,跟踪进行监测分析,全面提升文化产业统计质量,切实助力文化产业发展。

(六)宿迁生态文化产业发展的机遇

1. "新常态"以来发展路径、消费观念的转换

2014 年 12 月召开的中央经济工作会议提出"认识新常态,适应新常态,引领新常态",并提出"过去能源资源和生态环境空间相对较大,目前环境承载能力已经达到或接近上限,必须顺应人民群众对良好生态环境的期待,推动形成绿色低碳循环发展新方式。"站在新的发展阶段,宿迁当前经济发展以"转型发展、绿色发展、创新发展"为指导,其中,"绿色发展"把绿色发展贯穿于经济社会建设各方面、全过程,持续做好污染排放和节能降耗的"减法",生态修复与补偿的"加法",努力走出一条经济建设和生态文明相得益彰、人与自然和谐共生的绿色发展之路。这为宿迁生态环境改善、生态消费发展带来了巨大的发展空间。

进入"新常态"发展阶段,我国的消费发展特征从过去具有明显的模仿型排浪式特征,逐渐转变为个性化、多样化消费渐成主流,这其中的一个体现是生态旅游成为一种时尚,健康消费已被越来越多的人所接受,人民群众的消费逐步倾向于绿色化。这为倡导生态文化产业提供了巨大的消费市场。

2. 宿迁具有发展生态文化产业良好的生态禀赋

宿迁生态资源得天独厚,境内有洪泽湖、骆马湖两大湖泊。洪泽湖、骆马湖烟波浩渺,被称为江苏的"两湖清水"。宿迁境内拥有京杭大运河、淮河、古黄河等多条河流,水质优良,湿地众多,其中,总面积 2.35 万公顷的洪泽湖湿地为国家级自然保护区;宿迁还是全国知名的"杨树之乡"和"花木之乡",全市以意杨为主的木材成片林近 2 220 万公顷,素有"平原林海"

美誉。花卉苗木面积达 3 万公顷。此外,宿迁还是中外文明的"名酒之乡","洋河""双沟"双双荣获国家名酒称号。在以"生态为归宿、创业求变迁"的宿迁精神指引下,宿迁生态环境得到了较好的保护和提高。

(七)宿迁文化产业发展现状分析

1. 人力资源竞争方面

由于宿迁市建市较晚,属于经济欠发达地区,拥有后发优势。随着经济的快速发展,宿迁市庞大的市场规模有利于宿迁市文化产业快速形成规模经济,实现规模效益。特别是对于正在成长中的文化产业,如报刊、出版、广电等行业,这种优势会更加明显。但人才问题是制约宿迁市文化产业竞争力提升的突出问题,目前,宿迁市文化产业各类人才的总量、结构、素质还远不能适应产业发展需要,尤其是高层次人才严重不足。

2. 文化资源方面

宿迁拥有深厚的历史文化积淀,文物资源非常丰厚,民俗风情独特,民间艺术众多,有国家级文物保护单位 2 处,省级文物保护单位 13 处,国家非物质文化遗产项目 1 项,省级非物质文化遗产项目 7 项。另外,旅游资源也非常丰富,再加上独具特色的地方戏曲,如沭阳、泗阳的淮海戏,泗洪的泗洲戏,宿豫、宿城的淮红戏以及琴书、大鼓、评词等曲艺品种。民间艺术繁荣,旱船、高跷、花挑、跑驴、舞龙、舞狮等艺术形式为群众喜闻乐见。

3. 资本资源方面

由于宿迁市经济总量较小,政府对文化产业的投入偏少,社会资本活跃性也不高。并且,宿迁市吸引外资的总体水平不高,文化对外资吸引力目前只是一个潜在优势,直接流入文化产业的外来投资还非常少。

二、宿迁文化产业发展存在的问题

(一)景区的文化内涵不足,文化特质不够突出

尽管近年来宿迁市景区景点建设数量上有显著提升,但景区的质量还有待提升,主要表现在景区的文化内涵仍显不足,文化特质不够突出。具体看来:一是在自然景观建设中,忽视文化历史元素的挖掘和利用;二是重视基础设施的建设和提升,忽视历史元素的挖掘和利用;三是重硬件建设,忽视软件投入。

(二)加强宿迁文化建设,离不开文化产业的支撑

文化产业的内涵是文化,外在形态是产业。推动文化高质量发展,必须一手抓文化含量提升,一手抓总量扩大。近年来,宿迁市文化产业整体规模、发展水平都有了较大提升,但文化产业的结构不优、文化元素不多、企业规模不大等问题还比较突出,与人民群众日益增长的精神文化需求相比还有不少差距,迫切需要抓好一批文化龙头企业发展,加快形成以主导产业为核心、特色产业为支撑的发展格局,为实现文化惠民夯实基础。

(三)创意、旅游产业聚合效应不够明显

宿迁市的创意产业起步虽晚,也已有长足发展,创意产业推动旅游业发展初见成效,但还没有发挥出应有的聚合效应,旅游产业还没有形成强大的吸引力和影响力。

（四）宿迁的体育旅游事业规模不足

宿迁的体育旅游事业正处于刚起步的阶段,体育与旅游融合发展虽"点有特色",但尚未"面具规模",与发达地区相比,仍存在产品结构单一、开发供给不足、品牌赛事不多、专业人才匮乏等问题。

（五）宿迁生态文化产业发展的面临困境

宿迁近年生态文化产业发展迅速,除了看项王故里、乾隆行宫,体验骆马湖水域风情,观赏沭阳花卉,畅游泗阳林海,看泗洪洪泽湖湿地,成为游客来宿迁的多样选择。但与苏南相比,宿迁生态文化产业发展还处于比较低级的层次,既缺乏对原生态文化资源的较好保护与利用,也缺少生态文化创意人才的积累。

一是生态环境保护程度不够。受落后的农业生产方式的影响,宿迁农业在化肥、农药使用强度较高。此外,宿迁农民收入普遍较低,缺少生态文化的理念,在农业生产、生活中对生态环境存在一定程度的人为破坏,因此,影响了农业观光游等的开展,不利于生态文化产业的生态和社会功能实现。

二是对生态文化产业尤其对生态文化创意产业的发展重视不够。宿迁建市以来,各届政府高度重视生态环境的建设,提出了"生态为归宿,创业求变迁"的"宿迁城市精神"。但这里的"生态",宿迁市政府更为重视的是生态环境的建设和保护,而对建立在良好生态环境上的生态文化产业的发展,尤其是对生态文化创意产业的发展缺乏重视。由于受到宿迁发展层次的影响,当前宿迁生态文化产业发展主要局限于农家乐、生态旅游的层面上,而且是处于零星、自发的发展状态,缺乏政府统一的规划、引导和政策的扶持。对于具有较高产业附加值的生态创意产业的发展,当地政府认为缺乏相应发展的经济、文化的土壤,是一种"空中楼阁"的产业。

（六）宿迁文化产业发展创新不足

创新是解决我国经济社会发展中遇到的深层次问题的法宝。文化产业是 21 世纪的绿色产业,其发展对提升人们生活质量,优化经济发展结构,促进国民经济发展,提升综合竞争力具有特别重要的意义。但是,宿迁文化产业发展的过程中,存在着规模比较小、种类比较单一、市场集中度低、效益差和核心竞争力不强等问题,所以,宿迁文化产业发展创新势在必行。

（七）宿迁文化产业竞争力较弱

宿迁的文化产业发展水平同先进地区相比还存在较大的差距,文化产业竞争力较弱,主要表现在:(1) 经济基础薄弱,人均主要经济指标低,改革力度不够,产业规模偏小,效益低下;(2) 文化经济政策落实不够,文化设施建设滞后;(3) 文化产业经营管理人才匮乏,人才流失严重,人才优势作用发挥不够,难以引进优秀人才。

三、宿迁市文化产业发展对策分析

（一）做好文化产业的顶层设计

召开全市文化产业工作推进会,对标高水平全面建成小康社会指标任务,对文化产业工作进行阶段性盘点,查找问题和不足,安排部署当前和今后一段时期文化产业重点工作任务。面对新的发展形势和任务要求,宿迁市必须科学分析,把握关键,精准施策,当前和今后一个时期,要紧盯省委、市委目标要求,紧扣壮大文化产业规模总量这个核心任务,坚持一手抓存量提升、一手抓增量扩大,统一思想、坚定信心、攻坚克难,着力推动现有文化企业做大做强,着力加大文化产业项目招引力度,着力做好文化企业统计工作,着力推动文化产业集聚发展,着力强化文化产业政策保障,切实提高全市文化及相关产业增加值占GDP 的比重。

在具体工作中,要围绕做大总量,加强文化企业培育招引。特别是要聚焦壮大产业规模总量这个核心任务,以强化项目支撑为重点,坚持提升存量和扩大增量并进、优化管理和提档升级并举,确保文化产业增加值占 GDP 比重稳步提升。同时要强化统筹协调,切实优化文化产业发展环境,要从强化政策保障、用好引导资金、健全推进机制、密切协作配合等方面入手,进一步提升推动文化产业发展的整体合力。此外,还要对照国家统计局新调整下发的《文化及相关产业分类》,全面排查分析,扎实做好文化企业统计工作。

(二)突出重点,打造具有宿迁文化特质的景区

1. 在景区建设方面,突出文化探源挖掘

宿迁市历史文化资源丰富,境内有水利水运文化、西楚文化、古徐文化、酒文化、宗教文化、红色文化、民俗文化等多种文化特质,有下草湾人文化遗址、青墩文化遗址、泗水国、古徐国古城遗址等众多遗址遗存。各种文化积淀及遗址遗存为该市景区的建设发展提供了丰富的文化源泉。

下一步应将积极发动该市文化根源较深的人文景区开展追根溯源,寻找文化渊薮活动,深入挖掘景区核心价值,将景区拥有的文史、名人、传说、民俗等方面的亮点充分挖掘出来。进一步丰富景区的游客中心、引导标识、旅游厕所等功能配套设施的特色文化符号运用,彰显景区文化内涵。针对该市部分旅游景区自身文化资源不足,影响力较差,计划从市场出发植入有市场影响力、诱惑力的大众化文化,并融入旅游产品和业态。如该市的湖滨公园、沙滩公园等景区可借鉴深圳锦绣中华、世界之窗景区做法,植入不同特色的地域文化。

2. 在景区评定方面,突出文化挖掘创新

具体表现在景区建设与评定中,突出文化特色和主题要求,重点突出景区的资源景观价值、历史价值、文化价值和科学价值等,在景区的文创产品开发中,突出独创性、唯一性和引领性,逐步实现从旅游产品到旅游产业以文化为引领。

3. 在人才建设方面,突出文旅深度融合

加强文旅人才深度融合,逐步增加文化专业人才在旅游管理人员中的比重。在旅游从业人员中开展历史文化知识培训,提高从业人员的历史人文素质。进一步加大该市旅游诗词文化的挖掘与编纂,与景区导游词撰写相结合,丰富景区导游词的传统文化内涵。

4. 在资金保障方面,突出文化产品开发

在争取省级以上项目资金时,注重文化方面的项目申报。在市级旅游业发展引导资金中,设立专项资金用于景区、景点文化专题馆的建设、亭台楼阁圃的制作以及地方特色文化演艺项目的研发与创作等。

（三）宿迁生态文化产业的发展策略

1. 广为宣传宿迁"生态""生态文化"的定位

宿迁作为江苏省欠发达地区,在科教、区位方面都处于劣势,宿迁能有效发挥自身优势的就是生态。宿迁要以"生态为归宿,创业求变迁",作为宿迁长期发展的战略方针,要坚持"金山""银山"不如"绿水""青山"的生态价值理念,紧紧守住生态环境的底线,决不能再走"先污染再治理"的发展经济的老路子。要围绕打造"楚风水韵、休闲绿都"的旅游形象,对内加强内涵建设,提升宿迁生态环境、旅游环境的质量,并发展生态文化产业,改善产业结构,提升宿迁生态旅游的内涵;对外进行广为宣传,让"生态""生态文化"成为宿迁城市的名片。

2. 提倡、引领生态文化消费理念

根据马斯洛的需求层次理论,人类需求像阶梯一样从低到高不断发展。司马迁在《货殖列传序》中有类似的观点,"仓廪实而知礼节,衣食足而知荣辱"。这些观点都说明人类的需求内容、形式、层次是发展变化的,会从低层次的需求向高层次需求演变。自改革开放以来,中国在工业上走完了西方国家上百年的发展历程,人们在物质产品方面获得了极大的满足。生态消费是中国在物质产品消费满足之后一个重要的消费领域。其中,生态文化消费是最富有精神内涵的生态消费层次。当前,生态旅游成为一种时尚,健康消费已被越来越多的人接受,人民群众的消费逐步倾向于绿色化等。宿迁要把握消费发展变化的这种趋势,在宿迁市域、全省引领时代潮流,广为提倡、培育生态文化消费的产品和市场。

3. 正确处理好政府和市场的"两个积极"

十八届三中全会提出"经济体制改革核心问题是处理好政府和市场的关系,使市场在资源配置中起决定性作用和更好发挥政府作用。"生态文化产业是具有较强外部效应的产业,在发挥市场在资源配置中起决定性作用的同时,要恰当地发挥政府的作用以弥补市场失灵。政府与市场在发展生态文化产业中的配合方式、配合程度,要与各地区的经济发展阶段相适应。宿迁作为江苏欠发达地区,在中国整体进入后工业化社会的时代,宿迁仍在加速工业化的进程。与发展阶段相适应,宿迁在发展生态文化产业中,政府扮演的角色分量相对要更重一些。对一些投资规模大、投资回收周期长、利润率不高,但对宿迁本地生态文化产业发展具有引领作用的生态文化项目,仍需要政府来投资、运作。例如,宿迁政府2014年规划建设的三台山森林公园,总用地面积约12.7平方千米,计划总投资41亿元,是一座集生态、休闲、娱乐、度假、健康养老为一体的森林公园。对于一些投资规模小、项目分散、市场发育较为成熟的生态文化项目,政府要鼓励"大众创业、万众创新",要相信"高手在民间",鼓励个人、企业投资生态文化产业项目。

4. 推动传统农业向景观农业转变

传统农业在人们的心目中只提供物质产品,为人类解决粮食、蔬菜和水果等方面的需要。景观农业在提供物质产品的同时,还为人类提供精神产品。不同的种植方式、耕作制度、作物搭配均是一个地区民族文化、传统习惯、地区风俗等的具体体现,具有很高的观赏价值,对其他地区的游人颇有吸引力,特别是不同颜色作物,按不同地貌单元配置,可在空间形成一幅优美的图画,这种人工形成的景色具有较高的美学价值,可以陶冶人们的心灵,激发人们热爱大自然的情趣,是建设精神文明的物质基础。景观农业与生态旅游业结合的同时也提高了农业生产的经济效益。宿迁作为全省的重要粮食生产基地,在保证粮食生产安全的前提下,要推动有条件的部分地区开展大规模的、集中连片的景观农业的建设,增加宿迁

生态旅游的吸引力。

5. 发展生态文化创意产业

生态文化产业是生态资源与文化产业相结合的一种产业形态,按生态资源与文化结合的程度分有初级与高级不同层次。生态文化创意产业为生态文化产业的高级形态,具有文化附加值、科技附加值、服务附加值的特点。当前,生态文化产业的发展具有"一窝蜂一哄而上"的现象,各地争先恐后的发展生态文化产业。但受条件的限制,总是趋向于发展以生态旅游、农家乐这些低端的生态文化产业为主要经营形态,造成各地区生态文化产业具有低端化、低附加值、雷同化、无差别化的特点。宿迁要想在生态文化的快速发展中获得竞争的优势,必须在发展较低层次生态文化产业的同时,要未雨绸缪、着眼于未来,现在就开展生态文化创意产业的培育。为此,宿迁要就发展生态文化创意产业制定一个较长时期的长远规划;出台相应的指导意见,吸引生态文化创意产业在本地的集聚并制订鼓励政策;同时,注重生态文化创意产业人才的吸引与培育。

6. 与农村贫困人口脱贫相结合

"十二五"期间全国通过发展乡村旅游实现了 10% 以上贫困人口的脱贫,人数达 1 000万以上。农村贫困人口可以通过参与乡村旅游经营、乡村旅游经营户中参与接待服务、出售自家的农副土特产等方式增加收入获得脱贫。宿迁为苏北欠发达地区,2015 年被列为国家扶贫改革试验区,其中,宿迁成子湖周边地区位于泗阳县、泗洪县和宿城区的交界地带,包括10 个乡镇、127 个村,其中,53 个经济薄弱村,贫困人口占人口总量的 25%。该地区为江苏省重点帮扶地区。宿迁生态文化产业的发展可以和宿迁农村贫困人口脱贫相结合,尤其在宿迁成子湖周边地区。当地工业基础薄弱,但该地区紧挨着洪泽湖,湿地景观丰富,水产养殖、捕捞富有特色,适宜开展以水、湿地、鱼、虾、螃蟹为特点的乡村旅游,并以此带动其他生态文化产业的发展。

7. 与特色乡镇建设、传统村落保护相结合,建设网格化生态文化旅游体系

我国新型城镇化要求大中小城市和小城镇合理分工、功能互补、协同发展。宿迁在发展生态文化产业中要与特色乡镇、传统村落保护相结合,建设具有历史记忆、地域特色、生态特色的美丽城镇、美丽乡村;要在乡镇建设中遵循尊重自然、顺应自然、天人合一的生态理念;在新农村建设中注意保留村庄原始风貌;要让乡镇和农村能"望得见山、看得到水、记得住乡愁"。在重点特色乡镇中,推行一村一特色生态文化产业,每村形成一个特色的生态旅游景点;由点到面,形成网格化的生态文化旅游体系,产生聚沙成塔的集聚效益,让宿迁生态旅游"贫瘠的土壤"变为生态旅游的"富矿"。

(四)加快宿迁市体育旅游产业的发展

要加快宿迁市体育旅游产业的发展,应结合宿迁全域旅游和时尚体育规划,推动时尚体育、竞赛表演、健身休闲与旅游活动的融合发展,培育具有影响力的体育赛事旅游项目,打造体育旅游特色品牌。

(五)宿迁文化产业创新发展的对策

1. 发展理念的创新

发展理念是经济发展的指导思想和经营哲学,指引着经济社会发展的方向。目前,我们正处在"大众创业、万众创新"的时代,宿迁文化产业的创新首先反映在发展理念上的创新。

一是"双效合一"的发展理念。宿迁的文化企业特别是国有文化企业要树立把社会效益放在首位、实现社会效益和经济效益相统一的理念。文化企业不同于一般的企业,其承担的职责不仅仅在于创造经济财富、物质财富,而且更重要的是对优秀文化的传承、价值观的传播,在于创造精神产品、精神财富。所以,宿迁国有文化企业在理念创新方面要有"双效合一"的认识,不能仅仅重视物质经济价值而忽视精神社会价值,始终把社会效益放在第一位。

二是"文化+"的发展理念。产业融合已经成为经济发展的大趋势大潮流。随着经济的发展,文化会不断地向其他行业辐射,与其他行业不断融合,并形成新的经济业态。宿迁在文化产业创新发展的过程中,要树立"文化+"的发展理念,在理念上要积极推动文化与其他行业的融合,提升文化的辐射力,积极培育文化产业的新兴业态。

2. 管理体制及制度的创新

文化产业的发展受到管理体制及制度的影响和制约。文化产业发展过程中政府、市场和企业是密不可分的三个主体,与这三个方面相关的体制及制度在很大程度上影响着文化产业的发展。因此,在宿迁文化产业创新发展的过程中,管理体制及制度的创新包括政府制度的创新、产权制度的创新和企业制度的创新三个方面。

一是政府制度的创新其核心在于积极转变政府职能,建设服务型政府,由"管制"转向"服务"。政府要在融资、生产、营销和人才等方面制定促进文化产业发展的规章制度。政府工作的着眼点在于发现文化产业发展需要什么,而不是向文化企业强加什么。文化产业发展需要的正是政府要做的,而不是政府要求的就必须让文化企业接受的。

二是产权制度的创新其核心在于保证市场交易过程中权责利的高度统一,提高文化企业经营的积极性,其基本特征是归属清晰、权责明确、保护严格、流转顺畅。

三是企业制度创新的核心在于重塑文化企业的市场主体地位,建立现代企业制度。

3. 科学技术的创新

科技是生产力,而且是第一生产力。在宿迁文化产业创新发展的过程中,科学技术创新可以推动宿迁文化资源整合与开发,提升核心资源价值,并促进其向不同产业的辐射,引发产业结构和产业组织转变,促使文化产业形态变迁。比如,大数据、云计算、互联网、物联网等信息技术、通讯技术和网络技术等的发展,对文化产业变革产生了重大影响,推动着文化产业在项目融资、产品生产、营销推广、消费和衍生品推出等方面的变革。特别是在"互联网+"的时代背景下,互联网技术对文化产业的发展带来诸多机遇,"互联网+文化产业"成为文化产业升级发展中的新兴业态。科学技术的创新在文化产业创新发展中起着举足轻重的作用,搞好科技创新那就需要培养高素质的科技人才,促使产、学、研等的密切合作,形成良性循环的科技创新体系,积极推动科学技术向现实文化生产力的转化。

4. 组织的创新

组织影响效率。国内的研究者认为,我国文化产业组织结构呈现出文化产业市场集中度低、分散竞争型市场结构占主导地位、文化企业组织调整以行政手段主导和文化产业产值总体规模不大、文化资源配置效率低下等特点。为此,实现文化产业组织创新,宿迁应建立和完善文化企业重组并购机制,促进文化产业市场集中,推动宿迁文化产业集团化,大力发展文化产业集群。发挥文化产业集群的辐射效应、带动效应、溢出效应和洼地效应等,推动宿迁文化产业的健康发展。

5. 人才的创新

文化产业是知识密集型、智慧密集型的产业,高素质的文化人才是文化产业创新发展特别重要的影响因素。理念的创新、管理体制与制度的创新、科技创新和组织创新最终依靠的是高素质文化人才的创新。在宿迁文化产业创新发展的过程中,一定要采取内培与外引相结合的方法,积极培养和引进高素质的文化人才。通过人才的创新,带动宿迁文化产业进一步提升和发展。

(六) 提高宿迁市文化产业竞争力建议措施

1. 加大政府投入

没有政府的重点支持,文化产业无法得到长远发展。政策助推,即政府发布一系列宽松、有利的文化政策是做好宿迁市文化产业的必然选择。宿迁市政府首先要解放思想、更新观念;其次要制定长远规划,实施产业战略;最后要从市情出发,选择发展道路,转变政府职能,加强宏观调控。

加大政府财政资金扶持力度,支持文化产业基地建设、重点文化企业发展、新产品新技术研发。设立以国有资本、市县两级多渠道筹措资金的文化产业投融资主体,对重点发展企业集团、文化资源开发项目以及新兴文化产业项目进行引导性、示范性的投资与运营。积极打造具有品牌优势、技术优势,带动力强的产业"旗舰"和特色文化产业集群。充分利用项王故里景区、乾隆行宫景区、"1897"历史街区、运河文化城景区等旅游文化项目的带动效应,以财政资金为主导,通过工商、财税、土地等政策的制定,吸引并带动广泛的社会资本进入文化产业领域,增强文化产业发展的资本实力。

2. 加快文化基础设施建设

文化基础设施建设对促进文化产业发展,提高文化产业竞争力,具有非常重要的作用。要从保障、维护和发展好群众的基本文化权益出发,努力扩大图书馆、书城、展览馆的规模,加快博物馆、文化馆、美术馆等项目的建设。加大建设动漫产业基地的力度,宿迁市文化资源底蕴丰厚,发展动漫所需的原创性素材取之不尽,本市辖区内有多所高等院校和职业院校,便于动漫人才的培养。但动漫产业前期成本较高,这就需要政府加大资金支持和人才引进扶持力度,逐步建成省级甚至国家级动漫产业基地。

3. 加大文化产业人才引进和培养

文化产业人才是文化产业的发展最具竞争力的核心因素,目前,宿迁市文化产业人才的数量和质量都难以适应文化产业的迅速发展。加大文化产业人才引进和培养,为文化产业发展提供人才支撑。一是引进文化产业高端人才。要重视文化创意人才、信息技术人才、高端管理人才的引进,特别是既懂文化产业又懂金融业的高端人才引进,提高文化企业的创新能力和管理能力,增强文化企业和文化产品的影响力和竞争力,加快推进宿迁市的文化产业的发展;二是培养专业化的文化投融资人才。通过高等院校培养、企业与研究机构联合培养、职业化培训等多种途径相结合方式,建立与文化产业发展相适应的人才体系。宿迁学院作为宿迁市一所地方高校,应该发挥地区和地方特色,在专业设置和课程设置方面要和宿迁地区的"西楚文化""运河文化"等民俗文化相结合,要重视培养文化创意人才的投融资知识,甚至可以根据社会需要开设文化投融资专业,培养适合宿迁发展的文化产业人才。文化企业要制定文化人才培训计划,选送一批对投融资感兴趣的人才到高校学习金融课程,参加投融资理论培训,也可以和高等院校进行订单式培养文化产业人才,既为文化企业提供了所需人才,也为学生的就业、实习提供了场所。

行 业 篇

第一章　新闻出版、版权行业发展研究

一、新闻出版、版权行业发展的现状

（一）新闻出版行业发展概况

推动新闻出版融合的纵深发展，目前已经成为国家和整个出版业的共识。新闻出版融合发展，是新闻出版战线贯彻落实党中央媒体融合发展战略部署的重要举措，是新形势下新闻出版领域的基础性、战略性工作。中央就推进出版融合发展树立了导向。2018 年 8 月 21 日，习近平总书记在全国宣传思想工作会议上提出"融合发展关键在融为一体，合而为一"，党中央要加强传播手段和话语方式的创新。2018 年也继续落实了《新闻出版业"十三五"时期发展规划》中的出版融合目标任务，更快地以科技创新和应用支撑新闻出版业全面繁荣发展。我国出版机构面对纸书销量锐减的市场环境，积极探索转型增效的新路径。从全国范围来看，专业出版机构和大众出版机构使用了完全不同的转型方式，截至 2018 年均取得了丰硕的成果。专业出版机构依托内容垂直而权威的优势，从单纯售卖纸书的形式，向提供知识服务产品转型。截至 2018 年底，人民法院出版社开发的"法信"知识服务平台，已汇聚了 450 亿字的法律知识数据，注册用户达 80 万人；水利水电出版社的"数字水"，已聚集水利水电相关图书约 5 000 种，章节 200 万篇，图表 50 万幅，视频 6 000 分钟，专利数百万条；2018 年 7 月人民卫生出版社上线的"人卫临床助手"，已拥有疾病知识 11 549 条，典型病例 5 000 例，医学词汇 17 万条，国家临床路径 1 213 个。

从江苏省数据看，2018 年全省新闻出版业总产出 1 975.31 亿元，营业收入 1 924.71 亿元，资产总额 1 959.12 亿元，净资产 929.19 亿元，利润总额 117.84 亿元，增加值 501.86 亿元，全行业产业活动经济单位 25 720 个，直接就业人员 37.19 万人。2019 年江苏省新闻出版局（省版权局）对全省 2018 年以来出版的文艺、少儿、教材、教辅和科普等种类图书进行了质量抽查。此次共抽查 18 家出版单位图书 118 种。从检查情况看，抽检图书导向正确，格调健康，内容质量合格率 100%；编校质量总体较好，合格率为 94.9%。但仍有一些图书存在错别字、格式体例不统一等常识性差错。编校质量差错率在万分之 0.25（含）以下的 16 种，占 13.6%；差错率在万分之 0.25 至万分之 0.5（含）之间的 32 种，占 27.1%；差错率在万分之 0.5 至万分之 1（含）之间的 64 种，占 54.2%；差错率在万分之 1 以上的 6 种，占 5.1%，属不合格图书。总体看基本达到了预期。

具体到各细分领域：

（1）图书出版。2018 年全省共有图书出版单位 18 家，出版图书 30 747 种，其中新版图书 11 977 种，重版、重印图书 18 770 种，总印数 6.83 亿册（张），总印张 50.64 亿印张，定价总金额 107.39 亿元。全省图书出版单位从业人员 2 699 人，资产总额 54.7 亿元，营业收入 41.42 亿元，增加值 8.59 亿元（含出版社所办报纸、期刊）。

表 3-1-1 图书出版情况①

	项 目	2018 年	2017 年	增长(%)
1	图书出版单位(个)	18	18	0.00
2	图书出版总品种(种)	30 747	28 790	6.80
	其中:1. 新出图书品种(种)	11 977	12 600	-4.94
	2. 重版、重印品种(种)	18 770	16 190	15.94
3	图书总印数(亿册)	6.83	6.36	7.39
4	总印张(亿印张)	50.64	45.72	10.76
5	定价总金额(亿元)	107.39	93.45	14.92
6	资产总额(亿元)	54.7	54.48	0.40
7	营业收入(亿元)	41.42	40.14	3.19
8	增加值(亿元)	8.59	8.3	3.49
9	从业人数(人)	2 699	2 862	-5.70

注:图书品种数、总印数、总印张、总金额不含图片、国部标准和小件印品。

(2) 报纸出版。2018 年全省共有报纸出版单位 142 家,出版报纸 142 种(含高校校报 50 种),平均期印数 1 137.59 万份,总印数 21.54 亿份,总印张 53.64 亿印张,定价总金额 23.13 亿元。全省报纸出版单位计有从业人员 9 903 人,资产总额 124.74 亿元,营业收入 42.71 亿元,增加值 19.16 亿元。

表 3-1-2 报纸出版情况

	项 目	2018 年	2017 年	增长(%)
1	出版单位(个)	142	142	0.00
2	出版总品种(种)	142	142	0.00
3	平均期印数(万份)	1 137.59	1 157.32	-1.70
4	总印数(亿份)	21.54	22.91	-5.98
5	总印张(亿印张)	53.64	64.33	-16.62
6	定价总金额(亿元)	23.13	22.87	1.15
7	资产总额(亿元)	124.74	115.34	8.15
8	营业收入(亿元)	42.71	38.29	11.54
9	增加值(亿元)	19.16	15.41	24.33
10	从业人数(人)	9 903	10 201	-2.92

注:以上财务指标中不含出版社的社办报纸;其中江苏教育报刊总社的报纸财务数据含所办期刊的数据。

(3) 期刊出版情况。2018 年全省共有期刊出版单位 446 家,出版期刊 446 种,平均期印数 350.29 万册,总印数 11 272.44 万册,总印张 4.931 71 亿印张,定价总金额 10.58 亿元。

---

① 本章节表格内数据均来源于江苏省新闻出版局(省版权局)公布的统计数据。

全省期刊出版单位计有从业人员 2 999 人,资产总额 8.12 亿元,营业收入 8.16 亿元,增加值 4.76 亿元。

表 3-1-3　期刊出版情况

	项　　目	2018 年	2017 年	增长(%)
1	出版单位(个)	446	445	0.22
2	出版总品种(种)	446	445	0.22
3	平均期印数(万册)	350.29	369.84	−5.29
4	总印数(亿册)	1.127 2	1.154 4	−2.36
5	总印张(亿印张)	4.931 7	5.098 2	−3.27
6	定价总金额(亿元)	10.58	10.29	2.82
7	资产总额(亿元)	8.12	7.32	10.93
8	营业收入(亿元)	8.16	8	2.00
9	增加值(亿元)	4.76	4.46	6.73
10	从业人数(人)	2 999	3 048	−1.61

注:以上财务指标中不含出版社、江苏教育报刊总社出版的期刊数据。

(4) 电子和音像出版。2018 年全省共有电子和音像出版物出版单位 10 家,出版电子出版物 478 种,1 843.46 万盒(张);出版录音制品 209 种,1 116.70 万盒(张);出版录像制品 66 种,16.56 万盒(张)。全省电子和音像出版物出版单位计有从业人员 140 人,资产总额 19 169.13 万元,营业收入 23 357.89 万元,增加值 4 210.83 万元。

表 3-1-4　音像制品、电子出版物出版情况

	项　　目	2018 年	2017 年	增长(%)
1	出版单位(个)	10	10	0
2	出版总品种合计(种)	753	550	36.91
	其中:1. 录音制品	209	151	38.41
	2. 录像制品	66	95	−30.53
	3. 电子出版物	478	304	57.24
3	出版总数量合计(万盒、张)	2 976.72	3 952.96	−24.70
	其中:1. 录音制品	1 116.7	1 058.79	5.47
	2. 录像制品	16.56	176.41	−90.61
	3. 电子出版物	1 843.46	2 717.76	−32.17
4	资产总额(万元)	19 169.13	20 322.3	−5.67
5	营业收入(万元)	23 357.89	16 036.96	45.65
6	增加值(万元)	4 210.83	3 663.02	14.96
7	从业人数(人)	140	146	−4.11

(5)电子音像制品复制。2018 年全省共有音像电子复制单位 9 家,复制音像电子制品 5.320 7 亿盒(张),复制加工设备生产线 171 条。全省音像电子复制单位计有从业人员 1 183 人,资产总额 16.27 亿元,营业收入 9.29 亿元,增加值 0.43 亿元。

表 3-1-5 音像电子制品复制情况

	项　　目	2018 年	2017 年	增长(%)
1	复制出版单位(个)	9	9	0
2	复制音像电子制品(亿盒、张)	5.320 7	6.73	−20.94
	其中:1. 音像制品(亿盒、张)	0.166 5	0.228 8	−27.23
	2. 电子出版物制品(亿盒、张)	5.154 1	6.501 5	−20.72
3	复制加工生产线(条、台)	171	171	0
	其中:1. 只读光盘生产线(条、台)	33	33	0
	2. 可记录光盘复制生产线(条、台)	131	131	0
	3. 只读光盘母盘刻录生产线(条、台)	2	2	0
	4. 可记录光盘母盘刻录生产线(条、台)	0	0	0
	5. 盒式音带高速复制系统(条、台)	5	5	0
4	资产总额(亿元)	16.27	18.36	−11.38
5	营业收入(亿元)	9.29	9.68	−4.03
6	增加值(亿元)	0.43	1.49	−71.14
7	从业人数(人)	1 183	1 410	−16.10

(6)印刷行业。2018 年全省印刷单位合计 10 260 家(不含复印打印单位),其中:出版物印刷企业 328 家,专项印刷企业 105 家,包装装潢印刷企业 6 449 家,其他印刷品印刷企业 3 327 家,专营数字印刷企业 51 家。全省外商投资印刷企业投资总额 478 891.89 万美元,注册资金总额 221 213.93 万美元。全省印刷行业资产总额 1 856.89 亿元,工业总产值 1 568.93 亿元,工业增加值 307.92 亿元,利润总额 90.83 亿元,从业人员 28.72 万人。

(7)出版物发行。2018 年,全省发行行业资产总额 221.31 亿元,营业收入 204.23 亿元,增加值 58.84 亿元,从业人员 50 320 人,全省出版物发行单位 13 031 家,发行网点 20 495 个。

表 3-1-6 江苏省新华书店系统、出版社自办发行出版物发行流转情况

项　　目		2017 年	2016 年	增长(%)
一、出版物购进	数量(亿册)	22.31	19.34	15.36
	金额(亿元)	253.15	222.2	13.93
其中:新华书店系统购进	数量(亿册)	15.37	12.8	20.08
	金额(亿元)	161.44	136.82	17.99
二、出版物销售码洋	数量(亿册)	20.79	19.55	6.34
	金额(亿元)	240.76	213.67	12.68

续表

项 目		2017 年	2016 年	增长（%）
其中:新华书店系统销售码洋	数量（亿册）	14.33	13.13	9.14
	金额（亿元）	156.14	133.51	16.95
三、出版物库存	数量（亿册）	7.94	6.47	22.72
	金额（亿元）	107.04	95.9	11.62
其中:新华书店出版物库存	数量（亿册）	6.11	5.09	20.04
	金额（亿元）	66.55	61.54	8.14

（二）版权行业发展概况

2019 年 8 月 30 日上午,由国家版权局、中国版权协会、江苏省版权局指导,江苏省版权协会主办,上海市版权局、浙江省版权局、安徽省版权局和南京市版权局支持,南京市文化投资控股集团承办的第二届江苏(南京)版权贸易博览会在南京国际展览中心拉开帷幕。为期 3 天的第二届江苏(南京)版权贸易博览会,以庆祝新中国成立 70 周年为主线,以"激活版权资源,激发创新活力"为主题,聚焦优质特色版权资源、打造版权产业展示交流的平台,聚焦做大版权贸易规模、打造促进版权成果转化的平台,聚焦多出智力成果,打造版权发展专业研讨的平台,聚焦版权宣传和群众参与,打造版权知识传播普及的平台,展出面积 2.1 万平方米,设置长三角展区、各设区市展区等 15 个区域展区和影视、出版、博物馆文创、动漫、纪录片、版权保护技术等 10 个专业展区,参展单位 200 多家,展示展销拥有自主版权产品超万种,举办长三角版权产业高质量发展论坛等各类版权活动 30 多场。开幕式上,国家版权局、世界知识产权组织中国办事处和江苏省版权局共同启动了"世界知识产权组织版权保护优秀案例示范点调研项目(吴江丝绸产业)",这是继江苏南通家纺市场成功创建成为世界知识产权组织版权保护优秀案例示范点后,我省第二个创建项目。上海、江苏、浙江和安徽版权局共同签署了《长三角地区共同营造版权产业高质量发展市场环境合作协议》,合力构建长三角区域版权产业高质量发展高地。国家版权局授予苏州大学"国际版权人才培训基地"称号,为江苏培养优秀国际化版权人才队伍、开展广泛国际版权交流合作提供了有效支撑。开幕式上还颁发了 2019 年度江苏省优秀版权作品奖,摄影《守岛英雄——王继才夫妇之三》、美术《运河千年悠悠来水上立交展雄姿》、电视剧《国宝奇旅》、梆子戏《母亲》、昆剧《顾炎武》、永中文档在线预览软件 V3.0 等 96 部作品入选 2019 年度江苏省优秀版权作品奖。

2019 年 4 月 26 日,国家版权局在京举办 2019 中国网络版权保护与发展大会。会上,国家版权局与全国"扫黄打非"办公室联合发布"2018 年度全国打击侵权盗版十大案件"。其中无锡市文化市场综合执法支队查办的"紫薯影院"微信公众号传播盗版影视作品案位列其中。2018 年 6 月,根据权利人投诉,无锡市文化市场综合执法支队对"紫薯影院"微信公众号侵犯电影作品著作权案进行调查。经查,无锡佳酷信息技术有限公司通过其运营的"紫薯影院"微信公众号及相关网站,向公众提供侵权影视作品在线播放服务吸引用户,并通过诱导购物、与第三方联合运营游戏、小说等多种经营模式获利。2018 年 7 月,该公司被给予罚款 12 万元的行政处罚。发布会上通过视频和图片对本案的查处进行了回顾,并作出点评:本案系利用微信公众号传播侵权影视作品的典型案件。近年来,侵权盗版分子利用微信、微博等社交平台，淘宝、闲鱼等电商平台，以及网盘等存储平台传播盗版作品的现象多发，严重损害了权利人的合法权益，破坏了网络版权秩序。版权执法部门严厉打击通过各类平台从事侵权盗版的行为，对加强网络平台治理、促进产业健康发展具有积极意义。

2018年10月19日，由中国国家版权局主办，江苏省版权局、苏州市人民政府承办的第七届中国国际版权博览会在苏州拉开帷幕。博览会以"交流、合作、创新、发展"为主题，旨在通过展示版权产业成果，交流国内外版权工作经验，推动版权产业持续快速地发展。开幕式上举行了"2018年中国版权金奖"颁奖典礼、中国国家版权局与WIPO互换协议文本仪式以及国家版权局版权管理司、江苏省版权局、苏州市人民政府签署三方合作框架协议等活动。缪志红局长在致辞中谈到，江苏省高度重视版权保护工作，将其作为建设创新型省份、文化强省的重要举措。2016年江苏省版权产业增加值达到6 508亿元，占全省GDP的8.55％，在国民经济中的支柱地位日渐巩固。下一步，江苏省将着力推动版权产业高质量发展，为建设"强富美高"新江苏和版权强国作出新的贡献。李亚平市长指出，此次博览会落户苏州，是对全市版权工作的鼓励和鞭策，苏州将以博览会的举办为契机，进一步深化交流与合作，不断提升苏州版权保护、管理和成果转化应用水平，积极营造一流的营商环境和创新生态，为推动全省、全国版权产业发展作出积极贡献。据了解，博览会期间还将举办21世纪版权促进文化创意国际论坛、第十届全国大学生版权征文颁奖仪式暨江苏省大学生版权论坛、全国版权示范城市联盟年会、太湖知识产权论坛、国际纪录片版权高峰论坛、版权与文化新经济峰会等十余项主题活动，并于10月21日下午举办中国国际版权博览会"金慧奖"颁奖仪式。

10月19日至21日，在第七届中国国际版权博览会举办期间，由世界知识产权组织（WIPO）、中国国家版权局主办，江苏省版权局与苏州市人民政府承办的2018国际版权论坛——21世纪版权促进文化创意国际论坛在苏州举行，聚焦版权产业与新兴融资商业模式。来自英国、俄罗斯、日本、韩国、澳大利亚、肯尼亚、马来西亚、蒙古、阿曼等国的版权主管部门代表、专家学者，中国部分地方版权局代表，国内外版权相关行业协会、版权产业界和权利人代表共300余人参加了论坛，并围绕版权促进文化创意进行了讨论。中国国家版权局版权管理司司长于慈珂，阿里巴巴集团副总裁、阿里巴巴知识产权研究院负责人孙军工，国际作者和作曲者协会联合会亚太区总裁吴铭枢等，就21世纪版权的主要特征、释放文化产品的经济潜力、推动和保护数字时代创新、升级版权架构和知识产权管理能力、打造促进文化经济可持续发展的版权生态系统等议题，进行了讨论。

与此同时，19日至21日，为期两天的第四届全国版权示范城市联盟年会在苏州召开。国家版权局版权管理司司长于慈珂、江苏省新闻出版广电局副局长于国民、苏州市政府副秘书长卢渊、苏州市知识产权局（版权局）副局长严强等出席会议并作讲话。本届年会由苏州市版权局、昆山市文化广电新闻出版局（版权局）联合主办。会议期间，各市就版权工作开展情况、近年来工作成绩、存在问题以及下一步的工作展望进行了深入交流。同时，都表达了希望借助全国版权示范城市联盟这一平台，不断强化各市沟通互动和资源共享、促进全国版权工作取得新突破的愿景。苏州市是联盟中首个获得"全国版权示范城市"称号的地级城市。在交流发言中，苏州市版权局副局长严强围绕激励创造、推动运用、加强保护、科学管理和完善服务等方面，向与会代表介绍了苏州开展版权工作的经验和做法。他还表示，希望借助举办联盟年会的机会，认真学习各地长处，进一步提升苏州版权示范城市建设水平。中国版权金奖颁奖仪式作为第七届中国国际版权博览会开幕式上的重头戏，6个作品奖、5个推广运用奖、5个保护奖和4个管理奖在期待中揭开面纱。苏州市版权局摘下中国版权金奖管理奖。

国家版权局公布 2017 年度查处侵权盗版案件有功单位及有功个人名单,常州市文化行政综合执法支队、常州市钟楼区人民法院联合组成的常州吴某侵犯网络游戏著作权案专案组荣获侵权盗版案件有功单位一等奖,另有常州市文化行政综合执法支队支队长姜海等 3 人分别获得有功个人二等奖和三等奖。近年来,常州联合职能部门,集中优势力量重拳打击各类侵权盗版行为,在规范净化常州本地版权环境的同时,逐步形成了"专案办理、主动监管、部门联动、社会共治"的版权案件办理新模式。常州在全省率先实现"同城一支队伍",并在市文化行政综合执法支队内设网络版权执法大队;建立职能部门联席会议制度,文化、公安、法院、检察院、通管办等相关部门每季度组织召开联席会议,凝聚工作合力,形成了版权工作齐抓共管的良好局面;主动作为,对辖区内经营场所、网站、网络交易平台等开展定期巡查,排查新型版权案件线索。2018 年 7 月,在全国版权执法监管工作会议上,常州作为全国唯一地级市代表作经验介绍,获得中宣部副部长、中央网信办主任庄荣文的高度肯定,认为常州为中小城市网络版权执法提供了一套可复制、可推广、可借鉴的新思路。

2018 年 11 月,"江苏网络作家村"和"中国网络文学泛娱乐产业孵化基地"揭牌仪式在镇江宜园举行。揭牌仪式上,浪漫烟灰、木子喵喵等 15 名网络文学作家与"江苏网络作家村"签约,就 IP 开发、影视制作、衍生品开发等结为战略合作伙伴。中国作家协会举办的网络作家培训班的 50 位作家学员也应邀来到现场。来自镇江的天下归元,两部网络文学作品《扶摇》和《天盛长歌》被改编为古装大剧,分别在浙江卫视、湖南卫视热播,出任"江苏网络作家村"首任村长。揭牌仪式后,中国作协网络文学委员会委员、网络文学中心研究员马季发布了首期"百部 IP 宜创"计划,计划在 3 年内创作、吸纳系列 IP 上百部。爱读文学网总编辑吴长青、爱奇艺文学编辑杨勇等 10 人签约成为"江苏网络作家村"IP 导师,包括橙瓜、晋江文学城等在内的 18 家网络文学产业链的相关平台、企业也正式签订合作加盟协议,优势互补,共同培养网络文学创作人才,孵化优质网络文学 IP,并推动向网络影视、网游动漫转化。"江苏网络作家村"将规划建设"中国网络文学 IP 形象展览馆""网络作家培训基地""编剧医生培训中心""网络文学众创空间""江苏网络文学研究院""国家级网络文学 IP 路演基地"等,为网络文学泛娱乐产业提供便捷服务。镇江新区也制定了《关于促进"江苏网络作家村"产业发展的实施意见》,对网络文学作家落户、网络文学企业及相关产业链企业落户及做大做强等方面进行重点扶持。

2017 年 12 月 8 日,"歌唱江苏两首好歌"新闻发布暨版权拍卖活动在江苏省文化厅举行,为认真学习贯彻党的十九大精神特别是习近平新时代文艺思想,贯彻落实江苏省委、省政府推动文化建设迈上新台阶的重要部署,进一步打造"精彩江苏"文化品牌,省文化厅开展歌唱江苏歌曲创作活动,一方面创作出唱得响、传得开、留得住,具有浓郁江苏地域特色的传世经典音乐歌曲作品,另一方面以此为契机,推动展现江苏精彩、传播江苏形象的优秀音乐作品的创作生产,营造繁荣发展社会主义文艺的良好氛围。他还介绍了两首好歌的创作过程和主创人员,两首好歌的歌词由省文化厅委托专业机构通过全国征集产生,《我在江苏等你》由廖建中作词、胡廷江作曲,《我的江苏我的爱》由郑怀阳作词、卞留念作曲,两首歌由阎维文、张其萍义务演唱。两首歌传唱度高、渲染力强、风格各异,具有浓郁的江苏地域特色,唱出了对精彩江苏的赞美和喜爱。新闻发布会之后进入拍卖环节,多家机构参加竞拍两首歌曲版权,最终《我在江苏等你》《我的江苏我的爱》以 88 万元的价格成交。

2018 年 12 月 20 日,由国家新闻出版署指导、中央文化产业发展专项资金支持的"优秀原创动漫作品版权开发奖励计划",在中国版权保护中心举行颁奖仪式。昆山粉墨文创发展有限公司凭借精品动漫原创的优势，荣获最具影响力"品牌经营类"铜奖。"优秀原创动漫作品版权开发奖励计划"设 3 个大项、9 个小项奖励项目，申报范围针对近 3 年来在境内外已出版、发行或播映的著作权完整的动画和漫画作品（包括网络动画和网络漫画作品）。经过评选，在全国数百个优秀作品中选出了 78 个国产优秀原创动漫项目，昆山粉墨宝贝位列其中。大型原创昆曲元素 3D 系列动画片《粉墨宝贝》，实现"戏曲和动漫"跨界创作，用"弘扬传统文化""传递正能量"等理念，融入誉有百戏之祖－昆曲的唯美和趣味。同时，开发数百种衍生商品，同步开展数十项延展合作项目并进行产业化运作，形成了具有昆山特色的动漫文创品牌。

从统计数据来看，2018 年完成版权合同登记数量 1 211 件，其中图书版权引进合同登记 394 份，电子出版物版权认证 92 件，软件合同登记 725 份。作品自愿登记 303 329 份。

表 3-1-7　版权管理及版权贸易情况

项　　目		2018 年	2017 年	增长（%）
版权管理	1. 受理、查处案件（件）	95	90	5.56
	2. 作品自愿登记（份）	303 329	285 225	6.35
版权贸易情况	1. 版权引进（项）	394	457	−13.79
	2. 版权输出（项）	355	419	−15.27

二、新闻出版、版权行业发展存在的问题

（一）组织架构调整与管理机制改革有待深化

落后的组织架构和管理机制，阻碍融合发展进程。在当前融合出版浪潮中，多数传统出版单位仍受制于僵化的组织架构与不合理的管理体制，总体落后于阅文集团、中文在线、咪咕阅读等新兴出版单位的步伐。组织架构上，传统的金字塔式结构反应迟缓、力量分散，易产生职能"缺位""越位""错位"等现象，并在产业链条诸方面呈现不同程度的分离和割裂，致使良性联动运营的生态系统无法形成，很难适应出版融合新形势下的变化需求。管理机制上，国有企业的文化氛围倾向保守，单一股权结构缺乏竞争力，影响人才积极性；浮于表面的统筹规划与措施，以及落后的管理技术手段，也会造成信息孤岛、数据割据现象，阻碍融合发展进程。2018 年，国家相继印发《中央文化企业公司制改制工作实施方案》《关于加强和改进出版工作的意见》《图书出版单位社会效益评价考核试行办法》，持续强化改革顶层设计与总体规划，这表明推动国有出版社组织架构调整和管理机制改革已经成为出版融合深度发展的必由路径。未来，出版业要在组织机制、人才激励、考核制度、运营管理等方面进一步深化改革。

（二）政策性不平衡仍然存在

当前，我国出版业内容产品供给的不平衡不充分主要表现为一般内容产品的结构性过剩和精品力作的结构性短缺。具体体现：满足读者一般性需求的作品多，满足读者高层次需求的作品少；教材教辅多，大众类、科技类作品少；实用性作品多，思想性、艺术性俱佳的作品少；编著、汇编、资料性作品多，原创作品少；内容重复雷同的作品多，具有创意、创新的作

品少;普通的作品多,精品力作比较少;有高原缺高峰的现象普遍存在。这些问题在江苏省新闻出版业及版权行业中同样存在。

在免税政策方面,国有事业出版单位没有享受免所得税待遇,国有出版企业享受免所得税的待遇只能延续到 2018 年,2018 年以后免税政策能否延续成为一大疑点。如果不能延续,国有出版企业的利润将会下滑,特别是国有出版上市公司的业绩下滑,可能影响股民及相关机构对出版上市公司的信心,导致出版上市公司股价下跌、市值缩水。国有出版单位为推进数字出版而组建的公司不能享受免所得税待遇,对国有出版单位的数字化转型形成一定影响,有些出版单位所属数字出版部门为建立市场化运营机制单独注册成立数字出版公司,因不能享受免税导致其在初创期负担过重,难以发展壮大。这种现象导致大部分出版单位的数字出版部不愿单独成立公司,无法建立适应市场的市场化运营机制。在政策资源供给方面,书号资源基本放开,但报刊号资源仍不能适应文化发展的需要。文化的发展对学术期刊、科技期刊、社区报的需求较大,但现有的报刊号难以满足需求,导致一号多刊、以书代刊、买卖刊号,甚至违规办报刊的现象一定程度上存在,影响了江苏省报刊特别是期刊业的做大做强。

(三)"出版+技术"解决方案仍在探索

新兴技术开发程度不足,产品盈利模式单一。传统出版和新兴出版融合发展,在时间维度上体现为技术的不断进步,通过出版技术的变革带动出版产业结构、组织和机构转型升级。"出版+技术"是指在大数据、人工智能、AR/VR/MR、区块链等技术推动下,出版业不断催生出新媒体、新业态、新模式,实现产品服务升级和产业边界扩张。信息技术的迅速发展带来了一系列颠覆性变化,无人书店、导购机器人等跨界合作方兴未艾,出版内容早已不再局限于单一文字或图片,而是致力于为读者提供集音频、视频、线上服务等多种表现形式为一体的资源与服务,是一种内容呈现的无限延伸,是多种载体的无限发布。文化产品的呈现形态、传播方式以及受众的阅读方式均发生了根本性变革,同时这也给传统出版业带来了诸多挑战。"出版+技术"是目前出版融合的重要方面,但部分新兴技术的开发程度还不成熟,盈利模式单一,资金投入与收益产出比例严重失衡,销售价格居高不下,难以大规模应用于出版实践;其次,在内容生产、行业标准、版权保护等方面也存在缺陷,呈现场景单一,用户体验差,产品质量参差不齐,完整的供需体系也并未形成;此外,在内容监管方面,由于涉及新闻出版、计算机开发、金融管理等多个学科领域,传统监管体系并不能完全适应当下发展,导致市场乱象,有着诸多隐患。

(四)版权形态复杂阻碍高效保护

出版融合涉及版权形态复杂,且随着技术进步不断发展变化,难以形成有效保护机制。在出版业转型升级和业态创新的过程中,版权保护一直是难点和痛点。当下,传统出版与新兴出版融合发展持续推进,已经涌现出了一批新产品、新业态、新模式。在传播和呈现上,文字、音频、视频、直播乃至虚拟现实、增强现实等内容形态已经形成全面融合的趋势。在出版融合的不断推进中,出版业已由原来基于出版物的线型编辑、印刷、发行模式,向平台式知识内容采集、加工、提供服务的综合运作模式转变。出版版权形态日趋复杂,其管理和保护也面临着严峻挑战。许多优质作品一经出版,便遭到网络自媒体的"拆书""洗稿"进行非法传播,严重损害作者和出版机构利益;不少出版单位依旧忽视内容资源和版权保护的重要性,版权开发与运营意识淡薄,版权收益依旧微弱;即使有些出版单位意识到版权的价值,却缺乏有效的路径和方法,维权成本高,自身权益难受保护。整体来看,造成版权保护难的主要原因包括:版权法律制度滞后于技术发展步伐;针对版权侵权行为的执法力度薄弱,违法成本低;新兴出版形态版权保护技术的有效性不足;社会公众版权意识淡薄等。信息技术不断发展,在出版融合版权形态日趋复杂的背景下,一方面,需要各方努力,完善版权保护机制;另一方面,更需要出版机构转变思维,由单一的版权"保护"向综合的版权"管理"转变,宜"疏"不宜"堵"。

三、新闻出版、版权行业发展对策分析

(一)出版融合产权体制和组织机制改革深化

当前,传统出版业僵化的体制机制已经不能满足出版融合环境下消除行业壁垒,促进资源流动共享的时代要求。改革创新是出版融合向纵深发展的内生动力,是出版业加速融合的必由之路。出版业的改革创新将在政策引导下继续深入推进,并主要着眼产权体制和组织机制改革两方面展开。

在产权股份体制方面,出版社将继续深化股份制改造,以股份制形式整合出版力量。单一股权机制的出版社将实现资本、股权多元化,国有出版社、民营书企、出版上市公司等产业链条将全面贯通。产权改革将朝全员持股的方向发展,出版企业的所有人员将真正凝聚成一个利益共同体,特殊管理股的形式将在未来股权体制中成为保障正确文化导向的主要手段。出版业还将加快推广现代企业制度,法人治理结构将更加完善。产权体制科学规范化,将有力提高生产效率,激发创新活力。在组织机制方面,将建立起以现代编辑为中心,以流程为导向,职能边界模糊化的,扁平化的新型组织结构,内部资源将进一步流动共享,技术转化、信息沟通、选题策划、产品营销的全链流程将得到优化。市场化机制也将更加健全,人事制度改革将覆盖出版企业所有层级,权责分明的专项工作机制将全面确立。以知识产权、无形资产、技术要素入股等方式将被纳入激励制度中,收入差距将被合理拉开。绩效考核方法将得到改变,社会效益将成为绩效考核的重要指标。聘任、激励、考核机制的改革将有效解决国有文化企业人才流失问题。

(二)出版融合驱动出版智库建设跨越发展

在总体规划上,出版融合将促进出版业智库资源整合,进一步优化出版业智库布局。未来将建立理事会化的管理运行体制,健全高端人才流动合作机制,确保出版智库兼具正确政治导向和独立客观的研究态度;将造就一批具有传播力、引导力、影响力、公信力、知名度的出版业智库,以及一支具有行业顶尖智慧和创新精神的公共政策研究和决策咨询队伍;将有一个或多个出版业智库迈入国家高端智库前列。在服务内容和形态上,出版融合将有效促进技术与智力资源的融合,以及跨地域、跨领域的智库合作,并推动创新智库方案、完善服务体系与驱动成果转化。智库内容体系将进一步拓展,涵盖成员库、成果库、专家库、专题库等多个层次。智库成果推介的公共平台将落成,智力成果转化效率将进一步提升。知识标引工具、知识计算模型、定制解决方案、指标体系建构与评级服务等产品和服务将进一步丰富智库成果的形态。在思维导向上,融合思维将引领智库建设思维升级。出版业智库的建设思维将站在行业高度,服务大局,把握意识形态领导权,聚焦于行业前沿,特别是出版融合领

域相关重大命题,更具宏观性、前瞻性、战略性、引领性。同时也将贯彻融中有异的思维,出版智库将差异化发展,形成具有特色的研究领域,资源将向优势领域汇集,在具有专业优势的领域做到国家顶尖、世界一流。智库建设还将更具国际视野,面向海外市场,制定中国标准,传播中国智慧,争夺国际话语权。

(三)加速新闻出版审批制度的改革

加速新闻出版审批制度改革将会对媒体融合的发展起到显著的推动作用,众所周知,新闻出版审批是行业内宏观调控的常见手段,以准入资格高、前置审批量大和审批事项多、范围广著称。虽说提升准入的门槛和严格审批对于维护行业的出版权利和国家舆论安全具有重要的作用,同时也有利于国家对舆论的有效控制,也有利于集中优势人力物力提升行业的水平和出版物的质量;但从另一方面看,新闻出版业有国家支持,有雄厚的财力和物力且形成绝对垄断地位,不惧外来挑战,可当前,提倡传统媒体和新型媒体的融合战略一出,新兴媒体和传统媒体拥有同样的资源和政策,而此时,传统媒体还像过去那样"夜郎自大",我行我素,依然采取严格审批制度和各个层面的干预,必然会影响市场的活力,影响经济效益,导致资源配置的过度浪费,形成恶性发展循环,成为制约媒体融合的障碍。鉴于制度方面对市场发展的约束,本着简政放权的战略规划,成立了国家新闻出版广电总局,便空前地取消了20多项行政审批,放权8项,取得了突出的效果,但还有进一步改革的空间,从广电总局发布的审批清单可见,包括游戏出版审批在内还有21大项,如果计入一些小项依然高达40多项,依然存在准入门槛高的不利局面,以及国家微观干预过多,导致缺乏市场活力,这仍然是套在新闻出版行业身上沉重的枷锁。在国家媒体融合战略思想的指引下,我国新闻出版改革势在必行,除严重影响国家安全的重大事务意外,完全发挥市场的作用,争取再大幅度消减审批权,能下放的一律下放,能废除的一律废除,充分发挥市场对资源配置的主导作用。我们相信,经过改革一定能给我国新闻出版业带来新的繁荣,必将促进社会主义新文化的传播起到推动作用,并加速实现我们伟大的中国梦。

(四)建立现代版权服务标准体系

从世界范围来看,著作权保护范围内的图书、音乐等客体类型的产业化程度,完全不输专利权和商标权保护对象的产业化程度。要加快建立现代版权公共服务体系,更好地服务和促进版权产业发展。一是激励内容创造。通过最有价值版权作品评选、资金支持等手段,引导版权企业建立完善版权创造激励、版权资产管理等制度,建立并不断扩大优质版权资源为。二是促进成果转化。在激励创造的同时,大力推动版权成果转化,形成产业竞争力,力争到2020年全省版权产业占GDP比重达到10%左右。三是依法保护。加强视听节目、文学、游戏网站等重点领域版权行政执法,形成打击侵权盗版的高压态势。探索建立与版权保护有关的信用标准,向征集机构公开相关信息,提高版权保护社会信用水平。四是提供优质服务。根据国家知识产权局、国家标准委、国家工商总局、国家版权局联合发布的《关于知识产权服务标准体系建设的指导意见》,认真贯彻、探索建立版权服务标准,并通过政府购买服务,促进版权社会服务创新发展。

第二章 广播影视行业发展研究

一、广播影视行业发展的现状

2019年4月24日,国家广播电视总局在江苏南京召开全国广播电视统计工作会议,国家广电总局副局长、党组成员范卫平出席会议。会上发布了2018年全国广播电视发展情况主要数据,并通报表彰2018年全国基层广播电视统计工作98个优秀单位和100位优秀个人。江苏省广播电视局在会上作经验交流。会议发布的主要数据显示,2018年,全国广播电视业发展总体情况保持稳中向好态势,优质内容供给能力持续提升,内容播出结构不断优化,广播电视综合人口覆盖率稳步提高,有线电视网络高清化、智能化发展态势良好。网络视听节目服务繁荣发展,成为行业发展新的增长点。2018年,全国网络视听机构新增购买及自制网络剧2133部,与2017年持平。其中,新增自制网络剧593部,比2017年(409部)增加184部,同比增长44.99%。网络视听付费用户群体3.47亿人,比2017年(2.8亿人)增加0.67亿人,同比增长23.93%。用户规模快速扩大,消费习惯逐步形成,促进内容付费市场规模快速增长。

从全国广播电视事业从业人员情况来看,人员结构不断优化,学历水平不断提高。截至2018年底,从业人员共97.90万人,其中,女职工40.26万,占比41.12%。专业技术人员51.38万人(含播音员、主持人、编辑、记者和艺术人员等),占比52.48%,比2017年提高0.25个百分点。从学历上看,大专及本科以上学历79.67万人,占比达81.38%,成为支撑广播电视高质量发展的人才保障。

江苏省广播电视局在2018年终坚持正确导向,聚焦高质量发展,在改革中前进、在创新中发展、在融合中提升、在管理中规范,各方面取得新进展、新成效。2018年,全省广播电视总收入373.72亿元,同比增长7.5%。在广播电视内容生产方面,全省广播电视节目制作时间77.48万小时,全国排名第三。全省制作发行电视剧12部、533集;制作发行电视动画片24部、9638分钟;制作纪录片5108小时。在广播电视传输覆盖方面,全省广播电视综合人口覆盖率100%,全国排名第一;有线用户数1640.55万户,全国排名第三。在网络视听节目服务方面,全省网络视听注册用户规模达2973.63万户,同比增长31.67%。在广播电视服务业收入方面,全省广播电视服务业总收入373.72亿元,全国排名第五,同比增长7.5%。

具体来看,广播电视覆盖率大幅提升。江苏积极推进广播电视"村村通""户户通"工作,到2015年,广播电视已达到省内人口全覆盖率,有线广播电视数字化、网络化也得到快速推进。2017年底,全省共有广播电视台71个、电视转播发射台(座)106个、公共电视节目套数124套、电视传输网络干线总长43.5万公里,制作广播电视节目80.3万小时、电视剧582集。与2001年相比,电视传输网络干线总长、公共广播节目播出时间、公共电视节目播出时间,分别年均增长30.1%、5.7%、19.2%。

表 3-2-1 江苏广播电视发展情况

广播电视	2001 年	2005 年	2010 年	2015 年	2017 年
公共广播节目套数(套)	110	120	126	123	122
公共电视节目套数(套)	119	136	130	122	124
公共广播节目播出时间(万小时)	32.6	49.1	77.5	78	78.6
公共电视节目播出时间(万小时)	4.6	21.2	81.1	78.5	76.2
电视人口覆盖率(%)	99.5	99.5	99.9	100	100
电视传输网络干线总长(公里)	6 438	231 821	457 561	387 719	435 330

以江苏省广播电视总台为例。在 2019 年举办的重磅拉开江苏卫视 2020 广告招商会上,广大品牌主、代理商和媒体界人士登陆"星际巡航舰"探索"荔枝宇宙",陆续巡游了江苏卫视在"智""爱""WE""竞""乐"等各大星域的内容布局。江苏影视在本次招商年会上,以"牌手"自喻,用战术重组手中资源,运用互联网思维,创新组合拳打法,让个性化好牌,打出冲击波效应。推介秀板块中,卫视频道、城市频道、综艺频道、影视频道、内容版权购销中心、公共·新闻频道、教育频道、体育休闲/靓妆频道、优漫卡通卫视、国际频道、互联网产品中心、网络传播部人员分别上台对明年的新节目新项目进行了精彩展示和创意推介。各频道部门匠心独运、创意非凡的推介秀在现场掀起了阵阵高潮,赢得了现场客户的一致好评。

从未来发展规划看,一是从电视端到移动端,构建"大屏+小屏"的传播新生态。媒体融合环境下,面对移动性、互动性、分享性的媒体传播新特征,总台将在做强做优以江苏卫视为龙头的电视端的同时,进一步突出移动优先,全面布局移动端,做强做优以"荔枝""我苏"为主体的客户端,实现"大屏"与"小屏"的多屏融合,打造立体化传播的全媒体矩阵,不断提升总台的整体传播力,为客户带来更好的传播效果。二是从电视节目到新媒体产品,构建"长视频+短视频"的内容新生态。总台提出,"不是全媒体方案不是好方案,没有新媒体产品不是好内容",要求所有节目从策划之初就要考虑全媒体传播,推出短视频产品。对于电视端节目,总台要求以融合的理念,从内容、表达、呈现,到包装、主持人播报方式等各个环节全面创新,以全新样态吸引受众。对移动端的新媒体产品,总台强调"创新创意放得开的",充分发挥 80 后、90 后互联网"原住民"力量,按照新媒体传播规律,打造新媒体平台需要的内容产品。通过构建"长视频+短视频"的内容新生态,进一步放大复合影响力,为客户带来更大竞争力。三是从受众到用户,构建"精准传播+精准营销"的运营新生态。总台将进一步以优质的内容做强电视平台,频道精准定位,节目精准定位,提高传播有效性,使客户投放有更好的效应,同时总台将强化用户意识、抓好用户管理上升到总台战略层面来思考布局,用内容圈用户,用主持人影响力圈用户,用线下活动圈用户,努力拥有更多受众的同时能够拥有更优质的用户,通过大数据技术做好用户分析,强化精准传播的同时强化精准营销,进一步提升营销效果,为客户带来更多的合作机会。

表 3-2-2　广播、电视节目制作时间①　　　　　　　　　　(单位:小时)

项　　目	2014 年	2015 年	2016 年	2017 年	2018 年
广播节目制作	603 551	589 282	608 779	577 970	565 828
♯新闻	106 702	101 840	104 118	99 103	95 897
专题	156 862	136 748	151 160	135 877	134 736
文艺(综艺)	148 263	158 768	155 311	147 033	142 494
广告	81 997	76 548	73 031	69 555	64 168
电视节目制作	193 135	189 429	195 036	195 865	209 004
♯新闻	58 391	58 367	59 534	53 275	53 466
专题	46 047	44 822	43 939	47 159	54 032
文艺(综艺)	20 557	20 610	19 597	18 017	32 964
广告	36 617	32 668	33 796	32 047	30 642

具体到南京,为悼念南京大屠杀遇难同胞,铭记历史、珍爱和平,根据南京市委宣传部的统一部署,市文广新局于 12 月 6 日至 14 日首次组织了"2018 年国家公祭影展活动"。影展分学校(社区)流动放映和影院固定排映两个版块组织。全市 8 个流动放映队走进 31 所学校和 3 个社区放映 4 部公祭主题影片。24 家影院于 12 月 10 日至 14 日开展为期 5 天的 4 部主题电影展映。13 日公祭日当天下午,市文广新局在大华大戏院、中影仙林店、幸福蓝海江宁金鹰店、幸福蓝海河西店、卢米埃弘阳店等 5 家影院同步进行了《日本战犯忏悔备忘录》《燃烧的影像》《二十二》三部影片共 6 个公益包场放映。此次国家公祭影展活动具有以下几个突出的特点:一是展映影片与公祭主题十分吻合。市文广新局在前期准备中收集整理了 12 部与公祭主题相关的影片,经过反复推敲比较,最终确定《南京!南京!》《拉贝日记》《金陵十三钗》《二十二》《日本战犯忏悔备忘录》《燃烧的影像》《云上日出》等七部影片报市委宣传部批准展映,观众对本次展映的影片反响极好,普遍认为观影后深受教育,希望能让更多人尤其是青少年看到。其中,《日本战犯忏悔备忘录》更是首次在大银幕上放映(全国尚未公映),《云上日出》也是 12 月 11 日才在全国公映的。二是观影对象突出了学生群体。让更多青少年接受国家公祭教育,意义更加突显。流动放映版块中,《南京!南京!》《拉贝日记》《金陵十三钗》《二十二》4 部电影走进了 4 所小学、12 所中学、15 所大中专院校,共放映了 34 场次,观影学生总人数达 11 857 人,其中有 14 场观影人数超过 400 人次,高淳淳辉高中 13 日场更有超过 800 名学生观看。影院排映版块中,13 日的 6 个包场公益放映学生群体观影人数超过 3/4,其他 145 场中每场均有超过 25 人为学生观众。三是展映影院全域均衡布局。为方便南京市民就近观影,市局与南京电影发行放映行业协会在每个区主要交通枢纽位置选择 1—4 家影院均衡布局。在保证每个行政区都有影院的同时,将展映影院选择的侧重点放在大型商业体、交通便捷及人流量大的地区。同时,要求影院在排映影片时非黄金时间段最多排一场,《日本战犯忏悔备忘录》《燃烧的影像》《二十二》《云上日出》四部影片各家影院交叉排映。所有参展影院在市文广新局规定的场次基础上主动增加排映 1 场以上,其中和平影城增加了 4 场,中影大光路店增加了 3 场,大华、新街口影城、横店影城、金陵工人影城

---

① 数据来源:《江苏统计年鉴 2019》。

增加了2场。四是组织形式既严肃又丰富。13日公祭日当天,参加影展观影的市民自觉穿着深色外衣,个别外衣颜色鲜亮的市民也在放映前自觉脱换了服装。包场放映结束后,全场观众自发起立奏唱国歌。市文广新局在大华大戏院包映现场,还邀请了《日本战犯忏悔备忘录》《燃烧的影像》两部影片的导演樊志远、黎涛与观众进行了现场交流,讲述拍摄制作背后的故事。全市多家企事业单位党支部、工会集体组织自费包场观影,影院展映观众达到5 677人次。

2018年,南京电影总票房为10.15亿元,首次突破10亿元关口,比上年9.46亿增长了7.29%。南京平均票价仅为31.3元,比上一年的31.4元下降了0.1元,远低于苏州32.8元,无锡32.5元,常州32.2元。南京的观影人次也在逐年递增,2018年全市观影人次达到3 232.7万,比上一年3 007.7万增加了225万人次。截至2018年12月31日,全市共有112家影院、813块荧幕,比上一年增加了17家影院、143块荧幕,影院数量仍然处于上涨的趋势。2019年,南京电影市场春节档开门红,年初一南京票房为1 784.6万元(比2018年的1 433.7万元上升了350.9万元,增幅达到了24.5%);影院观众人次约为45万人次(比2018年的42万人次上涨了3万)是2018年日平均观众人次的5倍。南京春节档7天总票房再破纪录,2018年春节档票房6 484.1万元,2019年则达到7 472.7万元(同比上升988.6万元),2019年春节档观影人次则比2018年188.4万略有下降为187.1万。春节7天,《流浪地球》《疯狂的外星人》《飞驰人生》分别以2 776.3万元、1 880.8万元、1 345.7万元票房成为南京电影市场春节档前三名,共占据了约80%的总票房,远超其他影片。

2018年11月19日上午,位于南京市溧水区石湫镇的江苏广电荔枝文旅旗下石湫影视基地正式启动开放。近年来,省总台积极响应党中央和省委号召,特别是总书记提出的"培育新型文化业态和文化消费模式,以高质量文化供给增强人们的文化获得感、幸福感",深入实施"双轮驱动"战略,提前谋划布局,依托总台媒体资源优势,在打造了"荔枝广场"和"荔枝文创"品牌的基础上,举全台之力打造"荔枝文旅"品牌。石湫影视基地是总台第一个荔枝文旅项目。几年来不断推进基础性工作,对规划几经打磨,明确了石湫·荔枝文旅项目的基本定位,即以影视为轴、文化为魂、旅游为翼,集中力量打造影视产业区、影视娱乐区和影视文化村三大板块。石湫·荔枝文旅项目将集合影视拍摄、商拍美拍、拓展培训、活动赛事、演艺娱乐等多种新型文化业态,以富有创意、高品质的文化体验、文化活动和文化产品,引领引导文化消费模式,打造具有鲜明江苏广电特色的荔枝文旅品牌。总台在鼓楼本部,成功建成了鼓楼·荔枝广场,正在积极谋划扩容,麒麟·荔枝广场呼之欲出,后年将建成开业,仙林·荔枝广场暨荔枝文创园项目年底正式动工,王家山·荔枝文创园项目积极推进,石湫·荔枝文旅项目今天正式开放。目前,总台已经形成"1+4"的文化载体建设格局,并希望进一步放大品牌效应,从"1+4"变为"1+N"。"1+4"的项目基本上都是"10亿元+"的投资,希望能形成区域性的大效应。石湫·荔枝文旅项目立足于成为溧水区的新亮点,成为南京市的新亮点,对区域经济形成强大的产业拉动效应和辐射效应。目前,试运营的美拍项目对周边的带动效应已经初步显现。石湫·荔枝文旅项目一边建设,一边有很多总台的活动、项目在这边落地,出现了很多"频道+荔枝文旅""频率+荔枝文旅""公司+荔枝文旅"的特色活动、特色项目,比如卫视频道、综艺频道、教育频道、体育休闲频道、国际频道、新闻广播部、交通广播部、音乐广播部、文艺广播部、生活广播部、广播技术部、广播发射中心、东品公司、东享公司、新媒体部、好享购物、幸福蓝海、纪录片创作中心、新启程公司、首映公司、云宝公司、江苏传媒学校、媒资管理中心以及相关职能部门等,都在这里开展了影视剧拍摄、节目录制、赛事活动、拓展训练等。石湫·荔枝文旅项目作为总台又一重要的产业新品牌,总台一定会从资金投入、资源配置、人员配备等各方面,举全台之力支持荔枝文旅的建设。

无锡凭借集聚度高、增长迅速的文化产业,尤其是影视文化产业及贸易的显著优势,成为全省唯一一个入选基地,也是名单中少数以全市均衡实力入选的基地。2017年无锡全市文化产业出口额达到7.4亿美元,其中仅文化服务进出口额就达8 000万美元,位居全省前列。在影视文化贸易方面,2017年无锡市影视文化贸易出口超过1 200万美元。以无锡国家数字电影产业园为例,园区企业倍视文化公司与卢卡斯影业、工业光魔等世界一流的公司合作,承接了《美国队长2》《雷神3》等多部好莱坞大片的特效制作,企业去年出口额达360.87万美元。《老九门》《花千骨》等中国故事也通过园区公司搭建的"桥梁"走向世界。"无锡文化"在国际市场的名气不仅局限在影视圈,《犬夜叉》《柯南》等知名动画中也频见"无锡制作",国家文化出口重点企业九久动画去年共参与上百部知名日本动漫的制作环节,还制作了《熊猫少女》《中国神话传说》等原创动画,去年企业出口额超过230万美元,接近全市动漫产业出口总额的一半。此外,央视国际网络无锡公司还投资8 000万元建设了亚洲最大的新媒体视频节目数据库,建成后,210个国家和地区都将听到"无锡播报"。无锡已逐步形成特色鲜明、发展多元的文化贸易发展格局。在无锡新兴文化产业快速崛起的同时,传统文化产业也毫不逊色,丰富的文化旅游资源吸引众多海外旅客慕名而来,去年无锡旅游外汇收入近4亿美元。宜兴紫砂、惠山泥人、梅村二胡等也成了外国游客眼中的"香饽饽",出口逐年增长。到2020年,无锡力争培育出口1 000万元以上的龙头企业3家以上,文化服务出口额年均增长10%以上。目前,无锡市商务局、文广新局、旅游局、科技局等多个部门正合作推动文化出口机制建设、完善扶持体系和促进体系等,共同促进"无锡文化"国际品牌走向世界。

2019年2月18日,"国家大剧院歌剧电影展映基地"签约及揭牌仪式在苏州文化艺术中心举行。国家大剧院党委副书记、副院长赵佳琛介绍,歌剧电影是舞台艺术与现代电影技术深度融合的结晶,将古典的歌剧舞台表演与现代的电影手法相结合,清晰的特写镜头、令人震撼的音视频效果、精心的剪辑,颠覆了传统意义上歌剧欣赏的模式。它不仅实现了歌剧呈现方式和传播方式的双重革新,也代表着当今国际歌剧界艺术发展与传播的新方向。为了让更多观众感受歌剧艺术的魅力,国家大剧院邀约国内外知名导演和演员,探索采用高科技手段制作歌剧电影,至今已拍摄28部。赵佳琛表示,此次苏州文化艺术中心成为国家大剧院在全国的首个常态化歌剧电影展映基地,必将助推京苏两地在艺术交流、文化推广、剧院管理、艺术生产、人才培养等方面的合作。未来双方将继续深入合作、相互支持,共同推动国内歌剧艺术的普及与推广,共同营造文化艺术惠民活动,满足社会大众对高雅艺术的文化消费需求。2018年,苏州文化艺术中心着力打造全国首家"艺术人文影院",引进国家大剧院《费加罗的婚礼》《天下归心》《阿依达》等7部21场歌剧电影。借助苏州文化消费大数据平台,所有影票一抢而空,观众反响热烈。2019年,苏州文化艺术中心将继续借助苏州文化消费试点项目的支持,计划引进《长征》《金沙江畔》《图兰朵》等歌剧电影,通过歌剧电影常态化放映,让更多苏州市民有机会接触歌剧、走近歌剧、喜爱歌剧。市民李先生在接受采访时表示,对于普通观众而言,歌剧是神秘的,但电影却是熟悉的,将陌生的歌剧变成电影,一下子拉近了大家与歌剧艺术的距离,一张小小的电影票成为很多人打开歌剧之门的金钥匙。国家大剧院是中国国家表演艺术的最高殿堂,是中外文化交流的高端平台。近年来,苏州芭蕾舞团、苏州交响乐团、iSING Suzhou国际青年歌唱家艺术节都曾在国家大剧院登台。2

月 18 日,国家大剧院全新制作 4K 全景声歌剧电影《这里的黎明静悄悄》也在苏州文化艺术中心展映,作曲唐建平、舞台导演王晓鹰、电影导演滕俊杰、主演张扬、徐晓英等艺术家与苏州观众现场交流,讲述歌剧电影制作中的台前幕后,引领观众全方位体验歌剧电影的魅力。

二、广播影视行业发展存在的问题

(一)新时代新技术造成巨大冲击

随着网络信息技术和互联网的迅速发展,以大数据、人工智能、云计算等新一代信息技术为代表的科技浪潮已经到来,量子通信、区块链等新技术推广也给广播影视领域带来严峻的挑战。广播影视人才事业建设也面临新形势新任务新挑战。"互联网＋"把传统媒体模式变得多样丰富,改变了传统广播影视时效性弱、互动性差的特点。基于互联网平台的融合式广播影视新产业已经形成。形式的改变直接导致广播影视人才出现关键性人才紧缺,迫切需要改变传统的人才培养模式,以适应新形势的发展。从国家战略角度来看,广播影视人才建设肩负重要使命。2017 年 1 月 5 日,时任中宣部部长的刘奇葆出席推进媒体深度融合工作座谈会时强调,要加强全媒人才培养,加强媒体融合政策保障,推动形成中央媒体为引领、省级媒体为骨干的融合传播布局。从国际环境来看,以"普利策新闻奖"闻名世界的哥伦比亚大学、世界上最早开办"媒介融合"的美国密苏里大学等对广播影视人才的培养十分注重实践与创新,以"培养拥有复合型知识结构的专家型人才""具备全媒体业务技能的新闻人才"等为目标,从而影响整个广播影视产业环境趋于多元化发展。广播影视人才是直接影响产业形态发展的重要因素,广播影视人才队伍建设面临严峻的转型挑战。

在全球化和数字媒体不断发展的时代,大规模的媒体融合已经成为一种趋势,进入 21 世纪之后,数字化技术给广播影视播出和制作带来了冲击,很多传统媒体陷入困境并开始转型应对,数字化技术和网络的发展速度之快和影响之广泛是以往任何技术手段所无法匹敌的。新科技对影视节目的制作方式和制作流程、创作观念等都造成了重大影响,对广播影视媒体的受众-普通观众的影响。随着数字技术及网络媒体的兴起,新一代年轻观众的收视习惯和欣赏口味发生了很大变化,传统广播影视制作更强调媒体的教育作用与传播作用,肩负着舆论监督引导的重任,但年轻观众更倾向于快速的娱乐化节目,这使得传统广播影视机构的创作理念无法跟上时代的变化。20 世纪八九十年代是我国电视媒体发展的高峰期,电视媒体的内容不断增加,覆盖面逐年加大,成为我国主要的传播媒介。到 2011 年,全国电视综合人口覆盖率提高到 97.82%,全国电视剧产量也由 2001 年不到 1 万集增加到 14 942 集,位列全球第一。但以互联网媒体为核心的新科技的发展电视观众逐步开始分流,网络视频、网络点播、社交网站等互联网应用在很大程度上分流了电视观众和电视市场份额,使电视行业的一些先天不足如节目制作节奏慢、无法与观众进行互动交流等弊端开始显现。

新媒体技术的出现和应用给传统电视产业带来前所未有的机遇和挑战,我国的广播电视媒介作为主流新闻媒体,承担着引导社会舆论的责任,这也使传统媒体在与新媒体竞争时缺少一定的灵活性。随着媒体竞争的加剧,很多传统媒体也开始网络化和数字化的转型,传统媒体除了内部竞争外,与新媒体进行融合和合作成为一个发展趋势。传媒整合与并购不断出现,传媒联动也成为一个正常现象,传统影视媒体需要借助新媒体的宣传优势推广自己的作品和理念,并发挥自己在新闻传播等方面的优势,新媒体更需要借助传统媒体的权威性吸引更多的客户。随着媒体融合的不断出现,传统媒体基本上都建立了自己的网络渠道提升自己的吸引力并巩固自己的市场地位，提升媒体资源的利用效率，一些传统媒体也采用新的媒体技术和观众审美观念的变化，创作属于年轻一代观众的节目，新的影视制作技术在很大程度上提高了节目的制作水平和节目理念。随着媒体技术的进一步发展和竞争的加剧，不同媒体之间的融合发展和合作也将成为新的发展趋势，并不断影响着传统影视媒体的定位和节目播出理念和播出方式，促进传统广播影视媒体采用新技术应对竞争。

（二）体制机制依然存在较大弊端

我国媒体在改革开放的几十年间得到了快速的发展，报纸、广播、电视的数量在短时间内巨大增加。据粗略统计，我国目前拥有各级各类报纸 2 500 余家，期刊 9 300 多种，经国家广电总局批准成立的各级电视台、有线电台和娱乐教育电视台有 5 000 多座，比美国、法国、俄罗斯、日本、英国、加拿大、澳大利亚等国家电视台的数量总和还要多。但是，数量上的绝对优势并没有带来具有竞争力的经济效益。规模小、类型单一、水平低的问题依然十分突出。尤其在发展的规模和质量上，我国与发达国家的媒体产业相差还很大。想要赶上发达国家的水平，还有很长的一段路要走。我国的传媒产业是按照国家的统一规划组织来进行的，比如，广播电视由国家广播电视总局管理，报纸、杂志等印刷媒体由国家新闻出版社管理，各级传媒产业由各级党委和政府管理。这种严格的条块状管理在形成了森严的区域和行政壁垒，增加了跨行业、跨地区、跨媒体之间的障碍，导致我国的传媒产业发展缓慢。

江苏省乃至全国高校学术型人才为主，人才的专业素养和专业技能与产业发展需求差距大，导致人才建设定位单一、综合竞争力弱，人才培养方式存在弊端。首先，理念陈旧，人才建设滞后于市场需求。在融媒体快速发展的背景下，传统信息传播无法突破物理空间的限制，而广播影视人才的培养始终局限在编辑、采访、节目主持与管理等传统领域，无法适应新媒体人才需求。其次，轻实践导致人才应用能力不强。尽管中国人民大学、复旦大学、中国传媒大学等带头开设附属"传媒医学院"模式实训基地，整体上还是属于比较闭合的理论教学模式。行业中也相对缺乏顶尖的融媒体领军人才，尤其对数字媒体、智慧广播等跨专业融合的人才需求更为紧缺。随着互联网技术的不断成熟和融媒体的广泛冲击，传统广播影视产业改革转型的紧迫性增强，这就要求从业人员不仅要有专业的职业素养，同时要有活跃的互联网思维，以适应不断变化的多媒体时代。除此之外，国内传统的人才准入制度无法对接互联网国际平台。国际一流人才匮乏已成为束缚行业发展的"瓶颈"，极具发展潜力和竞争优势的核心人员和外围人员数量较低，人才结构的不合理严重阻碍了产业的发展壮大。同时，在新旧媒体更替环境下，还存在广播影视专业人才就业需求饱和、内部人才竞争激烈等导致人才与市场不兼容的问题。物质保障资金缺乏、措施单一，缺少能够留住人才、鼓励人才创新的激励机制和文化氛围。由此可见，广播影视人才发展面临重大挑战。

（三）影视基地建设水平存在较大分化

目前，江苏省拥有如徐州汉城影视城、无锡三国影视城等数个影视基地，但其运营状况不容乐观，多数仍停留在以赚取廉价的场地租赁费以及旅游观光等为主要收入渠道的层次，影视剧的投资、制作"两头在外"的现象仍然存在，即只在江苏影视基地租场地拍摄，而投资和制作等则在外地。由此可见，江苏的影视基地急需找到一个适合发展的市场化运作模式。江苏省内的影视基地起步较晚，2000 年以后才进入建设高峰期，尤其在 2010 年之后则进入加速建设阶段。但集中大规模建设影视基地，也因此产生了不少问题，比如，许多影视基地建设仓促,盲目投资,最终导致基地扎堆,后续发展乏力。以徐州汉城影视基地为例,此地仅拍摄过《汉刘邦》,之后便仅依靠收取旅游门票及出租场地作为主要收入来源,缺乏更多汉文化题材的影视剧作品,导致资源大量闲置浪费,从而一直处于亏损状态,无法得到充分利用。

与之相反,无锡影视基地三国城、水浒城则呈现出良好的发展态势。日前,"IP 为王——2017 中国旅游 IP 高峰论坛暨景域集团(驴妈妈)全球合作伙伴大会"在上海举行,无锡影视基地三国城、水浒城景区荣获"年度最佳 IP 口碑景区"殊荣。无锡影视基地是中国首家以影视文化与旅游休闲相结合的主题景区,也是全国首批 66 家 5A 级景区之一,景区内古文化层次丰富,自然风光优美,每年吸引着大批海内外游客前来观光游览。无锡影视基地利用三国水浒名著文化和景区优势资源精心编排的多样化演出、倾心打造的季节性活动,以及针对中小学生团队市场特别设计的学生、亲子拓展活动,深受广大游客欢迎。无锡影视基地依山傍湖而建,尽享太湖之灵气、秀气,景区内一年四季风景各异,美景醉人。依靠独一无二的美景和独特的文化倾心推出的"乘古船游太湖"项目,也大受游客好评。

三、广播影视行业发展对策分析

(一)建构专业人才培养体系

根据市场竞争需求和产业发展战略,打造一支专业素养与互联网素养兼具的人才队伍,全面融入新技术环境,是加快广播影视产业转型升级的核心所在。第一,健全人才引进制度。在优化专业广播影视人才存量的同时,应剔除陈旧、保守的培育机制、用人机制、评价系统,形成开放友善的培养和激励环境。推进人才技能结构从专业广播影视人才向现代信息传播技能人才转换,引进具有互联网和平台技术等科研能力的专家型技能人才。第二,完善人才激励机制。迎合市场发展导向,鼓励培养"互联网+人才"、大数据人才等复合型人才。完善人才培养模式和人才保障制度,发挥人才的积极性和主动性,设计有助于形成核心竞争力的留人机制。第三,调整人才培养结构。通过培养和吸引相结合的方式,重点培养技能融合型人才,强调以全媒体为核心,针对不同专业特性,强化广播影视人才全面的、非线性的系统性培养。完善人才培训的常态化服务,推进多领域专业的交叉融合,平衡各专业人才比例结构。第四,建立和健全人才队伍的保障制度。遵循人才发展规律,重点保障人才引进与人才队伍建设,通过合理、有效的保障机制,塑造一支具有高端业务能力的广播影视人才队伍,充分发挥领军人才的高端引导作用。优化人才培养的企业文化建设,促进与人才培养机制体制的多面衔接。具体而言,基于国内一线广播影视人才发展实践需求的问题综合判断,寻找影响人才发展机制和政策创新的关键问题;比较分析国内广播影视人才培育、选人用人、人才评价和人才激励的问题与产业实践发展需求,建构适合我国国情的人才发展机制和政策创新发展战略框架。

(二)台网互通、优势互补,加深全省的全媒融合程度

随着互联网的发展与技术创新,用户媒介接触习惯向 PC 端、移动端转移,以电视、收音机等为媒介的传统广播影视业在用户、市场、影响力等方面都呈下降趋势。与互联网、手机、微博等新媒体相比,广播影视媒体在传统领域内的竞争愈发激烈,利润和增长空间愈趋狭窄,如何转型成为其生存与发展的重要命题。2014 年 8 月 18 日中央深改组第四次会议后,传统媒体与新兴媒体的"互联网+"已经有了强大的外在动力与顶层战略方向。此后,利用

新媒体技术推动广播影视业的"互联网＋"成为转型发展的重要方略。当下的媒介融合和科技融合态势,可以为广播影视实施差异化竞争,拓展出新型的发展路径,扩增广播影视产业在融合背景下的包容性和发展可能性。然而与国内其他省级广电相比,江苏广电媒体融合发展稍显逊色。因此,应借"互联网＋"加强新媒体建设,整合发展要素,加快融入步伐,加深融合程度。江苏省广播影视产业竞争力的提升应鼓励广播电视台依托自身资源,进行台网共通互动、优势资源互补、多媒介融合发展。具体如下:(1)以新媒体基因改造传统广播影视产业。在技术融合与媒体融合中,广播影视产业要保住主要阵地,应将传统优势与新兴媒体优势互补,在保持广播影视价值的同时,用新媒体基因改造传统广播影视业。(2)围绕用户习惯变迁开发产品。针对当前用户大规模向网络迁移的现象,产品方面应围绕 PC 端、移动端进行开发。如开展网络广播影视业务,做强做大广播影视网络媒体,加快移动多媒体广播影视发展等。通过线下线上全媒介产品的开发为用户第一时间接触江苏广播影视的内容提供便捷的通道。(3)树立数字平台思维。广播影视应向数字化交互平台全面升级,推动音视频节目多样化、快速化、平台化,借助相关技术实现江苏广播影视平台与外部资源的对接。(4)注重开放互通。以开放互通的思维对接各类优质媒介,如与江苏省内优势网络媒体合作,争取页面、版面与流量入口,在资源合作与共享中共谋发展。数字平台的内容可遵循相关标准对外开放,使其能被各类 APP、网站等使用,进而吸引用户与流量。

对广播影视资源的整合来说,整合的手段可以分为行政手段和市场手段两种。行政手段指的是在党和政府的干预和指导下,通过有效的措施大力推动广播影视资源媒体部门之间的互通与联合。行政手段的优点是充分发挥"有形手"的作用,能够在短时间内有效助推媒体资源之间的快速融合;缺点是忽略了市场这只"无形手"的作用,削弱了市场的自主调节和媒体的多样发展。市场手段指的是媒体在内部的融合过程中,以资本为纽带,以市场为导向而展开的一系列积极有效的措施和方法。市场手段的优点在于充分考虑到市场的重要性,更加地贴近实际和深入群众;缺点是市场手段在缺乏政府调控的情况下整合的时间周期比较长,容易形成资源的浪费。从全国范围来看,已经成立的广电集团基本上都可以在短时间内将人力、财力、物力有效归纳与整合,但是成立初期的短暂繁荣很快演变为内部争斗和各种矛盾加剧的尴尬局面。究其原因,这些集团没有制定出非常严谨的相关制度。所以,应该在政府的政策支持和鼓励下,结合自身的特点,权衡利弊,将集团内部各种资源以及人力、物力、财力的分配具体化、明细化和科学化,使每种资源更加高效地发挥出自己的价值和效益。

广播影视资源的结构整合是以空间范围为标准的,具体又细分为横向整合与纵向整合。横向整合指的是同一地区同一级媒体的整合,纵向整合指的是不同地区与媒体之间的整合,想要完善结构整合,最好的方法是横向整合与纵向整合同时进行。结构整合追求的重点不应是数量和规模,而应以质量为第一要素。首先要有充分的资本支持,在各个平级单位之间建立经济纽带,使各单位成员真正成为集团的负责人,真正明确自己的职责,真正为集团谋福利。其次应该以内容为依据,根据不同人员现有的业务能力和水平,构造出集团内部清晰连贯的产业链,逐渐形成各个产业之间的相互关联和影响,最终充分发挥出集团的整体效益,实现既定的目标,创造出更好的经济效益。

(三)不断改革创新,提高服务水平

一是积极推进公益性单位体制、机制改革,制定改革配套政策,健全社会保障制度,进一步增强活力,提高公共服务产品和公共服务质量。二是培育发展非营利性公共服务组织,确

保市场供给。积极引导、鼓励和利用社会力量,扶持民办公益性机构和发展有特色的中小企业,开发服务基层群众的产品和独特的文化资源,建立适应社会主义市场经济的新闻出版广播影视公共服务主体,活跃市场。三是完善管理制度,简化审批登记程序。通过民间组织招标公共服务采购、接受公共服务资金捐助、服务资质认定和监督评估等方式,兴办公共服务实体,以合作参股、资金赞助和免费提供公共设施等多种形式参与公共服务。四是创新产业发展。加大供给侧结构性改革力度,推动"互联网+",发展新型业态,扩大和引导消费,不断满足人民群众多样化多层次多方面的精神文化需求。五是创新服务平台。积极开展公益惠民服务、网络服务和流动服务活动。采取多种措施,加快基础设施建设步伐,加快推进各类文化资源共享,在现有体制下尽可能实现大文化概念的信息共享工程。

传统新闻出版、广播影视等内容资源要加快现代科技应用,搭建互联网电视集成平台、优质信息内容资源和传播平台建设管理,提高共享水平,提高适合网络特点的数字产品的创作生产,加强对公共数字资源的有效保护,加快社会主义先进文化的传播。同时,促进高清电视、互动电视、交互式网络电视、手机电视等新业务和数字智能终端、移动终端等新型载体的应用,满足人民群众多样化、个性化需求。新闻出版广播影视是科技的产物,在数字化发展的时代,要和现代信息化发展相融合,结合"宽带中国""智慧城市"等重大信息工程,为平台对接、资源共享创造有利条件,把数字农家书屋、农村数字电影放映、直播卫星广播电视公共服务等公共服务项目融入其中,成为数字城市的一部分,推进基层公共服务资源整合。充分利用广播、电视、网络双向互动功能,为各级政府部门便民服务提供窗口和平台。推动新闻出版广播影视的大发展大繁荣,必须按照习近平总书记的系列重要讲话精神,进一步深化新闻出版广播影视改革,积极探索适应社会主义市场经济需要、保障社会公平正义的公共服务方式,增强文化自信,以基层为重点,以文化小康为目标,构建现代新闻出版广播影视公共服务体系,不断满足人民群众日益增长的精神文化需求。

第三章　文化服务行业发展研究

一、文化服务行业发展的现状

根据国家统计局发布的《文化及相关产业分类（2018）》，文化服务行业包括"文化娱乐休闲服务""休闲观光游览服务""文化经纪代理服务""数字内容服务""互联网信息服务""创作表演服务"等。本报告所指文化服务行业包括网络、旅游、休闲娱乐、经济代理等新型文化服务行业。

表 3-3-1　2018 年各地区文化部门文化产业增加值综合情况（单位：千元）

单位名称	总产出	中间消耗	增加值	劳动者报酬	生产税净额	固定资产折旧	营业盈余
总计	18 798 442	9 688 097	9 110 345	5 873 366	53 248	946 310	2 237 421
省级	1 519 969	424 641	1 095 328	933 872	9 595	141 854	10 007
南京市	1 586 494	731 948	854 546	775 539	12 226	64 075	2 706
无锡市	824 310	246 131	578 179	431 868	6 758	132 368	7 185
徐州市	481 672	129 077	352 595	303 839	684	47 063	1 009
常州市	8 745 050	6 180 593	2 564 457	318 653	1 509	42 511	2 201 784
苏州市	2 148 112	918 472	1 229 640	1 024 780	10 448	191 044	3 368
南通市	473 917	114 427	359 490	281 789	1 918	73 899	1 884
连云港市	265 719	64 419	201 300	156 504	2 135	40 227	2 434
淮安市	366 126	91 164	274 962	255 154	452	19 163	193
盐城市	452 112	100 925	351 187	311 846	738	36 199	2 404
扬州市	726 351	328 091	398 260	348 869	1 935	46 039	1 417
镇江市	378 518	128 463	250 055	207 712	1 000	41 302	41
泰州市	557 227	106 416	450 811	407 441	603	40 355	2 412
宿迁市	272 865	123 330	149 535	115 500	3 247	30 211	577

（数据来源：江苏省文化和旅游厅）

表 3-3-2　2018 年各地区文化产业示范园区、基地其他文化企业机构综合情况

单位 名称	机构数 （个）	从业人员 （人）	资产总计 （千元）	营业收入 （千元）	营业利润 （千元）	房屋建筑面积 （平方米）
江苏省	94	19 940	115 866 040	20 218 445	3 319 017	6 330 508
南京市	8	412	4 582 201	371 765	9 875	267 130
无锡市	19	4 303	25 148 136	5 177 751	−133 783	1 765 645
徐州市	10	1 371	961 009	442 395	26 258	235 961
常州市	11	1 479	15 649 637	8 817 183	2 423 103	1 028 163
苏州市	10	5 429	13 140 007	1 756 542	835 443	1 059 721
南通市	5	212	608 724	69 255	−23 860	185 000
连云港市	1	45	31 031	31 190	8 584	3 000
淮安市	2	45	9 242	161	−237	5 000
盐城市	2	55	412 621	335 562	49 783	57 000
扬州市	4	751	2 589 838	777 634	−2 956	183 610
镇江市	3	1 023	23 473 179	510 401	59 342	934 373
泰州市	7	2 490	27 649 858	922 567	68 810	227 215
宿迁市	5	1 057	466 424	324 286	41 174	220 671

（数据来源：江苏省文化和旅游厅）

（一）各区域动作频频，文化服务业发展迅猛

1. 南京

2019 年 6 月 3 日，由南京市文化和旅游局、秦淮区人民政府主办的 2019 年"文化和自然遗产日"南京非遗主会场系列活动在明城墙下的悦动新门西体育产业园隆重举行。会上，签约启动了"南京人家非遗传承 70 年"记录展示项目，为秦淮区第二批 9 所非遗特色校园授牌。活动现场还组织了非遗保护进校园成果会演，集中展示了南京市第四批非物质文化遗产代表性项目和秦淮区非遗代表性项目，南京刺绣、中医义诊等非遗项目的展示、互动，让市民充分感受、体验非遗文化魅力，让非遗文化深入人心。"遗产日"期间，江宁、六合等各分会场也陆续开展一系列群众喜闻乐见、参与性强的非遗宣传展示活动。江宁区举办"杨柳依依，一见粽情"活动，组织沧海遗珠郑和文化交流，采取比赛、访谈、展示、展演、推介多种融合方式，把"端午节文化"和"非遗文化"以及"旅游推介"有效融合，让观众和游客在互动参与中体验文化旅游的快乐；江北新区开展了"民艺工坊"系列体验活动；六合区举办了"六合同春·扬剧专场"活动，溧水区也举办了端午季"文化遗产日"活动。通过丰富的宣传展演展示活动，加大对南京市非物质文化遗产的宣传力度，扩大了非遗代表性项目的影响力，有力地促进了南京市优秀传统文化的保护和传承。

2018 年 11 月 3 日下午，作为 2018 中国（南京）文化科技融合成果交易会的重要活动之

一，南京江北新区首届文旅产业发展论坛在金陵会议中心隆重举行。南京市委宣传部副部长丁铭、江北新区管委会副主任李保平到会并致辞，市文广新局、市旅游委、市统计局、市文投集团、市旅游集团、浦口区、六合区有关部门，以及企业代表、媒体记者，共300余人出席。丁铭在讲话中指出，江北新区是南京文化产业融合发展的增长极，是"十三五"期间"潜力发展区域"，在全市率先推进文体旅产业融合发展，打造文体旅活力时尚之城，这种创新性实践值得肯定。江北新区举办首届文旅产业发展论坛，不仅与南京的文化产业发展方向高度契合，也对江北新区文旅产业链式扩张和聚变式增长，以及推动江北新区文体旅融合发展迈上更高水平具有重要意义。希望江北新区以本次融交会为契机，充分彰显文旅产业的蝶变效应，在南京、江苏乃至全国绽放光彩。会上还进行了新区文旅产业项目集中签约揭牌仪式。尼克动漫玩创综合体、VR电影影视基地、未来绿洲室内主题公园、X-Race赛车文化项目等17个项目集中签约，总签约额达94.5亿元。其中，尼克动漫玩创综合体项目致力打造中国最新型的"娱乐＋文化＋科技"城市创新玩创产业社区，签约金额75亿元，是本届融交会最大签约项目。

2019年3月19号，国家文化和旅游部在上海召开公共文化产品供给侧改革现场经验交流会。会上，举行第三批国家公共文化服务体系示范区授牌仪式，江宁区作为江苏省唯一获得第三批国家公共文化服务体系示范区的城市，获得授牌，成功创成国家公共文化服务体系示范区，并被评为优秀。自2015年取得第三批国家公共文化服务体系示范区创建城市资格以来，该区以"公益性、基本性、均等性、便利性"为基本要求，按照"强基础、广覆盖、高效能、出亮点、可持续、成示范"六步走工作思路，针对新型城镇化突飞猛进的典型特点，借力高校多、企业多、驻军多、省市文艺院团多的"四多"优势，在聚焦公共文化服务的便利性、均等性上精准发力、联合发力、创新创造发力，走出了一条具有江宁特色的创建之路。经过三年的努力奋斗，创建成果丰硕。全区新增公共文化设施面积5万多平方米，万人拥有公共文化设施面积达2600多平方米，初步构建了"三级行政的四型文化圈层"，打造了"多链供给的五系文化产品"，形成了"魅力彰显的地域文化品牌"，创新了"联动高效的运行管理机制"。

2. 苏州

2019年首届中国苏州江南文化艺术·国际旅游节圆满闭幕，市委副书记、市长李亚平出席闭幕式并颁奖，市人大常委会主任陈振一、市政协主席周伟强、市委副书记朱民出席。本届艺术节秉承"艺术的盛会、人民的节日"这一宗旨，在一个多月的时间里，苏州本土以及长三角地区、大运河沿线多个省市、多个艺术门类的名团名剧、大师大作齐聚苏城，舞剧《永不消逝的电波》、话剧《谷文昌》、昆剧青春版《牡丹亭》、芭蕾舞剧《天鹅湖》、大型民族管弦乐音乐会《来自苏州的声音》等19台优秀剧目奉献了23场精彩演出，超过2万人次走进剧场观看；"景·色——中国当代青绿山水画展""诗意大运河"全国油画作品展等13场展览活动集中呈现，为近50万人次带来了美的享受；江南运河文化论坛、苏州历史与江南文化等9场论坛研讨活动共邀请近200位艺术名家、文化学者来苏论道江南文化；童心江南文艺汇演、繁星耀江南、祖国颂·姑苏韵群文展演、苏作文创峰会等丰富多彩的活动在苏州市区及各县级市渐次开展。本届艺术节也受到了媒体的广泛关注，中央和省级主流媒体、网络新媒体对艺术节进行了专门报道和持续关注，超过1000万人次观众在线参与互动直播及网络评选活动。值得一提的是，本届艺术节开幕演出创央视电影频道大型活动收视率历史新高。江南文化品牌的影响力正不断扩大，人民群众的获得感不断增强。在闭幕式上，李亚平为苏剧《国鼎魂》剧组颁发奖牌。市委常委、宣传部部长金洁介绍了艺术节举办情况，副市长王飚主持闭幕式。当晚,《国鼎魂》作为闭幕演出剧目精彩上演。据了解,在 2019 年 7 月举办的第十二届中国艺术节上,苏州市苏剧传习保护中心创排演出的苏剧《国鼎魂》荣获三年一届的中国专业舞台艺术政府最高奖——第十六届文华大奖。

2018 年 9 月 28 日,苏州画院文化产业园开工奠基仪式在苏州工业园区举行。未来,这里不仅将建设多座高规格的美术馆,还将致力于幼儿美术教育,探索一条文化艺术持续发展的新路径。园区党工委委员、管委会副主任、宣传部长夏芳,教育部长江学者特聘教授、苏州市文联主席王尧等参加活动。苏州画院文化产业园总投资 1.5 亿元,项目占地面积约 23亩,建筑面积达 16 000 多平方米,包括公益性的苏州画院美术馆、沈威峰美术馆、苏州画院少儿美术馆和苏州画院艺术幼儿园,将建设成为集创作、收藏、展览、教育等于一体的文化产业园。同时,园林式的建筑群落也将打造成为苏州当代文化新地标。作为产业园的重点项目,苏州画院艺术幼儿园立足中国传统艺术特色,致力营造孩子们与高雅艺术亲密接触的"空间"。未来孩子们将在这里和画家面对面,亲身感受创作过程,让艺术的种子深耕心间。

2019 年 8 月 16 日,苏州市产业园发展促进会成立,将在政府相关部门指导下,聚集我市一批产业园,在行业指导、管理、培训、自律、政策研究等方面发挥重要作用。2018 年,苏州市全社会研发投入超过 500 亿元,其中 80% 来源于企业。研究与试验发展经费支出占全市 GDP 的比重达 2.78%,预计今年占比将进一步提升。目前,苏州拥有工程技术中心、重点实验室、公共技术服务平台、大学科技园等各类科技载体近 2 500 家,中科院苏州纳米所、苏州医工所等 120 多个重大研发平台相继落户,苏州科技综合实力连续 10 年位居全省第一。围绕着新兴产业的发展,苏州市涌现出大量科技园、产业园,苏州市产业园发展促进会正是在这样的背景下应运而生的。该促进会由产业园投资运营和园区管理服务机构联合组成,发起单位有苏州启迪科技园、苏州纳米城、苏州国家环保高新技术产业园等。促进会将联合相关产业统筹协调各方力量,在提升产业园数字化、智能化水平,促进解决资产证券化、流动化和有效监督等方面问题,助力企业有效利用国家政策等方面,发挥先导作用。据介绍,促进会将对苏州产业升级、创新发展产生重要推动作用。

2018 年 2 月,在国家机构改革,整合成立文化旅游部的大形势下,苏州市木渎镇以此为契机整合资源成立"木渎文旅集团",统筹穹窿山藏书和木渎古镇资源,发展"文化+旅游"的全域旅游事业,开启了谱写木渎"姑苏繁华之美"的诗和远方新征程。木渎文化旅游集团是木渎镇人民政府下属企业,旗下拥有 1 个 5A 级景区(穹窿山景区)、2 个 4A 级景区(木渎古镇景区、白象湾景区),以及万鸟园、小隆中、孙武文化园和多处旅游配套商业片区。立足于大众旅游需求的基本面,以统筹资源、游客导向、创新发展、共享成果为导向,突出抓好资源整合、产业融合、全程服务、社会参与、流程保障五大重点任务,实现从景区旅游向区域旅游、门票经济向综合收益、旅游专用向主客共享、政府主导向社会共建转变。

第一,资源整合、产业融合,打造"显山透绿,城在园中"的全域旅游区。一是以古镇景区和穹窿山景区为两大景观核心,开发"拳头"旅游产品,打造品质景区。二是以花木、雕刻、藏书羊肉等地方名片为吸引点,对全镇乡村资源、民宅村落进行梳理,开发多个民宿集聚区,发展乡村第三产业,带动农民增收致富。三是对接"商、养、学、闲、情、奇"旅游发展新要素,打造小众化旅游体验产品。此外,通过风景道路、慢行系统串联,让木渎全域处处有风景,处处可游玩,引导各行业从"旅游+"到主动"+旅游"转变。

第二,全程服务、社会参与,打造"方便、快捷、全域、高质"的畅游体系。一是交通服务改"旅游专用"为"主客共享",将旅游公共服务体系建设与木渎镇城市功能完善统筹考量,辐射镇区、景区、乡村等全域旅游空间。二是以智慧化手段实现自游自助，依托智慧旅游手机服务端、智慧景区和无线网络建设，实现对游客行前、行中、行后的全过程服务。

第三，流程保障，打造"投资放心，人人舒心"的旅游环境。一是成立镇级全域旅游领导小组，明确全域旅游发展工作领导层级，形成推动工作发展的合力。二是探索招商政策、服务流程，针对老宅租赁、核心区改造、新兴产业扶持、执照办理等事项分别制定办法。三是落实旅游执法快速机制。建立和完善常态化联合检查、执法队伍和规章，及时处理旅游纠纷及投诉，实现联动共治的实体化运作。

3. 徐州

2019年10月15日晚，由江苏省文化和旅游厅及徐州市委、市政府联合主办，徐州市文化广电和旅游局承办的"2019中国（徐州）汉文化旅游节"在徐州市人民舞台拉开帷幕。近年来，徐州深入挖掘自身丰富的历史文化和自然山水资源，坚持以文促旅、以旅彰文，大力推动文旅融合，创新打造"缤纷文旅共享生活"特色品牌，文化旅游业呈现出蓬勃发展的良好态势。"楚风汉韵古彭城"的文化魅力、"一城青山半城湖"的锦绣风光、"淮海经济区CBD"的品质服务都吸引着无数游客走进徐州。昔日的"兵家必争之地"正在成为新时代的旅游观光胜境、近悦远来之城。本届汉文化旅游节以"品两汉文化赏山水美景——走遍五洲难忘徐州"为主题，突出汉文化元素内涵，凸显文化和旅游融合发展。本届汉文化旅游节内容设置更加丰富，推出了户部山汉服嘉年华、最美汉服推广大赛、国潮汉风徐博之夜、汉乐之夜、青春嘉年华、炸舞阵线国际街舞总决赛、汉王音乐节、房车巡游、徐州汉风书法展、金石文化篆刻展等13个核心活动，实现了多领域的跨界合作，精彩连连。

（二）以大运河文化带为重点的文化旅游业

由江苏省委宣传部、江苏省文化和旅游厅、江苏省文联、扬州市人民政府主办的首届大运河文化旅游博览会，于2019年5月3日至6日在扬州举办。本届博览会以"融合·创新·共享"为主题，通过主题演出、展览展示、主题论坛等精彩纷呈的活动，将大运河文化旅游博览会打造成为沿线城市文旅融合发展平台、文旅精品推广平台、美好生活共享平台，成为大运河文化带建设的标志性项目，成为国内外有重要影响的文旅融合品牌。本次文旅精品展体现了"千年运河，沟通中外，贯通南北，连通古今，通向未来"的特色。境外，来自六大洲31个国家和地区运河城市以及3个国际组织的75个展商应邀而至；境内，中国大运河沿线天津、河北、河南、山东、安徽和浙江等六省市的19个城市、江苏省内13个设区市以及扬州市对口合作城市辽宁丹东共33个城市240个展商联袂参展，室内外展览展演面积达到18 800平方米。丰富多彩的旅游目的地资源和产品、旅游演艺和节庆、文化交流与教育推广、地方特产和传统工艺、现代文创和新时代伴手礼令观众乘兴而来，尽兴而归。

2019年11月29日，江苏省十三届人大常委会第十二次会议全票通过《江苏省人民代表大会常务委员会关于促进大运河文化带建设的决定》（以下简称《决定》）。在全国首部促进大运河文化带建设的地方性法规中，江苏提出要把这条文化带打造成"高品位、高水平的文化长廊、生态长廊、旅游长廊"。"在江苏大地上，依法推进790公里的大运河文化带建设成为文化长廊、旅游长廊、生态长廊，推动沿线产业升级，提高人民群众的获得感、幸福感、安全感，这是我们人大服务中心、服务大局、服务人民的重要责任。"常委会组成人员普遍认为，大运河文化带建设是习近平总书记的号召和中央的重大决策部署，省委高度重视大运河文化带建设，省人大常委会及时制定法规性决定，从制度安排上解决大运河文化带建设中面临的突出问题,非常及时,很有必要,对于依法促进江苏大运河文化带建设走在全国前列具有十分重要的意义。近年来,大运河江苏段在全国省、直辖市中流经城市最多、覆盖地域最广、通航里程最长,历来是大运河的核心地段,列入世界遗产名录的遗产区河段长度约占全国的1/3、核心面积约占全国的1/2、遗产区点数量约占全国的40%,70%的文保单位分布于运河两岸。从旅游资源来看,江苏大运河途径的8市均为国家园林城市和中国优秀旅游城市,其中7市为国家历史文化名城;沿岸拥有7个旅游资源主类,占全国8个的87.5%,23个亚类,占全国31个的74.19%,基本类型68个,占全国155个的43.87%;沿岸建有4A级省级旅游度假区、景区,占江苏全省的70%以上;沿岸有国家级旅游度假区3座、5A景区17处。

当前,全省大运河文化带区域休闲观光农业园区景点超过7 500个,年接待游客量达1.3亿人次,综合经营收入超过355亿。大运河旅游产业潜力可见一斑。此次立法,"旅游长廊"当仁不让地成为大运河文化带建设"三驾马车"之一。对旅游长廊建设,《决定》描绘了"蓝图":各地应发展沿线地区之间、城市中心直达大运河景区的旅游专线,开发大运河城市旅游观光巴士,建设休闲慢行绿道系统;支持举办行走大运河、运河马拉松、运河龙舟赛等体育活动;利用大运河两岸工业遗产发展工业文化旅游,开展大运河中医药特色旅游、养老度假旅游;发展乡村旅游,建设一批康养基地、旅游民宿和特色小镇。此次《决定》还明确,省政府将每年定期举办"大运河文化主题活动"。大运河博物馆今年已经在扬州开建,无锡、常州、扬州、淮安、徐州等运河城市也将建设大运河国家文化公园,避免文旅建设同质竞争已成当务之急。为此,《决定》提出,引导和支持沿线地区打造楚汉文化高地、淮扬文化高地、吴越文化高地、金陵文化高地,各地应当科学规划建设文博、公园等展陈设施,须打造"经得起历史检验的时代经典之作,防止简单重复、同质竞争和过度商业化"。大运河江苏段有10座国家历史文化名城、23座中国历史文化名镇和9座中国历史文化名村。《决定》由此对提升历史经典产业、发展壮大文化产业作出鼓励和引导性规定,要求各地依托原真性景观,培育精品线路,延伸拓展到江南经典游、淮扬风情游、楚汉雄风游、金陵名胜游,整体塑造"大运河"旅游品牌形象,让大运河江苏段成为国内外运河旅游最佳目的地之一。大运河文化带与全域旅游建设都是国家大力推进的亮点,以全域旅游理念为视角切入大运河文化带江苏段建设,是创新,亦是资源管理与项目建设的整合,能够提升管理与工作效能。不论是全域旅游还是大运河文化带建设,都涉及许多部门及行业,且两者管理部门吻合度高,而管理机制的形成对两者的建设都是重中之重。江苏省政府高度重视大运河文化带建设,并成立了工作领导小组,省委、省政府主要领导亲自挂帅,成员涵盖所有涉及建设的各部门,大运河沿岸各市市委、市政府对应成立了相应领导小组,这是大运河段文化带建设取得成功的关键开局。以全域旅游为切入口,省委、省政府应将大运河江苏段作为整体域,以运河文化旅游项目进行顶层设计与打造,参考全域旅游要求与参数制定大运河文化带建设标准;大运河沿岸各市将本市的运河文化作为本体域,坚持省委、省政府制定的统一标准与要求,进行域内运河旅游业发展的架构与建设。

大运河文化带江苏段全域旅游项目的建设需要江苏运河文化资源的有机整合、多产业的融合发展,建设全程的社会共建共享等,这一系列工作的完成需要一个强有力的智囊团,这个智囊团应由涵盖多学科的专家构成。江苏省高等教育资源丰富,可由地方高校牵头成立相关研究中心或研究院,综合各方面专家思想,推进研究与建设。地方高校对于运河文化的研究有自身独特的优势,一方面地方高校可静下心、蹲下身触摸、感应运河文化内涵,另一方面高校的综合性学科联盟为运河文化的全方位、多纬度研究提供了专业性优势。各级政府可通过课题研究的形式,组织发动智囊团融合社会各方面力量参与运河文化带旅游开发的研究、规划,献计献策,以落实江苏域运河文化带旅游项目的研究与建设。

江苏是我国的经济大省,也是重要的旅游大省。江苏不但自然景观秀丽,长期以来,无论是旅游者还是旅游界,均认为历史文化旅游是江苏旅游业的重要品牌,这在一定程度显示了江苏的悠久历史和深厚的文化底蕴。进入 21 世纪后,我国旅游业向综合型、多元化方向发展。丰富的历史文化遗存是发展旅游业的重要资源之一,因此,加快旅游产品的开发与创新,发掘更多的历史文化旅游景点,对发挥江苏历史文化资源优势,促进文化旅游产业深度发展,推动文化旅游经济升级腾飞,具有十分重要的意义。遗址遗迹承载着深厚的历史文化底蕴,成为各地旅游资源的重要组成部分。在历史上,当铺是特种商业,是民间重要的金融机构,在城乡社会经济生活中扮演了不可或缺的角色,与民众的生产、生活息息相关。对现存旧当铺建筑情况进行调查与开发,无疑是我们应当关注的重要课题。

如何利用好当铺建筑,发展特色旅游产业也是一大问题。清代至民国时期,苏州典当业十分发达。乾隆时期吴县有典当 124 所,同治年间有 108 所,光绪三十一年(1905)苏州登记在册的典当有 54 家(包括吴江、昆山),光绪三十四年(1908)增至 66 家,宣统三年(1911)减为 50 家;1919 年减为 33 家,1927 年恢复至 45 家,1949 年仍残留 42 家。目前,完好保存的苏州当铺有昆山市千灯镇的余氏当铺,始建于明代末期,清初重建。该当铺建筑群呈徽派风格,整个建筑群有大小 120 多座房屋。余氏当铺历经风雨沧桑三百多年,依然如故,是目前华东地区保存最大、最完整的古建筑群。据地方志记载,1947 年无锡县(今无锡市惠山区)有典当 87 家,资本从 1 500 万元到 6 000 万元(当时货币)不等,其中,位于今石塘湾的盈昶典当,资本为 1 500 万元。盈昶典当开设于清代,目前保存相当完整,占地约 1 000 平方米,现为一家小型彩印厂所在地。荡口镇在清代有"恒濂典当""永裕典当"等几家当铺,目前保存基本完好。扬州自隋唐以来就是闻名全国的大商业城市。雍正时期,扬州有大小典当 72家,光绪时期有 23 家,民国初期有 15 家。民国后期,部分典当因资金周转不灵而倒闭。今扬州市所辖的高邮市的高邮当铺,开设于清代中期,曾是清乾隆帝宠臣和坤的私产,原名"同兴当铺",占地面积 3 300 多平方米,五排五进,有房屋 80 多间,是我国目前所发现保存较好、规模较大的当铺遗存。新中国成立之后,该当铺作为当地搬运公司的办公和生产用房,保存基本完整。2002 年,被确定为省级文物保护单位。2006 年,列入第六批全国重点文物保护单位名单,也是中国唯一的"国保(宝)级"当铺。2014 年 11 月,高邮市启动了当铺修缮工程。次年 10 月,工程通过验收,维修后的当铺建筑保持了文物的传统风貌和原真性。宝应县的毛家当铺建于明末清初,建筑面积 947 平方米,占地面积 1 300 平方米,砖木结构,分上下两层,虽经数百年风雨的剥蚀,仍坚实如初,现归该县文化体育局管理。除上述外,扬州东关街 1936 年兴建的张洪兴当铺、1946 年开设的富记当铺等旧建筑目前仍保存完好。江苏现存的旧当铺建筑群集中体现了当地的建筑风貌和文化特色,有不容忽视的历史、文化和艺术价值。它们不但是宝贵的物质文化资源和珍贵的历史遗产,也是宝贵的人文旅游资源,对这些资源进行保护和旅游开发,功在当代,利在千秋,对推动江苏旅游业发展具有重要意义。

旅游风情小镇是依托独特地域文化、乡土民俗、历史遗存、传统工艺、舌尖美食等资源,打造形成的情调韵味浓郁、生态环境优美、宜居宜游宜业休闲集聚区。2017 年 3 月,江苏省印发《江苏省旅游风情小镇创建实施方案》,提出到 2020 年,计划培育 50—100 个旅游风情小镇,按照 5A 级景区服务标准建设,坚持"一镇一特色",突出地域、文化、建筑等特色,为全省旅游业转型升级发挥示范带动作用。2017年4月,全省旅游工作会议上公布了首批13家旅游风情小镇创建单位。2018年9月,江苏省政府公布了首批旅游风情小镇考核结果,并公布了第二批20家旅游风情小镇名单。国家层面目前尚未针对旅游风情小镇出台有关政策,作为旅游强省的江苏省,和邻近同为旅游强省的浙江省、安徽省,近年来都在相关文件中提出了旅游小镇或旅游风情小镇的建设规模、行政区划和创建要求等内容。地域文化的导入与呈现是旅游风情小镇开发设计与规划中的关键培育内容。丰富多彩、各具特色、内涵深刻的江苏地域文化为旅游风情小镇的层次、高品位、多业态培育创造了独具价值的有效路径。江苏的各类地域文化,包括金陵文化、苏东海洋文化、淮扬文化、楚汉文化、吴文化、水文化、山文化、平原文化等,都是有研究和使用价值的传统文化。旅游风情小镇需借助旅游活动这个平台,更加丰富江苏地域文化的发展空间,使地域文化系统化呈现,得到更好的传承与创新,以此实现传统文化的现代价值,从而丰富与充实旅游风情小镇的内涵建设。

表3-3-3　江苏旅游风情小镇(部分)地域文化元素①

公布批次	小镇名称	地域文化元素
首批	无锡灵山禅意小镇	太湖山水文化、佛教文化
	泰州溱潼会船风情小镇	淮扬文化、水乡文化
	苏州震泽丝绸风情小镇	桑蚕文化、吴文化
	宜兴湖㳇茶旅风情小镇	吴文化、茶文化
	连云港连岛海滨风情小镇	苏东海洋文化
第二批	昆山周庄水乡风情小镇	水乡文化、吴文化
	徐州香包风情小镇	楚汉文化、平原文化
	扬州邵伯运河风情小镇	淮扬文化、运河文化
	南京老山天景生态风情小镇	金陵文化、生态文化
	常州茅山闲养小镇	道教文化、吴文化

(三) 文化与科技、金融、旅游融合发展

当前业态融合现象非常普及,近年来,江苏以推动文化与科技、金融、旅游的深度融合为着力点,培育出新型文化业态,摆脱了低层次的资源叠加模式,实现了资源跨界互动后"1+1>2"的效果。在文化与科技的融合发展中,科技成为带动文化发展能级不断提升的重要手段。如南京市获评第二批国家级文化和科技融合示范基地后,基地实现文化产业增加值126.4亿元,同比增长20%,占基地总体增加值的15.2%,占南京文化产业总增加值的30.2%。科技也成为传统文化产业转型升级的重要依托。江苏涌现出扬州"传统漆器在现代生活的应用推广"、无锡"宣纸润墨纺织面料的开发研究"等国内外知名研发品牌。在文化与金融的融合发展中,淮安在2015年成立了苏北首家地方性特色金融机构"淮安文化银行",通过开发影视传媒贷、创意设计贷、广告出版贷等一系列文化金融产品推动文化产业法

---

① 黄志刚:《基于地域文化的江苏旅游风情小镇培育路径研究》,载《四川旅游学院学报》,2019年第5期。

人单位快速发展,实现文化产业增加值每年以 37% 的平均速度递增。在文化与旅游的融合发展中,江苏省共有南京秦淮特色文化产业园、常州中华恐龙园、吴江静思园、昆山周庄 4 个文旅融合的集聚区成功入选中国文化产业园区百强,牛首山历史文化旅游区、无锡影都等大型文旅项目已成为全国文旅融合的行业翘楚,南京国际梅花节、苏州东方水城国际旅游节、扬州烟花三月国际旅游节成为具有国际知名度的文化旅游节庆品牌。

近年来,江苏省积极布局文化与科技、金融、旅游的融合发展,不断激活发展主体活力,具有示范性和标杆性的龙头企业和园区不断涌现。在文化与科技的融合发展中,江苏华博、航天晨光等文化科技融合型龙头企业迅速崛起,凤凰集团、江苏有线、幸福蓝海、新华报业等全省文化龙头企业纷纷进军"文化＋科技"领域,拓展多元产业。文化科技产业园区发展迅速,数量和规模位居全国前列,其中包括 3 个国家级文化与科技融合示范基地、1 个国家数字出版基地、4 个国家级动画基地、2 个国家影视网络动漫实验园、2 个国家级影视产业园。这些产业园区在数字内容、动漫游戏、影视传媒等领域发展势头迅猛,如无锡国家数字电影产业园 2017 年产值达到 44 亿元、税收达到 4.75 亿元。在文化与金融的融合发展中,"金融服务小微文化企业南京模式""中信银行拓宽无锡灵山融资渠道"等 3 个项目入选全国十大优秀文化金融合作创新成果,打造了江苏文交所、紫金文化产业基金等一批文化金融服务平台,通过主办、创业板、新三板等渠道上市融资的文化类企业达 70 多家。在文化与金融的融合发展中,南京中国科举博物馆、常州东方盐湖城等大型文旅项目已成为全省旅游重要载体,在全国文旅融合发展中具有较高影响力,如无锡灵山拈花湾实现年收入超 6 亿元,成为全国文旅小镇建设运营的标杆典范;旅游文创领域也涌现出南京博物院、常州恐龙园等"网红"品牌。

"一带一路"倡议是在新型地缘政治版图下发展而成的经济合作组织,发展国际贸易是该倡议的主要诉求。国际贸易的基本规律,是交换各区域的优势产品。文化交流是经贸合作的必然结果,而旅游产业是文化产业的重要组成部分,在经贸合作日趋紧密的大背景下,国际文化旅游服务也将获得发展良机。江苏省历史悠久、文化底蕴深厚,在漫长的发展历史中,沉淀了大批具有国际知名度的旅游景点。其中,5A 级景区 23 处,苏州园林、南京夫子庙更是成为中华文明的代表符号。在国际商贸合作中,国际友人必然会首先学习中国文化,而江苏省旅游景区是展示中华文明的重要平台,将二者对接,江苏省文化旅游产业将得到快速发展。同时,在国际商贸合作中,江苏省的入境人员也将大幅增加,在商务合作之余,其必然会游览旅游景点。受此影响,江苏省文化旅游市场将得到扩展。再有,"一带一路"背景下,我国的文化软实力将不断提升,文化关联产业将在国际市场中获得发展。在这一背景下,区位优势明显的江苏省将成为文化关联产业的核心区域。

2019 年"十一"黄金周期间,南京市文化旅游市场保持欢乐、平稳、安全态势。系列活动将大庆氛围推向高潮,市场产品丰富,文化旅游经济综合贡献稳步提升。据统计,全市共接待国内外旅游者 1 094 万人次,同比增长 8.5%;实现旅游收入 111.4 亿元,同比增长 10.1%。接待游客量和旅游收入在 2018 年高增长基础上再创新高。其中,全市 4A 级(含)以上景区接待国内外游客 414.1 万人次,同比增长 9.9%。南京博物总馆下辖各馆接待游客 17.9 万人次,同比增长 16.4%,实现门票收入 158.5 万元,同比增长 26.2%。南京城墙各景点接待游客 14.9 万人次,同比增长 14.5%,实现门票收入 228 万元,同比增长 28.8%。全市八大五星级乡村旅游区接待游客 34.2 万人次(8 家为江宁石塘人家、江宁大塘金香草谷、江宁黄龙岘、浦口不老村、浦口水墨大埝、六合巴布洛生态谷、溧水未见山石山下、高淳慢享大山）。全市各郊区和乡村旅游点紧扣丰收季节的时令特点和资源特质，举办了众多特色产品展陈和体验活动，将农业农事和采摘体验、产品销售、科普学习相结合，打造全链条旅游消费链。高淳区恰逢第十九届固城湖螃蟹节，举办沙雕艺术秀、动物认养、主题曲翻唱等系列活动，同时举办了高淳特色的武五猖、漆桥小马灯等民俗表演，全区接待游客235.2万人次，同比增长12.6%。六合区举办巴布洛草原游牧丰收节、枫彩漫城秋枫节、石榴采摘节、六合龙袍蟹黄汤包节等活动，全区接待游客186万人次，同比增长9.2%。溧水区系列菊花节、啤酒节、农场丰收采摘等活动精彩纷呈，全区接待游客201.9万人次，同比增长9.1%。栖霞区恰逢2019中国农民丰收节暨第十五届中国农业嘉年华在八卦洲陌上花渡举办，全球13个国家级农业节庆活动、全国14个世界级农业生态系统集中展现，系列活动共30多场。浦口区举办第二届金秋水产丰收节、2019美丽乡村欢乐汇等丰收主题活动，雨发生态园、珍珠泉等重点景区推出燃动雨发、红遍珍珠泉等系列活动，"羽之国"儿童乐园等新景点开放，全区接待游客101.9万人次。江宁区牛首山文化旅游区佛顶骨舍利公开瞻礼，汤山紫清湖熊猫馆落成开放，举办第五届稻米丰收节等特色活动，推出20多场民俗文化活动，全区接待游客247.6万人次。

（四）"互联网＋"促进现代文化创意产业成为经济增长重要着力点

我们经常提及的"互联网＋""文化＋"等，实际上，这些"＋"是"－"，就是取消不同门类、行业间的边界，寻求附加值，实现行业门类之间不同要素及不同区域的跨越。江苏现代创意文化发展如果以"互联网＋"为技术支撑，通过致力于文化创意产业创新发展，着眼于新型文化业态和文化创意项目的孵化和培育，站位于现代文化创意产业体系的建构，服务于江苏文化创意产业增长点、增长极和增长带的形成，将实现文化创意产品的供给侧结构性改革。目前，江苏在文化产业发展过程中，出于对市场规律以及经济回报率的考虑，将践行重点聚集于关注市场需求和受众需要上。在文化产业发展过程中，应该在遵循经济效益和社会效益相统一的原则下，把社会效益放在首位。换句话说，文创行业应该突出供给侧而不仅仅是需求侧的观念、意识、产品形态创新。把供给、生产端作为企业研创的起点，通过开发符合生态发展观、促进受众审美水准和生活便利程度提高的文化产品，改进"需求侧"，以彰显企业的文化责任感。"互联网＋"为江苏现代文化创意产业提供了"大众创业，万众创新"的发展机会，以此为契机，江苏省文化产业中的相关行业能够在动漫游戏开发、网络视听互动、移动多媒体交互、数字出版创新等方面实现"互联网＋"对传统文化产业的升级和整合，促使其他传统产业在此过程中实现结构调整和升级转型。对供给侧问题的关注和解决，能够为江苏大力发展新型文化业态助力，推动不同行业领域与文化创意产业深度融合，形成省域经济新的增长点。同时，依托省内国有文化产业平台强大的资源整合能力，与文化企业和高校、事业单位合作，结成战略合作关系，开展深度合作，提升文化产品创作的水平和质量。

利用"互联网＋"的技术优势，开拓江苏本地文化消费市场，研发集合江苏地级市的文化服务消费平台，开发包括网页、APP、微信等在内的全端口，同时通过技术与全省不同地市的各类文化信息窗口进行对接。平台整合可以涵盖影视播放、文体演出及博览、旅游推介及票务购买、特色餐饮推荐、文创商品及衍生品展售等内容，在江苏省内各地形成各具地方特色的文化消费网络自有品牌。通过网络传播实现文化消费资讯在各级各类场所的推广和普及，将重点推介的项目资讯进行不同地市之间的互通互联。开发平台内的受众互动功能，利用平台派发免费票或折扣票，吸引公众关注和参与，扩大平台的影响力和知名度。平台可以在为个人终端客户提供优质服务方面大有作为，还可以在此基础上进行云计算和大数据收集，以此作为企业定制文化消费产品的依据，更有针对性地为构建成熟的文化商业生态圈而努力，进而扩大江苏文化消费范围。云计算和采集大数据能够分析不同受众群体的行为习惯、预测其消费方向和方式，促使江苏文化消费环境、消费条件、消费程序的改善、优化和提升，使江苏受众在文化消费的便利化、丰富化、创新化方面有更好的体验，养成网络文化消费惯性，推动江苏文创产品交易长效机制的形成。

2017年10月下旬，国家文物局经资格审查、专家初评与终评等三轮评审及公示，确定69个项目纳入2017年度"互联网＋中华文明"示范项目库，江苏企业有4个申报项目名列其中（见下表）。2016年11月，为贯彻落实国务院《关于进一步加强文物工作的指导意见》（国发〔2016〕17号）和《关于积极推进"互联网＋"行动的指导意见》（国发〔2015〕40号），国家文物局、国家发展和改革委员会、科学技术部、工业和信息化部、财政部共同出台了《"互联网＋中华文明"三年行动计划》。《行动计划》旨在把互联网的创新成果与中华传统文化的传承、创新与发展深度融合，深入挖掘和拓展文物蕴含的历史、艺术、科学价值和时代精神，彰显中华文明的独特魅力，丰富文化供给，促进文化消费。本次示范项目库是《行动计划》出台后首次面向社会征集依托文物信息资源开展的互联网＋文物教育、文物文创产品、文物素材创新、文物动漫游戏、文物旅游等方面的融合型文化产品项目。示范项目库的实施对于探索文物领域与经济社会相关领域的融合发展，形成基于互联网的新业态与新模式具有重要指导意义。

表3-3-4　江苏省入选项目名单

序号	项目名称	主申报单位
1	良渚古城遗址数字复原与展示系统	江苏兆物数字文化传媒有限公司
2	中国古代科技文明智媒体教育服务系统与应用	南京视距数字技术有限责任公司
3	互联网语境下博物馆的新业态——苏州博物馆虚拟IP形象塑造与文创产品开发	苏州市博欣艺术品有限公司
4	数字视觉　博览博物　基于增强现实技术的文物AR智慧观览平台	苏州和氏设计营造股份有限公司

（数据来源：江苏省文化和旅游厅）

二、文化服务行业发展存在的问题

（一）旅游风情小镇遇到发展障碍

随着社会的不断变革，现代化的时尚建筑正逐渐吞食小镇的历史文化街区，部分旅游风情小镇在建设过程中容易进入大拆大改的误区，破坏历史文化景观的改建，极易导致小镇的传统风貌发生不可逆转的破坏，更会使小镇的传统文化逐渐消亡，以致出现各地小镇同质化现象的结果。另一方面，随着游客流量的迅速增长，也在一定程度上破坏了旅游风情小镇的历史文化景观与风貌。尤其在旅游旺季，景区游客承载压力过大，小镇经常出现拥挤不堪的场面，对古迹、建筑等造成了破坏，同时也造成了小镇商业设施的大幅增加，特别是游览路线上的各类商铺层出不穷,改变了旅游风情小镇建筑的景观特征,破坏了旅游风情小镇的人文氛围,导致其传统文化风貌和景观难以保留。很多地区的旅游风情小镇开发水平仍然较为落后,旅游产品缺乏地域风情、缺乏特色,文化特征不够鲜明,或是同一类型重复建设,简单模仿,不能满足游客个性化、人性化的深层次需求,旅游体验度较差。另外,部分旅游风情小镇基于同一区域的地域特征开发,环境、历史、习俗等都具有很多相似之处。旅游风情小镇开发设计的问题还表现在缺乏有地方代表性的纪念品及旅游产品;加之对地域文化挖掘不深,缺乏能留住游客的有深度内涵的景观,更不能提高重游率,这些因素在一定程度上制约了小镇旅游资源的进一步开发利用。具体表现为招聘高端人才不足,引入高端企业不够,培育创新驱动项目不多,导致高端要素集聚不够充分。文化是旅游风情小镇的核心要素,传统的地域文化应在旅游风情小镇得到充分挖掘、整理与传承,使历史文化遗存得到保护,从而形成独特的文化符号。目前,很多旅游风情小镇地域风情文化只是进行单一的静态展示,缺少深刻体验度的文旅产品。小镇缺乏总体的合理培育路径,片面模仿城市规划格局,对地域文化理解不透彻,展示不充分,过度考虑经济产出,未考虑旅游业的可持续发展,因此,小镇地域文化特质的表现深度和广度就严重不足,不能给游客留下深刻的印象,地方文化形象和特色难以深入游客心中,文化元素乏善可陈。旅游风情小镇的发展需要系统的多个功能支持,其各个空间的发展规划、业态布局受不同管理部门的影响。如果操作不当,难以获得规划的协同效应,进而影响小镇整体发展。目前,各级政府已经制定了相关文件,但在旅游风情小镇的规划上仍然不够完善,不够缜密。部分地区的小镇规划层次低,对当地的旅游资源状况、配套基础设施、地域文化特质等综合要素没有充分评估。例如,会展类旅游风情小镇的开发规划对内外交通系统、配套酒店、各类商业功能要求较高,特别是会展旅游在短时间内带来的大量客流,要求小镇内部有完善的交通网络系统,而一些地方政府难以对这些功能系统做出完善的规划,从而造成小镇业态布局不协调,各服务系统间的相互作用没有形成。

(二)旅游资源分散、主体文化缺失导致旅游竞争力下降

江苏省拥有丰富的旅游资源,但受到历史、地理、文化等因素的影响,省内资源难以得到整合。例如,江苏、无锡等地的旅游资源已嵌入长三角文化圈。游客会将这部分地区对接到杭州、上海等地的旅游线路。在游览苏州园林后,通常不会再进入连云港、徐州等地。由此可见,江苏省的旅游产业并未形成整体,苏州等地的优势资源难以为其他地区带来外溢效应。而苏北地区的旅游资源并不具备竞争力,在旅游大省山东、安徽、浙江等地的环绕下,其已成为该领域内的产业洼地。受此影响,江苏省文化旅游产业尚无法形成合力,整体发展的外部条件并不成熟。在"一带一路"背景下,国际游客对于旅游产品的文化内涵最为关注,因此,会主动寻找文化内涵丰富的旅游景区。受此影响,其他省区的文化旅游部门均推出了文化内涵丰富,且难以复制的旅游产品。例如,杭州等地以江浙文化为内核,推出"诗画浙江"等旅游概念,将传统江南文化精髓纳入浙江旅游产品。安徽省则主推徽派文化,淮北等地也将徽派文化融入本地旅游产业。旅游资源更为丰富的山东省,则深度挖掘齐鲁文化,并将其作为北方文化的代表。而受到历史文化因素的影响,江苏省各区域文化存在较大差异,以何种文化定位旅游产品,仍是困扰江苏省旅游产业发展的主要因素。人才是推动旅游文化产业的关键要素,加之文化旅游产业链条较长,因此,该产业的发展离不开高技能人才的参与。例如,在推广国际旅游的过程中,必然需要数量众多的翻译人才。而在"一带一路"背景下,小语种人才的占比也将提升。但江苏省旅游人才的储备严重不足,据《江苏省"十三

五"旅游业发展规划》显示,截至 2017 年末,江苏省共有旅游从业人员 454.5 万人。其中,农民间接、直接就业达到 230 万人,持证导游 7.5 万人。绝对数量已达到国内领先水平,但就业人员素质相对较低。可熟练使用英语的导游人员数不超过 8.4%,小语种人才比例更低。这一问题将成为制约江苏省国际旅游产业发展的主要障碍。

(三)新型文化业态面临进一步扩大规模、提升质效的压力

虽然近年来江苏省通过机制体制创新、资本市场建设、产业平台搭建等各种方式,大力推进文化与科技、金融、旅游融合发展,但就总体而言,江苏文化与科技、金融、旅游融合发展尚处于政策哺育阶段,内生发展动力不足,也由此导致产业总量、领军企业与一线地区相比尚存差距。如在文化与科技的融合发展中,一方面,江苏缺少像腾讯、百度这类"文化+科技"领军企业,关于文化科技融合发展的市场话语权不足;另一方面,江苏属于"文化+科技"领域的企业在发展质效上也相对落后,如 2016 年腾讯公司产值超 1 500 亿元,超过江苏规模以上文化创意和设计服务业产值;百度公司营收 640 亿元,超过江苏规模以上文化信息传输服务业营收;江苏的文化创意和设计服务企业中,实现营业收入超 10 亿元的企业仅苏州蜗牛数字科技有限公司一家。在文化产业转型升级的语境中,文化与科技、金融、旅游的融合需要实现科技资源、金融资源、旅游资源等向文化资源的有机转化。因此,如何实现科技、金融、旅游资源的有机转化,打破行业壁垒并实现更高层次的融合,是关键问题所在。而现阶段江苏存在着科技、金融、旅游资源向新型文化业态的转化率不够高的问题,即发展的资源优势尚未转化成产业发展的强势。如在文化与科技的融合发展中,江苏省近年来高新技术产业保持了快速增长,在全国处于领先地位,但江苏文化与科技的融合发展却未能彰显出高新技术资源强省的优势地位。在科技部火炬中心牵头发布的 2017 中国独角兽企业榜单中,江苏仅有 3 家企业入围 100 强,但没有一家是文化企业。又如在文化与旅游的融合发展中,江苏在历史文化名城数量、5A 与 4A 景区数量上都具有明显优势,但旅游业总收入与广东存在差距。

促进文化与科技、金融、旅游的融合发展,需要在全省统一布局、有机协同。但现阶段,江苏苏北地区和苏南地区在文化产业总体发展方面存在较大差距,导致文化与科技、金融、旅游的融合发展面临结构性区域不平衡问题。2016 年,江苏省文化产业总产出值 152.1 亿元,其中,苏南地区文化产业总产出值为 116.87 亿元,占比 76.8%,苏中和苏北地区文化产业产出值总和为 22.26 亿元,占比 14.8%,地区差异极为明显;在文化园区的发展上,苏南特别是苏州、南京集聚了一大批文化产业园区,而苏中和苏北地区园区则存在数量少、定位不明等问题,特别是文化与科技、金融、旅游融合发展的产业园区,在布局、政策、资本、技术上都存在明显向苏南倾斜的特征。这种相对而言的"文化洼地",实际上不利于全省层面文化与科技、金融、旅游的融合发展,容易造成资源配置的碎片化浪费和产业融合活动的孤岛化困境。文化与科技、金融、旅游的融合发展需要宣传、文化、科技、金融、旅游、知识产权等多部门通力合作,现阶段,江苏省委宣传部、省科技厅、省文化厅等部门出台的扶持政策难以形成合力,彼此之间缺乏有效衔接,极容易导致支持文化业态创新的政策制度供给断裂,也带来了资源的整合力度不足、政策红利发挥受限等问题。同时,与北京、上海、浙江等先进省市相比,各部门在推动文化与科技、金融、旅游的融合发展上也倾向于以文化尤其是文化产业的发展和提升为最终目标,而忽略了文化与科技、金融、旅游的融合发展对高新技术产业、金融产业等的反哺作用,导致相关部门的主动性不足,难以调动各方资源形成协同促进融合发展的合力。

三、文化服务行业发展对策分析

（一）理念与规划合一，架构智慧运河旅游服务供应链①

　　首先，江苏省委、省政府需树立将大运河文化带江苏段建设作为全域旅游引领项目打造的理念。将全域旅游与大运河文化带建设融合在一起，使大运河文化带建设具有实实在在的抓手，有具体标准可参照；将大运河文化以旅游产品的形式呈现在百姓面前，有利于文化的传承与传播；作为旅游产品，大运河文化必须全方位挖掘、建设才能得到游客的关注，促使运河文化带的保护；运河旅游文化的开发有利于我国优秀文化的接纳，利于百姓个人素养的提升，产生较大的社会、经济效益，实现优秀文化的再利用，促进我国优良人文环境的形成，推动社会主义文化强国。其次，需做到多规合一。全域旅游是指以旅游业带动区域内各种社会、经济资源进行全方位整合，是新的区域协调发展理念；大运河文化带建设是指在大运河文化带区域内整合各方面资源，实现大运河文化带的整体布局与协调发展。大运河文化带江苏域旅游项目的打造不可避免地牵涉到许多部门，包括水利航运、旅游、园林建设等部门，须形成协同发展、跨专业领域合作的态势，各部门合力才能达成建设目标。江苏省委、省政府须制定总体规划，在大运河文化带江苏域建设总规引领下，各相关部门规划与省委、省政府总体规划步调一致，共同推进，做到政令畅通、令行禁止。各级规划要树立旅游引领、南北联动、产业融合、协调发展、共建共享、互联互通、文化生态、经济发展的创新理念。

　　智慧旅游的提出符合信息化的应用、旅游消费者的个性化需求，江苏省智慧旅游建设与应用一直处于全国前列，有着丰富的经验与前沿技术支撑。将智慧化融合到大运河文化带江苏域旅游项目建设中是一个开创，有着积极性意义：其一，创新江苏智慧化及运河文化带建设中的又一新高地，实现建设中的引领；其二，可智慧化地将江苏省运河全域文化资源整合；其三，有利于运河文化生态性多视角、多纬度呈现，实现人与人、人与运河文化、运河文化间的互动、交流，亦有利于文化的发散性自我推销、传承与利用，更有利于人们智慧地穿透时空触摸运河文化。如何构建智慧运河旅游？一方面，要多方剖析我国智慧旅游建设过程的经验得失，才能让运河文化带旅游项目的智慧化更贴近百姓，让百姓感受到体验运河文化的智慧，否则智慧的理念易被抛弃；另一方面，利用好现有智慧城市与智慧旅游建设成果与基础，做到资源整合，这也是全域旅游开展的初衷之一，以防资源浪费。综合分析，架构智慧运河旅游服务供应链应是运河文化旅游智慧化的建设思路。以智能终端为载体呈现并引导旅游消费者智慧地体验江苏全域运河文化，以实现区域内运河文化的导览、导航、导购、搜索等等。供应链的域长为大运河江苏段，链节点为江苏省运河沿岸八市，八市应构成各自的闭环供应链，与省供应链对接，尽量缩短链长，方便应用；供应链以手机 APP 为核心企业，具有旅行社智能化全方位服务功能；供应链的应用具有公益性，不能增加消费者的旅游成本；供应链上呈现的元素应避免无效性，增强利用性；政府做好供应链的监控，以保障供应链上信息流、人流、资金流、物流的安全性；供应链各节点应架构协同发展机制，以实现共赢。

---

　　① 廖维俊、何有世：《全域旅游视角下大运河文化带江苏段建设模式研究》，载《四川旅游学院学报》，2019年第6期。

(二)融入地域文化,建立旅游风情小镇

旅游风情小镇的建设规划实际上是以旅游产业为主导产业的小城镇建设,小镇创建的最初目标应是"小微型城镇化区域",具备完整系统要素的街区空间架构和能适应人口集聚化生活需求的城镇化设施。同时,旅游产业也是旅游风情小镇建设的推动力,小镇在完成小微型城镇化区域建设目标后,应以自身的旅游资源、旅游产品和配套服务设施为依托,形成"旅游型区域综合体",具备较强的旅游吸引力和旅游接待能力。另外,独特的地域文化元素与风情氛围是构建旅游风情小镇核心竞争力的基础。小镇要拥有独特的地方文化元素、景观特色和主题文化产业,系统融合在具有整体感的高质量街区、协调的建筑形式和富有地方特色的主题性系列产品当中,逐步成为"独特型地域文化风情带"。最后,商业业态是小镇焕发活力的关键要素,小镇要合理布局与培育富有活力与个性的商业业态,形成业态多元、分区明显、集聚效应显著的"活力型旅游商业业态"。这四条培育路径与目标逐步递进,相辅相成。旅游风情小镇文化服务体系的建立与完善要先让政府职能部门,特别是旅游管理机构的管理者队伍和小镇居民重新建立长远的文化价值观念,重视小镇的文化价值塑造。另外,还要改变部分职能部门领导片面追求税收业绩、投资指标和旅游形象工程的落后思维。文化氛围,特别是地域文化培育的长效性会使其在旅游业发展进程中不如经济产出速度快,但根据旅游可持续发展观,文化建设才是旅游风情小镇发展的最终趋向和精神财富。旅游风情小镇文化建设的载体是完善的公共文化服务体系,近年来伴随越来越多的游客对地方文化的追寻,很多小镇目前的文化设施设备已无法满足游客的文化追求。需要进一步完善文化服务架构来配合各具特色的小镇文化建设,包括地方文化图书室、地域风情博物馆、展览厅、文化广场和培训等。例如,苏州震泽丝绸风情小镇和旗袍风情小镇,可以开设丝绸文化展览馆和吴文化图书馆,西渚云湖茶禅小镇可以建造茶主题文化广场、开展茶艺培训、开设茶文化阅览室等。对地域文化进行数字化保护是当前文化遗产传承的必由之路:一方面,这是提供虚拟体验与寄托乡愁的物质载体,另一方面,可以提取地域文化基因,解决文化内涵的延续与传承问题。所谓数字化保护,是利用测绘技术、计算机技术、虚拟现实技术等高科技手段获取文化遗产的现状数据,利用信息技术进行数字化重建,恢复其原状。对物质和非物质文化遗产进行数字化保护已在很多国家和地区成功开展运用,并且获得联合国教科文组织的认可。鉴于小镇传统聚落这种珍贵文化遗产的脆弱性及其不可再生性,作为经济文化发达的江苏省,不仅要保护其外在的实体建筑,更重要的是传承好内在的精气神,提取地域文化基因进行数字化保护。因此,数字化保护还包括了对乡风民俗、节庆礼仪、民间艺术等非物质文化遗产的保护,特别是有声语言和口传文化,通过数字化保护,就能更真实、更全面地记录地域文化基因,实现旅游风情小镇的文化传承。

(三)改变过时观念,大力宣传推介资源

一说到当铺,人们就联想起衣衫褴褛的贫民在高高的柜台面前战战兢兢地将包裹递给盛气凌人的掌柜,然后接过些许救命的银钱,因而,人们很容易从自己的感情出发,将当铺与剥削、掠夺、压迫等联系在一起。但在历史上,人们无法从银行这个近代金融体系的产物借入资金,典当在一定程度上满足了当时社会的资金需要,在城乡扮演着十分重要的角色。因此,人们应改变对当铺的憎恨和厌恶之情,不能将当铺视为高利贷者剥削和压迫贫民的象征。对社会历史文化遗存进行再认识、再评价需要一个过程,更需要正视历史、消化历史的

能力与气魄。因此,应该通过历史、考古、旅游和建筑等方面学者的深入考察与研究,充分挖掘旧当铺及旧当铺建筑的历史文化价值与旅游开发价值,将文化资源优势真正转变为经济发展优势,从而实现良性循环。据调查显示,江苏现存旧当铺建筑或受损严重,或物是人非,或面目全非,或化为乌有。迄今为止,江苏还有哪些当铺遗迹? 还有哪些当铺建筑群? 它们的创办年代、历史沿革、建筑风格、保存状况和历史文化价值等,无论是文物保护部门还是旅游部门或专家学者,都难以说清。民国时期,江苏全省有 340 多家当铺,而笔者穷搜各种文献资料和媒体报道,再加上实地调查,也仅能列举出 10 多家现存的旧建筑群,约占总数的1/30。因此,文物保护等相关部门可以邀请历史学者、建筑学家等对现存旧当铺建筑资源展开普查工作,真正摸清资源家底,考证历史真相。在具体操作时,文物保护等相关部门还应得到规划、建设、房产、园林等部门的支持,才能确保普查的顺利进行和普查结果的准确无误。互联网时代让信息传播速度更快、信息传播效率更高。相关部门除通过电视、报刊、网络等媒介进行推介外,还可以采取以下几种方式:一是集思广益,举办学术研讨会,邀请高校学者、建筑学家、历史学家和民间学者参加,整理和挖掘相关历史资料,关注当地历史文化名人、历史事件等,探究历史真相;二是科学安排,组建实习实践基地,相关部门与当地高校合作,设立关于历史、考古、文博、旅游、建筑等专业的实习实践基地,加大在当铺文化等方面的研究力度,以提升旅游开发、管理和服务的档次;三是动静结合,扩大宣传力度,在了解家底的前提下,利用现代科技手段和传播媒体,如制作和播放视频短片、微电影、光盘等,让静态的当铺建筑文化产品变为动态的旅游文化产品,以增强旅游吸引力;四是摸清资源存量,申报遗产(文物)保护,鼓励优秀的当铺旧建筑申报各级物质文化遗产和文物保护单位,以提高国内外的知名度。

(四)利用经贸游整合区域旅游资源

江苏省各区域旅游资源并未得到有效整合,优势资源难以带动其他景区。针对这一问题,江苏省可以以区域为单位,制定联动机制,从而使优势景区的带动效应得以在局部体现。例如,可依托各地区的宗教资源,将南京、无锡等地作为宗教文化旅游圈。之后,可依托广告宣传,将南京的古都旅游、无锡的景区旅游以及苏州的园林旅游,对接到宗教文化旅游中。外国游客在参观南京古都、太湖或苏州园林的过程中,会发现宗教文化的旅游价值,并调整、扩展旅游线路。同时,旅游部门也应推出融合宗教文化的旅游线路,从而使国际游客的旅游成本得以降低。再有,结合"一带一路"带来的商贸契机,江苏省也可推出经贸产业旅游项目。在该项目中,苏北、苏州等地的工业园区,将成为重点旅游项目。国际游客可借助该项目,参观各地区的产业模式与生产平台。"一带一路"背景下,江苏省的产业优势将对接国际市场,国际厂商更加期待了解江苏省的产业优势。但依靠常规途径,国际厂商难以全面参观江苏省企业。针对这一需求,江苏省可组织经贸旅游,为国际厂商与本省企业建立合作平台。同时,该项目也可将各地区的重点旅游景区纳入旅游项目,从而使其品质得到提升。产业配套不足,是制约江苏省旅游产业发展的关键因素。针对这一问题,江苏省应依托南京市高等教育资源,积极培养高技术人才,进而使配套产业获得完善。南京市共有专科院校 18所,本科院校 35 所,其中,211 大学 11 所,985 大学两所。借助高等院校,江苏省应有计划地培养专业人才。例如,教育部门可在各高校中分设小语种专业,经过一段时间的培养,江苏省的语言人才将得到丰富。同时,旅游管理部门可围绕语言考核,设置小语种导游资格证,从而使江苏省导游人才得以扩展。再有,旅游产业管理部门可在本领域引进国际商贸人才。

例如，具备多年从业经验的商贸人才，可无条件申请导游资格证，或者具备国际接待经验的餐饮、运输企业，也可申请旅游接待服务。国际商贸通常会受到季节因素影响，在贸易淡季，商贸配套产能将长期闲置。通过政策引导，闲置产能将对接旅游产业，该产业的配套服务将得到补充。综合分析，江苏省拥有规模庞大的人力资源，通过有效引导，过剩的商贸服务人才将转移至旅游产业。

（五）精准把握新趋势，催生一批优质新型文化业态[①]

一是在文化与科技的融合发展中，积极把握国家实施"互联网＋"战略的重大机遇，依托江苏省科技强省建设，全面加强政策支持力度，打造文化科技深度融合发展高地。积极参与国家文化技术标准制定，继续加强文化领域的核心技术、共性技术、关键技术的项目研发，建立产学研用一体化合作平台，在重点领域和关键环节形成更多具有自主知识产权的创新技术，争取让江苏省成为具有全国影响力的文化技术服务中心。大力发展包括新型媒体、数字电影、网络文化、数字动漫制作等在内的数字内容产业，强化大数据、云计算、3D 打印、语义搜索等高新技术的应用，依托南京国家动画产业基地、无锡国际数字电影产业园、常州文化创意产业基地等国家级和省级重点文化科技园区载体，进一步推动数字领域的文化科技融合。积极运用科技手段改造提升传统文化业态，依托高新技术和教育方面的优势，加大对传统文化业态的改造力度，不断强化科学技术对文化产业的支撑作用，赋予传统文化产品和服务新的魅力。建立江苏省科技界与文化界的企业技术联盟，紧扣全球科技与文化发展的战略前沿，积极提升文化生产、文化服务的再创新能力。二是在文化与金融的融合发展中，促进文化产业和金融业全面对接，完善文化金融合作机制，拓展文化金融合作渠道，形成集银行、证券、保险、信托、担保、基金、小贷公司、财务公司等于一体的文化金融服务合作体系。建立"江苏省文化金融支撑平台"，搭建"江苏省文化企业融资大数据平台"，对省内各文化金融服务中心、投资机构、保险公司等进行全面整合，在全省层面统筹安排文化金融产品开发、文化金融业务流程优化等各项工作，为不同类型的文化企业提供全企业生命周期文化金融服务。推广南京文交所"互联网＋文化＋科技＋金融"的商业模式，利用科技手段开发交易平台，借助互联网使文化产品和金融资本直接对接，助推文化实体经济的发展。联合高校、企业、银行协同探索，将企业纳税信用等级、纳税数据与金融服务相结合，运用大数据信用创新文化企业信用评估模式，探索建立符合文化企业特点的信用评级和无形资产评估体系，为文化企业提供"无担保纯信用"的信贷产品。注重社会效益优先，发挥金融工具在支持具有社会主义核心价值观、传播社会主义新时代主旋律和正能量的文化项目和文化企业中的作用，做好大运河江苏段和其他重点文化项目、重点文化工程的投融资工作。推动文化旅游产品多样化、旅游衍生产品创意化、文化旅游演出品质化，力争在文化旅游融合的各细分领域中推出更多类似"南京云锦""苏州刺绣""宜兴紫砂""东海水晶"的知名品牌。注重江苏省各类文化产业园区的旅游功能拓展，根据区位、建筑、人流设定个性化、差异化的主题，扩展成具有多种功能的文化商贸旅游，形成独特的地标性文化景观。

---

① 刘永春、付启元：《新型业态视域下的文化跨界融合发展研究——以江苏为例》，载《南京社会科学》，2019 年第 3 期。

第四章 动漫游戏行业发展研究

一、动漫游戏行业发展的现状

2018 年是全面贯彻党的十九大精神的开局之年、改革开放 40 周年，也是按照高质量发展要求、全面深化改革、适应经济发展新常态、深入推进供给侧结构性改革、努力全面建成小康社会的重要年份。中国动漫游戏产业在逐步优化的产业环境中，加快产业结构优化升级，进一步保质提量地发展，产品生产发行数量和产业规模效益等指标平稳增长。

表 3 - 4 - 1   2014—2018 年中国动漫游戏产业发展主要指标

项　　目	2014 年	2015 年	2016 年	2017 年	2018 年
动漫图书出版数量(种)	2 163	2 262	3 190	2 805	2 144
电视动画生产备案数量(部)	425	399	425	350	460
电视动画生产备案数量(分钟)	271 133	298 114	232 135	145 390	194 346
电视动画完成生产数量(分钟)	138 579	138 273	125 053	83 599	86 257
电视动画播出时长(小时)	304 839	309 060	328 864	362 825	374 500
动画电影生产备案数量(部)	134	148	194	158	131
动画电影完成生产数量(部)	40	51	49	32	51
动画电影票房收入(亿元)	30.31	44.10	70.56	47.50	40.64
游戏市场销售收入(亿元)	1 144.8	1 407.0	1 655.7	2 036.1	2 144.4
自主研发网络游戏销售收入(亿元)	726.6	986.7	1 182.5	1 397.4	1 643.9

(数据来源：2018 年中国动漫游戏产业发展报告)

动漫内容传播渠道进一步向网络迁移，我国网络动漫市场规模快速提升。2018 年总体收入达到 126.2 亿元，其中包括广告收入 80.7 亿元、用户付费收入 43.8 亿元和授权收入 1.7 亿元。随着信息化技术的发展，以漫画网站和漫画 APP 作为主要载体的网络漫画平台在中国漫画出版中扮演着重要角色。国内网络漫画平台普遍都推出了各自的 APP 应用，迎合了近年来持续移动互联网化的潮流趋势。从全年整体情况来看，活跃用户渗透率排名居前的 APP 仍然为快看漫画和腾讯动漫，微博动漫在 2018 年快速崛起，正在逼近千万活跃用户规模。看漫画、咪咕圈圈、网易漫画、动漫之家、漫画台、漫画岛和咚漫等第二阵营 APP 与前者相比，仍有较大差距。总体看来，国产动画产业继续保持产量企稳回升、质量不断突破的发展态势，全年共有 139 家机构制作发行电视动画片 241 部 8.63 万分钟，央视动画有限公司等十大机构合计生产 2.38 万分钟，约占总体的 27.59%。2018 年，《梦幻乐园奇遇记》《新大头儿子和小头爸爸(第五季)》《熊熊乐园 2》等 48 部优秀国产动画片获得国家新闻出版广电总局推荐播出,合计 1 601 集 21 689 分钟,约占全年总产量的 25%。综合 2005 年以来的优秀动画片名单来看,浙江、江苏、广东、上海等省市和央视等机构制作生产优秀动画片数量较多。

游戏动漫艺术已经逐步主导大众文化潮流,随着动漫游戏产业的全面发展,它已经成为广大青少年寻梦的舞台。不少动漫迷们迷恋这种青春与活力迸发的艺术,因此,动漫旅游题材和主题越来越受欢迎。常州嬉戏谷作为江苏首家以动漫游戏为主题的体验型乐园,旅游市场正迎来鼎盛的旅游旺季。嬉戏谷更是坚定发展动漫和游戏,将大量 IP 进行实景还原,让每一个项目都变得个性而真实,为游客带来全方位的沉浸式体验。同样,在玩乐中增长见识也是不可或缺的重要部分,嬉戏谷近年来积极推动研学项目的发展,充分利用旅游与教育的整合与建设,让孩子们从单纯的观光旅游实现寓教于游。不仅是摩尔庄园,在"兽血征途""星际传说""洛克王国"等特色主题区内,嬉戏谷都融入亲子互动和主题活动的运用,让孩子们在游乐中寓玩于学、寓教于乐。

2018 年 12 月中旬,《江苏省互联网上网服务行业转型升级工作指南》发布。这是江苏省委编办、江苏省文化和旅游厅本月联合出台的《关于深化文化市场"放管服"改革的意见》的细化配套文件之一,也是全国首个推进互联网上网服务行业转型升级的工作指南,将助推江苏省文化高质量发展走在前列。《指南》以探索"上网服务场所+"新模式为主线,明确 38 个发展路径。其中,转型方面涵盖 28 个路径,包括电竞、网络直播、游戏游艺、影视空间、演出、画廊、迷你唱吧、文创、棋牌、体育休闲、休闲娱乐综合体、智慧书店、众创空间、网络文化沙龙、培训、餐饮、咖啡吧、电子商务线下服务站、电子产品维修站、特惠商店、便利超市、农贸产品购销站、远程医疗、票务、文印服务、互联网广告等,旨在提高层次、做大平台、丰富业态。升级方面涵盖 10 个路径,包括品牌建设、连锁经营、智能终端、安全防范、现代企业财务管理、从业人员管理、设备更新、个性空间、社交平台、公共文化服务,旨在提升软硬件条件、优化服务水平。

表 3-4-2　2018 年各地区互联网上网服务营业场所综合情况(网吧)

	机构数(个)	从业人员(人)	资产总计(千元)	营业收入	终端数量(个)	经营面积(万平方米)	本年新增投入(千元)
江苏省	11 205	25 446	4 947 422	3 143 959	222.919	744 214	176 400
南京市	1 422	4 492	798 820	606 463	27.927	110 690	13 380
无锡市	941	2 329	499 890	353 379	23.336	66 959	22 570
徐州市	1 016	2 301	264 245	202 415	21.951	64 243	13 530
常州市	675	1 571	193 298	171 629	18.786	62 651	470
苏州市	2 020	5 264	1 272 490	789 058	51.617	187 262	32 430
南通市	740	1 654	246 625	170 336	14.714	44 519	16 790
连云港市	567	854	115 050	68 935	5.244	17 119	4 240
淮安市	587	1 247	212 126	69 691	6.733	23 765	6 560
盐城市	768	1 651	421 743	232 026	14.410	44 394	30 130
扬州市	619	1 094	129 614	96 044	10.519	31 384	6 270
镇江市	470	1 137	363 542	194 778	7.225	28 250	19 490
泰州市	674	885	183 764	91 406	9.529	29 265	4 500
宿迁市	706	967	246 215	97 799	10.932	33 713	6 040

(数据来源:江苏省文化和旅游厅)

　　与其他省市较为不同的是,江苏省极为重视包含游戏在内的大文化产业的发展,除了动漫、游戏产业之外,还对电子竞技、VR产业、衍生品等方面有着极大的投入与支持,这些也直接或间接地对江苏省的游戏行业发展产生着多方面的影响。可以说,江苏省游戏产业本身有着极为优越的先天条件,但是为何总游离在北上广之外,被浙江游戏产业压制呢? 笔者认为,喜忧参半的江苏游戏产业还需要来自市场的一剂强心针。江苏省主要从事游戏制作方面的企业大多集中在南京、苏州、无锡、常州等城市,也就是常说的苏南地区,而这四座城市也成为江苏省游戏产业发展的重镇。南京,江苏省省会,其游戏聚集区——南京游戏谷聚集了包含咪咕互娱、炫彩互动、原力动画、河马动画、玛岸网络等在内的230多家知名企业,这种建立在政府、电信运营商、游戏开发商、游戏运营商、游戏渠道商等多元因素之上的全方位的游戏产业链,构成了南京游戏产业的集聚区;苏州,比邻上海、杭州,也是江苏省游戏公司最为集中、最为知名的城市之一。苏州在昆山、工业园区、高新区等地区拥有着数量繁多的软件园,这也是苏州多数游戏公司的聚集地,尤其是在工业园区,在蜗牛、游族网络等带动下,聚集了一大批极为低调但研发、运营潜力极大的游戏公司;无锡,2007年就成为被文化部授牌的“国家动漫游戏产业振兴基地”,自此便开始了其动漫游戏产业的教育培训、研发、产业孵化、动漫游戏会展与国际合作等发展之路,在动漫游戏方面有着多方面的探索,发展实力不容小觑;常州,拥有“国家数字娱乐产业示范基地”——常州创意产业基地,是常州市文创行业发展的集中地,集聚了800多家文创企业,以及16家上市、挂牌企业等,是常州创意产业、高层次人才的核心集聚地;同时,还拥有江苏省唯一的国家级动漫节展——中国常州国际动漫艺术周,成为常州创意产业对外展示、交易、对接、推广的重要平台。可以说,在文化创意产业发展方面,南京、苏州、无锡、常州各具特色,游戏产业相关的发展氛围也各不相同。但这些城市在文化创意产业及游戏方面之所以能够有如此成就,与来自政府的政策支持密不可分。从2010年开始,江苏省进一步加大对包括游戏、动漫在内的文化创意产业的政策引导及资金投入:成立江苏紫金文化产业发展基金,推进银企对接,鼓励各地文化产业的立项投资等;减免文创产业相关税费,提供各类免税支持;支持各地设立文化产业引导资金,并募集和引入各类创投资金,提供全方位的资金保障;推进产业集聚,将原本分散的各类产业基地、软件园等整合成文化创意产业集聚区,加强产业的集群效应。

　　正是得益于来自各级政府的政策、资金等强有力的支撑,江苏游戏产业发展极为迅速,也逐渐形成了自己的特色。首先,数量多,种类全,分布相对集中。江苏省大多数游戏公司基本上在研发、运营、发行、服务、外包等都有涉及,也有集研发、运营于一体的游戏企业,可以说,江苏省游戏公司数量多,类型也比较多样。由于毗邻上海、杭州,既没有核心地区的竞争压力,还能够得到政府政策支持及本地优秀的人才资源,苏南地区乃至江苏成为创业者聚集区,这些游戏公司、工作室等的数量较多,既有以游戏研发为主的创业公司,也有比较成熟的游戏综合公司,还有以原创动画、VR游戏等为主的工作室,这就表现出多元的发展趋势。而正因为有来自政府方面的指导,江苏省在各种文化创意产业园方面建设也极为全面,也相对集中,这也让大多数的游戏公司与动漫公司之间能够有着足够的地缘优势,方便了公司之间交流与合作。其次,游戏与科技的融合。与注重手游的成都游戏产业相比,江苏省游戏产业更加倾向于在虚拟现实等方面的探索。在江苏,VR/AR产业起步较早,发展迅速,拥有睿悦科技、INSTA360、新华90VR、火柴全景、掌纹VR等多家位于VR/AR产业链上下游的企业,涉及VR系统深度开发、智能硬件、VR内容、AR开放平台等,而正是这些企业对VR/AR技术方面的优先探索,也让不少游戏公司将研发视角转移到了VR游戏创作方面,尤其是将 VR 技术与游戏、与现实场景相结合，形成在虚拟现实方面的研究。在江苏常州，有集"网络科技研发应用""动漫文化体验旅游""动漫内容博览交易""绿色网游电子竞技"等于一体的常州环球动漫嬉戏谷，这一以"动漫艺术、游戏文化"为主题的嬉戏谷，将数字娱乐和高科技进行融合，通过游戏虚拟场景局部实景化的手段，满足玩家的好奇心，这就对以游戏为主的内容产业有着极高的要求，对引导江苏省游戏向虚拟现实等方面靠拢起着积极作用。第三，原创为主，泛娱乐氛围浓厚。江苏省游戏产业多数以原创为主，且与动漫等结合密切，泛娱乐氛围浓厚。如在苏州领先的蜗牛网络，就是中国最早的 3D 虚拟数字技术研发企业和中国最早从事 3D 网络游戏研发的互联网企业，在原创方面有着深厚的功底；而因《奇迹暖暖》《暖暖环游世界》《暖暖的换装物语》等三款变装游戏而知名的苏州叠纸网络的原创实力也不容小觑。由此，江苏省多数游戏公司都有着自己的研发目标，也多以游戏原创为主，在进行游戏创作之时，也与动漫、影视等有着不同层次的结合，形成泛娱乐的发展态势。第四，电竞发展繁荣。在江苏，不仅有省内自主品牌赛事联盟杯电子竞技总决赛、全国"女神杯"电子竞技赛、江苏省电子竞技联赛、全省高校电子竞技大赛、江苏省电子竞技城市冠军联赛等，还得到了世界电子竞技大赛 WCG、2016MDL 国际电竞邀请赛、WESG2016 世界总决赛等国际级赛事的青睐。可以说，电竞赛事发展繁荣，相对也能带动游戏产业的发展。

作为建邺区南京新城科技园的入驻企业，咪咕互娱成立两年以来，通过构建"咪咕游戏"开放平台，在国内正版手机游戏数量保持第一。不仅如此，咪咕互娱、炫彩互动等龙头企业还牵头推进游戏产业链合作，打造由政府、电信运营商、游戏开发商、游戏运营商、游戏渠道商和广大用户等组成的"金色游戏产业链"，加快推动相关产业集聚发展。目前，坐落在新城科技园的中国（南京）游戏谷，已集聚了咪咕互娱、炫彩互动、原力动画以及新近引进的河马动画、玛岸网络等知名企业 230 多家，游戏动漫产业集群效应凸显。咪咕互娱前身是中国移动游戏产品基地，成立于 2009 年，是江苏移动负责承建和运营。为了更好地适应互联网发展的趋势，游戏基地在 2015 年 1 月实现公司化运营，成立咪咕互动娱乐有限公司并落户建邺区南京新城科技园，重点聚焦移动游戏和互联网体育两大领域。咪咕互娱财务收入也保持稳健增长。2017 年上半年，咪咕互娱月均使用用户数超过 2 亿，已累计上缴各类税费超 1 亿元，行业渗透率超过 45%。数据诠释成就，炫彩互动、咪咕互娱落户建邺后的快速发展，吸引了很多游戏制作公司、发行公司的入驻。"我们支持区政府打造移动游戏孵化第一品牌，为中小游戏创业者提供资金、渠道、发行等一站式服务，目前累计投入 1 亿余元助力产业发展。"咪咕互娱相关负责人介绍，为了集中优势资源，发挥簇群效应，咪咕还向建邺区推介重大项目和企业。触控、乐逗、游道易等知名游戏内容提供商纷纷落户南京；颂歌、魔盒等本地优秀企业在咪咕互娱的大力支持下也发展迅猛。与此同时，咪咕更是带动了软件开发、新媒体、电子商务、硬件设备等配套产业的发展，累计提供就业岗位 10 000 余个，有力地促进了本地创新创业和游戏产业繁荣发展。乐于进取的炫彩互动也坚持扶持中国中小游戏 CP（内容提供商），五年来累计为国内的游戏 CP 创造了近 20 亿元的价值。触控科技、乐风创想、上海索乐、中科奥等游戏研发商均在炫彩的扶持下，以高质量的游戏，为自己在中国手游市场开拓出一片天地。在建邺，不少数字文化产业主营游戏动漫，为了给他们提供全流程完备的电影动画制作服务，新城科技园投资打造了南京数字文化产业公共技术服务平台。据悉，该平台是目前国内规模最大、技术最先进、功能最齐全的数字文化产业公共技术服务平台。2015 年夏天，数字文化产业公共技术服务平台借助动作捕捉中心的领先性，成功取得郭敬明电影《爵迹》项目的拍摄和后期制作，也因此成为该领域在华语电影史上的首例制作。

截至目前,中国(南京)游戏谷已集聚了包括中国移动、中国电信、中国联通"三大运营商"游戏基地、原力动画、河马动画等各类游戏、动漫及相关产业企业230余家,游戏动漫企业主营业务收入超过80亿元,从业人员达1万人以上,形成了以游戏研发、动画电影制作、游戏分发为特色的游戏动漫产业集群,成为全国范围内特色鲜明、优势突出的游戏创新创意高地和游戏创业产业基地。

2018年12月20日,由国家新闻出版署指导、中央文化产业发展专项资金支持的"优秀原创动漫作品版权开发奖励计划",在中国版权保护中心举行颁奖仪式。昆山粉墨文创发展有限公司凭借精品动漫原创的优势,荣获最具影响力"品牌经营类"铜奖。"优秀原创动漫作品版权开发奖励计划"设3个大项、9个小项奖励项目,申报范围针对近三年来在境内外已出版、发行或播映的著作权完整的动画和漫画作品(包括网络动画和网络漫画作品)。经过评选,在全国数百个优秀作品中选出了78个国产优秀原创动漫项目,昆山粉墨宝贝位列其中。大型原创昆曲元素3D系列动画片《粉墨宝贝》,实现"戏曲和动漫"跨界创作,用"弘扬传统文化""传递正能量"等理念,融入誉有百戏之祖-昆曲的唯美和趣味。同时,开发数百种衍生商品,同步开展数十项延展合作项目并进行产业化运作,形成了具有昆山特色的动漫文创品牌。

二、动漫游戏行业发展存在的问题

(一) 专业技术人才的匮乏

这是除北上广等一线城市之外,多数二线城市存在的普遍问题。对于以自主研发和原创为主的江苏省游戏产业而言,具有相关专业知识和能力的人才,尤其是有着丰富的文化素养和较高的艺术修养,或充足的游戏运营经验的人才,极为匮乏。在江苏,虽然高校云集,但是多数由于没有设立专门的游戏专业,以至于刚毕业的大学生工作能力很难达到公司的要求,所以,基础人才多,高端有经验的人才匮乏成为制约江苏省游戏产业发展的重要因素。受我国经济体制转型的影响,传统动漫产业一度面临严重危机,一些老牌的动漫企业失去了计划经济原有的支持。目前,该行业仍存在以下几个方面问题:(1)江苏省动漫游戏产业现状是企业小、制作多、资金和策划少、宣传力度弱,产品多但是管理和办法少,缺乏立足统筹兼顾、长远打算的规划意识。(2)没有充分利用新媒体提供的广阔空间,重视传统媒体而非新媒体的影响力,缺乏整合媒介和资源的传播意识。(3)没有充分了解新媒体用户群的需要,缺乏破除行业原有格局的开拓意识,罕见具备丰富历史内涵和深刻哲理意蕴之作,"全龄动画"成为一厢情愿,主要以少年儿童为预设用户进行生产。如果缺乏创意人才,就会对江苏省动漫产业产生非常不利的影响,尤其是目前的社会主流是科技创新力,如果没有创业人才,就研发不出来高科技,长久看来对以后的发展是非常不利的。江苏省为支持文化产业人才的培养计划,各个高校输出了大批优秀的动画人才。但全省动漫产业大多以民营企业为主,没有形成规模,薪资水平相对低,劳动保障不健全,使得这些人才流失。好的动漫游戏作品来源于好的创意。创新创意人才不足,是制约大连动漫游戏产业发展的瓶颈因素。从科研人员和科研经费的角度来看,江苏省和北上广等一线城市相差甚远,虽然政府支持力度很大,但是仍无法与上海等一线城市相提并论,这就造成了很多的限制。动漫游戏人才培养模式封闭,人才知识和能力结构与产业需求不匹配。一是诸多人才培养机构没有与高校、软件技术公司、科研机构、企业及时进行信息交流,以至于单一型的人才过剩,复合型人才以及企业真正需要的实用型人才匮乏;二是缺乏产学研对接平台。

（二）中小型企业居多、竞争日益激烈

江苏省动漫游戏行业不乏入局者，但以中小型企业居多，缺乏龙头企业的带动。如今，创业成为许多大学毕业生的首要求职选择，各种各样的游戏工作室遍布各个城市。在江苏，不仅创业型的工作室多，中小型企业也数不胜数，但是，作为领头羊的龙头企业却屈指可数，这也造成了江苏省游戏产业"群龙无首"的状态，而缺乏龙头企业的带动，就很难形成一些行业间先进经验的沟通交流，这样的游戏研发就相对缺乏方向性，集群效应也很难呈现。随着网络技术和社会的不断发展，各类新媒体动漫企业遍地开花，进入 21 世纪以后，竞争日益激烈。新媒体的发展带来了新的挑战：在受众注意力有限的情况下，从事动漫游戏产品开发组织越来越多，要想设计出特征鲜明、能够"抢眼球"的作品越来越难；同时，这一时期中为动漫提供相关服务的个人迅速增长，许多从业者不是扎扎实实地提高质量，而是热衷于炒作，抱着急功近利的心理，在激烈的竞争中获取地位和效益；另外，人人都忽视了龙头产品的价值和作用，不够清楚动漫游戏衍生产品和产业链的重要性，尤其是动漫师的巨大价值。虽然一些新媒体发展迅速，但是动漫游戏产业仍存在很多问题，如网络动漫游戏和手机动漫游戏就存在许多问题：(1) 受平台和技术等方面的制约，手机动漫游戏的发展覆盖面小，即使是力量最为强大的中国移动手机动漫基地，也只能覆盖六个省，再加上手机屏幕分辨率多达数千种，机型多达数万种，手机动漫推广难度也不小，更何况是实力仍只能居于二线的江苏省。(2) 网络动漫的盈利模式有待探索。(3) 不仅江苏省，全国都还没有一家厂商能够像苹果公司那样，为平板电脑等移动终端提供丰富的资源，这些移动终端是潜力巨大的市场。

（三）内涵有待发掘

目前，新媒体行业运用动漫扩大其影响力的自觉性还不够高，我国还没有能够与之媲美的服务提供商和内容提供商，新媒体行业需要在这方面大有可为。主要存在以下几个方面问题：(1) 某些企业在移用已成名的动漫游戏来宣传自身时，新媒体与动漫的内在关联度不够，没有充分注意动漫内涵、新媒体之间的一致性。(2) 一些企业的动漫游戏艺术性有待提高，虽然观念颇有新意，但是在"大动漫"前提下，动漫游戏仍有艺术性方面的要求，要想展现魅力，就要使产品的发展与经济的繁荣一致。(3) 在江苏全省新媒体领域中，中小型私营企业和垄断性强的大型国有企业处于不同水准上，多数情况下，前者只能借助于后者所提供的平台，才能比较充分地展示自己的形象和实力，必须要取得后者的支持。中小型私营企业虽然怀着"塑造一个长久不衰的动漫品牌"的梦想，但是要打造自己的品牌比较艰难，缺乏管理人才、自信心和实力基础。目前，纷至沓来的新媒体令人应接不暇，我们已经进入了富媒体的时代，如何在多样化的媒体时代选择适合自己的定位，需要有远见卓识的管理人才。江苏动漫游戏产业发展不够成熟，动漫游戏产业链不够完善。目前，江苏省的动漫游戏企业基本处于产业价值链的底端，主要完成动漫游戏作品的外包加工业务环节，上下游的企业国际竞争力较弱，动漫游戏作品匮乏。在日本，动漫刊物是动漫作品首先进入动漫市场的方式，每年占杂志和图书发行量的 45%。如果读者对作品反应良好，它将进行后续动画、电影和衍生品的开发。如果读者反应不好，工程就会被淘汰，不会进行后续开发，以避免由于市场需求不足而导致投资失败。从电视台播出渠道上来看，江苏的动漫产业没有得到大部分平台的认可，还有一定的不足，而且动漫产业链上游本土动漫原创出版物基本空白。而动漫强国、日本的动漫出版物已经风靡全球，作品内容覆盖政治、经济、科学幻想、探险、体育、历史、

宗教、文艺小说、纪实报告等方面。优秀的动漫原创出版物作品才能衍生出竞争力较强的动漫游戏作品,进而带动下游产业的发展。

三、动漫游戏行业发展对策分析

拥有庞大的用户群体、相当的游戏企业数量,还有数量庞大且实力雄厚的高校群体,更拥有来自政府的政策及社会各界的资金支持,这对江苏游戏产业发展来讲,可以说拥有着极为优越的先天优势。既然如此,为何江苏游戏产业却一直难以有所突破? 如何才能实现从游戏二线中突围呢? 江苏游戏产业的发展需要进一步从长计议,而另辟蹊径或许可以有所突破。

(一)建立人才培养引进机制,培养产业高端复合型人才

游戏产业的发展离不开人才的引导,尤其是有着一流创意、制作、运营、管理经验的人才。江苏省虽然有着众多高校,却极度缺乏适合游戏产业的原创开发及市场运营拓展人才,这是严重影响江苏省游戏产业进一步发展的重要因素。这就需要进一步健全游戏人才的培养,适当解决产业研发、经营人才不足的矛盾;同时,有些经验丰富的人才还需要出台政策进行人才引进,而江苏省由于有着靠近上海的地缘优势,在人才引进方面无疑有着极大的优势。充分利用高校教育资源优势,推动教育改革。借鉴国外重视文化课、提高素养和创新思维的人才培养理念,参考国外同类大学文学、历史、哲学、数学、美学、创新思维拓展等类似课程占所学课程比例达60%,艺术、专业课程只占40%,进行课程结构调整。鼓励高校设立与文化创意产业相关的专业。要加强人才专业技能培养,在进行计算机、市场营销等相关专业基础上,开设动漫、网络游戏开发和艺术设计等课程,培养应用型人才。支持高等院校、职业院校与文化企业联合建设动漫人才培养基地,建立产、学、研一体化的人才培养模式。依据产业链实施高级短缺人才培养工程。为破解江苏省高端人才短缺难题,要以"长板理论"为指导,充分发挥各重点大学优势,围绕动漫游戏产业链需求来培养高级专业人才。文科名牌大学要着力培养编剧、创意策划师、经纪人、职业管理人才;音乐学院着力培养动漫游戏音乐、音效制作、演奏和表演人才;美术学院着力培养动漫游戏人物设计、舞美场景设计、剧情场景及道具服饰设计、插画师等专业人才;理科著名大学及动漫游戏培训基地侧重承接外包项目的人才培养等,实施人才培养的优势整合。要通过推进用人制度改革,制定吸引人才优惠政策。一是要以重金项目奖励、优惠政策等吸引文化名人和领军人才落户江苏,建立工作室;取消人才流动的制度性障碍,促进人才合理有序流动,优化人才资源配置。二是要培养一批精通业务、善于经营管理、具备敏锐的受众定位和国际视野、能够根据国情和国际发展趋势来调整产业发展的方向复合型职业经理人队伍。

(二)健全游戏产业链,发挥动漫游戏业产业集群的集聚效应

江苏省拥有丰富多元的游戏公司,而要将这些极具潜力的游戏公司发展壮大,就必须拥有极为健全的产业链,所以,健全覆盖游戏上下游的产业链,形成科学的游戏生态链,才能推动整个江苏游戏产业的良性循环与发展。在江苏,游戏研发、运营、发行、美术外包、电子竞技等都各有特色,但彼此之间的交流沟通不是那么完善,而由研发走向电竞、衍生品等这条通道相对来说不甚通畅,这就对健全产业链提出了更高要求。同时,也可以在大品牌大企业的引导下,为中小游戏创业者提供所需的资金、渠道、发行及技术支持等,集中更多优势资

源,发挥集群效应,为有潜力的游戏厂商提供更多优势资源。中国是最大动漫输入国,而日本是最大的产品输出国,对动漫游戏业的投入是巨大的,收益也是时间最久的。应充分发挥市场机制的作用,通过市场调研去重新制定市场策划,加大宣传力度,减少成本预算,改变动漫形象,政府积极引导,形成特色的产业集群,合理进行空间布局。通过产业集群,延长拓深与健全动漫游戏业的产业链条,形成集动漫、影视、娱乐、休闲旅游为一体的高科技与旅游商贸结合的互动产业链,促进软件业、文化会展业、旅游业与动漫游戏业的深入融合,丰富产业链的内涵,摆脱只依靠政策支持的单一局面。政府对文化创意产业的大力扶持,是江苏省游戏产业得以发展的重要因素,但是,这种靠补贴的状态很难催生出游戏业的创新,由此,来自商业化基因的冲击或许可以帮助江苏省大多数游戏公司能够做到与市场更大程度的契合。除了屈指可数的蜗牛、游族、咪咕互娱等较为知名且实力雄厚的游戏厂商外,江苏省更多的是那些中小型的游戏公司或工作室,面对资金与创意的缺乏,不仅仅需要政府的扶持,还需要来自商业的鼓动,毕竟与市场对接的商业因素能够帮助中小游戏厂商避免"闭门造车"的局面,而放眼市场,也会为这些厂商带来更加多元的创意与技术支持。

(三)完善动漫游戏产业发展平台建设,形成共生产业发展环境

现如今的游戏行业需要的是百花齐放、百家争鸣,多元化的市场、包容性的玩家为更多有创意的产品提供了许多便利条件,而这为更多中小游戏创业者及独立游戏开发者带来了更多的机遇。这种情况下,小游戏厂商更有了坚持产品创新的理由,也有了脱颖而出的机遇,这对于拥有众多中小游戏企业的江苏省游戏产业来说机会更大。所以,此时的游戏企业要积极地与新技术、新思想、新创意等实现全方位的对接,在市场商业化的引导下,创新产品思路,寻找市场潜在的小机会和爆点,毕竟在创意创新方面,江苏省本身还是有着极为丰富的人才优势的。一是应借鉴北京、上海等地知识产权保护工作的经验,尽快实行知识产权工作的统一管理,将专利、商标、版权等知识产权工作合为一体,提高江苏文化创意产业知识产权管理的效能。二是建立投融资服务平台,为企业提供担保贷款、股权交易、政府基金申请等投融资服务,降低民间资本进入动漫游戏产业门槛。要充分利用风险投资基金与私募股权基金,发挥风险投资和私募股权投资的要素集成和资金放大功能,解决动漫企业的资金短缺问题。要建立科技型中小企业贷款风险补偿基金,制定具体的补贴或风险补偿和奖励政策。要对动漫IP授权等具备下游产品生产和营销能力的企业给予资金支持,帮助内容企业寻找授权出口等。三是建立人才服务平台。通过引入人才中介服务机构为动漫产业园区企业提供人才招聘、培训、猎头以及人才托管等服务,解决企业人才难题。四是建立产品行销推广平台。要以政府搭台、企业唱戏模式,通过举办国际动漫游戏创意大赛、动漫游戏产权博览交易会、高峰论坛、动漫歌曲演唱会等方式,为产业发展提供面向国际的舞台,为江苏省动漫游戏业发展创造动力。随着SNS和智能移动终端等新平台的完善和兴起,动漫游戏业正面临一个全新的发展空间,跨平台数码娱乐内容的拓展已成为动漫游戏产业发展的新方向。目前,基于网络平台的技术优势,手游公司往往能够在第一时间了解到玩家在游戏过程中的状态、活跃度、留存率等。因此,要充分灵活地利用电影、电视、PC、智能手机等传播平台,积极拓展在手机动漫游戏领域的业务。一方面,优质动漫品牌可融入游戏开发推广之中;另一方面,成功的游戏作品也可变成动漫形象或衍生品,将线上与线下紧密结合,最大化发挥协同效应。可以说,在文化创意产业领域包含游戏产业在内,江苏省的政策、人才、技术等多方面存在着极为优越的先天优势,而如何将这种优势转化为切切实实的市场因素,考验

的不仅仅是政府政策的引导,还有游戏从业人员甚至是整个文化创意产业的行动。在激烈的市场竞争面前,不仅需要游戏企业的激流勇进,更需要整个游戏产业的独辟蹊径,只有这样,在市场上独具一格的江苏游戏产业必然有着更加光明的前景。

(四) 以打造国际较强竞争力品牌为目标,制定积极产业政策

实施积极产业组织政策。实施联合、重组、兼并等"扶优扶强"政策,整合优势资源,组建拥有自主知识产权和创新能力、主业突出、产业链完整的大型动漫企业集团,努力使之跻身全国动漫领头企业。

实施促进产业链升级产业政策。要在鼓励占收益的30%动漫片同时,把占收益70%形象授权、衍生品开发等作为重点实施产业链扶持政策。形成以龙头企业为依托,以利益为纽带,把动漫游戏产品的各环节连接为一体,形成有机结合的创意、研发、制作、运营、衍生品授权等全产业开发链。重点从以下方面进行政策支持:一是对好创意补贴,鼓励原创动漫;二是播出作品实施资金资助。日本采取每生产播出一部原创作品补助折合人民币500万元;三是实施营销补贴。日本采取按海外发行额同等数额予以补贴,有力促进了原创动漫的发展。

实施积极杠杆鼓励政策。对原创业界企业在财政、税收、贷款、奖励、营销等方面,实施杠杆撬动品牌企业发展战略政策,培育民族动漫游戏企业快速崛起。无论是色彩组织还是菜单格式,传统品牌原则都可以应用于网站,但是必须根据数码媒体的情况加以适当调整。新媒体动漫品牌建设在原理上和传统媒体品牌建设相通,如网络视频品牌与传统行业中的品牌传播有异曲同工之妙,都是通过一系列品牌传播与营销策略建构网站品牌、类似公关宣传的经营手段,被人们关注、认可。因此,视频网站要遵循市场细分、目标市场等基本规律,建立由母品牌和子品牌构成的品牌体系,即STP市场营销战略。并且通过组织系列性"事件活动",母品牌带动子品牌的发展,扩展动漫游戏作品的影响力,有效地打造自己的品牌,扩展媒体的经营范围及盈利模式,积极参与中国品牌节、品牌中国高峰论坛等活动。

专题调研篇

大运河江苏段文旅融合发展研究报告

　　本报告将从大运河申遗及其对文旅融合发展的意义、大运河江苏段文旅融合发展趋势、政策支持、投资与消费及大运河沿线城市文旅融合发展等方面来展开研究,探讨文旅融合发展中存在的问题及其相关对策。文献资料的时间跨度是从 2014 年大运河申遗成功到 2019 年年底,以 2018 年、2019 年的材料为主。

　　2017 年 6 月,习近平总书记对建设大运河文化带作出重要指示:"大运河是祖先留给我们的宝贵遗产,是流动的文化,要统筹保护好、传承好、利用好。"大运河是一条流动的文化之河,促进了中国南北方文化的交融,留下了丰富的历史文化遗存,是历史与现实的相互交融,蕴含着深厚的传统文化,承载着丰富的时代价值。

一、大运河申遗成功及其对大运河沿线文旅融合发展的意义

(一) 大运河申遗及大运河江苏段简介

　　大运河是人工开凿的通航河道,与自然水道或其他运河相连,用以沟通地域、水域区间。中国大运河主要有三条:隋唐大运河、京杭大运河和浙东运河。[①] 中国大运河由南向北,一路汇集多条自然河流。"吸纳了京津、燕赵、中原、齐鲁、淮扬、吴越等六大文化带的文化资源,沿线积淀了丰厚的文化资源:漫长的河道,无数的码头、船闸、桥梁、堤坝及沿岸的衙署、钞关、官仓、会馆、庙宇和驿站,厚重的精神产品:文学、艺术、民俗、史学等,还有运河沿岸各种文化节庆及带来的品牌符号,形式多样的非物质文化遗产。"[②]

　　经过江苏省各级部门、各沿岸城市的精心筹备,2014 年 6 月 22 日,卡塔尔首都多哈召开的第 38 届世界遗产大会上,卡塔尔博物馆管理局主席阿勒萨尼公主为"中国大运河"敲下木槌,宣布了中国大运河项目成功入选世界文化遗产名录,成为中国第 46 个世界遗产项目。从南到北全长 1 794公里的大运河,穿越北京、天津、河北、山东、江苏、浙江、安徽等省市,亦是世界上最长的人工河道。"江苏多了 5 个拥有世界文化遗产的城市,填补了苏北没有世界文化遗产的空白。"[③]

图 4-1-1

---

① 李玉岩、潘天波:《中国大运河:一项概念史研究》,载《档案建设》.2019 年第 4 期。
② 徐欧露:《打造大运河文化带金名片》,载《瞭望周刊》,2017 年。
③ 王健等:《江苏大运河的前世今生》,南京:河海大学出版社,2015 年,第 337 页。

图4-1-2

不通航河段
目前通航河段

"申遗"成功意味着大运河具有重要的文物保护价值，同时，大运河江苏段仍是国家内河航运的主要通道，也是省内"两纵四横"干线航道网最重要的组成部分，肩负着"南水北调""北煤南运"及长三角地区物资集散的时代使命。相关专家称，不同于古建筑、古遗址的申遗，大运河是仍在使用的"活态线性文化遗产"，对这类项目申请世界文化遗产，在中国尚属首次。

和其他省份部分河道淤塞、停用等情况不同，京杭运河江苏段保存基本完好，还在发挥作用。据悉，京杭运河江苏段全长683公里，是京杭大运河航运价值最高的水道，以长江为界分为苏南运河和苏北运河。苏南运河是大宗建材等物资的主要运输通道。苏北运河则是国家北煤南运的黄金水道，如今每年货运量已接近1.2亿吨，其中煤炭运量达到7300万吨。苏北运河沿线城市包括宿迁、淮安和扬州，又以扬州、淮安两市为主。扬州是大运河申遗牵头城市，遗产数量全省第一，中国大运河联合申遗办公室也设在了扬州。苏南运河段城市以苏州、无锡为主。

（二）大运河申遗成功对沿线文旅融合发展的意义

大运河申遗成功后，运河将得到更好的保护，同时有望打造世界级旅游产品。大量资金投入后，人们最关心运河申遗成功到底能带来什么。除了普遍公认的文化、精神价值外，人们最关心的是其经济价值。而已经入选世界文化遗产名录的杭州西湖提供了范本。西湖入遗后的第二个"十一"黄金周，旅游总收入87.65亿元人民币，再创历史新高，并显示出了巨大的欧美游客市场潜力。而围绕"打造世界级旅游产品"的目的，运河杭州段开通了以运河为中心的水上旅游线路。不过也有专家提出，不要将运河文化简单化、商品化，也不要随意"打造"运河文化。

有专家指出，调和保护与开发之间的矛盾时，首要原则就是要尊重历史和自然，以合理的方式让文化遗产延续。这也在中国大运河申遗的过程中始终贯穿着。国家文物局副局长童明康在世界遗产大会中表示，大运河申遗成功以后，中国政府将恪守《世界遗产公约》及其操作指南的有关要求，继续为大运河珍贵文化遗产提供最好的保护，并将继续团结各利益相关方，进一步巩固跨地区、跨行业对话和协调机制，深入探讨巨型线性文化遗产，尤其是活态文化遗产的保护、管理和利用模式，让蕴含丰富精神内涵的大运河流淌向可持续发展的未来。

二、大运河江苏段文旅融合的现状与趋势

（一）江苏省文旅融合现状与趋势

1. 文旅融合的必要性

在新时代条件下，文化和旅游融合发展，体现了文化发现创造价值与旅游体验分享价值的有机结合。文旅融合是满足人们高品质生活追求的必然要求。党的十九大报告指出，我

国社会主要矛盾已经转化为人民日益增长的美好生活需要和不平衡、不充分的发展之间的矛盾。现在,人们更注重追求生活的高品质,旅游进入大众化时代就是一个生动体现。

据统计,2018年1月至11月,江苏省接待境内外游客达7.54亿人次,同比增长9.6%。目前,人们已不仅仅是观美景,而是喜欢从景区走向社区,走向乡野小巷,走向文博场馆,看民俗、看历史、看文化,越来越注重文化场景的体验,越来越追求个性化、深度化、特色化的品质旅游。所以,文旅融合要坚持以人民为中心的发展思想,主动适应人们对文化和旅游消费的新变化,努力提供更多优秀文化产品、更多优质旅游产品,以满足人们对高品质生活的新期待。

文旅融合是推动旅游高质量发展的必然要求。从一定程度上讲,推动旅游业实现由"大"到"强"的跨越,其优势不仅在于秀美的自然风光,还在于意蕴深厚的历史人文,更在于人文优势与旅游资源的紧密结合,以提升江苏旅游的独特魅力和韵味。所以,要强化融合发展理念,把更多的文化资源转化为旅游产品,用文化增加旅游附加值,以文化要素的注入推动旅游特色化、品质化发展,实现旅游高质量发展。

文旅融合是实现文化高效能传播的必然要求。文化要实现价值、传之久远,必须借助一定的渠道,而旅游正是为公众分享文化价值、体验文化价值提供了最佳载体。目前,文博场馆往往成为人们旅游的重要目的地。据统计,2017年全国文博游超过9亿人次,江苏文博场馆参观人次超过9 000万,如此庞大的旅游群体赋予了文化传播的更大能量。因此,推动文化遗产保护成果为人民群众共享,必须把更多的博物馆、非遗传习所、古籍展示馆等文化场所纳入旅游线路,并通过丰富文化产品供给、创新内容表达和展览展示手段,使其成为游客喜爱的文化体验目的地,成为传播优秀文化的有效平台。

2. 文旅融合的具体展开

近年来,江苏旅游与文化交流合作加强,不断强化项目产品对大运河、昆曲、云锦、绿茶、佛寺等传统文化的构建和展现。据了解,从2013年到2018年,江苏省共完成旅游投资8 501.72亿元,年均增长12.1%,南京牛首胜境、无锡灵山拈花湾、常州东方盐湖城、盐城荷兰花海等一批新产品、新项目建成开放,这些项目大多以当地文化元素为肌底,创新推动了当地文旅市场的发展。2018年1月至6月,江苏省实现旅游业总收入6 328.57亿元,增长13.5%;接待境内外游客3.86亿人次,增长9.5%,均超过全省经济和服务业的增长水平。数据背后,是文旅共振下"水韵江苏"品牌的不断发力。

关于文化内涵发掘与旅游品位提升。在当代旅游中,游客对目的地的选择正在发生变化,那些能够体现文化独特性、鲜活性、多样性的文化场景,越来越具有吸引力和感染力。江苏有丰富的旅游资源和人文资源,关键是如何实现资源深度挖掘和创意表达。"无锡灵山小镇·拈花湾"从佛经中"佛祖拈花、迦叶微笑"的典故中汲取灵感,历经五年打造,使得灵山从一个单独的观光景区,一举蜕变为"网红"休闲度假胜地。实践表明,文化创意能够赋予旅游业最鲜活的元素,使旅游具有持久的吸引力和生命力。因此,要注重用文化提升旅游品位,用文化创意打造更多旅游精品。

关于艺术精品创作与旅游空间拓展。艺术创作不仅是一种文化活动,也是丰富旅游产品、拉长产业链条的活力要素。纵观当今国内外艺术发展,艺术的创作与传播价值早已超出艺术本身。一部艺术精品的推出,一台有影响力的演出,有时会产生受众的集聚效应。因此,要立足各地特色文化资源,规划建设一批小剧场,创作推出一批实景版旅游演艺,为游客提供"白天观景、晚上看戏"的全天候旅游体验。

关于文化遗产保护与旅游产品开发。文化遗产既是一种文化资源，也是一种旅游资源。南京老门东、苏州平江路、扬州东关街等历史街区逐渐成为远近闻名的旅游热点，就是因为它们都有着深厚的文化积淀，浓缩了时代的记忆。江苏拥有众多的文物古迹、非遗项目、老字号、老品牌、传统美食、传统村落等，所有这些都为旅游业注入更加优质、更富吸引力的文化内容。因此，要推动文化遗产保护利用与旅游业发展相结合，依托文物资源发展红色旅游、遗产旅游、研学旅游，推动非遗融入食、住、行、游、购、娱各环节，实现"吴韵汉风"与"水韵江苏"的融合，打造更多体现文化内涵、人文精神的特色旅游精品。

关于文化与旅游产业融合。要加快发展现代服务业，谋划一批有影响力的文化旅游标志性项目，把文旅产业打造成江苏经济的重要支撑。江苏文旅产业融合发展正成为全省高质量发展的新引擎。目前，江苏省文化产业增加值占GDP比重接近5%，旅游产业增加值占GDP比重超过6%。如何让文旅产业成为江苏经济的重要支撑？重要的一条就是深化文化旅游供给侧结构性改革，以融合发展促进转型升级、提质增效。要实施"文化＋""旅游＋"战略，推动文化创意与相关产业、旅游与相关产业融合发展，培育新的增长点。要促进旅游消费与文化消费有机结合，推动剧场、演艺、动漫等产业与旅游业融合开展文化体验旅游，深度开发文化旅游商品和纪念品，培育新的消费热点。

3. 文旅融合平台建设

推动文化和旅游融合发展，需要搭建文旅融合平台载体。充分利用各地的自然禀赋和人文优势，坚持政府主导、市场运作、企业参与，推出一批具有融合特色的活动载体。比如，2018年10月，文化和旅游部与江苏共同主办的戏曲百戏（昆山）盛典，成为有史以来国内所有戏曲剧种集中交流演出、活态展现的首创之举。江苏将通过支持昆山利用盛典成果筹建中国戏曲博物馆，建设昆曲小镇、"百戏之林"，打造以戏曲文化为主题的旅游线路产品，努力实现戏曲传承发展与旅游资源开发的互促共进。比如，围绕贯彻落实习近平总书记关于大运河文化带建设的重要批示指示精神，江苏筹办首届大运河文化旅游博览会，立足大运河全域，通过设置主题演出、展览展示、主题论坛、互动联动等板块，努力把运博会打造成为大运河文化带建设的标志性项目，成为国内、国际有重要影响的文旅融合品牌。

用好用活文化旅游阵地。一方面，要用好、用活文博场馆。央视《国家宝藏》节目开播以来，人们对文博旅游更为青睐，仅携程网上搜索"博物馆"国内旅游产品的数据就上升50%以上，相关旅游线路达上千条。我们要适应游客参观、休闲、购物的新需求，进一步完善设施功能、丰富产品供给、提升服务水平，把文博场馆打造成为有温度、有故事、有品位、有体验的文化客厅。另一方面，要用好、用活旅游公共场所。尊重游客的感受和体验，是当代旅游业转型发展的必然要求。要推动景区、度假区、乡村旅游区、精品民宿以及旅游集散中心、游客服务中心等旅游场所多注入文化元素，多增加文化体验项目，成为传播文明、体验文化、展示特色的重要窗口。

深化文化旅游创建。注重用旅游彰显文化创建的价值，把更多文化创建项目打造成旅游目的地。比如，南京1865创意产业园抓住创建国家级文化产业示范基地的契机，依靠文化创意和科技创新，对历史文化实施保护性开发利用，成为工业旅游的成功范例。注重用文化提升旅游创建的内涵，把更多的旅游创建项目打造成文旅融合精品。现在，"上车睡觉、下车拍照"这种浅层次旅游已不能满足人们对旅游的需求。我们要在深化全域旅游、旅游风情小镇、乡村旅游、A级旅游景区、旅游度假区等创建中，增加文化的底色和特色，让人们在旅游中有更多的文化获得感。

（二）大运河江苏段文旅融合现状与趋势

《大运河文化保护传承利用规划纲要》提出，要打造大运河璀璨文化带、绿色生态带、缤纷旅游带。大运河沿线有着深厚的历史文化积淀和独特的旅游潜力，文化和旅游部门的融合发展给大运河旅游带来了新的发展机遇，通过文旅融合推动大运河旅游高质量发展，将会打造出一条大运河缤纷旅游带。

全长 3 200 千米的大运河是世界上最长的人工河，沿河地区旅游资源丰富，无论是自然旅游资源还是人文旅游资源都十分丰富。仅江苏省大运河沿线就有 9 座历史文化名城、13个中国历史文化名镇。据《江苏大运河文化旅游消费白皮书》2018 年江苏段大运河遗产河道、遗产点和主航道所在区县游客量达 81 823.7 万人次，其中，入境游客突破 400 万人次，江苏大运河相关的旅游收入 13 247.3 亿元。

文旅融合的新型业态，为大运河旅游高质量发展带来了前所未有的机遇。文旅融合为旅游景点注入文化的灵魂，为大运河旅游业提升品质提供了机遇。文旅融合发展，可从文旅产业发展战略、文化遗产与旅游品牌建设等维度关注大运河两岸旅游的发展现状及共赢模式，探索文旅产业互联融通、转型升级的创新发展路径，助力培育发展新动能，以文化创意提炼旅游"符号"，形成全产业链、综合化及立体化衍生，构建大运河文化旅游产业品牌体系；可立足文旅前沿产业格局形态，深入挖掘以大运河为核心的历史文化及旅游资源，提高大运河旅游品质。

文旅融合为提高大运河文化设施的旅游强度提供了机遇。大运河遗产点众多，但由于各种原因，很多遗产点一直"养在深闺人未识"，有的即使对外开放了，但可看性、交通便利性都明显不足。文化与旅游的融合，方便相关部门通过提升大运河沿岸遗产点周边配套设施，推动大运河遗产转化为旅游资源，让这些大运河遗产成为大运河旅游的新增点。

文旅融合为大运河旅游文创产品的打造提供了新机遇。深入挖掘大运河文化 IP 产业资源，创新大运河文化发展模式，是推动大运河文旅共融的重要途径，也是实现大运河文化带建设高质量发展的关键思路。文化与旅游融合发展为"以文促旅、以旅彰文"提供了全新的空间。文化与旅游的深度融合，能够让市民和游客加深了解大运河厚重的文脉基因及文化基础，同时，通过整合博物馆馆藏文物及历史文化元素，融合大运河非遗项目，联合传统品牌线下经营，打造独具大运河文化特色的文创产品。

文旅融合拉长了大运河旅游产品的产业链。大运河是承载千年文脉的"活态"文化遗产，在优化大运河两岸活态保护、生态建设、城市发展与文化传承间的关系方面发挥了重要作用。随着研学游、科技旅游、休闲旅游、定制旅游等新需求的迭出，大运河文旅产业发展的空间日渐广阔。文旅融合可以让大运河旅游跳脱传统的运营发展模式，转变消费者被动灌输式的观光型出游方式，通过体验游，打造灯光秀、亲子乐园、设立大运河乡村文创集市等消费场景，将大运河厚重的历史文化内涵予以植入，让游客在游览自然景观的同时，深入了解大运河历史文化，从多种维度满足不同客源类型的消费需求。

在文旅融合的当下，大运河沿线城市看到了新的发展机遇，将融入丰厚历史文化元素的大运河旅游作为推进大运河文化带建设的抓手，纷纷制订大运河文旅发展规划、开发大运河文旅产品、推出大运河文旅品牌，尤其是重点打造大运河遗产旅游，如无锡将古大运河市区段列入江苏省历史文化区，提出要充分发掘"四大米市""水弄堂"和"民族工商业发源地"等历史遗迹。苏州市着力打造"吴文化重镇"，已建成了城水相依的环古城大运河旅游风貌区。

而扬州市的目标则是大运河遗产全域游，计划利用城区遗产河道串联着诸多遗产点的优势，整合环水慢道系统、水上交通系统，再通过古城街巷的串联，将众多的遗产点串联成片，打造一个开放式的大运河博物馆。

（三）大运河江苏段沿线地方的文旅融合现状与趋势

1. 大运河无锡段文旅融合现状与趋势

无锡在关于大运河文旅融合发展方面开辟新路径，从文化内涵渗透，文化活动助推，文创产品研发等方面助力大运河文旅融合发展。随着无锡段运河风光带建设的不断推进，运河风情节等文化活动的陆续出现，文化内涵的不断渗透，旅游功能的不断扩大，无锡对大运河的保护和发展出现了越来越多维度的可能性。

"首届大运河民谣诗歌节暨第十届江南民谣诗歌节"于 2018 年 11 月 24、25 日在无锡梁溪区清名桥畔大水塔下（原玩具仓库）温暖开唱。本届大运河民谣诗歌节共分为"诗歌的下午""音乐舞台""微光影院""不上班集市"四大板块，邀请了全国各地的著名诗人 13 位，民谣歌手 42 位，围绕"县城往事"主题，为锡城市民带来上百首民谣和诗歌作品。两天的活动中，1 500 名来自全国各地的民谣和诗歌爱好者聚集在此。大运河民谣诗歌节吸引了众人驻足，清名桥附近废弃的玩具仓库成为潮流时尚文化演绎的绝佳场所。据了解，江南民谣诗歌节已经连续举办九届，融合民谣与诗歌两大内容，历年吸引不少优秀的诗人和音乐唱作人前来参加。正因为民谣与诗的气质如此贴合古运河历史文化街区的文化特质，从第十届开始，江南民谣诗歌节正式落地大运河畔，打造为"首届大运河民谣诗歌节"，并将其作为一个延续性的重要文化活动持续举办。

1980 年无锡在全国率先利用运河资源开发了运河旅游项目，"欲游古运河，请到无锡来"广告打出后，在 18 个月之内，就有约 5.6 万欧美和日本游客来锡参加大运河旅游。而今，文旅融合更是时代大趋势。文化介入旅游，旅游成为文化的结构部分，文旅要素在大运河的传承发展中相得益彰。无锡华侨城大运河风情小镇的负责人告诉记者，在他们的规划中，运河环线将被充分利用，比如，步行栈道在目前基础建设进行升级。开发水上环线，挖掘水上文化资源，增设"水上的士"、水上集市，在环线码头中设置有趣的环节，再现无锡的码头文化。通过浸入式实景演出来提升旅游层级，"比如说在清名桥伯渎港桥，水中声光电结合船、游客做实景演出。"在这样的演出中，游客就是演员，城市环境就是舞台，让游客感受运河动态之美。即将启动的项目——原锡钢厂工业遗产的保护和开发项目，在计划中将作为整个水路的旅游集散中心文化演艺展示中心。"未来旅游、商业之魂肯定是通过文化滋养获得。"该负责人说，现在越来越多的商场都开始做展览，不少艺术的展馆都是人山人海。在无锡，大众文化消费的习惯还需要培养，但这肯定是未来趋势，大运河建设离不开文化内涵的挖掘。

大运河的建设发展也融合了无锡多种文化脉络。依托吴文化博物馆、遗址公园等临水文化遗址场馆的保护与开发建设，吴文化与运河水生态紧密融合。融合近代工商文化，通过对运河沿岸工业遗产和遗址进行结构调整，把独具特色的博物馆、艺术馆、产业园，如"中国民族工商业博物馆""何振梁与奥林匹克陈列馆""中国丝业博物馆"等打造得更好，使之成为阐释无锡近代百年辉煌城市特色的载体。

融合传承非物质遗产文化。依托于地方特色的非物质文化遗产，2018 年出台了《无锡市国家级非物质文化遗产项目代表性传承人带徒传艺实施办法（试行）》，通过加强对非遗传承人的保护,在相关博物馆与纪念场馆展示技艺,让运河文化活起来。一系列的自主研发文创产品在运河畔出现,成为城市可带走的记忆,"我们建成了文创友好平台,通过在线平台运营和销售文创产品,也将无锡古运河品牌向外延伸。"江苏古运河投资发展有限公司相关负责人告诉记者,公司与锡绣大师赵红育签订了网上平台的开发协议,通过公共开发、在线运营,找寻非物质文化遗产与古运河旅游结合的路径,找寻非遗品牌向外推广的内生动力。大运河承载着无锡工商业繁盛史,而今则是通过文化、旅游、生态综合打造,展现生活美学的新表达。

2. 大运河镇江段文旅融合现状与趋势

近年来,镇江顺应大运河文化带建设潮流,深入挖掘大运河文化内涵,统筹推动运河文化遗产保护和传承、生态修复和航运提升、文化旅游和新兴产业融合发展,充分激发大运河活态遗产的生命力。

镇江在大运河文化带建设方面充分做好文化遗产承载的运河文化历史价值和现实价值的保护、传承与利用。镇江确定目前大运河文化遗产 76 处,包括谏壁船闸、虎踞桥、丁卯桥、西津渡历史街区、新河街一条街等。2018 年 9 月,结合全国大运河文化带建设的要求,镇江完善了大运河文化遗产保护传承利用的具体方法和措施,印发《大运河文化带建设文化遗产保护传承利用三年(2018—2020)工作方案》。

文旅融合发展方面,在 2019 年镇江明确将围绕大运河保护传承利用总体要求,以西津渡、新河街修复、京口闸遗址保护、西门老街改造等一系列重点项目建设夯实大运河文化旅游融合发展基础。《国家大运河保护传承利用规划纲要》明确指出要发挥镇江、扬州在连通京杭大运河和长江的重要支点作用,促进区域间航运互通、旅游协作、人文交往。以"江河交汇看镇江"的品牌带动镇江经济高质量发展,使得镇江成为全国知名的运河文化特色名城。

做好"文化+旅游"文章,借助旅游传播和弘扬文化,让更多的文化元素融入旅游产品,才能让运河这一厚重的历史文化符号在新时代焕发新风采。同时,镇江还加快推进旅游+交通、体育、农业、科技、教育等融合发展,旅游部门与相关部门联合举办多项"旅游+"事项,包括新时代镇江全域旅游发展论坛、国际长江音乐节、镇江低碳大会、镇江马拉松比赛等重要活动;开通镇江至宝华山、茅山、扬州园博园的旅游直通车,创建省星级乡村旅游区品牌,举办旅游健康、旅游包车培训,建设智慧旅游服务平台,市旅游部门与市交通局、市铁塔公司签订了合作协议;认真梳理运河沿线遗产、地名和故事,谋划形成解读导览标识体系,积极开展大运河文化旅游培训。

利用运河历史文化街区、沿河名胜古迹等载体,镇江策划了集文化性、休闲性和生态性于一体的 7 条高品质"运河文化之旅"产品,包括江河交汇风貌之旅、宗教祈福之旅、运河人文之旅、运河生态之旅、恒顺香醋研学之旅、航空小镇体验之旅、丹阳眼镜风尚之旅;积极打好"运河牌",加大文化旅游资源开发力度,加快新兴文化业态与旅游融合发展进度。注重大运河沿线区域围绕自身文化特色培育文化演艺品牌,打造西津渡街区等特色文化旅游示范区;配合丹阳眼镜风尚小镇、恒顺香醋小镇、西津渡旅游风情小镇文化功能建设;依托传统工艺、民俗文化、特色文物等资源优势,开展大运河文创产品设计大赛,深度开发文化旅游商品,建设规模化的旅游产品集散地,整体上实现生态资源、经济效益和文化培育的有机融合。

3. 大运河扬州段文旅融合现状与趋势

作为大运河原点城市、大运河申遗牵头城市扬州,近年来以大运河文化带建设为依托,不断发掘大运河沿线文化和旅游融合发展的新亮点,打造大运河缤纷旅游带,助力扬州国际文化旅游名城建设。

大运河扬州段沿线共有6段河道、10个遗产点入选世界文化遗产名录。近年来,扬州市对这些遗产点、段进行认真梳理,在保护的基础上开发运河遗产的互动、展示功能。高邮正在全力打造运河西堤旅游度假区,将原先看河赏景的单一模式转变为集露营、骑行、餐饮等于一体的旅游新模式,增加过夜游客人数。度假区打造了西堤文化公园的露营地,增设一些民俗项目、集装箱酒店,方便了广大游客,之后还会增加一些茶吧、水幕电影等设施。依托大运河邵伯段的运河资源和水工文化,邵伯镇全新打造了一个邵伯运河文化生态公园,为当地的文化旅游事业注入了新的发展活力。邵伯运河文化生态公园内建有铁牛湾、桃花坞、荷塘月色等文化主题区域,每天接待游客近2 000人次。结合邵伯运河风情特色小镇建设,当地正在对公园以及周边区域进行整治完善,打造更好的旅游环境。

大运河沿线还拥有大量的非物质文化遗产,它们和"非遗"传承人一同承载着运河文化的"基因"。扬州市积极推动扬州杖头木偶、弹词、剪纸等非遗技艺进遗产点,景点人气不断提升的同时,也让运河文化得到彰显和传承。江苏省大运河文化带建设研究院研究员姜师立表示,将运河沿线的民俗民风、戏曲歌舞、书法绘画等融汇到运河旅游项目中,将成为新的运河旅游资源。

此外,扬州还积极发挥世界运河历史文化城市合作组织的作用,成功举办首届大运河文化旅游博览会,每年举办世界运河城市论坛,吸引大批国际友人走进扬州,了解运河。按照《大运河文化保护传承利用规划纲要》的要求,专家建议,树立融合发展新思路,打造开放包容、南北融合的淮扬运河文化高地,为国际文化旅游名城建设再添动力。

大运河文化带建设研究院扬州分院副院长刘怀玉建议,实施南北双向发展战略,能够推动城区包括高邮、宝应一带在文化产业上的大发展。此外,还要实施十字形的空间布局,跳出扬州,在整个苏中、苏北来谋划运河文化旅游业,策应淮扬运河文化高地建设。

4. 大运河淮安段文旅融合现状与趋势

2019年是淮安市文旅融合元年,淮安以文旅融合高质量发展为引领,持续在融合赋能、品牌打造上精准发力,全力唱响"水懂我心、自然淮安"全域生态旅游品牌。淮安成功举办第二届中国(淮安)大运河文化带城市非遗展暨2019年"文化和自然遗产日"江苏省主场活动。助力淮河生态经济带国家级战略落地,发起成立淮河生态经济带文旅联盟,29个"淮河兄弟"共襄文旅区域协同发展新篇章。结合青莲岗文化考古发掘成果,完成《文明曙光——青莲岗文化淮安黄岗遗址考古成果展》。10处文物入选省文物保护单位名录,大运河板闸遗址等3处文物入选全国文物保护单位名录,为"生态文旅水城"增添新标识。

加快全域旅游示范区创建进程,金湖、盱眙、洪泽等县区出台产业发展文件政策,5个创建单位全部完成规划编制,金湖县荣膺首批省级全域旅游示范区。千年淮盐、华强方特、尧文化体验园等8个项目成功入列省市重点旅游项目或重特大项目。金湖水上森林公园和白马湖"南葵北菊"精彩亮相,成为"网红打卡点"。助力乡村振兴加速乡村旅游一体化,洪泽区老子山镇龟山村获评首批"全国乡村旅游重点村",白马湖村、新华村获评"省乡村旅游重点村",淮安市唯一的"省特色田园乡村"——塔集镇黄庄知青馆等建成开放。

特色文化赋能旅游经济,启动"淮上行大运、一起来掼吧"淮安掼蛋文化游,打造掼蛋文化旅游基地。借势央视中秋晚会和高铁开通开启旅游招徕热潮,举办"跟着央视秋晚游淮安"旅游嘉年华,赴北京、济南、上海等地开展高铁旅游推介。组团参加澳门旅博会、亚洲文旅展、首届运博会,持续提升"水懂我心、自然淮安"品牌知名度和影响力。预计2019年全市接待境内外游客 3 660 万人次,实现旅游业总收入 470 亿元,分别同比增长 11.2％、13.8％。

5. 大运河苏州段吴江区平望镇文旅融合现状与趋势

地处长三角区域一体化发展国家战略核心区域的江苏省苏州市吴江区平望镇,以吴江运河文化旅游景区为标志,长漾里、大龙荡、运浦湾三大农文旅体示范区建设为核心,串联爱慕、玫瑰园、红双喜等文旅融合节点,打造旅游新地标。苏州市吴江区平望镇镇长戴丹表示,平望把推进农文旅体融合视为转型发展新路径,以文促旅、以旅彰文,在融合中凸显特色、汇聚动能、增添魅力,塑造一个新时代的运河名镇。立足"运河文化"主题,平望积极打造运河文化旅游景区和"长漾里""大龙荡""运浦湾"三大农文旅融合示范区,培育"爱慕""玫瑰园"等工业和乡村旅游点,使平望真正成为宜居、宜业、宜文、宜游的江南运河名镇。

在农文旅体示范区,平望长漾里稻作文化展示中心供游客体验本地农作生活。平望联合乡旅品牌"村上",发布"村上长漾里"品牌,在整合庙头村高效农业示范园、环长漾带的自然生态景观以及深厚的地域文化等资源的同时,引入农耕文化、酱艺手作和乡居民宿,打造特色田园乡村"长漾里",建设体验式乡旅综合体。

文化方面。运河文化旅游景区位于平望镇历史文化名镇的核心区,包含粮仓、南大街、司前街等资源载体。老粮仓,面积 3 100 平方米,融合接待、文化展览、餐饮、休闲娱乐等功能的共享空间。南大街,全长约 260 米,计划打造集餐饮、休闲、娱乐为一体的主客共享空间。蚬子滩,面积约 36 亩,紧邻大运河,规划引进餐饮、民宿、文化、休闲、娱乐等业态,未来将是游客与市民主要的休闲娱乐新空间。

生态方面。"运浦湾"农文旅示范区位于苏州市吴江区平望镇京杭运河、太浦河交汇的大湾区,是太浦河沪湖蓝带上的重要节点。运浦湾将以运浦工业遗存为基础,以客运和轨道融合地带为中心,打造美丽产业体验带和花样生活旅居带。该项目包括花卉生产商贸区、共享农庄休闲区、田园美宿生活区、运浦生态创意区、四季果蔬玩乐区五大区,满足游客花漾生活、吃游购玩互动体验等各项需求,堪称运浦廊道最美"花骨朵"。

休闲方面。"大龙荡"农文旅融合示范区以大龙荡田园生态体育公园为核心,包括环大龙荡生态运动康养带、滨水乐活区、户外体验区、田园庆典区、文化休闲区和运动康养区;同时注入环湖慢行系统和自行车道功能,构建"田园体育康体生态廊道",满足游客的生态科教、旅居休闲、健康养生需求,是连接城市、乡村和田园的通运康养休闲胜地。

平望规划建设 9.52 平方公里的亲水宜居新镇区。先期启动太浦大道、中鲈大道、吴江中医院、综治中心、运河文体中心等载体建设,并规划引进大型餐饮、酒店、商超等载体。以"生产、生态、生活"三生融合为目标,叠加自然禀赋和特色产业,打通健康产业的"经络与穴位",积极构建起一座"通运康养小镇"。

2019 年苏州市吴江区平望以运河为脉,不断挖掘整合全镇农业载体资源,并注入文化基因,充分发挥叠加效应,谋划开展了多项文体活动,推动传统农业向观光农业转变、景点旅游向全域旅游转变,为这座运河名镇聚合起高人气。2019 年 4 月 25 日,2019 苏州创博会分会场暨中国吴江运河文化旅游节开幕。活动期间,平望陆续举办了十大主题活动,以及 70 项精彩纷呈的子活动。8 月 6 日,第六届"运河人家"厨艺大赛如期举行,旨在通过厨艺比拼,挖掘和创新具有浓郁平望特色的地方美食,打造"运河风情"的饮食文化。9 月 22 日,苏州市吴江区平望镇第二届农民丰收节在长漾里开幕,农民们置身于稻田之中,共享丰收的喜悦,见证着中国新农村日新月异的变化。10 月 12 日,2019 中国吴江首届长三角"运河名镇"国际龙舟平望邀请赛在大龙荡举行,来自全国各地的 24 支龙舟队伍汇聚于此,挥桨竞逐,尽显风姿。大龙荡里展现的千帆竞发、金鼓齐鸣盛景吸引了周边近万村民观看,现场直播观看人次更是超过了1 500万。以此为起点,平望镇主动承担起历史赋予的使命,不断挖掘运河文化,激活全域旅游。

苏州市吴江区平望镇以一盘棋思维谋划全局,使得农、文、旅、体融合工作真正融入全局。2019年8月8日,在"通运江南,缘来平望"——2019平望镇融入长三角一体化环境资源推介会上,苏州市吴江区平望镇与上海枫泾镇、浙江王江泾镇缔结长三角一体化友好镇,并签署镇域合作项目,共推苏南运河城镇协同发展。之后,三镇将借助同属吴越文化的同源优势,在运河文化保护和传承、推动区域休闲旅游发展等方面开展合作,实现三地运河文化资源的"优势互补、利益兼顾、共同发展"。

三、大运河江苏段文旅融合的政策支持

江苏省自觉承担起"兴文化"使命任务,扎实推进文化高质量发展和文化旅游融合发展。

(一)宜融则融、能融尽融的原则

推动文化旅游融合发展,坚持宜融则融、能融尽融的原则,促进文化、旅游产业联动发展,使之成为江苏经济发展的重要支撑。推动艺术创作生产、公共文化服务、文化遗产保护传承利用等与旅游业发展相结合,推动大运河文化带建设和大运河国家文化公园建设试点,打造一批文化旅游融合发展的标志性项目,包括建设中国大运河博物馆、实施大运河百米长卷美术精品创作工程、举办大运河文化旅游博览会等。

(二)强化理念融合,推进职能融合

进一步深入推进文化和旅游融合发展,强化理念融合,推进职能融合。立足特色文化资源,打造更多体现文化内涵、人文精神的特色旅游精品。推动公共文化设施拓展旅游服务功能,依托旅游公共设施组织开展文化惠民服务。办好首届大运河文化旅游博览会,参与筹建大运河博物馆,配合开展大运河国家文化公园建设试点,努力将博览会打造成为大运河沿线城市文旅融合发展平台、文旅精品推广平台、美好生活共享平台。

加强艺术精品创作生产。围绕庆祝新中国成立70周年等重大时间节点,组织推进重大历史题材、革命题材和现实题材创作,推出一批艺术精品。继续组织实施舞台艺术重点投入和精品创作扶持工程,资助一批重点剧目、精品剧目。策划举办一批庆祝新中国成立70周年艺术展演展览活动,继续办好2019戏曲百戏(昆山)盛典。

(三)与乡村振兴融合发展

围绕实施乡村振兴战略,继续推进省级文博场馆、基层文化站点建设和旅游厕所革命,全年新建和改扩建旅游厕所1 165座。总结推广"马庄经验",破解乡村文化和旅游发展难题。继续推进村(社区)综合性文化服务中心建设,确保全省建成率达98%。实施"好戏进万村"行动,完成"送戏下乡"2 800场。组织"倡导移风易俗、弘扬时代新风"主题性群众文艺巡演巡展1 000场。

加强政策引导支持,加快制定出台一批政策文件。着力推动江苏省文化产业促进条例立法进程。研究制定深化全域旅游创建、助力文旅高质量发展实施意见。修订《江苏省旅游风情小镇创建评价办法》。研究出台支持乡村民宿、促进乡村旅游可持续发展的实施意见。

大力发展数字化新兴业态,推动"文化＋""旅游＋"与其他相关产业融合,引导各类旅游业态持续发展。

四、大运河江苏段文旅融合投资与消费

(一)大运河产业发展基金

2015 年,江苏省文化投资管理集团有限公司成立,作为国有文化投资平台,公司承担着文化投融资、大剧院运营管理和大运河文化带江苏段保护传承利用及文化旅游融合发展投资等职能,助推江苏文化产业高质量发展、文化建设迈上新台阶。

2019 年 1 月 4 日,全国首个大运河产业发展基金——"江苏省大运河文化旅游发展基金"在南京成立。基金坚持政府主导、市场运作、多元投入和安全稳健投资的原则,充分发挥政府引导作用和市场在资源配置中的决定性作用,推动形成省级和地方政府资金引导联动、各类社会资本广泛参与的投资模式,带动更多优质文旅企业、投资公司和建设运营、金融保险、策划服务等多方资源主体参与。

基金首期规模 200 亿元人民币,采用母、子基金协同联动方式,聚焦重点领域、扶持优质项目,为大运河文化带建设提供多样性、专业化、强有力的金融支撑保障,不断做大做强大运河文化旅游产业。会上,江苏省大运河文化旅游发展基金分别与江苏省大运河沿线城市进行区域子基金签约,与中国旅游产业基金、中国文化传媒集团、陕旅集团、基石资本、五星集团进行行业子基金签约,与国家开发银行、中国银行、中信银行、江苏银行进行合作金融机构签约。未来,基金投资将涉及文旅项目建设、IP 内容开发、泛文化体验经济、文化消费服务、文旅园区运营、文创产品经营、时尚品牌会展、新科技应用、影视舞台艺术等领域。

(二)大运河文旅产业投资联盟

2019 年 4 月 16 日,大运河文化旅游产业投资联盟在南京宣告成立。这是继 2019 年 1 月全国首只省级政府大运河产业发展引导基金——江苏省大运河文化旅游发展基金正式成立以来,江苏大运河文化带建设的创新之举。

大运河文化带建设为运河沿线城镇文旅产业发展提供了历史发展机遇和空前的投融资机会。据了解,最新成立的大运河文化旅游产业投资联盟旨在整合大运河文化、旅游、投资等各方资源优势,集聚金融资本、项目资源、文旅力量,以金融之力、激活文化之源,创新引领文旅产业新潮流,实现联盟成员单位间的资源共享、平等合作、互利共赢,积极探索大运河文旅产业投资合作的新方式和新途径。

成立大会上,首批三十多家联盟成员单位通过了《大运河文化旅游产业投资联盟倡议书》。江苏省文化投资管理集团有限公司被推举为首任理事长单位,世界运河历史文化城市合作组织、中国旅游研究院、金陵饭店集团、复星旅游文化集团、龙城旅游控股集团被推举为副理事长单位。

大会上,大会成员之间还进行了经验分享。江苏省城市规划设计院院长梅耀林对大运河文化带建设国家规划纲要、大运河文化带江苏段发展规划及重点项目进行了解读;省文投集团相关负责人介绍了省大运河文旅发展基金的情况,来自中国旅游研究院、复星旅游文化集团、凤凰卫视领客文化、无锡灵山文化旅游集团的嘉宾代表分享交流了特色案例经验,畅谈了文旅融合实践成果。与会人员一致表示,将同心协力致力于大运河文化带建设,共同书

写保护好、传承好、利用好大运河文化资源这篇大文章。

据悉,2019 年大运河文化旅游产业投资联盟将举办首届大运河博览会"文旅产业投资论坛",组织项目学习调研、国际交流培训、课题调研,举行不同产业细分领域学习分享会,积极推动中国大运河数据榜单发布及评选活动,推进平等合作,实现互利共赢。

(三)运河城市文化旅游投资峰会

2019 年 9 月 28 日下午,"2019 大运河文旅基金投资圆桌会议"在扬州举行,江苏省大运河文化旅游发展基金管委会办公室、省政府投资基金、江苏金财投资公司、大运河文化旅游产业投资联盟有关领导和代表,省内"8+3"城市宣传部及部分市财政局有关代表、规划、基金、文旅相关方面专家学者及大运河母子基金管理人等共 80 多人参会。该会议是"2019 年世界运河城市论坛暨世界运河大会"中"运河城市文化旅游企业家峰会"的重点论坛活动之一。

本次圆桌会议重点围绕运河规划、基金管理、文旅投资三个主题,结合大运河国家文化公园(江苏段)建设保护规划,重点就基金行业发展、文旅融合背景下的旅游目的地投资等做了集中研讨交流。会议期间还举行了大运河母子基金全体基金管理人大运河基金投资圆桌会议,就母子基金架构体系、投资规划、运营管理、投资指引、重点项目等进行讨论。

江苏省文投集团党委书记、董事长盛蕾在总结发言中指出"做好大运河文化带和国家文化公园建设,是新时代赋予我们的新使命、新机遇,使命光荣,责任重大。希望大运河基金全体管理人深入研究,精心谋划,搞懂、搞透大运河文化带和国家文化公园建设的核心精神和精髓要义,以大运河基金为市场抓手,借助管理人的专业能力,聚集增厚资源,沟通协作形成合力,全力推进大运河文化带和国家文化公园江苏段重点项目建设,担当作为,按省委、省政府决策部署,把大运河文化带和大运河国家文化公园作为建设'强富美高'新江苏的重大工程,把大运河这一中华民族的伟大工程传好、续好,让大运河这一世界遗产展现不朽、永续辉煌。"

江苏省文化投资管理集团党委副书记、总经理徐宁表示,江苏文投集团以"大剧院、大运河、大平台"三大支柱为依托,顺应互联网和文化科技发展新趋势,将积极打造精品内容生产、文化金融服务、文旅项目运管核心竞争力。江苏文投集团将搭建一个以股权投资为主,债权、政府新项目、新的信托基金等多元方式为辅的投资平台,共同推动大运河文化带相关产业建设。按照两年完成 200 亿元募集资金、完成一批基金成立的目标,目前大运河基金已落地 110 多亿元,并设立了超过 20 个多专业基金。徐宁介绍说:"区域子基金落实落地工作正在稳步推进,扬州、淮安、徐州、镇江、南京、苏州、无锡、常州等城市子基金已基本完成,宿迁、泰州、南通等城市子基金正在推进。我们还优选了一批专业投资机构,设立了旅游精品酒店基金、文旅科技基金、影视内容基金、游船旅游交通工具基金等专业子基金。"

据了解,目标规模 5 亿元的大运河文旅消费服贸基金将专注文旅融合大消费领域,已吸引国家服贸基金参与基金出资,目标规模 4 亿元的大运河文娱科技基金将专注"文旅融合+科技"领域,目标规模 2 亿元的大运河影视内容基金将联合无锡华莱坞国家影视基地,共同投资打造系列运河故事、运河文化影视作品。"目标规模 3 亿元的大运河精品主题酒店基金会专注打造具有标识度和品牌力的大运河精品主题酒店。"徐宁说,该基金是与金陵饭店集团共同组建的,将选择与运河相关的 12 个旅游节点的精品酒店,共同开发打造与酒店业、旅游业、养老业相关的精品酒店。

不仅如此,江苏文投集团还与陕西旅游集团共同打造了目标规模 2 亿元,专注打造大运河江苏段实景演出的大运河苏陕实景演艺基金,该基金已基本落地。与此同时,江苏文投和南京旅游集团正在联合打造以水上和陆地旅游交通工具为主要投资标的大运河游船和交通工具旅游基金,致力于布局提升运河水域游线文化体验。

徐宁表示,江苏文投还积极利用长三角文博会、大运河文博会、WCCO 世界运河组织论坛等宣传展示江苏大运河基金,成立了大运河文化旅游产业投资联盟,创设全国首个大运河文化带建设保护传承利用指数体系,建立大运河剧院联盟。在相关金融产品的助力下,积极推动大运河文化带文旅融合发展。

此次会议的召开标志着大运河文旅基金建设和运营正式驶入"主航道",开启未来新征程。大运河文旅基金将抓住重要发展机遇期,服务大运河文化带和国家文化公园江苏段建设,推进文旅融合高质量发展,为呈现大运河文化带江苏段的独特魅力,推动江苏省文化建设高质量发展展现作为、贡献力量。

(四)编制《大运河江苏段文旅消费白皮书》

2019 年 5 月 5 日,在由江苏省委宣传部、江苏省文化和旅游厅、江苏省文联、扬州市政府共同主办的首届中国大运河文化旅游博览会上,大运河城市文旅消费论坛以"促进文化旅游消费与共享美好生活"为主题,旨在高质量推进大运河文化带建设的务实行动,为大运河沿线城市发展提供有益借鉴,为提高大运河显示度知名度注入强劲力量。

在江苏省文化和旅游厅的指导支持下,由南京师范大学、苏州大学、江南大学、扬州大学、江苏师范大学等高校共同参与编制的《江苏大运河文化旅游消费白皮书》出炉。论坛现场发布了《江苏大运河旅游消费白皮书》,对江苏大运河旅游住宿业、景区业、旅游交通、旅游餐饮、文化演艺、文化休闲和博物馆业的发展进行整体扫描,并提出大运河文旅消费市场开发的思路和策略。报告显示,2018 年,赴江苏参观游览大运河的入境游客已突破 400 万人次,并呈现逐年增长趋势。

在文旅融合背景下,江苏大运河文化和旅游消费的现状如何?具有哪些特征?未来发展的趋势怎样?如何进一步推进大运河文旅消费健康发展?南京师范大学旅游系教授侯国林认为,一直以来我们对这些问题缺乏系统的梳理和深入的思考,一定程度上制约了大运河更好地"新生",这也是编制本次白皮书的缘起。据其介绍,大运河江苏段全长 683 公里,列入大运河申遗点段的河道达 6 段、历史遗存 22 处,列入世界遗产名录的遗产区核心面积约占全国的 1/2、遗产河段长度约占全国的 1/3、遗产点数量约占全国的 40%。江苏除了大运河沿线的 8 个城市,南京、泰州、南通作为大运河文化经济带的关联区,盐城、连云港作为大运河文化经济带的辐射区,均与大运河文化经济带息息相关。

报告显示,2018 年江苏大运河接待游客人次高达 81 823.7 万人次。海外游客达 400.9 万人次,较上一年增加 30 万人次出头。此外,过去一年,接待的国内游客中 37.41% 来自江苏省内,其次是上海(9.66%)、浙江(9.46%),江浙沪地区游客占比达 56.53%。

其中,苏州、南京、无锡稳居年度城市游客接待量前三,占游客接待总量的 45.7%,游客偏好苏南地区;但苏北游客呈增长趋势,苏南地区游客接待量占比下降 0.3%,苏北地区游客接待量也稳步增长 2.5%。

在旅游收入方面,2018 年江苏大运河相关的旅游收入达 13 247.3 亿元(人民币,下同),较上年增长 13.6%。

值得关注的是,报告反映了游客消费能力的持续升级。统计显示,江苏 2018 年游客人均花费 1 323 元/天,较 2017 年增长 6.4%,其中,餐饮行业中档消费提升 10%,住宿行业高档消费提升 20%,购物高档消费提升 11%,游客消费升级趋势明显。侯国林认为,随着江苏省文化消费服务体系不断完善,服务水平持续提升,已经形成了以群众文化消费为基础,大运河文化带文化旅游消费为核心的文化消费格局。①

五、大运河江苏段文旅融合中有待改进之处

如何把大运河文化带打造新的文旅目的地?在扬州举办的首届中国大运河文化旅游博览会的论坛上,几位专家从产业、商业、文化等角度各抒己见。

(一)如何挖掘运河文化内涵

当前,对大运河文化资源的开发利用整体还处于较低水平,对大运河文化价值的认识不够。中国传媒大学文化发展研究院院长范周认为,目前运河文化内涵挖掘不足,以运河为主题的部分文化旅游项目显得简单粗放,实质内容与运河关联度不高,运河文化、运河非遗的展示与传播效果不佳。同时,范周院长也认为品牌形象不清晰。当前,35 个运河沿线城市在文旅融合发展过程中还未形成各自独一无二的运河文化符号,甚至出现争抢"运河旅游名城""运河之都""运河故里"名号的现象,地方特色区别度不高。此外,产品体系不健全也需要改进。范周院长指出,当前运河文旅产品结构单一,主要以水上风光游览、文化遗址展示、博物馆展陈为主,水上游线内容单调,缺乏夜游项目,水陆互动项目少,游客参与度、体验度较低。

范周院长表示,要对大运河文化和旅游资源进行系统梳理和分类,在大运河文旅资源梳理的基础上进行挖掘、利用与转化。加强顶层设计,因地制宜制定保护开发利用计划,提炼大运河特色文化 IP。

构建文化观光类、科普科研类、运动休闲类、节事会展类等类型多样,体验性强的运河文旅产品体系。在促进产业融合、做大产业载体、融入运河旅游网等方面下足功夫,将运河文化资源优势转化为文旅融合发展优势。

著名作家、运河题材长篇新作《北上》作者徐则臣说,现在沿河各地在"文化化"的过程中,对文化的理解与表达仍不免过于直白,以"商旅为上"为旨归,到处都是商业旅游的统一制式。"文化带建设并非只借着运河的资源,把具有特殊历史和文化内涵的一段河道简单地做成旅游和商业的基地,而是既要有对运河整体价值的考量和呈现,又要突出本地特色,将独特的人文景观和史迹作为细节融入文化带的建设中,科学地把运河对本地历史和现实的重大影响充分地体现出来。""如果所有沿线省市打造的运河 IP 都是同样的 IP,那么这一定是一个假的 IP,或是偷懒的、懈怠的 IP。一定要把运河 IP 细化落实到属于自己的那个不可取代的特质,在 IP 中承载丰厚的地域历史文化信息,观众在旅游时才能感受醇厚的历史'包浆'和引人遐思的东西。"他强调,发展大运河文旅不是利用大运河赚快钱,当所有人都在谈论大运河 IP 时,尤其要保持清醒。

文化旅游是大概念,但大概念需要一个个具体的文旅元素去支撑实现。部分投身于文

---

① 江苏大运河文旅消费报告:2018 年入境游客达 400 万人次. 中国产业经济信息网. 2019 - 05 - 13. 中国新闻网 http://www.cinic.org.cn/hy/ly/508 178.html

旅消费工作第一线的从业者也分享了自己关于做好、做活大运河IP的想法。驴妈妈旅游网轮值CEO黄春香说,运河IP代表个性和稀缺性,是发展优质旅游产品,推动旅游业繁荣发展的重要因素。"大运河这一IP独特的文化属性,如何在旅游中得以彰显?举例来说,烟花三月下扬州本身就是得天独厚的IP品牌。知识型、文化创意性的资源转换成的IP资源,将会重新主导指导产品开发和供给侧改革。"

(二)如何系统化开发运河文化

大运河文化带建设研究院副院长王健称,"现在很多是造势阶段。"运河文化带的建设、运博会的召开促成很多企业与企业、组织与组织之间的合作,一些投资市场被发掘,但他希望这些投资合作行为不要偏离以保护运河文化为主导的方向。比如,"不要搞房地产,大运河是历史印记,单纯搞房地产肯定会对保护有破坏。"王健说,要做产业最好是高端无污染的产业,以保护传承好运河。当然,"运河保护传承利用是一个系统化的思维,既需要政府的力量,也需要社会力量。"朱民阳说。

范周院长对此建议,大运河拟跨八省(直辖市)35个地级市和150个区县,发展文化旅游将涉及发改委、城建、水利、文化、旅游、交通等多部门,统筹协调难度极大,从横向来看,省市间缺乏统筹协调,从纵向来看,省内运河文化旅游资源也未形成组团和联动发展。因此,应该因地制宜加强顶层设计,要以大运河文化为底色,又要结合地方的经济和产业发展优势,构建特色鲜明、布局合理的差异化发展格局。

(三)如何实现运河文化创意

北京大学文化产业研究院副院长陈少峰表示,进一步打造运河文化带,需要加快建设文化体验中心,融合当代文化与科技,探索新商业模式。"对于现在的文化创意产业来说,完整的产业链、丰富的原创性、体验的多元化,越来越重要。我们原来的旅游是景观式的旅游,现在做的是体验性旅游,这是未来的发展趋势。对于从业者而言,谁能挖掘传统文化的价值与创新的价值,谁就赢在了起跑线上。"

文化创意是旅游最核心、最鲜活的要素,是旅游业发展的动力之源。中央党校文史部创新工程首席专家祁述裕以"坚持文化为魂,旅游为体,促进文旅深度融合"为题,就如何认识文化与旅游的价值、如何推动文化与旅游融合发展发表了自己的观点。"文化的本质是发现价值和创造价值,旅游的本质是体验价值和分享价值。文化如同讲故事的人,旅游如同出版家、图书经销商。"祁述裕认为,自然资源、历史资源对旅游来说固然很重要,但文化创意能赋予旅游业最鲜活的元素,使旅游具有持久的吸引力和生命力。

迪士尼主题公园中唐老鸭、米老鼠、狮子王等动漫形象吸引游人无数,好莱坞星光大道作为城市公共艺术成为游客打卡地,这些成功的文旅案例有何启示?祁述裕认为,文化创意已经成为旅游业中最核心、最鲜活的要素,但凡游客喜爱的国际和中国著名景点,都无一例外地体现了文化创意。"可以说,文化创意是旅游业走创新性发展、内涵式发展之路的核心环节,也是旅游业转型升级的关键。"祁述裕提出,在构思文化创意时要充分挖掘当地文化资源和当代生活的结合点。特别是随着现代人消费模式的不断升级,通过营造文化场景、带给游客浸入式体验的"体验经济"备受青睐,如北京798艺术区、江西景德镇等,后者更是集聚起"景漂"一族。祁述裕认为,这些经验对今天建设大运河文化带、推动大运河文旅资源融合有很好的启示意义。

"繁华不只为追忆。"中国旅游研究院院长戴斌在论坛上指出，面对大运河这项千年文化遗产，我们首先要面向历史，同时也要面对当下、朝向未来的作为与担当。运河要更"青春"，才能更好地融入当代生活。戴斌率领的年轻团队提出了"我与运河一起重生"的构想，针对当代已经断运的河段，打算建立一个支付宝"蚂蚁森林"那样的平台，通过社群的努力让断运的运河重生。另外，年轻人还提出了一项"动手造个船，陪你下江南"的商业创意，增加了互动体验。

（四）如何推动文化旅游资源深度融合

如何更好地促进文旅深度融合发展已成为关注焦点。吴文学表示，文化繁荣无止境，旅游发展无穷期，文旅融合是规律使然。运河文化作为线性、活态的文化遗产，具有生生不息的文化精神。在文旅融合的大趋势下，运河与旅游的珠联璧合，将会对千年运河文化的传承弘扬起着乘数级的放大作用。

故宫博物院研究室副主任王子林在论坛现场还特别拿故宫举例，以"紫禁城文化遗产的守望、传承与推广"为题，根据故宫近年来对文化遗产的认识、保护、研究与利用等方面进行了解读。故宫作为中国网红大 IP，有关故宫的文物、文创产品以及各种文化类纪录片都深受观众的喜爱。文旅融合发展不仅要传承还要创新，王子林提出，在进行创新利用之前，还需要做大量的基础工作，在充分保护与研究的基础上才能迈出融合发展的第一步。

国际山地旅游联盟副主席、原国家旅游局局长邵琪伟特别强调打造大运河文旅国际品牌的重要性。邵琪伟指出，品牌是企业乃至国家核心竞争力的综合体现，也是经济全球化中重要的要素资源，一个产业兴盛的背后往往是一批民族品牌的强势崛起。从我国来看，我国文化和旅游品牌建设远远滞后于经济和市场发展，是典型的文化和旅游大国、品牌弱国。他建议打造若干具有国际水准的大运河文旅品牌，发挥京杭大运河城市旅游推广联盟、大运河文化网络媒体联盟、大运河文化艺术演艺推广联盟以及海外中国文化中心、旅游办事处等平台作用，加大在国际上的宣传推广，吸引更多外国游客，做大、做强入境旅游，通过外国游客"走进来"带动中华文化"走出去"。

文旅融合是一个系统的工程和生态链，诗与远方能否完美结合，还需要我们做出更多的努力。期待大运河沿线的所有城市一起努力融合发展，共同传承中华千年文脉。

政　策　篇

一、省政府办公厅关于推进基层综合性文化
服务中心建设的实施意见

苏政办发〔2016〕98 号

各市、县（市、区）人民政府，省政府办厅局，省各直属单位：

建设综合性文化服务中心是党的十八届三中全会明确提出的改革任务，是推动发展、改革民生、促进和谐的重要举措。近年来，江苏省公共文化服务体系建设加快推进，覆盖城乡的公共文化设施网络基本建成，文化产品和服务供给日益丰富，基层公共文化服务设施和条件得到较大的改善，但仍然存在区域城乡之间发展不平衡、基层公共文化资源匮乏与重复建设现象并存，公共文化服务便利性有效性和社会参与度不够等问题。为贯彻落实《国务院办公厅关于推进基层综合性文化服务中心建设的指导意见》（国办发〔2015〕74 号）精神，深入推进我省基层综合性文化服务中心建设，进一步提升基层公共文化服务能力和水平，现提出如下实施意见。

一、明确基层综合性文化服务中心建设的总体要求

（一）指导思想

认真贯彻党的十八大和十八届三中、四中、五中全会精神以及习近平总书记系列重要讲话特别是视察江苏重要讲话精神，牢固树立新发展理念，按照中央和省关于构建现代公共文化服务体系的部署要求，着眼于打通公共文化服务的"最后一公里"，坚持导向、服务大局、统筹规划、共建共享，以保障群众基本文化权益为根本，以强化资源整合，创新管理机制，提升服务效能为重点，全面提升乡镇（街道）和村（社区）综合性文化服务中心建设、管理和服务水平，促进基本公共文化服务标准化均等化，为"迈上新台阶、建设新江苏"提供强大精神动力和文化支撑。

（二）目标任务

"十三五"时期，在全国率先建成集宣传文化、党员教育、科学普及、普法教育、体育健身等功能一体，布局合理、功能齐全、服务规范、保障有力、群众满意度较高的基层综合性公共文化服务中心。到 2020 年，实现乡镇（街道）综合性文化服务中心全覆盖，村（社区）综合性文化服务中心覆盖率达到 98％以上，形成一套符合实际，运行良好的管理体制和运行机制，建立一支扎根基层、专兼职结合、综合素质较高的基层文化队伍，基层综合性文化服务中心成为我省文化建设的重要阵地和提供公共服务的综合平台，成为党和政府联系群众的桥梁和纽带，成为基层党组织凝聚、服务群众的重要载体。

二、加强基层综合性文化服务中心设施建设

（一）合理规划布局

从城乡基层实际出发，发挥基层政府的主导作用，按照均衡配置、规模适当、经济适用、

节能环保等要求,加强规划指导,科学合理布局,进一步完善基层公共文化设施网络。基层综合性文化服务中心面积和功能应当与服务人口数量和服务半径相适应。乡镇(街道)合并的,原有的公共文化设施要继续用于公共文化服务,确保公共文化服务全覆盖。加强服务设施的无障碍建设改造,以方便残疾人、老年人等参与各项文化活动。

（二）落实保障标准

落实《江苏省基本公共文化服务保障标准(2015年—2020年)》,进一步完善村(社区)综合性文化服务中心建设标准,建立健全基层综合性文化服务中心标准体系,确保设施与设备、项目与内容、人员与经费等全面达到要求。乡镇(街道)和村(社区)综合性文化服务中心要配套建设文体广场、体育公园和广播站(室),并配备阅报栏(或电子屏、信息科普大屏)、公益广告牌、科普文化设施、体育健身设施和灯光音响设施等,有条件的可搭建戏台舞台和科普服务站等。

（三）明确建设路径

基层综合性文化服务中心设施建设主要采取盘活存量、调整置换、集中利用等方式进行,不搞大拆大建,凡现有设施能够满足基本公共文化需求的,一律不再进行改扩建和新建。尚未建成的乡镇(街道)综合性文化服务中心应进行集中建设。村(社区)综合性文化服务中心主要依托村(社区)党组织活动场所、城乡社区综合服务设施、文化活动室发、闲置中小学校、新建住宅小区公共服务配套设施以及其他城乡综合公共服务设施,在明确产权归属、保证服务接续的基础上进行集合建设,并配备相应器材设备。

三、提升基层公共文化服务水平

（一）提供基本服务

县(市、区)人民政府结合自身财力和群众文化需求,制定本地基层综合性文化服务中心基本服务项目目录,重点围绕文艺演出、读书看报、广播电视、电影放映、文体活动、展览展示、教育培训等方面,设置具体服务项目,明确服务种类、数量、规模和质量要求,实现"软件"与"硬件"相适应、服务与设施相配套。

（二）整合文化资源

以基层综合性文化服务中心为终端平台,整合分布在不同部门、分散孤立、用途单一的基层公共文化资源和服务,促进优化配置和共建共享,实现人、财、物统筹使用。推动党员干部现代远程教育网络、服务群众工作信息系统、基层体育健身工程、居民学校、科普服务站、妇女儿童活动中心、道德讲堂等功能与基层综合性文化服务中心功能融合发展。整合数字文化资源,完善文化信息资源共建共享机制。实施农家书屋提升工程,推进县城公共图书资源共建共享和一体化服务。推进广播电视户户通,提供应急广播、广播电视器材设备维修、农村数字电影放映等服务。加强文化体育设施的综合管理和利用,提高使用效益。

（三）丰富服务内容

发挥基层综合性文化服务中心在宣传党的理论和路线方针政策、培育社会主义核心价值观、弘扬中华优秀传统文化、开展未成年人"八礼四仪"养成教育、培养健康文明生产生活方式等方面的重要作用，广泛开展宣传教育活动，用先进文化占领基层文化阵地。增加对特殊群体的扶持，为老年人、未成年人、残疾人、农民工和农村留守妇女儿童等群体提供有针对性的文化服务，推出一批特色服务项目。积极发掘当地特色历史文化资源，推进物质与非物质文化遗产传承保护和民间文化艺术之乡、特色文化之乡建设，打造基层特色文化品牌。充分利用中华传统节日、重要节假日及文化遗产日、全民健身日、江苏文化艺术节、江苏艺术展演月、江苏读书节、江苏全民阅读日、科普宣传周等，组织形式多样的公共文化活动。引导广场舞等群众文体活动健康规范有序发展，丰富群众文化生活。按照中心功能设置要求，结合当地党委和政府赋予的职责任务，与居民自治、村民自治等基层社会治理体系相结合，开展就业社保、养老助残、妇女关爱、人口管理等其他公共服务和社会管理工作，推广一站式、窗口式、网络式综合服务，简化办事流程，集中为群众提供便捷高效的服务。推广基层综合性文化服务中心"1＋X"模式，在做好各项基本公共文化服务的基础上，因地制宜开展地域特色文化服务，增加基层公共文化产品和服务供给。

（四）改进服务方式

建立健全群众需求反馈机制，根据基本服务项目目录科学设置"菜单"，采取"订单"服务方式，实现供需有效对接。实行错时开放，提高利用效率。充分发挥互联网等现代信息技术优势，加强全省公共文化数据中心和公共文化数字平台建设，推进数字图书馆、数字文化馆、数字博物馆、数字美术馆、数字科技馆、农村数字电影和数字文化社区等数字文化项目建设，到2020年实现行政村数字农家书屋基本覆盖。建立图书馆总分馆制，推进城乡公共图书资源通借通还和"一卡通"服务，积极开展高雅艺术进校园进社区进乡镇、文化科技卫生"三下乡"、文化民生基层文艺巡演、送书送戏送展览送电影下基层、科普文化进万家、流动科技馆下基层等流动文化服务和区域文化互动交流活动，推进优质文化资源进社区、进农村。推广文化体育志愿服务，探索建立文化体育等相关机构与基层综合性文化服务中心对口帮扶机制，推动省、市骨干文艺团体与基层综合性文化服务中心"结对子"。

四、创新基层公共文化运行管理机制

（一）健全管理制度

加强对基层综合性文化服务中心的管理与指导，制定服务规范、设施维护、活动开展、安全管理等规章制度，形成服务管理长效机制，实现设施良性运转、长期使用和可持续发展。建立村（社区）综合性文化服务中心由市县统筹规划、乡镇（街道）组织推进、村（社区）自我管理的工作机制。完善突发事件应急预案，及时消除各类安全隐患。

（二）鼓励群众参与

在村（社区）党组织的领导下，发挥村委会和社区居委会的群众自治组织作用，引导城乡居民积极参与村（社区）综合性服务中心的建设使用，加强群众自主管理和自我服务。健全民意表达机制，依托村(居)民会议、村(居)民代表会议和村民小组会议等，开展形式多样的民主协商，充分听取群众建议，鼓励群众参与基层公共文化项目的规划、建设、管理和监督。探索开展乡镇(街道)综合文化站法人治理结构等适合自身发展的管理体制试点，推进公共文化服务参与制度化建设。

（三）推动社会化发展

落实国家和省关于政府向社会力量购买公共文化服务的部署要求，加大政府社会力量购买公共文化服务力度，拓宽社会供给渠道，丰富基层公共文化服务内容。鼓励支付企业、社会组织和其他社会力量通过直接投资、赞助活动、捐助设备、资助项目、提供产品和服务，以及采取公益创投、公益众筹等方式，参与基层综合性文化服务中心建设管理，探索不同投入主体合作共建的管理运行模式。率先在城市探索开展社会化运营试点，通过委托或招投标等方式吸引有实力的社会组织和企业参与基层文化设施运营。

五、努力为基层综合性文化服务中心建设创造良好条件

（一）强化政府主导

各地要结合国家和省公共文化服务体系示范区、示范项目创建工作，以及农村社区建设、扶贫开发、美丽乡村建设等工作，尽快制定实施计划，明确目标任务、具体举措和时间安排。县(市、区)人民政府要切实承担起建设的主体责任，实事求是确定存量改造和增量建设任务，把各级各类面向基层的公共文化资源纳入支持基层综合性文化服务中心建设发展上来；宣传文化部门要发挥拳头作用，加强协调指导，及时研究解决建设中存在的问题；各相关部门要立足职责、分工合作，共同推动工作落实。坚持试点先行，发挥典型示范作用，推动各地形成既有共性又有特色的建设发展模式。

（二）加大资金保障

各级人民政府要根据实际需要和相关标准，将基层综合性文化服务中心建设所需资金纳入财政预算。省级财政统筹文化专项转移支付资金，不断健全奖补办法，逐步加大一般转移支付力度，增强市县保障基本公共文化服务能力，发挥政府投入的带动作用，落实对社会力量参与公共文化服务的各项优惠政策，鼓励和引导社会资金支持基层综合性文化服务中心建设。

（三）加强队伍建设

乡镇(街道)综合文化站按照中央和省有关规定配备工作人员；村(社区)综合性文化服务中心由村委会或社区居委会确定1名兼职工作人员，同时通过县、乡两级统筹和购买服务等方式解决人员不足问题。推广部分地区基层文化体育设施设立文化管理员、社会体育指导员等经验。鼓励"三支一扶"大学毕业生、大学生村官、志愿者等专兼职从事基层综合性文化服务中心管理服务工作。加强业务培训，乡镇(街道)、村(社区)文化专兼职人员每年参加集中培训时间不少于5天。

（四）健全考评机制

把基层综合性文化服务中心建设纳入政府公共文化服务考核指标和事业单位信用等级评价体系。各级文化行政部门会同有关部门建立动态监测评价机制，定期督促检查基层综合性文化服务中心建设使用情况，同时引入第三方开展公众满意度测评，对好的做法和经验及时总结、推广，群众满意度较差的进行通报批评，形成鲜明导向。

江苏省人民政府办公厅

2016 年 9 月 8 日

二、省政府关于进一步加强文物
工作的实施意见

苏政发〔2016〕124 号

各市、县(市、区)人民政府,省政府办厅局,省各直属单位:

文物是不可再生的珍贵文化资源,文物工作承载着见证历史、传承文明、资政育人、推动发展等重要任务,在经济社会发展大局中具有重要地位。近年来,全省上下认真贯彻党中央、国务院决策部署,在推进文化强省建设中切实加大文物工作力度,文物保护、管理、利用水平不断提高。同时也要看到,全社会对文物工作重要性的认识有待深化,协调推进文物保护与经济社会发展面临新的挑战,科学合理利用好文物资源还有大量工作要做。为进一步做好新时期文物工作,根据《国务院关于进一步加强文物工作的指导意见》(国发〔2016〕17号),结合我省实际,提出如下实施意见。

一、明确新时期文物工作的总体要求

(一)指导思想

牢固树立创新、协调、绿色、开放、共享的发展理念,全面贯彻"保护为主、抢救第一、合理利用、加强管理"的文物工作方针,坚持公益属性,坚持服务大局,坚持改革创新,坚持依法管理,深入挖掘、系统阐明并发挥文物所蕴含的文化内涵和时代价值,充分发挥文物的公共文化服务和社会教育功能,切实做到在保护中发展,在发展中保护,使文物保护成果更多惠及人民群众,努力走出一条符合江苏省情、走出全国前列的文物保护利用路子,为推动文化建设迈上新台阶、促进经济发展和社会进步作出新的贡献。

(二)主要目标

进一步发挥文物资源在传承文明、教育人民、服务社会、推动发展中的作用,显著改善各级文物保护单位及一般不可移动文物安全状况,持续提升馆藏文物预防性保护和研究展示水平、不断拓展文物合理利用的科学途径,切实加强文物法治建设和行政执法的工作,健全完善政府主导、全社会广泛参与的文物保护利用管理体制机制。到 2020 年,形成更加科学的文物保护利用体系,更加丰富的文博公共文化服务体系,更加完善的文博创意产业体系,更加有效的文物安全和法治保障体系,更加完备的文物工作支撑体系;完成省级以上文物保护单位保护规划编制、公布第八批省级文物保护单位各 100 个以上,实施 100 个红色遗产、名人故居维修保护与展示提升项目,培育 100 个博物馆教育品牌项目,确保世界文化遗产预备项目遗产点中文物保护单位完好率和县(市)文物行政执法机构建成率均达 100%。

二、夯实文物保护各项基础工作

（一）规范文物资源基础管理

全面摸清文物资源状况,健全国家文物登录机制,建立全省资源目录和数据资源库,全面掌握文物保存状况和保护需求,实现文物资源动态管理,推进信息资源社会共享。各地要及时核定并依法公布本行政区域内相应级别的文物保护单位、一般不可移动文物名录及保护措施,依法划定并公布文物保护单位保护范围和建设控制地带,依法划定公布地下文物埋藏区,依法核批相关工程设计方案。对重点水域开展水下考古调查,重点完成江苏太湖水下考古调查工作,基本掌握其水下文物分布和保存状况,划定水下文物保护区。推进文物保护单位保护规划编制,制定落实保护措施,按照"多规合一"要求将文物保护规划相关内容纳入城乡规划。加强世界文化遗产保护与申报管理,加快世界文化遗产监测预警体系建设,做好世界文化遗产地日常监测及巡查工作,强化世界文化遗产地和预备名单遗产点项目监测预警平台建设和改造提升。

（二）加强不可移动文物保护

推动文物保护由抢救性保护为主向抢救性与预防性保护并重转变,注重文物本体与周边环境、文化生态的整体保护,落实一般不可移动文物保护措施,明显改善文物保护单位保存状况。开展全省文物保护单位险情调查,对濒临倒塌、损毁严重、存在重大安全隐患的文物保护单位及时开展抢救保护工作,在资金安排上予以保障和倾斜。实施红色遗产、名人故居和古民居,以及高校内文物、宗教场所文物等专项抢救性保护与展示利用工作。在推进新型城镇化和美丽乡村建设中,坚持保护、传承和发扬优秀传统文化,统筹做好文物保护与历史文化名城、城镇、街区以及传统村落整体格局和历史风貌保护,防止建设性破坏;实施历史文化名城名镇名村中重点文物抢救保护工程,加强传统村落中集中连片文物保护单位的保护;做好基本建设中的考古调查、勘探、发掘和文物保护工作,鼓励有条件的地区建设考古遗址公园,改善遗址周边自然与人居环境。支持有条件的城市申报国家历史名城。开展江苏特色世界文化遗产保护管理模式研究,加强保护基础工作及管理能力建设。扎实做好海上丝绸之路、江南水乡古镇联合申报世界文化遗产各项准备工作,稳步推进中国明清城墙联合申报世界文化遗产。

（三）做好可移动文物保护工作

完成第一次可移动文物普查,建立全省可移动文物信息管理系统及数据共享平台,完善文物认定标准,规范文物调查、申报、登记、定级、公布程序。实施经济社会发展变迁物证征藏工程,充实丰富博物馆藏。贯彻《博物馆条例》,加强博物馆发展规划引导,构建主体多元、结构优化、特色鲜明、富有活力的博物馆体系。实施馆藏文物预防性保护工程,全面提升博物馆库房及展厅文物保存硬件水平,增强博物馆文物健康评测、展厅和库房监控预警、环境调控等方面的能力,改善馆藏珍贵易损文物保护环境,完成100座中小型博物馆标准库房改建工作。实施博物馆文物保护实验室提升工程,强化现代科技对文物保护与修复的支撑引领作用。文物保护修复基础薄弱的市、县级博物馆,要建立文物保护修复室,并对修复人员开展专业培训。

（四）强化文物安全防护

推广文物安全综合管理实验区建设经验,加强文物安全工作,实现文物安全综合有效管理。落实文物管理单位主体责任,严格文博机构安全工作法人负责制。夯实基层文物安全管理,健全县(市、区)、乡镇(街道)、村(社区)三级文物安全管理网络,逐级落实文物安全责任;发挥乡镇综合文化站作用,完善文物保护员制度,推行政府购买文物保护服务,逐处落实文物安全责任单位或责任人。加强博物馆藏品安全管理,推进全国重点文物保护单位和各级各类博物馆安全防范达标提升。涉及各级文物保护单位保护范围及建设控制地带和地下文物埋藏区的各类建设项目,要严格按照文物保护法律法规规定履行相关审批手续并加强项目建设后续监管。对开发区建设项目,如确需开展考古调查、勘探、发掘和文物保护工作的,应将相关内容纳入开发区"区域评估"。强化文物安全检查,开展省级以上文物保护单位、文博场所等重大险情排查,实现博物馆、纪念馆、省级以上文物保护单位等安防、消防、防雷达标。

三、推进文物资源合理利用

（一）发挥社会教育功能

挖掘研究文物价值内涵,经常性推出具有鲜明教育作用、彰显社会主义核心价值观的文物陈列展览、影视作品及各类出版物。结合重要事件节点,加强相关革命文物的展览展示、宣介和教育工作,开展相关主题活动。将博物馆教育纳入国民教育体育,建立馆校合作机制,针对青少年开发博物馆教育课程,建立《博物馆青少年教育项目库》,培育一批品牌项目,广泛开展展览陈列进校园、进社区、进乡村、进军营,鼓励有条件的地区根据实际需求设立流动展览车开展文物活动。实施红色遗产、革命文物保护,展示和利用工程,鼓励学校组织学生定期走进博物馆开展学习实践活动,接受爱国主义等优秀传统文化教育。

（二）提升公共服务水平

落实国家和省有关部署,完善文物保护单位、博物馆等机构公共文化服务功能,扩大公共文化服务覆盖面,促进文博机构公共文物服务标准化、均等化、规范化。健全博物馆免费开放运行绩效评估管理机制,有条件的文博单位基本实现全面开放。推动博物馆建立和完善以理事会及其领导下的管理层为主要架构的法人治理结构,强化服务功能。加快文物保护与现代科技融合创新,借助"互联网＋"技术,"互联网＋中华文明"行动计划,有序推进智慧博物馆、数字博物馆建设;继续实施博物馆陈列展览提升工程、全省馆藏文物巡回展,提高基本陈列质量和藏品利用效率,实现博物馆由数量增长向质量提升转变。推动文物保护单位、博物馆与学校、乡镇、社区、企业、部队等开展共建共享。

（三）发展文物相关产业

推动文物领域供给侧结构改革,健全规范有序的文物利用制度,支持文博旅游、文博创意、文物市场等文物相关产业跨界融合发展,推动文化文物资源与现代生产生活相融合,实现文化价值与实用价值的有机统一。积极培育以文物保护单位、博物馆为支撑的体验旅游、研学旅行和传统村落休闲旅游线路,打造以"畅游江苏一大运河文化之旅"为代表的文物旅游品牌。落实《国务院办公厅转发文化部等部门关于推动文化文物单位文化创意产品开发若干意见的通知》(国办法〔2016〕36号),选择一批不同类型的文博单位开展试点示范,在开发模式、收入分配和激励机制等方面各级探索,允许在确保公益目标、保护好国有文物、做强主业的前提下,依托馆藏资源,采取合作、授权、独立开发等方式开发文化创意产品。将文化创意产品开发经营企业纳入各级文化产业示范基地评选范围,培育江苏文化文博产品研发基地,打造江苏文创企业和产品品牌。

(四)扩大文物交流合作

借助国际博物馆日、中国文化遗产日等活动,结合世界文化遗产申报工作,积极宣传江苏丰厚历史文化资源。鼓励各类文博机构之间开展全方位交流合作,更好展示地域文明,彰显江苏地域文化。加强与港澳台文博界的对口互访,开展学术、展览、科技等方面的业务交流。积极主动参与国家"一带一路"等重大战略中的文物外事项目,利用"欢乐江苏"等外宣活动,加强与国外友好省州、友好城市等文物保护利用方面的交流合作,组织更多文物保护成果出国(境)展览展演,讲好江苏故事,展示江苏形象。

四、健全文物行政执法体系

(一)完善法规规章

根据新修订的《中华人民共和国文物保护法》,积极配合立法机关健全完善《江苏文物保护条例》及文物保护地方性法规规章。各有关地区要推动文物保护地方性法规和规章制订修订工作,加强文物保护领域专门立法,建立完善文物保护规章制度。

(二)加大普法宣传

各地及有关部门要将文物保护法律法规学习宣传纳入"七五"及日常普法教育规划、计划,纳入党校和行政学院、社会主义学院等课程,纳入基础教育校本课程。文化、新闻出版广电部门和单位要主动做好宣传普及工作,各级文化文物行政执法机构要落实"谁执法谁普法"的要求,以普法保执法,以执法促普法,突出以案释法,切实提高全民文物保护意识和自觉性主动性。

(三)加强文物执法

结合行政综合执法改革,进一步加强文物执法工作,配备人力物力,落实执法责任。完善全省文物安全与执法巡查制度、监督制度,健全文物与文化、公安、检察、法院、海关、规划、住房城乡建设、国土资源、环保、旅游等多部门和单位联合执法机制,依法严厉打击文物违法犯罪行为,始终保持高压态势。加强文物行政执法和刑事司法的衔接,落实文物违法案件移送、涉案文物移交等制度。文物资源密集、安全形势严峻的地方可设立专门的警务室,加强文物安全保护工作监督指导,强化相关场所及周边治安秩序管理。建成运行覆盖全省城乡的文物行政执法监控平台,提高文物保护数字化、信息化和文物行政执法科技化水平。

(四)强化执法督察

完善文物保护监督机制,畅通文物保护监督渠道。加强层级监督,完善案件分级管理、应急处置、挂牌督等机制，依法对市、县级履行文物保护职责情况进行督察，对大案要案和文物安全事故进行调查督办，集中曝光重大典型案例，对影响恶劣的要约谈当地政府相关负责人。加强省级文物行政执法督察力量，做到凡案必查、督办必复。

五、落实促进文物事业发展的保障措施

（一）完善工作机制

各地要建立由政府牵头、相关部门配合的文物工作推进机制，发挥协调指导和监督作用。文物资源丰富的地区可在文物广电新闻出版局增挂文物局牌子，依法履行文物保护工作职能。各地在行政管理体制改革和机构改革中要加强文物保护行政管理机构和专业文物保护机构建设，将文物行政部门作为城乡规划协调决策机制成员单位。在文化行政综合执法改革中，文物行政执法工作只能加强、不能削弱。建立健全文物保护工作评估机制，每年对本行政区域内文物保存状况进行一次检查评估，发现问题及时整改。

（二）明确各方责任

各级人民政府依法履行监督管理和保护传承的主体责任，在文物保护中发挥主导作用，把文物工作列入重要议事日程，作为地方领导班子和领导干部综合考核评价的重要参考，为文物行政部门依法履行职责创造条件，实现文物资源依法有效保护。各级文物行政部门要守土尽责，转变职能，强化监管，切实提高素质能力和依法管理水平。发展改革、财政、住房城乡建设、国土资源、规划、公安、文化、海关等部门和单位要依法履行职责，在行政许可和行政审批项目中加强协调配合，形成合力。建立文物安全事件（案件）责任追究、文化保护责任终身追究和文物保护工程勘察设计、施工、监理、技术审核质量负责制，对导致文物和国家财产遭受损失的，依法依纪追究相关单位和人员的责任。

（三）强化人才支撑

积极参加国家文博人才培养"金鼎工程"，充分发挥高等院校、科研院所及相关文博机构的作用，加快培养文博领军人才、科技人才、技能人才、复合型管理人才，以及文物保护修复、水下考古、展览策划、法律政策研究等紧缺人才，重视民间匠人传统技艺的挖掘、保护和传承，形成结构合理、布局优化、适应江苏文博事业发展需要的人才队伍。文化综合行政执法机构要根据当地工作需要，配备必要的文物行政执法专业人员。进一步发挥南京博物院、东南大学等国家级文物保护重点科研基地的作用，建立一批省级文物保护科研基地。加大县级文物行政管理、文物行政执法以及非国有博物馆专业人员、管理人员培训力度，适当提高文博高级职称评定比例，落实扶持奖励政策，推动全省文博人才队伍均衡化、专业化、正规化。

（四）加大政策扶持

保持公共财政文物保护和管理支出与经济社会发展总体水平及政府财力增长相适应，省级财政设立文物保护专项扶持资金我。按照财权与事项相匹配、支出责任与财政事权相适应的原则，市、县、乡级人民政府应当将本辖区内公共文物保护专项经费（含公共博物馆纪念馆的人员经费、运转经费以及必要的文物征集经费）纳入本级财政年度预算。探索对文物

资源密集区的财政支持方式,在土地置换、容积率补偿等方面给予政策倾斜。鼓励捐献文物、捐献资金我,对其捐赠支出可按规定在计算其应纳税所得额时予以扣除。利用公益性基金等平台,采取社会募集等方式筹措资金,解决产权属于私人的不可移动文物保护维修的资金补助问题。逐步将文化创意产品开发纳入文化文物单位评估定级标准和绩效考核范围,落实完善财政、税收、金融产品的支持政策,文化创意产品开发收入可用于加强公益文化服务、藏品征集、继续投入产品开发、对有关人员予以绩效奖励等。

(五)鼓励社会参与

建立健全社会力量参与文物保护奖励激励机制,推广政府和社会资本合作(PPP)模式。鼓励众创、众筹,引导社会力量广泛参与相关产品研发、生产和经营。培育发展文物博物馆行业组织,建立文物保护和博物馆服务志愿者及民间义务文保员队伍。指导支持城乡群众自治组织保护管理使用区域内一般不可移动文物。规范民间合法收藏文物,支持企业事业单位、社会团体和公民等依法设立博物馆,提高办馆质量和社会服务水平。建立文物重要决策和重大方案专家论证和公众参与制度,提高文物保护透明度和参与度,形成全社会共同参与的良好局面。

江苏省人民政府

2016 年 9 月 30 日

三、省政府办公厅关于做好文化文物单位文化创意产品开发工作的通知

苏政办发〔2016〕148号

各市、县（市、区）人民政府，省政府办厅局，省各直属单位：

为深入发掘我省文化文物单位馆藏文化资源，推动文化创意产品开始，加快文化创意产业发展，根据《国务院办公厅转发文化部等部门关于推动文化文物单位文化创意产品开发若干的通知》（国办发〔2016〕36号）和《省政府关于进一步加强文物工作的实施意见》（苏政发〔2016〕124号）精神，现就做好我省文化文物单位文化创意产品开发有关工作通知如下。

一、切实重视文化创意产品开发工作

江苏文化底蕴丰厚、文物资源丰富，加强文化文物单位文化创意产品开发是让优秀文化资源"活起来"、提升文化产业发展水平的重要途径。中央对此高度重视，国务院办公厅专门发文进行部署，提出了"十三五"时期文化文物单位文化创意产品开发的总体要求和目标任务。各地各有关部门要认真落实国家决策部署，将文化文物单位文化创意产品开发工作摆在应有位置，抓紧研究落实，努力开发更多具有创造性的特展临展、服务公众的社会教育项目和文化创意衍生商品，加快形成投入机制健全、品牌优势凸显、产业链条清晰、产业布局合理、市场竞争力强的文化创意产业体系，努力满足广大人民群众日益增长、不断升级和个性化的物质精神文化需求。

二、创新文化创意产品开发模式

鼓励有条件的文化文物单位在确保公益目标、保护好国家文物、做强主业的前提下，依托馆藏资源，结合自身实际，采取合作、授权、知识产权作价入股、独立开发等多种模式进行文化创意产品开发。文化文物事业单位要严格按照分类推进事业单位改革的政策规定，坚持事企分开的原则，将文化创意产品开发与公益服务分开，原则上以企业为主体参与市场竞争。鼓励社会力量通过众创、众包、众扶、众筹，以文化创意设计企业为主体，利用限量复制、加盟制造、委托代理等形式参与文化创意产品开发，支持文化资源与创意设计、旅游、演艺、影视等相关产业跨界融合，更多融入公共空间、公共设施、公共艺术的规划设计，延伸相关产业链条。

三、完善文化创意产品营销体系

支持有条件的文化文物单位充分利用线上线下平台和展会活动推广产品。在保证公益服务提前下，将自有空间用于文化创意产品展示、销售，鼓励有条件的单位在国内外旅游景点、重点商圈、交通枢纽等开设专卖店推广营销。结合构建中小学生利用文化场馆学习的长效机制，开发一批符合青少年群体特点和教育需求的优质文化创意产品。配合优秀文化遗

产和展览进乡村、进社区、进校园、进军营、进企业,依托流动博物馆(图书馆)、社区博物馆,加强文化创意产品宣传和推广。鼓励文博单位积极申报"互联网＋中华文明行动计划",创新文化产品开发和传播手段。

四、优化收入分配激励机制

从事文化创意产品开发取得的事业收入、经营收入和其他收入等按规定纳入本单位预算统一管理,用于加强公益文化服务、藏品征集、继续投入文化创意产品开发、对符合规定的人员予以绩效奖励等。参照激励科技人员创新创业的有关政策完善引导扶持激励机制。探索将试点单位绩效工资总量核定与文化创意产品开发业绩挂钩,文化创意产品开发取得明显成效的单位可适当增加绩效工资总量,并可在绩效工资总量中对在开发设计、经营管理等方面作出重要贡献的人员按规定予以奖励。国有文化文物单位要探索建立文化创意产品开发收益在相关权利人之间的合理分配机制。

五、稳步推进试点示范工作

选择一批有条件的市级博物馆、美术馆、图书馆、文化馆、纪念馆开展试点工作,试点单位由省文化厅、省文物局确定。允许试点单位开办符合发展宗旨、以满足民众文化消费需求为目的的经营性企业,在开发模式、收入分配和激励机制等方面进行探索,试点期限为2年。试点工作中,要牢固树立质量意识、精品意识,加强品牌建设,防止一哄而上、盲目发展。加强知识产权保护,培育一批拥有较高知名度和美誉度的文化创意品牌和若干骨干文化创意产品开发示范单位,形成可供借鉴的成功经验和成熟做法,并在全省逐步推广。

六、强化组织推进和政策保障

各级政府要加强对文化文物单位文化创意产品开发工作的统筹,各级文化文物行政部门要牵头组织开展工作。编制、发展改革、教育、财政、人力资源社会保障、税务等部门要制定相关扶持政策和优惠措施。通过现有渠道,完善投入方式,强化人才培养,指导文化文物健全文化创意产品开发经营管理制度和收入分配机制。研究将文化创意产品开发纳入专项建设基金和各级文化产业发展专项资金支持范围,纳入文化产业投融资服务体系支持和服务范围。认真落实推进文化创意和设计服务与相关产业融合发展的税收政策。探索建立文化创意产品开发对文化文物单位公共文化服务、藏品征集、社会教育等公益事业的反哺机制。

江苏省人民政府

2016 年 12 月 12 日

四、江苏省"十三五"文物事业发展规划

前　言

　　江苏具有悠久的历史和深厚的文化底蕴,是中华文明的重要发祥地之一。江苏是文物资源大省,文物事业在文化建设迈上新台阶、弘扬优秀传统文化、探索地域文明、构建社会主义核心价值体系、促进经济社会发展等方面,具有十分重要的作用。

　　为深入贯彻落实党的十八大和十八届三中、四中、五中全会精神和习近平总书记系列重要讲话,特别是视察江苏重要讲话精神,全面提升我省文化保护管理水平,依据《中华人民共和国文物保护法》《历史文化名城名镇名村保护条例》《博物馆条例》《江苏省文物保护条例》《国家"十三五"时期文化改革发展规划纲要》《国务院关于进一步加强文物工作的指导意见》《江苏省国民经济和社会发展第十三个五年规划纲要》《江苏省"十三五"文化改革发展规划》等,编制本规划。

第一章　发展背景

　　"十二五"期间,在省委省政府的正确领导下,在国家文物局的指导下,江苏文物事业得到快速发展,各级党委政府和社会各界对文物保护工作进一步重视,江苏文物大省的地位进一步确定,文物保护成果服务经济社会发展大局的作用进一步彰显。但在发展过程中仍然存在一些问题,在一定程度上制约我省文物事业的发展。

一、取得的成绩

表 5-4-1　江苏省"十二五"文物事业发展指标完成情况统计表

指标性质	项　目	规划指标	实际完成情况
约束性指标	世界文化遗产保护规划编制启动表	100%	100%
	国家级大遗址保护规划编制	2处	完成
	1至6批全国重点文化保护单位的重大文物险情排除率	100%	100%
	地市级以上中心城市拥有功能健全的博物馆	1座	完成
	地市级以上中心城市功能健全的博物馆达标率	100%	100%
	国有博物馆一级文物的建帐建档率	100%	100%
	一级风险单位中的国有文物收藏单位防火、防盗设施达标率	100%	未完成(属国家文物局审批权限)
	"县县有博物馆"目标达标率	100%	完成
	第七批全国重点文物保护单位的重大险情排除率	100%	完成

续表

指标性质	项　　目	规划指标	实际完成情况
预期性 指标	第三次文物普查成果数据库的建档率	100%	100%
	世界文化遗产、列入国家 100 处大遗址保护项目库的 2 处大遗址、国家一级博物馆的监测预警平台建成率	100%	100%
	申报国家考古遗址公园	2—3 个	1 个
	公布省级大遗址保护名录	10—20 个	14 处
	建设省级考古遗址公园	3—6 处	4 处
	省级以上文物保护单位的完好率	90%	100%
	有管理机构、适合开放条件的省级以上文物保护单位的 开放利用率	90%	完成
	二级以上馆藏文物的建档备案率	100%	完成
	二级风险博物馆安防达标率	80%	100%
	博物馆、纪念馆每年举办专题展览	800 场以上	完成
	博物馆、纪念馆年均接待参观者的数量	5 000 万以上	完成
	江苏数字博物馆建设	完成	完成
	地市级文物行政执法机构建成率	80%	100%
	县区级文物行政执法机构建成率	60%	97%
	建成省级文物安全示范区(示范单位)	3 个	5 个
	建成重点省级文物保护科研基地	2—3 个	国家级 2 个
	扶持重点文物保护科技项目	1—2 个	2 个

（一）不可移动文物保护基础工作进一步夯实

新增全国重点文物保护单位 106 处,国家历史名城 3 座,中国历史文化名镇 8 座、名村 7 座、街区 5 个;新增省级文物保护单位 188 处,省级历史文化名城 1 座、名镇 3 座、名村 1 座。第三次全国不可移动文物普查共登录各类文物点 20 007 处。完成第六、第七批省级以上文物保护单位记录档案备案和保护范围及建设控制地带划定工作。启动江苏省文物保护单位信息管理系统及数据库建设。

（二）世界文化遗产工作成绩突出

2012 年,大运河(江苏段)、中国明清城墙、无锡惠山祠堂群、江南水乡古镇、海上丝绸之路、扬州瘦西湖及盐商园林文化景观入选国家文物局调整公布《世界文化遗产预备名单》。2014 年,中国大运河(江苏段)成功入选《世界文化遗产名录》。省政府出台《关于加强大运河(江苏段)遗产保护和管理工作的意见》,率先编制和公布大运河遗产保护规划,启动大运河江苏段沿线重点文物抢救保护工程。出台《关于进一步做江苏世界文化遗产及预备名单监测管理工作的意见》,在全国率先建成苏州古典园林、运河沿线城市世界文化遗产监测预警平台。

(三)博物馆建设与管理水平显著提升

全省现有各级各类博物馆 285 家,其中国家一级博物馆 5 家、二级馆 13 家、三级馆 19 家。南京博物院改扩建工程顺利竣工,"一院六馆"面向公众全面免费开放。扬州、苏州、南通、淮安等地文化博览城、博物馆群建设稳步实施。积极配合国家文物局开展博物馆定级评估和运行评估,以及博物馆免费开放绩效评估试点工作,强化博物馆公共文化服务功能。

(四)考古发掘和大遗址保护规范有序

出台《江苏省考古调查、勘探、发掘经费管理办法》,进一步规范考古发掘申报、审批、验收、取费等环节。苏南考古工作站建成投入使用。启动太湖水下考古工作。配合重大基础工程建设,完成宁杭高铁、南水北调、泰东河等一批考古调查发掘项目。盱眙大云山江都王陵、泗洪顺山集遗址、扬州曹庄隋唐墓等先后入选全国十大考古新发现。公布两批江苏大遗址名录,无锡鸿山遗址入选国家考古遗址公园,扬州城遗址、无锡阖闾城遗址列入立项名单。

(五)文物法制建设稳步推进

制定出台《关于联合打击文物违法犯罪和加强文物安全工作的规定》《江苏省宗教活动场所文物安全管理暂行办法》《联合打击文物走私工作的规定》,指导南京等市出台了《南京城墙保护条例》《镇江市文化遗产保护管理办法》等一批地方性法规和规范性文件,为文物事业发展提供制度保障。省委将文物保护纳入法治城市创建考评指标,省政府将文物工作纳入政府依法行政考核指标,为依法保护文物提供机制保障。大力推动文物法制和执法培训工作,促进基层执法水平提升。

(六)文物安全工作不断强化

联合省发改委、省文化厅等 16 厅局下发《关于加强和改进文物安全工作的指导意见》,对全省文物安全工作做出统一部署。创新文物安全管理理念,在全国率先创建"江苏省文物安全综合管理实验区"。积极推进文物保护单位和文博系统博物馆安防达标建设,提升文物安全防控水平,全省文物系统安全形势有效改善。

(七)文物科研宣传和对外交流成果丰硕

《江苏省志•文化遗产志》编纂完成,编辑出版一批文物保护相关书籍。南京博物院成为"纸质文物保护国家文物局重点科研基地",东南大学成为"传统木构建筑营造技艺研究国家文物局重点科研基地"。加强文物保护宣传工作,建立省文物局门户网站信息保障考评机制,健全文物系统信息通联体系。

二、存在的问题

(一)文物管理体制机制性障碍仍然存在

经济建设与文物保护的矛盾依然存在,文物保护管理工作任务日益繁重;地方各级文物管理机构建设不均衡,部分地区相滞后,文物管理力量不足;体制机制、工作方式不能适应文物事业发展要求。

（二）文物保护资金投入不足

各地经济发展水平存在差异，各级政府对文物事业重要性的认识不一，很多市、县（区）两级财政对文物保护事业的经费投入普遍严重不足，成为制约文物事业发展的主要瓶颈。

（三）文物法制工作急需加强

部分文物保护法规、规章、标准制度建设滞后于文物事业发展；地方性法规可操作性不强，引导功能较弱；文物法制宣传范围有待拓展，文物保护意识有待提升；基层文物执法能力水平有待提高。

（四）文物保护人才相对薄弱

文物保护人才数量依然不足，专业素质有待进一步提高，文博人才队伍结构需要进一步优化，基层管理力量薄弱与文物保护工作的要求不相匹配。

第二章　指导思想和基本原则

一、指导思想

以党的十八大和十八届三中、四中、五中全会精神为指导，秉持"创新、协调、绿色、开放、共享"五大发展理念，严格执行《中华人民共和国文物保护法》，全面贯彻落实《国务院关于进一步加强文物工作的指导意见》。适应国家对于文物事业发展的新要求，继续加强法规和制度建设，牢固树立保护文物也是政绩的科学理念，坚持"保护为主，抢救第一，合理利用，加强管理"的文物工作方针，围绕江苏经济社会发展大局和建设文化强省总体部署，推进江苏文物事业科学发展、创新发展、可持续发展，积极发挥文物事业在"迈上新台阶，建设新江苏"的重要作用。

二、基本原则

（一）正确导向、科学发展原则

坚持党的十八大以来对文化遗产事业健康发展的正确导向，树立文化遗产是国家与民族走向未来的坚强基石，是文化自觉和文化自信的根本依据，是创新发展的宝贵资源，是建设具有地方特色和谐性城镇乡村的必要条件等正确导向，通过科学规划，积极引导文物事业绿色健康发展。

（二）保护为主、合理利用原则

坚持"保护为主、抢救第一、合理利用、加强管理"方针，遵循文物事业发展规律，开展依法科学保护。在保护文物本体的前提下，加大力度保护文物的自然环境和人文环境，协调处理保护和利用的关系，在保护中求发展，在发展中实现更好的保护。文物利用始终把社会效益放在首位，实现社会效益和经济效益的统一。

（三）以人为本、成果共享原则

文物事业作为公共文化服务体系的重要构成，应主动发挥在构建现代公共文化服务体系中的作用,促进公共文化服务规范化、标准化、均等化,保障和实现城乡人民的基本文化权益,满足人民群众日益增长的精神文化需求,推动文物保护成果最大限度地惠及全体人民。

(四) 完善法制、依法行政原则

以文物保护法律法规为依据,以党的十八届四中全会精神为指引,把全面推进依法治国要求贯彻落实到文物事业发展中,积极创新文物依法行政体制机制,不断增强干部队伍依法行政意识和能力,有效规范行政权力运行。持续开展文物保护法律法规宣传普及工作,营造保障文物事业科学发展的良好社会氛围。

(五) 深化改革、开拓创新原则

积极顺应国内外文物工作的新形势和新理念,转变文物工作思路,拓展文物保护新方法和新途径,加大文物科技保护力度,扩大文物保护人才培养渠道,注重文物管理体制机制改革,探索文物保护和利用模式的创新,以改革创新为动力,推动文物事业持续、协调发展。

第三章 发展目标

一、总体目标

与"第一个一百年"重大阶段性目标相衔接,立足"一带一路"、长江经济带、新型城镇化等发展战略,把握文化大发展大繁荣的历史机遇,推进全省文物事业迈上新台阶。到2020年,形成政府主导、社会参与、理念创新的文物保护机制;完善文物保护体系,各级各类文物及文化遗产得到全面有效保护与合理利用;构建主体多元、结构优化、特色鲜明、富有活力的博物馆体系,推进全省博物馆高品质均衡发展;形成共建共享、惠及全民的文物博物馆公共文化服务体系,全面提升博物馆质量和博物馆库房及展厅文物保存环境,加强馆藏文物预防性保护;加强文物安全和法制工作,建立科学完备、基础完善、责权明确、特色高效的文物法律及安全体系这;与时俱进,创新发展,提升文物保护科技水平;加大文物资源的活化利用工作,大力发展文博创意产业,进一步加大文物保护单位对外开放力度,实现文物资源优势向产业优势转变;加快引进专业人才,优化人才结构,提升现有人员专业水平,建立结构合理、素质过硬的文博人才队伍。

二、具体目标

表5-4-2 江苏省"十三五"文物事业发展指标一览表

类别	项 目	指标
夯实文物工作基础	省级以上文物保护单位"四有"工作	100%
	市、县级文物保护单位"四有"工作	全面启动
	新增省级文物保护单位	100处以上
	省级以上文物保护单位保护规划编制	100处以上
	全国重点文物保护单位安防、消防、防雷达标率	明显改善

类别	项　目	指标
加强不可移动文物保护	红色遗产、名人故居、古民居和一批省级以上文物保护单位的维修保护与展示提升工程	100项
	世界文化遗产点及预备名单遗产点完好率	100%
	海上丝绸之路、江南水乡古镇、中国明清城墙联合申报世界文化遗产准备工作	完成
探索地域文明	省级考古遗址示范公园建设	1—2处
	江苏省大遗址	公布第三批
	江苏太湖水下文物资源调查	完成
提升博物馆品质	中小型博物馆展览提升工程	50座
	中小型博物馆预防性保护及标准库房提升工程	50座
	培育博物馆教育品牌项目	100个
	全省博物馆纪念馆安全管理	全面改善
完善文物法律建设	《江苏省文物保护条例》	完成修订
	《江苏省文物法制宣传教育第七个五年规划》	编制完成
	市、县文物行政执法机构建成率	100%
	市级支队配备文物行政执法人员数量	3名以上
	县(区)级大队配备文物行政执法人员数量	2名以上

第四章　主要任务

一、完善文物法制建设

(一)文物法规体系建设

建立健全文物保护法规体系,根据新修订实施的《中华人民共和国文物保护法》,修订《江苏省文物保护条例》。有序推进"七五"普法和法制培训工作。发挥文明城市、法治城市创建考评指标和政府依法行政考核指标的评价作用,督促基层提升依法保护文物水平。

(二)文物行政执法

进一步加强文物行政执法工作,组织开展"法人违法案件专项整治行动(2016—2018年)",提高文物违法行为打击力度。深化与公安、海关、住建、规划、国土、海洋渔业、宗教等部门文物行政执法协作配合,每年开展一次文物安全大检查,每两年开展一次打击文物违法犯罪专项行动。文物违法案件督办结案率达到100%。深化江浙沪文物行政执法区域合作,每两年开展一次跨区域文物安全交叉检查。组建江浙沪文物行政执法骨干队伍,出版《江浙沪文物行政执法论文集》《江浙沪文物行政执法精品案例选编》等。完善江苏省文物行政执法监控平台建设,地级市建成率达到100%,鼓励、支持部分有条件的县(区)实现与地级市、省级平台联网。鼓励社会公众参与文物保护,遏制和减少文物违法行为的发生。

重点项目
《江苏省文物保护条例》修订:完善修订《江苏省文物保护条例》,推动将世界文化遗产、水下文化遗产、大遗址保护、考古勘探与发掘、文物安全、文物利用等纳入条例规范范围。 　《江苏省文物法制宣传教育第七个五年规划》编制:指导各市文物法制宣传教育工作,各市结合本地区文物保护工作实际,制定七五普法实施方案,推动各地拓展普法宣传范围,有效提升文物普法宣传效果。 　文物行政执法培训班:省文物局每年针对各级文物行政管理部门、执法机构、法规处人员开展一期文物行政执法培训班;地级市文物主管部门每年至少举办一期文物行政执法业务培训,并针对个案和具体工作情况开展至少一期专项培训。 　文物行政执法案卷评查活动:每两年组织一次"文物行政执法案卷评查活动",规范文物行政处罚程序和执法行为,提升文物行政执法水平。 　文物行政执法机构建设:市、县文物行政执法机构建成率达100%,市级支队配3名以上文物行政执法人员、县(区)级大队配备2名以上文物行政执法人员。

二、规范不可移动文物保护

(一)文物保护及基础工作

继续完善文物保护单位"四有"工作,推进市县级文物保护单位记录档案备案工作,推进省级以上文保单位记录档案续补增订工作;会同省住建厅完善文物保护单位保护范围和建设控制地带划定工作,实现1—7批省级以上文物保护单位两线落图;结合"文物遗产解读工程",设立和完善各级文物保护单位和不可移动文物的保护标志和说明标志,开展其他方式的解读工作;制定并颁布实施《江苏省地下文物保护管理办法》,依法划定重点地下文物埋藏区范围,加强地下文物的保护和管理。

组织申报第八批省级文物保护单位,启动第八批全国重点文物保护单位的申报;继续推进省级以上文物保护规划编制,实施省级以上文物保护单位抢救性保护项目。开展红色遗产、名人故居、古民居、高校文物、宗教文物等抢救性保护与展示提升工程。

(二)世界文化遗产保护与管理

继续加强世界文化遗产保护基础工作及管理能力建设,完善大运河遗产管理体制。加强苏州古典园林、明孝陵和中国大运河(江苏段)三处世界文化遗产的日常管理。完成海上丝绸之路、江南水乡古镇联合申报世界文化遗产各项准备工和,稳步推进中国明清城墙遗产联合申报工作。加强世界文化遗产地和预备名单遗产项目监测预警平台建设,完成明孝陵监测预警平台建设,完成中国大运河(江苏段)遗产监测预警平台提升改造,建成江苏省世界文化遗产监测预警平台。开展世界文化遗产地日常性监测及巡视工作,完善遗产地年度报告制度。积极促进世界遗产地对内对外交流合作,与南京大学合作举办"世界遗产论坛",开展江苏特色世界文化遗产保护管理模式研究。

(三)历史文化名城、名镇、名村与历史街区保护

会同省住房和城乡建设厅做好省级以上历史文化名城、名镇、名村和历史街区的推荐遴选工作,推动高邮、兴化申报国家历史文化名城。配合做好省级以上历史文化名城、名镇、名

村与历史街区保护规划编制工作。以传统村落中集中连片文物建筑保护与利用工作为重点，实施历史文化名镇名村中重点文物抢救保护工程。

（四）考古与大遗址保护

改善地下文物的保护管理能力，配合重点基础建设工程项目，围绕大运河文化带建设以下江苏大遗址、国家考古遗址公园建设，做好相关考古调查、勘探和发掘工作。规范考古发掘工作申报程序，加强考古工地管理，提高考古工作管理水平。推进水下文化遗产调查和发掘，积累水下考古经验。完成第一批、第二批江苏大遗址保护规划编制工程，组织申报并公布第三批江苏大遗址。做好大遗址和考古遗址公园保护与建设，组织无锡阖闾城遗址、扬州城遗址、高邮龙虬庄遗址等大遗址申报国家考古遗址公园。推动考古基础设施建设，完成1—2个地方考古工作站建设，提升考古研究工作条件，改善考古工作环境。加强考古成果的转化与宣传展示，及时完成考古报告的编辑出版工作，促进考古出土文物的保护与研究，推动公众考古事业的发展。

重点项目
文物保护规划编制：实施完成100处省级以上文物保护单位保护规划编制，实现对文物保护的规范化和制度化。
红色遗产和名人故居保护与展示：完成南京梅园新村纪念馆、泰州人民海军诞生地、盐城中共华中工委旧址、镇江新四军茅山抗日根据地、常州唐荆川宅、扬州周氏盐商住宅等100处红色遗产、名人故居和古民居的抢救性保护与展示提升工作，使全省红色遗产、名人故居、古民居保护利用水平得到显著提升。
世界文化遗产保护：完成海上丝绸之路、江南水乡古镇、中国明清城墙遗产点的保护与环境整治；完成江苏省世界文化遗产检测平台建设。
大运河（江苏段）文化带建设：全面推进大运河文化带建设，完成中国大运河（江苏段）遗产保护规划修编工作，完成大运河遗产保护与展示示范工程，促进运河遗产科学保护与合理。
江苏地域文明探源：开展顺山集新石器早期文化、秦淮河流域史前文化和古徐国及黄淮流域先秦文化的调查、发掘和研究，开展江南地区史前考古学文化中玉器原料的来源研究。
水下文物考古：启动水下文物资源调查工程，推进江苏内水水域水下文物资源的调查，完成江苏太湖水下文物资源的调查，选择一批重要水下文物点进行考古发掘，积累水下考古经验。 **完成一批省级以上文物保护单位的抢救性保护与展示提升**：完成高邮虬庄考古遗址示范公园建设；启动徐州狮子山楚王陵、徐州龟山汉墓、常州三星村遗址、淮安泗州城遗址、连云港藤花落遗址、南京直立人化石地点、苏州草鞋山遗址等一批考古遗址公园建设工程。 实施高校重点文物保护与利用工程，完成对金陵大学旧址、金陵女子大学旧址、国立中央大学旧址、中央体育场旧址等高校重点文物的修缮，提高展示利用水平。 实施苏州文庙、吴江文庙、六合文庙、扬州天宁寺、清江文庙、淮安文通塔、镇江甘露寺铁塔、常州清凉寺、万绥东岳庙等宗教文物保护展示工程，打造江苏宗教文化遗产保护展示示范区，展现江苏丰富的宗教文化。

三、加强可移动文物保护与利用

（一）可移动文物普查及其成果应用

完成对各地上报的文物信息进行网上审核和现场复核工作，编制可移动文物名录和可移动文物收藏单位名录,建立可移动文物编码系统及可移动文物收藏单位编码系统。完成对普查数据的统计与分析,总结全省第一次可移动文物普查工作,编制可移动文物普查档案和普查工作报告。配合完成第一次全国可移动文物普查项目结项评估和审计工作。利用可移动文物普查成果,建立江苏省可移动文物信息管理系统及数据共享平台。

(二)可移动文物科技保护和修复

实施博物馆文物保护实验室提升工程,有较好基础的国家一级博物馆及大馆以建立重点实验室为目标,重点加强科研基地研究类仪器设备的提升和人才队伍的建设。文物保护修复基础较薄弱的市县级博物馆,以建立文物保护修复室为目标,加强常规仪器设备和实用型文保修复装备、修复材料的配套,并对修复人员进行系统培训,推进省级可移动文物修复基地建设。加强可移动文物修复资质审批与项目管理,规范并严格执行文物修复行业标准,鼓励并支持有条件的博物馆等相关单位申报,提升馆藏文物的保护水平。同时实施博物馆馆藏珍贵文物的修复工作。

四、提升博物馆综合质量

(一)优化博物馆体系

深入宣传贯彻《博物馆条例》,加强规划引导,实现博物馆质量数量协调发展,构建主体多元、结构化、特色鲜明、富有活力的博物馆体系,促进博物馆公共文化服务标准化、均等化。推进行业博物馆和专题博物馆建设,支持非国有博物馆发展,提高非国有博物馆的办馆质量,引导非国有博物馆提升业务运行和社会服务水平。

(二)提升博物馆展陈质量和保存环境

完善完成50座中小型博物馆展览提升工程,增加原创性展览内容,突出地域文化特色和博物馆的优势,采用多元化的传播手段,贴近社会公众,增强陈列展览的吸引力。推动文物保护与现代科技融合创新,推进智慧博物馆建设。鼓励博物馆之间开展展览交流合作,举办各种联展、巡展、互换展览,扩大博物馆展览社会影响,弘扬优秀传统文化。

完成50座中小型博物馆预防性保护及标准库房提升工程,同时提升馆藏文物保护水平,完成对博物馆进行文物健康评测、展厅和库房监控预警、环境调控、文物保护实验室改善等方面的提升工作,改善馆藏珍贵易损文物保存环境。

(三)完善博物馆管理机制建设

加强行业组织建设,搭建博物馆资源共享平台。建立博物馆综合评价体系。按照"分类推行、积极稳妥、不断完善"的基本原则,逐步全面推进理事会制度建设工作。完善非国有博物馆法人治理结构。

(四)深化博物馆服务功能

大力开展展览陈列进校园、进社区、进乡村,设立流动展览车等流动展览项目。完善博物馆青少年教育功能,推进将博物馆教育纳入国民教育体系工作,针对青少年开发博物馆教育课程,开展博物馆与地方中小学建立博物馆教育合作联盟试点工作,建立《博物馆青少年教育项目库》,培育 100 个江苏博物馆青少年教育文化品牌项目。

重点项目
博物馆建设:实施南京博物院艺术馆、南京城墙博物馆、海门江海文化博物馆、溧阳市博物馆、涟水县博物馆等建设项目,加快专题博物馆、区县博物馆建设。 **博物馆青少年教育**:实施青少年教育课程项目开发,并研发配套的教材教具,对偏远的地方实施博物馆青少年教育网络课堂应用、加强相关教师培训工作,并开展流动展览进校园与教育体验活动相结合。建立《博物馆青少年教育项目库》,培育 100 个江苏博物馆青少年教育文化项目。 **博物馆展陈提升**:实施南京博物院智慧博物馆建设、南京博物院南迁文物展示馆提升项目。完成南京太平天国历史博物馆、淮安市博物馆、周恩来纪念馆、盐城中国海盐博物馆等 50 座中小型博物馆展览提升工程,提高博物馆展陈质量。
博物馆预防性保护及标准库房提升:完成南京博物院朝天宫库房效能提升;实施 50 座中小型博物馆预防性保护及标准库房提升工程,包括:灌云县博物馆、连云港市博物馆、睢宁县博物馆、盐城中国海盐博物馆、南通博物苑等可移动文物预防性保护工程,南京市博物馆、盱眙县博物馆、江阴市博物馆、徐州市博物馆等博物馆文物库房提升工程。 **流动展览车**:以南京博物院为试点,实施流动展览车项目,让博物馆流动进社区、进学校、进企业、惠及广大民众。

五、强化文物安全管理

(一)文物安全综合管理实验区建设

加强全省文物安全工作,推广文物安全综合管理实验区经验,推动各市、县(区)建成文物安全综合管理实验区,每年完成 1—2 个地级市、3—5 个县(区)建成"江苏省文物安全综合管理实验区"。

(二)文物安全达标及安防提升

全面开展省级以上文物保护单位重大险情排查工作,实验安防、消防、防雷达标工程,达标率达到 50%以上。加大安防工程经费投入,完成全国重点保护单位及文物系统博物馆安全防范达标及提升工作。

重点项目
文物安全综合管理实施区建设:实施南京、无锡、扬州、宿迁等 11 个地级市,昆山市、泰兴市、沭阳县等 10 个区县文物安全综合管理实验区建设。 **博物馆安防提升改造**:实施扬州博物馆、南通博物苑自然标本库、常州博物馆、沛县博物馆新馆、丰县新建博物馆、连云港市博物馆、南京民俗博物馆、南京市博物馆、太平天国历史博物馆等安防系统提升改造工程。 **全国重点文物保护安全技术防范**:实施南京薛城遗址、常州近园、南通韩公馆、连云港孔望山摩崖造像、淮安文通塔等一批全国重点文物保护安全技术防范工程。

六、增强文物工作综合能力

（一）文博人才素质提升

以改革创新为动力，以全面提高人才队伍为主线，通过交流学习、在岗培训等多种形式，积极推进文博人才素质提升工作。联合省内高校和文博单位，创建"江苏省级文博人才教育培训基地"，探索独具江苏特色、符合文博单位用人特质的文博人才素质提升的新途径。同时，加强现有文物事业人才队伍绩效考核，将文物保护、学术研究、创新思维等纳入人才能力建设综合评价考核指标。

（二）文博信息化建设

开展文物数字应用技术研发，出台《江苏省文物博物馆住处化编码规范》，应用到文物保护、博物馆建设等文物事业领域。完成江苏省文物综合性数据中心建设，利用信息技术进行文物工作的科学决策、宏观管理。建设江苏省文物数据异地容灾备份中心，保障数据信息安全。积极推进智慧博物馆建设，建立以互联网为主要传播依托，以馆藏数字文化资源为基础，以网络媒介为传播平台的，集全省馆藏珍贵文物为主要内容，面向全体社会公众共享的公共数字博物馆。

（三）文物宣传和对外交流

开展经常性、普及性的文物法制和文物常识主题宣传活动，创新文物事业宣传方式，利用"5.18 国际博物馆日""文化遗产日"等重大节庆活动，营造文物保护氛围，通过手机互联网等新媒体、传统媒体、志愿者队伍等多种途径提升文物事业的宣传力度。积极主动参与国家"一带一路""长江经济带"等重点外事项目，加强与境外相关机构的联系，拓展文物事业的对外交流渠道与合作方式。全面实施文化遗产解读工程，不断增强基层群众文物保护意识，促进义化遗产的保护和传承。

重点项目
江苏省文物局教育培训基地建设及培训：建设江苏省文物局教育培训基地，对全省文博干部、文物基层队伍、技术人员等进行系统培训，探索江苏特色文博人才培养新途径。
南京博物院智慧博物馆建设：以南博数字化资源、信息化平台为基础，梳理、整合可用于公共文化服务的数字资源，基于"互联网＋"，联合全省博物馆的文化遗产资源，多方面探索博物馆所蕴藏的丰富文化资源为社会文化、经济建设服务的有效方法，提升江苏省文化建设与服务的水平。
江苏省文物综合性数据中心建设：实施"江苏省文物综合性数据中心建设"，包含"江苏文物事业数据管理系统""江苏省文物数据中心地"，利用信息技术进行文物工作的科学决策、宏观管理。
江苏省文物数据异地容灾备份中心：建设江苏省文物数据异地容灾备份中心，对所有相关的数据信息进行永久备份，实时开通衔接，以保证灾难、故障时，相关系统能够正常运行。

七、深化文物资源合理利用

（一）文物展示和利用

开展深化我省文物保护单位开放利用及其纳入公共文化服务体系探索，在科学测算、观

五、省政府办公厅关于加快发展健身休闲产业的实施意见

苏政办发〔2017〕74号

各市、县(市、区)人民政府,省各委办厅局,省各直属单位:

　　健身休闲产业作为体育产业的重要组成部分,涵盖健身服务、设施建设、器材装备制造等业态,是社会公众参与体育最直接的领域,是体育全面发展的重要动力。发展健身休闲产业,对于拉动内需、扩大就业、保障和改善民生、推动体育产业提质增效、增强经济增长新动能等具有重要意义。为加快推进健身休闲产业发展,促进健身休闲消费,根据《国务院办公厅关于加快发展健身休闲产业的指导意见》(国办发〔2016〕77号)精神,结合我省实际,提出如下实施意见。

一、准确把握发展健身休闲产业的目标要求

(一)总体要求

　　牢固树立新发展理念,以提高人民健康水平为核心,按照"市场主导、创新驱动,转变职能、优化环境,分类推进、融合发展,重点突破、力求实效"的原则,着力推动健身休闲产业供给侧结构性改革,促进健身休闲产品供给和消费快速提升,改善健身休闲产业发展环境,全面提高健身休闲产业质量效益,为培育经济增长新动能注入新动力,为建设"强富美高"新江苏、推进"两聚一高"新实践作出新贡献。

(二)发展目标

　　到2020年,基本建立结构合理、内涵丰富、功能完善、服务便捷、竞争力强的健身休闲产业体系,形成健身休闲产业供给侧和需求侧协同发展的格局,健身休闲产业总规模达到3 000亿元,约占体育产业总规模的60%;到2025年,健身休闲产业总规模达到4 500亿元。

二、加快建设多样化健身休闲服务体系

(一)普及大众健身项目

　　深入推进公共体育服务体系示范区建设,大力实施全民健身计划,广泛开展全民健身活动,组织实施《国家体育锻炼标准》,普及推广适合公众广泛参与的健身休闲项目。加快发展足球、篮球、排球、乒乓球、羽毛球、网球等关注度高、市场空间大的运动项目,大力发展游泳、自行车、健身跑、健步走、路跑、棋牌、台球、钓鱼、体育舞蹈等群众喜闻乐见、普及性强的运动项目,着力推广武术、龙舟、舞龙舞狮以及健身气功、技巧、掼蛋等民间健身休闲项目,积极打

造广场健身舞"舞动江苏"品牌。鼓励开发适合老年人、青少年、儿童特点的运动健身项目，大力发展不同地域特点的特色运动项目。

（二）推广时尚运动项目

制定健身休闲时尚运动项目目录和发展计划，统筹运动项目基础设施布局，构建运动项目赛事体系，打造运动项目产业集群，培育多元市场主体，不断扩大参与群体，培育新的体育消费增长点。积极发展帆船、赛艇、皮划艇、摩托艇、潜水、滑水、漂流等水上健身休闲项目，大力推广登山、露营、徒步、拓展、攀岩等山地户外运动，推广运动飞机、热气球、滑翔、飞机跳伞、轻小型无人驾驶航空器、航空模型等航空运动项目。抓住冰雪运动南展西扩的契机，组建江苏省速滑（滑冰轮滑）队，因地制宜建设可全年开放的人造滑雪场、季节性开放的滑雪场和室内外冰上运动设施，提升冰雪运动普及程度和产业发展水平。制定加快发展电子竞技产业的指导意见，加快培育电子竞技品牌企业、产品和项目，完善软硬件制作、赛事举办、衍生产品开发等一体化产业链。推动汽车摩托车、马术、击剑、高尔夫、极限运动、射击射箭、轮滑等时尚运动项目健康发展，鼓励举办以时尚运动为主题的群众性赛事活动，发展时尚运动项目培训市场。

（三）培育"互联网＋健身休闲"项目

以移动互联网、大数据、云计算技术为支撑，以个性化、多样化健身休闲需求为导向，开发基于互联网的新型健身休闲服务项目。引导健身服务企业有效运用网络空间和私人空间，开发专业化、个性化、时尚化健身课程和产品，推广智慧健身房和网络健身房等新形式。推动传统体育企业由销售导向转为服务导向，拓展电子商务领域，促进健身休闲营销模式和服务方式创新。支持体育在线平台企业整合健身休闲上下游资源，完善场馆预定、健身指导、运动分析、体质监测、交流互动、赛事参与等综合服务，构建健身休闲产业新生态圈。

三、积极推动健身休闲产业转型升级

（一）优化产业布局结构

统筹规划全省健身休闲产业发展，促进全省健身休闲产业布局与空间开发优化发展。各地要依托江河、湖泊、滨海、湿地、山地丘陵、森林等自然生态资源，因地制宜、统筹规划、错位发展，打造特色健身休闲产业。支持南京建设亚洲体育中心城市和世界体育名城，无锡和盐城建设智慧体育城市，徐州建设国际武术文化名城，常州建设运动健康城市，苏州建设国际体育文化名城，南通和淮安建设生态体育城市，连云港建设山海体育休闲城市，扬州建设体育旅游城市，镇江建设航空体育城市，泰州建设中国棋文化名城，宿迁建设时尚体育城市。加强体育国际交流合作，深化长江三角洲体育产业协作，培育一批区域性健身休闲产业合作项目。加快推进健身休闲服务业、器材装备制造业及相关产业转型升级，优化制造业、服务业结构，大幅提升健身休闲服务业比重。

（二）做大做强市场主体

着力扶持一批具有自主品牌、创新能力好、竞争实力强的健身休闲骨干企业，支持省体育产业集团做大做强健身休闲产业链。实施健身俱乐部促进计划,到2020年建成1 000个具有一定影响、规模较大的体育健身俱乐部。支持健身休闲服务企业连锁经营,引导健身休闲服务企业向专、精、特、新方向发展。孵化培育一批创新型健身休闲服务企业,推动健身休闲领域大众创业、万众创新。深化体育社会组织改革,推进社会化、实体化、规范化、专业化发展,引导建立市场化运行机制,更好发挥其在竞赛组织、技能培训、健身指导、行业规划研究、标准制定等方面的重要作用。支持从事体育产业的企业或人员依法成立行业组织,更好发挥在资源整合、项目组合、行业规范等方面的作用。

（三）培育多元发展载体

加强规划引导和政策扶持,鼓励各地结合本地实际和特色优势,加快培育健身休闲产业集聚区和产业带。依托自然生态资源和特色运动项目,打造特色运动项目产业集群,实现健身服务、运动康复、休闲旅游等功能聚合。发挥国家和省体育产业基地的示范作用,强化健身休闲特色和服务功能,加快培育一批以健身休闲服务为核心的体育产业基地、示范单位和项目。引导支持各设区市和有条件的县（市、区）根据资源条件和产业优势,打造具有较大影响力的健身休闲企业、品牌和园区。加快推进体育健康特色小镇建设,到2020年培育20家左右以健身休闲服务为特色、功能多元聚合的体育健康特色小镇。制定加快体育公园建设的指导意见,到2020年全省建成各类体育公园1 000个。

（四）提升器材装备产业发展能力

以科技创新引领健身休闲器材装备制造企业转型升级,着力培育一批具有本土优势和较强竞争力的健身休闲装备制造龙头企业以及专业化中小企业。鼓励企业加大研发投入,提高关键技术和产品的自主创新能力,积极参与高新技术企业认定。提升水上运动、山地户外运动、冰雪运动、航空运动、汽车摩托车运动等器材装备制造水平。大力推进健身休闲用品智能制造,鼓励建设智能车间（工厂）,培育若干骨干企业和创新团队。创新开发新型、智能健身休闲用品,鼓励发展专业化运动装备。支持开发适合老年人、青少年等不同人群需求的多样化健身休闲用品,拓展个性化健身休闲用品定制服务。支持企业、用户单位、科研单位、社会组织等组建跨行业产业联盟,引导健身休闲器材装备制造企业从生产制造环节向研发设计、营销推广、运营服务等上下游领域延伸。结合传统制造业去产能,引导企业进军健身休闲装备制造领域。

（五）打造健身休闲产业品牌

实施健身休闲产业品牌价值提升工程,重点打造10个国内一流健身休闲用品品牌、10个国内知名健身休闲服务品牌和体育培训品牌。支持健身休闲企业创建和培育自主品牌,重点引导骨干民营企业、高新技术企业和新兴服务业企业注册商标,鼓励行业协会与龙头企业牵头申请注册集体商标,打造知名品牌。支持健身休闲企业积极开展境外商标注册和专利申请,鼓励有条件的企业收购、兼并、参股国际品牌。打造健身休闲品牌展会和活动,办好江苏体育产业大会和体育健康特色小镇国际论坛,支持南京市办好亚洲户外用品展、亚洲自行车展。

四、大力提升健身休闲产业融合发展水平

（一）促进体医融合

积极发挥体育在防病、治病、康复等方面的作用，推广覆盖全生命周期的体育健康服务，推动健康关口前移。强化省、市、县三级体质测定和健身指导站的体质与疾病检测、运动能力评估、科学健身指导等多元功能，推动每个设区市至少建成一所体育康复机构，鼓励公共体育场馆配设运动健康促进中心。打造健身健康服务、运动康复特色医疗高端平台，拓展体质监测、运动养生、创伤治疗、康复疗养、运动减肥等全方位、多样化康体服务。鼓励可穿戴运动设备、运动健身指导技术装备、虚拟现实运动装备、运动功能饮料、营养保健食品药品和中医药运动康复服务等研发制造营销，支持老年人、残疾人专用运动康复辅助器具研发生产。鼓励各地整合医院、科研院所等机构的专家资源，壮大体医结合的人才队伍。

（二）发展体育旅游

体育、旅游等有关部门要加强合作，制定体育旅游发展的具体措施，实施体育旅游精品示范工程，编制全省体育旅游重点项目名录，推动体育旅游创新发展。利用长江、淮河、太湖、洪泽湖、骆马湖、黄海等江河湖海水域以及沿宁杭线丘陵、东陇海线山地资源，大力发展以水上、山地户外、航空、冰雪运动等为特色的体育旅游产业。鼓励旅游景区和社会资本开发新兴体育旅游产品，引导旅行社结合健身休闲项目和体育赛事活动、体育培训等设计开发体育旅游特色产品、项目和路线。加强与省内外重点在线旅游企业合作，开发线上线下有机结合的体育旅游新产品。鼓励与周边国家（地区）联合开发国际体育旅游线路，带动体育和旅游、文化娱乐等相关消费。

（三）拓展"健身休闲＋"多元业态

发挥健身休闲产业关联度高、融合性强的优势，促进健身休闲与养老、教育、文化、农业、林业、水利、通用航空、交通运输等产业融合发展，积极拓展新业态，培育新需求，催生新模式。支持金融、地产、建筑、制造、信息、食品药品等企业开发健身休闲领域产品和服务。鼓励发展健身信息聚合、健身APP、智能健身硬件、健身在线教育等新业态。发展以健身休闲为特色的服务贸易，培育具有较强国际影响力的健身休闲服务贸易品牌。

五、着力加强健身休闲设施建设

（一）完善健身休闲场地设施

抓住新型城镇化、城乡一体化、社会主义新农村建设机遇，制定和实施《江苏省公共体育设施基本标准》。科学规划、均衡配置城乡健身休闲基础设施，形成供给充足、覆盖全面、服务便捷的健身休闲基础设施网络，到2020年全省人均体育场地面积达到2.5平方米。优化城市社区"10分钟体育健身圈"服务功能，重点建设一批便民利民的健身休闲场地设施。支持各类球场、冰雪运动场地、健身步道、登山步道、沿河沿湖健身带、健身器械场地、健身房（馆）和全民健身中心建设，推广拆装式游泳池、笼式足球场、三人制篮球场、气膜体育馆等新型场地设施。支持对企业厂房、商业设施等可利用的社会资源和郊野公园、城市公园、公园

绿地及城市内外环沿线、高速公路及国道省道服务区、建筑物屋顶、地下室等区域进行整合和改造,开展健身休闲服务。鼓励社会力量建设小型化、多样化的健身休闲场地设施。严格执行城市居住区规划设计等标准规范有关配套建设健身设施的要求,并实现同步设计、同步施工、同步投入。发挥健身休闲产业的社会扶贫功能,将具备条件的重点片区、重点帮扶县、经济薄弱村纳入健身休闲整体规划、设施布局和项目建设,加大支持力度。

（二）建设体育服务综合体

推行"所有权属于国有、经营权属于公司"的公共体育场馆分离改革模式,通过管办分离、公建民营等方式,引入社会资本和现代公司化运营机制,激发体育场馆活力。充分利用体育场馆的存量和增量资源,积极引入社会资本和多元主体,推动健身休闲与健康、旅游、文化、商贸等综合开发,到 2020 年建成 40 个左右业态融合、功能多元、运行高效的体育服务综合体。推动智慧体育场馆建设,完善覆盖体育场馆日常运行各环节的高速有线、无线网络及各种智能信息终端,运用现代科技提升消费者参与体验。发挥省体育场馆协会作用,组建形式多样的体育场馆联盟。落实《江苏省体育设施向社会开放管理办法》,加快推进各级各类体育设施向社会开放,鼓励社会力量积极参与学校体育场馆向社会开放工作。按规定落实体育场馆房产税和城镇土地使用税优惠政策,各类健身休闲场所的水、电、气、热价格按不高于一般工业标准执行。加大公共体育场馆免费低收费开放补助力度。

（三）拓展特色健身休闲设施

重点建设一批山地户外营地、徒步骑行服务站、汽车露营营地、航空飞行营地、运动船艇码头等健身休闲设施。鼓励和引导各地充分利用各类旅游景区、旅游度假区、公园、户外基地、产业园区等,通过新建或设置临时性体育设施等方式,融入和强化健身休闲元素和功能,打造形式多样的特色健身休闲设施。支持苏州市建设太湖国际帆船港和国家级帆船帆板基地,徐州市、镇江市等有条件的地区创建国家航空飞行营地。结合智慧城市、绿色出行,规划建设城市步行和自行车交通体系,探索建设区域步道系统,促进自行车路网互联互通。

六、持续优化健身休闲消费环境

（一）扩大健身休闲消费市场

顺应居民消费扩大和升级趋势,带动健身休闲产业结构调整升级,丰富健身休闲消费产品供给,拓展健身休闲消费市场规模。进一步丰富体育赛事供给,建立专业赛事和业余赛事相结合的赛事体系,举办群众性体育活动和民族民间体育节庆活动,丰富元旦、春节、"五一""十一"等节假日体育赛事活动。大力发展体育培训市场,支持创办专业体育培训机构,开发特色体育培训项目。深化体教融合,广泛开展体育启蒙活动,基本实现青少年熟练掌握 2 项以上体育运动技能。支持"互联网＋"体育消费,拓展跨区跨境、线上线下、体验分享的健身休闲消费新业态。加强健身休闲产品市场、要素市场、技术市场和资本市场建设,大力发展资本、产权、技术、信息等公共服务平台。

（二）完善健身休闲消费政策

改进健身休闲产品供给与健身休闲消费并重的政府扶持方式,构建适度竞争、消费挂钩、择优扶持的新机制。以特定方式向重点人群发放体育消费券,引导和增加群众健身消费。将健身休闲类服务项目纳入政府购买服务目录,建立绩效评价制度,逐步增加政府采购的类别和数量。运用体育彩票公益金对体育健康特色小镇建设进行奖补,对健身休闲相关项目给予必要资助。鼓励健身休闲企业与金融机构合作,试点发行健身休闲联名银行卡,实施特惠商户折扣,推动各类电子商务平台为健身休闲消费提供服务。引导保险公司根据健身休闲运动特点和不同年龄段人群身体状况,开发场地责任保险、运动人身意外伤害保险。积极推动青少年参加体育活动相关责任保险发展。

(三)营造健身休闲消费氛围

加大宣传推广力度,加强科学健身指导,引导大众树立科学健身理念、培养健康生活方式、养成健身休闲消费习惯。加强体育类电视频道和专业报刊建设,鼓励发展多媒体广播电视、网络广播电视、手机应用程序(APP)等体育传媒新业态,积极推广体育文化。引导开发以健身休闲为主,融合文化、娱乐等综合内容的组合产品。促进消费者利用各类社交平台互动交流,提升健身休闲消费体验。

七、进一步强化发展健身休闲产业的政策保障

(一)提高组织程度

各地要把发展健身休闲产业纳入国民经济和社会发展规划,编制健身休闲发展专项规划,推动健身休闲产业加快发展。发挥省体育产业发展联席会议制度作用,及时研究健身休闲产业发展重大事项,强化组织领导和工作推进。各有关部门要增强大局意识,强化责任落实,完善配套措施,形成政策合力。各级体育行政部门要加强职能建设,充实体育产业工作力量。创新健身休闲产业宣传策划手段,统筹用好传统媒体和新媒体,形成有利于健身休闲产业加快发展的良好舆论环境和社会氛围。深入推动"放管服"和体育行业协会改革,落实大幅度削减健身休闲活动相关审批事项的要求,强化事中事后监管,推动建立公开、平等、透明、规范的健身休闲市场体系。出台取消商业性和群众性体育赛事审批改革配套措施,引导规范体育赛事市场化运作,建立服务规范,强化效益评估,完善安保服务。规范经营高危险性体育项目管理,加强多部门联动综合执法。推动健身休闲标准体系建设,制定健身休闲服务标准和安全规范,强化行业信用体系建设。

(二)优化投融资政策

充分发挥省体育产业发展专项资金功能,引导鼓励有条件的地方设立体育产业发展专项资金,优化资金使用方向,加大对健身休闲产业的支持力度。鼓励社会资本以市场化方式设立健身休闲产业发展投资基金,通过参股、融资担保、跟进投资等方式引导产业发展。支持符合条件的企业发行企业债券,募集资金用于健身休闲产业项目建设。鼓励各类创业投资机构、融资担保机构支持健身休闲领域的新业态、新模式和小微企业。引导金融机构创新金融产品和服务,在融资额度、担保模式、还款方式等方面加大对健身休闲小微企业的支持。建立面向重点企业、重大项目、产业基金等多领域的开放对接平台,搭建体育产业融资、担保、信息综合服务平台,对符合条件的企业及社会组织,利用财政性资金提供贴息、补助或奖励。鼓励采取政府和社会资本合作(PPP)等模式实施一批重点健身休闲产业项目。

（三）完善规划和用地政策

各地要在土地利用总体规划和城乡规划中统筹兼顾健身休闲产业发展,将相关用地纳入土地利用总体规划中合理安排。在符合相关规划的前提下,利用现有房屋和土地兴办健身休闲产业的,经市、县人民政府批准,可实行继续按原用途和土地权利类型使用土地的过渡期政策,过渡期为5年。过渡期满后需按新用途办理用地手续的,符合划拨用地目录的可以划拨方式供地。对使用荒山、荒地、荒滩及石漠化、边远海岛土地建设的健身休闲项目,优先安排新增建设用地计划指标,出让底价可按不低于土地取得成本、土地前期开发成本和按规定应收取相关费用之和的原则确定。在土地利用总体规划确定的城市和村庄、集镇建设用地范围外布局的重大健身休闲项目,可按照单独选址项目安排用地。对列入省级年度重大项目投资计划的健身休闲产业项目,优先安排用地计划。

（四）强化人才支撑

将健身休闲产业人才队伍建设纳入各级人才队伍建设规划,对带技术、带项目、带资金来苏创办健身休闲企业的给予扶持,对专业教练员和退役运动员投身健身休闲产业给予支持。支持高等院校、职业学院增设健身休闲类专业和课程,充分发挥高等学校体育部(院、系)的人才优势,加大社会体育人才培养培训力度。推进健身休闲产业校企合作、产教融合,加强职业技能实训基地建设,加快培养健身休闲各类应用型人才。加强社会体育指导员队伍建设,充分发挥其对群众参与健身休闲的服务和引领作用。加强健身休闲产业发展战略和基础理论研究,发挥江苏省体育产业研究院、江苏体育产业协同创新中心、江苏省公共体育发展研究院等智库作用。

（五）加强督查评估

各地、各有关部门要根据本意见要求,落实配套措施,完善政策体系。以体育产业统计分类为基础,完善健身休闲产业统计指标体系,加强监测评估和统计分析。发布健身休闲产业投资指南,编制健身休闲产业发展报告,建立重点健身休闲产业业态和企业监测体系。省体育局、发展改革委、旅游局要会同有关部门对落实本意见的情况进行监督检查和跟踪分析,重要事项及时向省人民政府报告。

江苏省人民政府办公厅

2017年5月17日

六、省政府办公厅关于做好文化文物单位文化创意产品开发工作的通知

苏政办发〔2016〕148 号

各市、县(市、区)人民政府,省各委办厅局,省各直属单位:

为深入发掘我省文化文物单位馆藏文化资源,推动文化创意产品开发,加快文化创意产业发展,根据《国务院办公厅转发文化部等部门关于推动文化文物单位文化创意产品开发若干意见的通知》(国办发〔2016〕36 号)和《省政府关于进一步加强文物工作的实施意见》(苏政发〔2016〕124 号)精神,现就做好我省文化文物单位文化创意产品开发有关工作通知如下。

一、切实重视文化创意产品开发工作

江苏文化底蕴丰厚、文物资源丰富,加强文化文物单位文化创意产品开发是让优秀文化资源"活起来"、提升文化产业发展水平的重要途径。中央对此高度重视,国务院办公厅专门发文进行部署,提出了"十三五"时期文化文物单位文化创意产品开发的总体要求和目标任务。各地各有关部门要认真落实国家决策部署,将文化文物单位文化创意产品开发工作摆上应有位置,抓紧研究落实,努力开发更多具有创造性的特展临展、服务公众的社会教育项目和文化创意衍生商品,加快形成投入机制健全、品牌优势凸显、产业链条清晰、产业布局合理、市场竞争力强的文化创意产业体系,努力满足广大人民群众日益增长、不断升级和个性化的物质精神文化需求。

二、创新文化创意产品开发模式

鼓励有条件的文化文物单位在确保公益目标、保护好国家文物、做强主业的前提下,依托馆藏资源,结合自身实际,采取合作、授权、知识产权作价入股、独立开发等多种模式进行文化创意产品开发。文化文物事业单位要严格按照分类推进事业单位改革的政策规定,坚持事企分开的原则,将文化创意产品开发与公益服务分开,原则上以企业为主体参与市场竞争。鼓励社会力量通过众创、众包、众扶、众筹,以文化创意设计企业为主体,利用限量复制、加盟制造、委托代理等形式参与文化创意产品开发。支持文化资源与创意设计、旅游、演艺、影视等相关产业跨界融合,更多融入公共空间、公共设施、公共艺术的规划设计,延伸相关产业链条。

三、完善文化创意产品营销体系

支持有条件的文化文物单位充分利用线上线下平台和展会活动推广产品。在保证公益服务前提下,将自有空间用于文化创意产品展示、销售,鼓励有条件的单位在国内外旅游景点、重点商圈、交通枢纽等开设专卖店或代售点。鼓励文博单位结合陈列展览、主题活动、馆

际交流等开展相关产品推广营销。结合构建中小学生利用文化场馆学习的长效机制,开发一批符合青少年群体特点和教育需求的优质文化创意产品。配合优秀文化遗产和展览进乡村、进社区、进校园、进军营、进企业,依托流动博物馆(图书馆)、社区博物馆,加强文化创意产品宣传和推广。鼓励文博单位积极申报"互联网+中华文明行动计划",创新文化产品开发和传播手段。

四、优化收入分配激励机制

从事文化创意产品开发取得的事业收入、经营收入和其他收入等按规定纳入本单位预算统一管理,用于加强公益文化服务、藏品征集、继续投入文化创意产品开发、对符合规定的人员予以绩效奖励等。参照激励科技人员创新创业的有关政策完善引导扶持激励机制。探索将试点单位绩效工资总量核定与文化创意产品开发业绩挂钩,文化创意产品开发取得明显成效的单位可适当增加绩效工资总量,并可在绩效工资总量中对在开发设计、经营管理等方面作出重要贡献的人员按规定予以奖励。国有文化文物单位要探索建立文化创意产品开发收益在相关权利人之间的合理分配机制。

五、稳步推进试点示范工作

选择一批有条件的市级博物馆、美术馆、图书馆、文化馆、纪念馆开展试点工作,试点单位由省文化厅、省文物局确定。允许试点单位开办符合发展宗旨、以满足民众文化消费需求为目的的经营性企业,在开发模式、收入分配和激励机制等方面进行探索,试点期限为2年。试点工作中,要牢固树立质量意识、精品意识,加强品牌建设,防止一哄而上、盲目发展。加强知识产权保护,培育一批拥有较高知名度和美誉度的文化创意品牌和若干骨干文化创意产品开发示范单位,形成可供借鉴的成功经验和成熟做法,并在全省逐步推广。

六、强化组织推进和政策保障

各级政府要加强对文化文物单位文化创意产品开发工作的统筹协调,各级文化文物行政部门要牵头组织开展工作。编制、发展改革、教育、财政、人力资源社会保障、税务等部门要制定相关扶持政策和优惠措施,通过现有渠道,完善投入方式,强化人才培养,指导文化文物单位健全文化创意产品开发经营管理制度和收入分配机制。研究将文化创意产品开发纳入专项建设基金和各级文化产业发展专项资金支持范围,纳入文化产业投融资服务体系支持和服务范围。认真落实推进文化创意和设计服务与相关产业融合发展的税收政策。探索建立文化创意产品开发对文化文物单位公共文化服务、藏品征集、社会教育等公益事业的反哺机制。

江苏省人民政府办公厅

2016年12月12日

数据篇

2018 年江苏省分地区分行业地区生产总值[①]

单位:万元

行　业	南京	无锡	徐州	常州	苏州	南通	连云港	淮安	盐城	扬州	镇江	泰州	宿迁
地区生产总值	12 820.40	11 438.62	6 755.23	7 050.27	18 597.47	8 427.00	2 771.70	3 601.25	5 487.08	5 466.17	4 050.00	5 107.63	2 750.72
按三次产业分													
第一产业	273.42	125.07	631.39	156.25	213.99	397.77	325.57	358.70	573.40	273.34	138.40	280.05	300.84
第二产业	4 721.61	5 464.01	2 812.02	3 263.29	8 933.28	3 947.88	1 207.39	1 508.11	2 436.45	2 623.24	1 976.60	2 434.01	1 279.54
第三产业	7 825.37	5 849.54	3 311.82	3 630.73	9 450.20	4 081.35	1 238.74	1 734.44	2 477.23	2 569.59	1 935.00	2 393.57	1 170.34
按行业分													
农、林、牧、渔业	288.41	142.38	659.21	168.70	240.01	440.20	350.65	366.10	609.47	290.81	158.70	290.37	310.84
工业	4 055.14	5 009.33	2 329.18	2 951.35	8 240.37	3 283.23	961.89	1 268.00	2 090.05	2 283.60	1 804.00	2 119.00	1 080.78
建筑业	668.17	455.31	485.40	312.63	694.56	667.42	245.50	241.40	349.30	340.34	172.60	316.70	199.20
批发和零售业	1 454.43	1 735.35	979.33	883.39	2 341.88	828.09	278.05	278.68	522.27	380.03	449.61	346.43	258.14
交通运输、仓储和邮政业	351.12	222.23	336.36	232.86	545.34	264.55	115.83	118.23	194.90	189.43	156.09	211.36	100.57
住宿和餐饮业	216.34	308.02	119.36	165.76	511.06	176.41	40.87	93.76	85.01	84.13	94.68	111.29	52.49
金融业	1 473.32	832.12	322.69	420.49	1 520.59	530.42	136.75	157.97	277.38	320.26	257.96	276.04	142.39
房地产业	813.11	591.93	342.88	403.00	1 133.57	637.55	178.01	288.53	337.11	358.36	230.99	357.63	167.67
其他服务业	3 500.36	2 141.95	1 180.82	1 512.09	3 370.09	1 599.13	464.15	788.58	1 021.59	1 219.21	725.37	1 078.81	438.64
营利性服务业	2 004.25	1 191.20	488.70	941.57	1 761.95	819.20	150.58	391.65	474.27	606.93	415.37	530.25	198.81
非营利性服务业	1 496.11	950.75	692.12	570.52	1 608.14	779.93	313.57	396.93	547.32	612.28	310.00	548.56	239.83

① 本篇资料均来源于《江苏统计年鉴 2019》。

2018 年江苏省分地区分产业就业人数

单位:万人

地区	就业人数	第一产业	第二产业	第三产业
全省	4 750.9	764.9	2 033.4	1 952.6
按地区分				
南京	462.6	42.6	146.2	273.8
无锡	388.2	15.8	213.6	158.8
徐州	483.1	119.9	170.2	193.0
常州	282.2	29.4	137.4	115.4
苏州	692.3	21.7	405.8	264.8
南通	455.0	83.7	211.6	159.7
连云港	250.5	77.7	81.7	91.1
淮安	285.1	76.9	89.9	118.3
盐城	431.8	95.9	158.5	177.4
扬州	267.1	39.4	120.4	107.3
镇江	194.8	21.9	85.1	87.8
泰州	275.5	55.7	111.9	107.9
宿迁	282.7	84.3	101.1	97.3
按区域分				
苏南	2 020.1	131.4	988.1	900.6
苏中	997.6	178.8	443.9	374.9
苏北	1 733.2	454.7	601.4	677.1

2018 年江苏省分地区分行业
规模以上文化制造业企业基本情况

单位:万元

地区	企业单位数(个)	年末从业人员(人)	资产总计	营业收入	营业税金及附加	营业利润	应交增值税
全省	2 494	654 622	56 236 601	75 202 464	360 136	5 079 873	1 721 102
南京市	141	25 986	3 289 412	4 015 860	10 987	128 556	10 766
无锡市	275	65 389	5 840 720	8 961 220	31 022	477 101	158 627
徐州市	77	14 901	879 297	2 084 563	12 533	164 380	85 416
常州市	281	78 680	5 301 488	7 220 114	30 020	520 999	182 300
苏州市	438	221 646	23 294 422	23 515 428	93 278	1 666 230	350 931
南通市	358	68 659	4 441 336	7 373 186	33 667	628 501	215 881
连云港市	128	20 662	1 345 222	2 919 893	26 896	220 711	88 134
淮安市	133	22 488	1 013 731	3 362 881	22 795	191 305	82 263
盐城市	149	33 779	2 808 072	4 372 011	29 245	294 532	155 347
扬州市	160	37 004	1 592 774	3 508 866	15 086	207 164	99 814
镇江市	87	20 858	3 976 355	2 850 191	15 111	227 606	95 751
泰州市	110	19 911	1 263 220	3 339 365	29 356	258 837	156 366
宿迁市	157	24 659	1 190 553	1 678 886	10 141	93 952	39 506

2017年江苏省分地区限额以上文化批发和零售业企业基本情况

单位:万元

地 区	企业单位数(个)	年末从业人员(人)	资产总计	营业收入	营业税金及附加	营业利润	应交增值税
全 省	1 136	62 713	23 732 260	32 730 964	61 248	741 654	258 543
南京市	254	33 481	19 314 864	23 090 802	23 610	310 471	137 632
无锡市	66	3 005	681 833	1 851 291	3 218	15 616	18 298
徐州市	118	3 093	200 163	602 333	4 779	54 124	15 535
常州市	98	3 716	607 986	1 237 284	3 044	28 038	12 281
苏州市	120	7 462	1 254 915	3 073 209	9 334	67 186	35 714
南通市	117	3 826	282 594	667 443	3 474	43 691	10 761
连云港市	58	1 148	109 879	285 594	1 546	10 042	5 544
淮安市	41	888	59 158	178 971	1 455	10 528	2 415
盐城市	99	1 999	201 995	424 921	2 683	35 187	5 839
扬州市	46	1 131	97 200	149 933	1 788	6 990	1 996
镇江市	45	1 084	202 385	374 664	4 839	50 816	8 701
泰州市	48	1 492	161 879	282 871	1 035	12 119	2 767
宿迁市	26	388	557 408	511 649	445	96 847	1 062